국제에니어그램연구원 강사 인증 교재

에니어그램 딥 리빙

Dr. Roxanne Howe-Murphy | 지음
한병복 · 김은영 · 최 건 · 최진태
유경희 · 유현희 · 김재원 · 김환영 | 옮김

Deep Living

TRANSFORMING YOUR RELATIONSHIP TO EVERYTHING THAT MATTERS THROUGH THE ENNEAGRAM

스토리 나인

저자 록산느 하우 머피 Roxanne Howe-Murphy

록산는 박사는 최근의 책 에니어그램 딥 리빙(원제: *Deep Living: Transforming Your Relationship to Everything that Matters through the Enneagram*)에서 재활, 고등 교육, 컨설팅 및 코칭 등의 다양한 영역에서 40년 동안의 전문적 경험과 교육 활동을 통합하고 있다.

에니어그램과 경영자 코칭 및 라이프 코칭을 통합하는 선구자이며 세계적인 전문가인 록산느 박사는 수천명의 코치들에게 안내를 하고 있고, 국제적으로 추천되고 있는 에니어그램 딥 코칭(원제: *Deep Coaching: Using the Enneagram as a Catalyst for Profound Change*)의 저자이다.

그녀는 Deep Coaching Institute(www.deepcoachinginstitute.com)를 설립하여, 에니어그램의 복잡하고 심오한 예술, 과학 및 영적인 의식 등을 전문적인 비즈니스 프랙티스로 구현하기를 원하는 성장 지향적인 전문가들에게 국제적으로 공인된 훈련 프로그램을 제공하고 있다. 록산느 박사의 개인적 스타일, 지속 가능한 변형의 획기적인 방법들, 영혼의 여정에 대한 깊은 존중 등은 일반인들과 전문가들에게 영감을 주고 있다. 이제 Deep Living Institute(www.deeplivinginstitute.com)에서 록산느와 동료들은 교육 코스, 워크숍, 수련회, 코칭 등을 통해 일반인들을 위한 진정한 자기 심화를 위한 연민 어리고 현존 기반의 접근과 전문적인 가이던스를 제공하고 있다.

성인기의 대부분의 삶을 바닷가에서 산 후에, 록산느 박사와 그녀의 남편은 그들의 꿈을 따라 아름다운 뉴 멕시코의 산타 페로 이사했다. 사막의 고지대 풍광의 아름다움 속에서, 그들은 하이킹과 독특한 예술적, 다문화적, 교육적 활동에 흠뻑 빠져 있다. 록산느는 현재 열정적으로 첼로를 배우고 있다.

The Korea edition was published Story Nine in 2016
by arrangement with Dr. Roxanne, Santa Fe, NM

친애하는 한국의 독자 여러분,

저의 새로운 책「에니어그램 딥 리빙」(원제: *Deep Living: Transforming Your Relationship to Everything That Matters through the Enneagram*)을 읽는 여러분을 환영할 수 있어서 영광입니다.「에니어그램 딥 리빙」은 이미 한국어로 번역, 출간된「에니어그램 코칭」의 후속이며, 그 책은 전문적인 코치들을 위해 쓴 책이었습니다. 이 책은 처음 것과 비슷한 책을 원하는 많은 요청에 대한 응답으로 쓰게 되었지만, 개인적인 개발에 관심이 있는 독자들을 위해 쓴 책입니다.

저는 한국에서 강의를 통해 많은 친구를 사귀었고, 이 책을 쓰면서 진심으로 이 친구들을 저의 가슴 속에, 또한 저의 생각 속에 간직하게 되었습니다. 이 책에 제시된 자료들을 읽고 여러분이 기꺼이 자신에 관한 예전의 생각에 질문을 제기하며, 진정으로 산다는 것이 어떤 의미인지, 현존한다는 것은 무엇을 의미하며 또 어떠한 느낌인지, 그리고 스스로에 대한 독특하고도 새로운 이해가 어떻게 여러분으로 하여금 삶의 모든 것이 더 낫다고 느낄 수 있게끔 변화시키는지를 탐험해 보시기를 바랍니다. 이 자료는 오랫동안 가지고 있었던 생각, 가정, 습관에 도전을 줄 것이며 예상하지 못한 세계로 문을 열어줄 것입니다. 그래서 나는 단어와 행간이 여러분에게 영향을 끼칠 수 있도록, 여러분이 이 책을 천천히 읽기를 바라고 있습니다. 나아가 이 책이 몸과의 관계뿐만 아니라 여러분의 가슴에, 생각에 충격을 줄 수 있기를 바라고 있습니다. 이러한 방식으로, 저의 영혼으로부터 나온 이 책이 여러분의 영혼과 소통할 수 있을 것이라고 믿습니다.

여러분이 책을 펼 때마다, 당신의 내면 작업을 위한 새로운 통찰과 격려를 얻기를 진심으로 바랍니다. 여러분과 같은 독자를 얻게 되어 영광입니다.

「에니어그램 딥 리빙」의 작업에 대한 정보가 더 필요하시면 www.deeplivinginstitute.com을 방문해 주십시오.

Roxanne Howe-Murphy

June, 2016

추천사

"이 책은 실용적이면서도 심오한 방법으로 당신 자신과 가능한 더 깊이 친밀해지도록 만드는 책이다. 「에니어그램 딥 리빙」은 온전한 인간이 되는 것이 무엇을 의미하는지 탐구하는 데 있어 적극적인 현존을 실습하는 많은 방법들을 제공해준다. 독자 자신에 대한 이해를 근본적으로 그리고 연민으로 바꾸기 위해 에니어그램을 사용하는 데에 있어 록산느 박사는 내면을 이끌어내는 과정에 지혜로운 안내를 제공한다. 이 과정은 독자 자신의 관심을 다시 맞추고 더욱 더 살아있고 충만한 기쁜 삶을 사는 내적인 능력을 키우는 방법을 가르쳐준다. 우리는 이 책으로 자신을 자각하는 것을 지지하고 키워줄 중요한 영적 안내의 중요한 자료로 추천한다."

돈 리차드 리소와 러스 허드슨
「에니어그램의 지혜와 성격 유형」의 저자

"「에니어그램 딥 리빙」은 심오한 변형을 위한 내면 지향 치료이다..."

낸시 로레인, MFT,
The Midwest Book Review 논평가

"우리 시대의 병폐는 어리석음, 피상성, 그리고 축약된 인식 등이다. 록산느 박사의 「에니어그램 딥 리빙」은 설득력 있는 해결책을 제시한다."

마이클 제이 겔브
How to Think Like Leonardo da Vinci, 저자

"「에니어그램 딥 리빙」은 진정으로 가장 중요한 관계인 당신과 당신 자신 사이에 문제가 되는 모든 것들에 대한 당신의 관계를 변형시킨다. 자신을 더욱 충분하게 이해하기 위해, 그리고 자신의 진가를 더 깊이 알아보기 위해 이 책을 읽어 보라. 현재 자신의 진부한 습관적인 패턴을 넘어서 진정으로 순간순간 현존하기 위해 이 책을 읽어보라, 당신 삶의 다른 관계들을 더 잘 이해하기 위해 이 책을 읽어보라. 당신은 그렇게 한 것에 매우 기뻐할 것이다."

마샤 캐넌 박사
The Gift of Anger, 저자

"그녀는 현대의 신비주의자이다! 록산느 박사는 삶의 깊은 울림들을 포착해내며 인생이 어떠한가에 대해서 주장하는 모든 사람들의 눈과 귀, 가슴을 위해 번역해준다. 깊이 산다는 것은 겁쟁이를 위한 것이 아닐 수도 있다. 그러나 우리의 본질을 향한 순례에는 많은 빛과 자유가 있다. 록산느가 알고 활용한 에니어그램은 성스러운 길이며, 자신과 타인을 사랑하는 탐구이다. 사람의 내재된 본성을 아는 것은 실현되는 것이며 진정으로 자유로운 것이다."

해리엇 사이몬 샐린저, MCC, LCSW, Executive
and Personal Coach, Spiritual Director, and Certified Seeker,
Los Angeles, CA

"만약, 당신이 두 눈을 크게 뜨고 자신을 알 준비가 되어있다면, 당신이 왜 그런 방식으로 행동하는지 이해하려면(그것이 비효과적일 때라도), 그리고 당신의 참된 본질과 함께 살아가는 방법을 배우기 원한다면, 이 책은 당신이 기다려온 그 책이 될 것이다. 록산느는 당신에게 「에니어그램 딥 리빙」이라는 선물로 그녀의 지혜와 연민, 그리고 심오한 코칭의 전문성을 나눈다. 인생의 여정을 시작하거나 계속하는 누구나 꼭 읽어야 할 책이다!"

수잔 글레이저
Assistant Director, Executive Coaching Leadership Initiative,
Harvard Business School

"영혼을 탐구하는 작업은 힘든 일이지만 에니어그램은 강력한 도구이고 록산느 박사는 이런 작업에 매우 재능 있는 안내자가 된다. 영적 지도자, 자신의 삶에서 진정한 소명에 관심을 가지고 있는 사람들, 자신에게 진정으로 현존하고 싶은 사람들에게 「에니어그램 딥 리빙」은 내적인 자유와 신, 자신, 그리고 타인들과 더욱 진솔한 관계를 맺도록 하는 지도를 제공한다. 이 책은 진정한 변형을 위한 구체적인 단계와 참된 도움을 제공하며, 독자들이 자신의 인식과 치유의 새로운 수준으로 옮겨가도록 도전하게 한다."

수잔 버클리
Director, Mercy Center,
Editor, *Sacred Is the Call-The Transformational Work of Spiritual Direction Programs for Personal and Professional Growth*

"「에니어그램 딥 리빙」에서 록산느 박사는 심오한 에니어그램의 지혜를 가진 코치로서 그녀의 지혜와 경험을 결합했다. 그녀는 아홉 가지의 각 성격 유형에 대한 다양한 시각적 틀을 만들고, 우리로 하여금 많은 렌즈-우리의 패턴으로부터 재능까지-를 통해 우리 자신을 보게 만들었다. 또한 그녀는 그러한 패턴에서 벗어나 더욱 통합된 존재로 나아가는 유형별 구체적인 훈련을 제공한다. 이 작업을 가슴으로 진실하게 받아들이는 사람들은 내면의 변화를 위한 조건들을 만드는 것을 배우게 된다. 그 변화는 스스로를 제한하는 개인의 이야기와 판단에 대한 욕구를 벗어 버릴 수 있고 위대한 가능성과 현존하며 살게 되는 삶을 여는 것이다. 진심으로 이 책은 읽을 만한 가치가 있다!"

로렌 버넷

Founder and Director, Core Strengths Coaching Program,

San Francisco State University

"록산느 박사의 책은 에니어그램으로부터 나온 위대한 선물중의 하나이다. 「에니어그램 딥 리빙」에서 록산느는 출판된 어떤 책보다 영적 여정에 있어 가장 접근 가능하며 쉽고 이해할만한 표현들을 제공한다. 그녀는 일반적으로 말로 할 수 없는 영혼의 경험을 쉽고 이해할 수 있게 만들었다. 나는 내가 알고 있는 모든 사람들에게 이 책을 주고 싶다. 얼마나 놀라운 책인가!"

린다 로버트

Faculty, The Enneagram Institute,

Treasurer, The Board of the International Enneagram Association,

Project Management Professional

"「에니어그램 딥 리빙」은 개인 성장의 핵심과 영적 인식에 대해 명확하고 정확하게 기술한다. 이 책은 개인적이고 전문적으로 탁월하도록 요구되는 감성 지능과 사회 지능에 초점을 맞춘 대학 수업에서 교재로 쉽게 채택될 것이다. 이 책으로 인해 당신의 인생은 변하게 될 것이다."

도우 무어 박사

Psychologist and Life Coach

"마침내, 당신 몸에 맞는 내면의 평화를 얻는 방법을 알려주는 책이 나왔다. 록산느 박사의 「에니어그램 딥 리빙」은 당신이 두고두고 언급하게 될 책이다. 고대 에니어그램의 지혜를 사용하여, 록산느는 행복하고 충만한 삶의 길로 능숙하게 항해한다. 당신은 진실하고 아름다운 자신을 드러내주는 베일을 계속해서 발견할 것이다."

비키 크루즈, DC,

Speaker, Facilitator, and Instructor, NET Certified Practitioner,

Cofounder, Full Moon Healing Center

"최근 출판된 록산느 박사의 「에니어그램 딥 리빙」은 완벽한 보물과도 같은 책이다! 고대 에니어그램의 지혜에 기초한 이 책은 우리의 성격과 자주 나타나는 행동 패턴 그리고 깊은 삶의 변형 과정에 대해 구체적인 지도를 제공해준다. 록산느는 우리에게 '패턴 수사관' 이 되는데 필요한 도구를 선물했는데, 이것은 인생의 백미러로 우리의 패턴을 보는 것으로부터 패턴이 일어나는 한가운데에서 알아채고, 패턴에 빠지기 전에 그것을 보는 것으로 우리를 변화하게 해준다. 록산느의 책은 성격과 행동 패턴에 대한 이해와 지혜에 다가가게 하고 더욱 더 깨어있고 현존하게 하도록 해주는 훌륭한 재원이다."

자넷 스미스 박사
Director, The Education Institute,
University of Canberra, Australia

"「에니어그램 딥 리빙」은 우리의 성격 구조를 풀어내고 우리의 진화하는 본성으로 변형시키게 하는 가치 있는 자원이다."

팻 린드-카일
Heal Your Mind, Rewire Your Brain, 저자

"에니어그램은 자기 인식으로 가는 독특한 길을 밝혀주며, 경력 변화와 다른 삶의 전환 한 가운데에 있는 사람들에게 본질적인 도움을 주는 강력한 자료이다. 이 책을 읽어가면서, 당신은 인생의 길을 깊게 해주는 길을 발견하는 데 도움을 줄 당신의 선천적인 능력과 재능, 그리고 믿음에 대한 미묘한 의미들을 알아낼 것이다."

캐롤 맥클렌드 박사
The Seasons of Change: Using Nature's Wisdom to Grow through Life's Inevitable Ups and Downs, 저자

Deep Living

Transforming Your Relationship to
Everything that Matters through the Enneagram

By Roxanne Howe-Murphy, EdD

Published by Enneagram Press, Santa Fe, NM

Library of Congress Control Number: 2012951591

Publisher's Cataloging-in-Publication Data

Howe-Murphy, Roxanne, 1949-

Deep living : transforming your relationship to everything that matters through the Enneagram.

p. cm.

Includes bibliographical references and index.

ISBN 9780979384714 (paper)

1. Self-actualization (Psychology) 2. Spiritual life. 3. Peace of mind.
4. Enneagram. I. Howe-Murphy, Roxanne, 1949—II. Title.

BF637.S4 2013

158.1

머피와 리소에 대한 헌사

이 책을
내 인생에서 사랑하는 사람이며,
인간의 존엄성을 옹호하며 가르치고,
그의 연민과 사랑하는 영혼을 위해,
짐 머피 박사에게 바칩니다.

의식의 자각에 대해 심오한 기여를 한
에니어그램의 선구자이며, 교사이며,
멘토이며, 동료인
돈 리차드 리소를 추모하여 바칩니다.

차 례

추천사

1996년, 「여자의 영혼을 위한 닭고기 수프」Chicken Soup for the Woman's Soul가 처음 발간됐을 때, 나를 포함한 저자들은 사람들이 영혼의 양식을 얼마나 깊이 원하고 있는지 알게 되었다. 거의 20년이 지났지만, 이러한 깊은 열망은 결코 줄어들지 않았다. 내가 세상에 무언가 말을 할 때마다 청중에게 제일 많이 듣는 불평은 그들에게 아무리 감사할 것이 많아도, 내면에서는 가끔 깊고 당혹스러운 공허함이 느껴진다는 것이다.

오랫동안 나를 발전시키려고 노력하며, 자기계발 서적을 찾아 읽고, 수많은 강의를 따라다니며, 심지어 행복해지는 약을 먹어 봐도, 많은 사람들은 여전히 자신과 분리되어 있다고 느낀다. 현대 사회는 우리가 추구하는 의미와 충만함을 위해서 자신의 외부를 보도록 훈련받아 왔다. 우리는 거기에 평화 이상의 무언가가 있고, 그것이 우리를 유혹한다는 것을 알고 있다.

이 책에서 저자인 록산느 하우 머피Roxanne Howe-Murphy 박사는 우리의 인생 이야기 이면에 놓인 진실 속에서 진정한 자신을 찾고 싶어 하는 영혼의 요청에 답하고 있다. 그러한 요구는 내면과 연결되고 싶은 충동을 발견하게 한다. 이 책의 저자는 고맙게도 우리의 본질을 찾아가는 인생 여정의 항로를 보여주고 있다.

재능이 뛰어나고 감정이 풍부한 안내자인 록산느 박사는 고대부터 내려오는 지혜의 하나인 에니어그램 전문가이다. 에니어그램은 삶의 본질에서 멀어진 채 살아가는 사람들에게 문제 해결의 실마리를 보여주고, 잠재된 재능을 발견하게 해 주는 훌륭한 도구이다. 저자는 우리가 그동안 사용했던 자동적인 패턴을 파악하고, 더 이상 패턴을 따라가지 않도록 명확하게 깨우쳐준다. 저자의 친절한 안내에 따라 우리는 자기 이해와 자기 수용에서 비롯되는 온전한 새로운 재능gift의 세계를 발견하게 된다.

나는 1998년에 오랜 친구이자 심리치료자인 크리스 라이트Chris Wright로부터 에니어그램에 대해 처음 들었다. 그는 에니어그램으로부터 얻은 통찰력에 대해 열변을 토했다. 무언가를 찾고 있던 나는 무척 흥미로웠다. 에니어그램은 워크숍이나 기업 연수에서 배운 어떤 성격 유형 분류 도구보다 훨씬 심오한 방법으로 나의 삶과 행동을 설명했다. 그때부터 에니어그램은 나의 가족과 친구, 동료뿐 아니라 나의 두려움, 동기, 갈망 등을 이해하는데 도움을 주는 매우 귀중한 도구가 되어왔다. 최근에는 에니어그램이 자기계발 분야뿐만 아니라 기업으로 확산되어 인정을 받는 것이 무척 기쁘다. 이 책은 에니어그램을 완전히 새로운 수준으로 끌어올릴 것이다.

이 책에서 록산느 박사는 개인의 변화와 혁신은 단순히 자신의 약점을 고치는 것이 아니라 *완전히 새로운 방법을 통해 '나 자신으로 존재하게 하는 것'* 이라는 혁신적인 생각을 제시한다. 나는 그것이 얼마나 중요한지 잘 알고 있다. 수년 전, 나의 결혼 생활에 무척 힘든 시간이 있었다. 나는 혼자서 하와이에 몇 주 동안 머물면서 책 쓰는 작업에 몰두했다. 나는 그동안 내가 결혼생활에서 느낀 모든 불평과 비난이 바로 내가 나 자신을 대하는 방법을 그대로 반영한다는 사실을 알게 되었다. 만일 내가 내 남편을 힘들게 했다면, 그것은 내가 나 자신을 그렇게 대했다는 것이다. 내면의 변화가 일어나기 시작하면서, 나는 연민으로 나 자신을 대하는 방법을 배웠다. 그것은 내 안의 무언가를 바꾸는 것이 아니라 나의 모든 부분을 받아들이는 것이었다. 나 자신을 더 많이 사랑하게 되면서 나의 모든 것이 변화되었다. 이 책은 이러한 관점을 세워주고, 자기계발에 대한 놀라운 통찰력을 제공할 것이다.

록산느 박사는 우리 삶에서 계속 나타나는 문제들을 바라보도록 용기를 준다. '아, 또 이러면 안 되는데.' 라고 생각한 적이 있는가? 이 책은 당신이 왜 같은 행동을 반복하는지 보여주고, 결국에는 그 문제들을 어떻게 해결할 수 있는지 알려준다. 이 심오한 메시지를 이해하기 쉽게 설명했기 때문에 당신의 삶에 바로 적용할 수 있을 것이다.

내가 쓴 긍정심리학 책인 「이유가 있는 행복」Happy for Reason에 기초해 볼 때, 행복의 척도는 존재의 심리적 상태이다. 신경과학이 이를 뒷받침해준다. 이 책에서 록산느 박사는 우리의 행복과 성취를 위해 신경계통의 연결 통로를 바꾸는 강력한 도구로 에니어그램을 어떻게 활용할지 보여준다.

이 책에는 하나의 큰 역설이 있다. 우리의 자동적인 패턴은 우리에게 필요한 것들에 대해 무의식적으로 잘못된 인식을 갖게 한다. 자동적인 패턴은 우리를 행복하게 하는 것과 반대 방향으로 우리를 몰고 간다. '내가 이것을 더 많이 가졌더라면, 더 행복 해질 텐데.' 라고 우리는 생각한다. 에니어그램은 각 유형별로 자신을 행복하게 만든다고 생각하는 서로 다른 이것을 갖고 있다. 하지만 우리의 깊은 갈망을 절대로 만족시킬 수 없다. 이 책에서 우리는 우리가 잘못된 방향으로 가고 있다는 것을 발견하고, 진정한 만족을 경험하기 위한 이해와 전략도 함께 찾을 수 있다. 이러한 놀라운 접근을 통해 모든 것이 밝혀지는 만족감을 누릴 것이다.

록산느 박사는 다른 사람들의 변화를 위해 자신의 인생을 헌신했다. 나는 사람들을 치유하고 깨어나는 여정으로 인도하는 그녀의 헌신과 열정에 크게 감동했다.

나는 이 책을 통해 당신의 영혼이 동경해왔던 것에 깊은 자양분이 되고, 당신이 조건 없는 위대한 행복을 경험하게 되기를 기대한다.

마시 시모프Marci Shimoff

시작하면서

딥 리빙Deep Living이란 무엇인가?

당신은 지금 이 책으로부터 초대장을 받았다. 어쩌면 딥 리빙이란 말이 흥미롭게 들릴지도 모르겠다. 이것이 진정으로 의미하는 바는 무엇일까? 딥 리빙은 매일의 일반적인 삶과 어떻게 다른 것일까?

나의 생각 줄기thread

우리 모두에게는 삶을 통해 나타나는 생각의 줄기가 있다. 그것은 우리가 내면의 소리에 귀 기울일 때 나타난다.

나는 2,500명 정도의 사람들이 사는 중서부 작은 도시의 외곽에 있는 농장에서 자랐다. 어떤 면에서 보면 단순한 삶이었다. 18살 이후로는 농촌에 산 적이 없지만 지금도 나는 땅과 하늘에 깊은 교감을 갖고 있다.

내 기억으로, 나는 당시 인생의 엄청난 영적 궁금증에 사로잡혀 있었다. 어린 시절 나는 낡은 농장의 건물 계단에 앉아서 밤하늘을 바라보며 경이로워하던 생생한 기억을 갖고 있다. 이 거대하고 신비한 우주 속에서 인간 존재로서의 나의 자리를 궁금해 하며 내 삶에 대한 두려움과 희망을 동시에 느꼈다. 이 거대한 우주의 일부가 되어가는 경험이 인생의 핵심이라는 것을 나는 직관적으로 알게 됐다.

이 경이로움과 모험심에 대해 누구와 이야기해야 할지를 모른 채, 이 내재된 앎innate knowing은 서서히 희미해져 갔다. 시간이 흐르면서 우리에게 많은 일들이 일어나듯이, 나는 성스럽고 위대한 삶의 본질을 추구하는 길을 잃어버리고 인생은 이러해야 한다는 나만의 생각을 갖게 되었다.

감사하게도 나는 인생 여정에서 수많은 스승들을 만났다. 그들 중 몇 분은 내가 찾은 사람들이고, 다른 분들은 내 앞에 그저 나타난 사람들이다. 미국뇌성마비협회United Cerebral Palsy Association에서 일을 시작한지 얼마 안 됐을 때, 나는 우연히 누군가를 알게 되었다. 테리Terri라고 하는 내 또래 여성이었다. 그녀는 내게 인간 영성의 힘에 대한 깨달음을 주었다. 몸이 불편한 그녀는 요양원에서 살며 휠체어를 타고 다녔다. 그녀가 말을 하거나 팔다리를 움직이지 않고, 머리에 매단 막대기를 이용해 한 글자 한 글자 짚어가며 여러 달에 걸쳐서 자신의 이야기를 쓰는 모습은 한 편의 다큐멘터리가 되었다. 그녀는 영상물의 제목을 「절대 그냥 보지 말라」Don't Just Look라고 붙였으며 부제는 '내면을 깊이 바라보며: 누가 여기 있는지 찾아보라.' See Deeply at What's Inside; Recognize Who Is Here.였다. 나는 지금도 여전히 그녀의 영향력을 느끼고 있다.

나는 20년 넘게 세 곳의 대학에서 수많은 대학생들과 대학원생들에게 여가 이론과 레크리에이션 치료, 지도력, 사회복지 분야의 과정을 기쁨으로 가르쳐왔다. 다양한 학생들을 만나면서 나의 가장 중요한 도전은 학생들과 친밀한 관계를 형성하여 그들이 의미 있는 진정한 배움과 성장하는 경험을 갖도록 하는 것이었다. 나는 인기 있는 교과서가 된 「레크리에이션 치료의 생태학적 관점」Therapeutic Recreation: An Ecological Perspective을 공동집필했다. 이 책은 전문가들 사이에 논란이 될 만한 기삿거리를 제공했고, 나에게 전문잡지의 편집자로 일할 기회를 주었다. 그 덕분에 수많은 기조연설을 할 수 있었고, 전문가 그룹과 함께 워크숍과 세미나를 여러 차례 열 수 있었다.

그러나 일정 기간이 지나면서 무언가가 나를 괴롭히기 시작했고, 그것은 멈추지 않았다. 나는 30대 후반에 접어들면서 삶의 보이지 않는 부분, 즉 인간 정신의 깊은 영역에 대한 연구를 다시 시작했다. 나는 그 즈음에 목격한 처진 어깨로 고개를 숙인 채 캠퍼스를 걷고 있는 한 노 교수의 모습을 아직도 선명하게 기억한다. 나는 그가 삶의 열정을 잃어버렸다는 것을 느꼈다. 나는 결코 나에게 그런 일이 일어나지 않도록 해야겠다고 다짐했다.

나는 매 학기 첫 수업 시간마다 학생들에게 이야기했다. 나는 내가 좋아서 수업을 하는 것이라고, 그리고 만일 그것이 맞지 않다고 느끼면 나는 그만 둘 것이라고 말했다. 나는 내면을 드러내며 살 것이라는 의지를 천명한 것이다.

나는 삶이 제법 평안할 때도 내면의 이끌림을 느꼈다. 이러한 내면의 불편함은 남편의 사랑이나 가르침의 열정, 훌륭한 친구들도 해결해 줄 수 없었다. 드디어 행동으로 옮길 때가 됐다. 하지만 그것은 무슨 뜻이었을까?

첫 번째 단계는 대학에서 가르치는 것을 그만두는 것이었다.

그것은 어렵지만 필요한 일이었다. 다음에 무슨 일이 일어날지는 기대하지 않았다. 내면을 드러내면서 산다는 대단한 과제를 수행하면서 나는 나의 내면이 방향성과 목적을 잃고 있다는 사실을 알게 됐다. 나는 자신에 대한 의심과 두려움으로 가득 찼고 우울함으로 무기력해졌다. 만일 이것이 내 안에서 만들어진 것이라면 큰 문제가 될 것이다. 나는 학교를 그만둔 것에 대해 어떤 면에서는 자신을 믿었고, 어떤 면에서는 심각하게 생각했다. 나는 이렇게 제한된 생각이나 감정, 작아진 자아의 왜곡을 극복하는 방법에 대한 책들을 많이 읽었다. 하지만 불편한 생각은 점점 심해졌고, 내가 쉽게 극복할 수 있는 장애물이 아니었다. 이러한 경험들은 엄청난 힘을 갖고 있어서, 내 인생은 처음부터 뭔가 잘못되었을 것이라는 오래된 비밀을 키워나갔다.

그래서 나는 나 자신을 바꾸기 위한 모든 노력을 시도했다. 그 당시만 해도 나 자신을 바꾼다는 것이 괜찮은 전략이 아니라는 것을 몰랐기 때문에 나는 잘못된 방향으로 가고 있었다(이 이야기는 나중에 다시 설명하기로 하자). 이러한 중요한 시기를 보내는 동안 이런 일도 있었다. 유명 저자가 진행하는 자기문제 해결에 관한 워크숍에 참석했을 때였다. 나는 그녀에게 절망감에 휩싸여 잃어버린 방향성에 대한 이야기를 털어놓았다. 그녀는 모든 것이 명확해질 때까지 잠들지 말라고 조언했다. 그 때 내가 그녀의 조언을 따랐더라면 나는 분명히 이 세상에 없었을 것이다.

자아탐구에 관한 다양한 연구를 하면서 나는 나의 마음과 가르침, 전문적이고 일상적인 경험, 인간 능력에 대한 믿음에 대해 깊이 공감하는 작업을 발견했다. 그것은 바로 '코칭' 이었다. 나는 1997년에 코칭 교육 관련 기업을 세웠고, 훌륭한 사람들과 함께 엄청난 행운을 나누게 되었다. 그들은 대부분 자기 영역에서 지도자로 활동하고 있으며 인생의 한 가운데서 삶의 변화를 체험한 사람들이었다.

나는 무언가 중요한 것이 아직 밝혀지지 않았다는 것을 알고 있었다.

충격의 물결

비슷한 시기에 나는 10여 년 전에 연구했던 작업을 다시 시작했지만 본격적으로 매달리지는 않았었다. 이 작업은 나를 '나 자신' 으로 이끄는 충격적인 물결이 되었다.

나는 내면의 모든 경험이 독특하게 얽혀 있는 정신적, 감정적, 신체적, 영적, 신경생물학적 체계의 상호작용의 결과라는 것을 알게 되었다. 나는 내가 느끼는 개인적인 경험을 세계 인구의 9분의 1과 함께 공유하고 있고, 나머지 사람들은 인생에 대해 나와는 전혀 다른 해석을 하고 있다는 사실이 믿기 힘들었다. 내가 인생에서 놓쳤다고 생각한 것들은 놀랍게도 바로 내 눈 앞에 놓여 있었다. 내 인생의 작은 조각들을 볼 수 있는 눈이 내게는 없었던 것이다. 나는 외부적인 영향력이 내 안에서 상호작용하며 독특한 방법으로 내 삶에 영향을 주고 있는 것이 분명하다고 깨달았다. 하지만 그것들이 내 존재의 원인이 되지는 못했다. 그리고 내 미래를 결정하는 데 반드시 필요한 것도 아니었다.

돈 리소Don Riso와 러스 허드슨Russ Hudson이 함께 진행하는 에니어그램 훈련 첫날 밤, 처음 30분에 역사는 이루어졌다. 나는 나 자신과 고객들을 위한 통찰력을 갖고 싶어서 이 훈련에 참석하겠다고 이미 결심했었다. 보이지 않는 손이 내 어깨를 만지며 나를 부드럽게 흔들고, 확실한 음성을 들었을 때, 이런 경험에 익숙하지 않은 나는 무척 놀랐다. 그 음성은 '이것은 너의 일이다. 이것은 너의 일이다.' 라고 말했다. 눈물이 흐르고 나는 무슨 뜻인지도 모른 채, '네' 라고 답했다.

시간이 흐르면서, 나는 내면을 보고 사는 내 태도에 무언가 착오가 있다는 것이 분명해졌다. 나는 실제로 내면의 실체를 잘못 파악하고 있었던 것이다.

나는 내면의 감정과 사고와 생각들을 내적 경험의 진실로 해석했어야 한다는 것을 깨닫기 시작했다. 그것은 아니었다. 내가 심각하게 진실로 받아들이는 것이 실은 내 성격의 조건화된 반응이라는 사실은 무척 놀라웠다. 그것은 아니었다. 내가 성격 이면에 존재하는 엄청난 비밀 영역을 놓치고 있음이 분명해졌다. 나는 인생의 여정 한 가운데 있다. 조금씩 깊이가 더 해 가면서 나는 경험적으로 풍성한 삶을 배워가고 있었다.

인생은 해석이 필요하다. 나의 아버지는 농부였고, 아마추어 역사가였다. 우리 집에는 늘 아이오와 지역의 역사 잡지Palimpsest, A History Magazine of Iowa들이 있었다. 부모님이 돌아가셔서 집을 정리할 때쯤, 이 잡지의 진가를 발견했고, 단어 하나하나의 의미에 매료되었다. 팔림세스Palimpsest(역자: 씌어져 있던 글자를 지우고 그 위에 다시 쓴 양피지)는 두꺼운 담황색 종이로 만들어졌으며, 후속 기록을 위한 여백을 만들기 위해 일부 기록이 지워지기도 했다. 하지만 지워진 부분은 확실하지 않아서 연구자들에게 초기 문서를 번역하고 해독할 숙제로 남겨졌다.

어쩌면 우리 인생도 이 역사책과 비슷하다는 생각이 들었다. 삶에는 여러 가지 단면이 있다. 밖으로 밀려난 부분도 있고, 붙어 있는 것도 있으며, 완벽하게 숨겨진 영역도 있다. 역사책과 개인의 인생 사이에 놓인 평행선은 여러 의문을 품은 채 계속 되기 마련이다. 우리 인생의 단면에는 어떤 내용이 적혀 있을까? 누가 써 내려간 것일까? 어떤 부분이 드러나야 하고, 어떤 부분이 감춰져야 할까? 계속되는 질문과 함께 나는 어느덧 두려움의 영역으로 따라 들어가고 있었다.

딥 리빙의 실체

「에니어그램 코칭」Deep Coaching: Using the Enneagram as a Catalyst for Profound Change이라는 책을 쓰게 된 것과 딥 코칭 연구소Deep Coaching Institute에서 전문가들을 가르칠 수 있었던 것은 엄청난 기회였다. 나는 가르친 만큼 배웠다고 확신한다. 그 책이 발간된 이후, 나는 책의 지침서를 써달라는 권유를 받았다. 바로 안내서로써 이 책을 쓰기 시작하게 된 이유이기도 하다. 하지만 이 책은 내가 원하던 방향으로 흘러가지 않았다.

연구과정에서 많은 사람들과 솔직한 대화를 나누면서 나는 내면과 겉으로 드러난 삶이 일치하지 않은 것이 일반적인 경험임을 깨닫게 되었다. 우리 삶은 겉으로 보기에는 달라 보일 수 있어도, 내면의 경험은 거대한 인간 여정의 한 부분일 뿐이다.

나는 세계적인 명성을 가진 학자들과 함께 한 연구와 나의 내면 탐색에서 발견한 것들 덕분에 삶의 의미가 분명해지고, 딥 리빙으로의 접근이 확실해졌다. 딥 리빙은 다음과 같은 내용을 의미한다.

- 심오한 진실을 발견하고 치유하기 위해 인생의 역사적 줄거리 안으로 들어간다.
- 중독성이 강한 것들로부터 벗어나기 위해 충분한 인식을 갖는다. 이는 우리를 우리 자신으로 있게 하는 생각이기도 하다.
- 우리의 자아 이미지 이면을 경험한다.
- 깊은 지성에 도달하기 위해 타고난 능력을 계발한다.
- 인생 여정을 받아들이고 연민을 갖는다.
- 우리를 놀라게 할 만한 인생의 역설과 소수의 의견에도 마음을 연다.
- 우리의 참된 본성을 발견한다.

이 책을 쓴 이유

나는 항상 우리 모두가 참여하는 인생 여정과 인간의 정신세계에 대해 경외심을 갖고 있다. 나는 가끔 인생의 일부분인 고통 때문에 슬퍼하기도 하고, 참된 본성의 훌륭함으로 인해 기뻐하기도 한다. 그리고 모든 사람은 이 훌륭한 본성을 갖고 있다는 것을 알고 있다.

지구상의 모든 사람은 치유 받고 영혼의 사명을 완수하며 자신의 정교하고 아름다운 특성을 표현하기 위해 여기에 왔다. 이는 태어나면서부터 얻은 당신의 권리이다.

내가 생각하기에 에니어그램은 변화를 위한 가장 심오한 체계이다. 당신이 오랜 시간 명상을 하며, 인간의 마음을 공부하고 치료를 해왔든지, 아니면 자기인식과 변화라는 영역의 초보자든지 상관없이 에니어그램은 다른 도구로는 쉽게 얻을 수 없는 명확한 통찰력을 제공해 준다. 당신이 영혼의 여정에서 어디를 지나고 있든지, 당신이 심리 치료를 위해 어떤 도구를 사용하고 있든지 상관없이 에니어그램은 당신의 잃어버린 조각을 찾아주고, 당신이 발전하도록 도와줄 것이다. 이 책은 개발하고 인식하며 발전하는 과정을 통해서 에니어그램을 해석하고 통합한다.

우리가 소위 악한 것이라고 부르는 것을 만날 때, 우리는 관계 변화와 새로운 이해의 관점에서 우리 자신을 다시 정립하고 경험하기 시작한다. 우리는 빈번한 짧은 경험을 통해 우리의 확장된 본성을 경험하게 된다.

내가 이 길을 가면서 배운 것은 모든 인생은 마음 속 깊은 곳으로 들어가, 우리 마음을 열고, 그 안에 무엇이 있는지 분명하게 보도록 만드는 위대한 초대라는 것이다.

나는 당신의 인생 여정의 동반자로서 이 책을 썼다. 먼저 당신 영혼의 여정에 깊은 경의를 표하며, 당신이 알고 있는 모습 이면의 자신과 만나는 자리에 당신을 연민으로 초대한다. 진심으로 당신의 모습 전부를 환영하며, 이 책이 당신 자신을 만나고 당신의 소중한 가치를 깨닫는 변화의 여정이 되기를 사랑과 연민으로 소망한다.

록산느 하우 머피Roxanne Howe-Murphy
Santa Fe, New Mexico

서론

자신의 내면에서 일어나는 일에 대해 진성으로 솔직한 사람이 있을까? 겉으로는 자신감이 있어 보여도 실은 불안하고 두렵다는 것을 편하게 나눌 수 있는 사람이 있을까? 겉으로는 일상을 잘 조율하며 사는 것처럼 보여도 다음 단계는 뭘 해야 할지 감도 못 잡고 있다는 것을 털어놓는 사람이 있을까?

자신의 내적 경험을 알고 받아들이며 연민을 갖는 것이 안전하다고, 그리고 역설적으로 그렇게 하는 것이 자기 자신과 더 깊은 관계를 맺게 해줄 것이라고 알려주는 사람이 있는가?

우리 대부분은 감정적 혹은 영적인 고통이나 기쁨의 순간을 포함하는 내면의 삶을 인식하고 인정해주는 가족이나 공동체, 문화 속에서 성장하지 않았다. 개인의 영적인 길을 탐색하고 개발하는 것이 일상생활에서 드러나는 계획이나 활동, 관계, 성취, 도전만큼 중요하다는 것을 제대로 배우지 못했다. 그 결과, 우리는 내면세계의 존재를 부인하거나 또는 겨우 유지하려고 애쓰면서 피상적으로 살아가도록 배웠다.

불행하게도, 내면세계와 외부세계를 구분하는 것은 우리에게 외롭고 소외된 감정을 느끼도록 만든다.

성인 능력 계발의 관점에서 삶의 외적인 면에 초점을 맞추는 것은 경력을 쌓고, 관계를 맺으며, 배우자를 찾고, 가족을 부양할 때 중요한 역할을 담당한다. 사실, 우리는 세상에서 자신만의 길을 걷고, 자기 자리를 찾으며, 가능한 임무를 완수하고 행복해지고 싶어 하지만 그것은 어려운 일이다.

하지만 어느 순간, 마음 속 깊은 곳에 있는 내면의 삶과 영혼에 관심을 둘 때가 찾아온다. 이러한 변화의 시기는 보통 중년에 찾아오지만, 20~30대나 혹은 그 이전에 내면 탐색에 이끌린다 해도 이상한 것은 아니다. 예상치 못한 위기나 생명을 위협하는 질병에 걸릴 때, 어떤 사람들은 임시방편적인 치료보다는 실질적인 무언가를 찾기도 한다.

아직 서구 문화는 외적 요인으로부터 벗어나 내적인 것을 추구하는 삶의 변화를 지지하지 않으며 우리에게 준비하라고 하지도 않는다. 존경받는 성 프란시스코 사제인 리차드 로어Richard Rohr는 이것을 '인생의 전반기 문화'라고 불렀다. 자신의 깊은 본성을 발견하고 전인적인 존재로서 인간을 개발하기 위해 필요한 것과 사회의 외적인 우선순위 사이에는 심각한 불균형이 존재한다.

대부분의 사람들이 모든 인간은 이러한 경험을 공유하고 있다는 사실을 알지 못한 채, 자기 내면에서 외롭다고 느끼는 것은 그리 놀라운 일은 아니다. 우리의 마음이 상처받고 영혼이 굶주리고 있다는 사실은 통계가 보여준다. 40세에서 59세 사이의 중년 여성의 23퍼센트가 항우울제를 복용하고 있으며, 이는 다른 연령대나 남성보다 높게 나타나고 있다.

미국인 여덟 명 중에 한 명은 술이나 마약과 관련한 심각한 문제를 갖고 있다. 과도한 업무, 달리기, 쇼핑, TV 시청, 도박, 폭식이나 다른 사람을 따라 하는 행동 같은 중독성향이 있는 행동들은 당연하게 여겨지기도 하고, 어떤 상황에서는 심지어 기대되기도 한다. 그들은 그렇게 할 수 있고, 실제로 빈번한 행동으로 많은 손해를 보기도 한다. 소외되고 외롭다는 느낌은 스트레스를 불러온다. 스트레스와 신체적, 감성적, 정신적 질병 사이에 밀접한 관계가 있다는 것은 잘 알려져 있다. 그러나 이런 통계보다 더욱 중요한 것은 이런 질병들이 실제 사람들의 인생과 주변 사람들의 삶, 심지어 이 세상에 얼마나 심각한 영향을 미치고 있는가 하는 것이다.

분명한 것은 우리의 내적인 삶과 외적인 세계에 구분을 짓는 것은 나 자신이나 타인과의 진정한 관계를 형성하는 것으로부터 더욱 멀어지게 한다는 것이다. 결국 우리는 이른바, 고갈된 영혼이 된다.

동시에 우리에게는 어떻게 하면 더 나은 삶을 사는지에 대해 조언하는 수많은 책과 프로그램, 그리고 전문 강사들이 있다. 분명히 영적 각성을 향한 요구는 무시되지 않을 것이다. 그래서 결국 어떤 일이 일어나는가? 고갈된 영혼이 깊은 내면의 평화로 가는 길을 이해하는 데에 우리가 놓치고 있는 것은 무엇인가?

새로운 대화를 위한 역사적 시간에 도달했다

대부분 사람들은 자신이 누구인지 알고 싶어 하며 자신 안에서 편안함과 온전함을 누리고 싶어 한다. 우리 모두는 사랑하고, 사랑받기를 원한다. 이러한 깊은 열망을 최선의 상태로 만들고 싶은 것이 우리의 본성이다. 우리의 성격은 우리를 행복하고, 충만하며, 편안한 상태로 만들기 위해 열심히 노력하고 있다. 그러나 문제가 있다. 성격은 이러한 과정이 어떻게 진행되는지 알지 못하고, 심지어 현실에 기초한 어떠한 만족감도 만들 능력이 없다.

우리는 성격을 새롭게 이해해야 한다. 성격의 정체가 무엇이며, 어떻게 작용하고, 자신을 어떻게 보여주며, 우리를 어떻게 바보로 만드는지, 내면의 평화를 경험하는 것을 어디서 도와주며, 어디서 방해하는지 새롭게 이해해야 한다. 아마도 가장 중요한 것은 우리 자신이 우리 성격과 어떤 관계를 맺고 있는가 하는 것이다. 나의 관점으로는 영혼의 갈망을 해결하려는 자신의 노력이 실패한 원인은 이 과정의 부산물이 무의식과 성격의 거짓 개념에 바탕을 두고 있기 때문이다. 많은 경우에 있어서 성격은 없애거나, 고치거나, 초월할 수 있는 것으로 오해하고 있다. 이런 잘못된 생각에 기반을 둔 스스로의 노력은 오히려 의도하지 않은 엄청난 고통을 가져 온다.

자기 자신과 의미 있고, 실제적이며, 긍정적인 관계를 맺고 경험하는 것은 성격의 본성을 얼마나 정확하게 이해하는가에 달려 있다. 영혼의 깊은 갈망에 대한 열쇠는 이러한 환상적이고 놀라운 자기 탐색의 과정에서 찾을 수 있다.

'성격과의 관계를 이해하는 것' 의 진정한 의미를 알기는 쉽지 않다. 첫째, 내가 유추했듯이 성격을 갖고 있다는 것의 의미에 대해서도 여러 의견이 있다. 나는 이 책에서 밝힌 혁명적인 관점으로부터 나만의 것을 발견했다. 그리고 당신도 이전에 갖고 있던 개념들이 뒤집힐 것이다.

둘째, 성격의 예측 가능한 패턴을 규명하는 정확한 지도 없이는 성격이 나타나는 광범위한 영역에서 당신이 누구인지 의심 없이 경험하는 것과 성격 자체를 구분하기는 어려운 일이다. 이 책은 당신으로 하여금 지금과는 다른 관점으로 성찰하도록 만든다. 이 책은 성격이 무엇이고, 무엇을 만들며, 성격과 당신의 관계가 당신 내면의 평화와 온전함에 어떤 영향을 미치는 지에 대해 다룰 것이다.

에니어그램은 인간이라는 존재의 심리적, 영적 여정에서 심오한 지혜를 찾게 해 주는 독특하고 명확한 지도이다. 이 뛰어난 도구를 통해 당신은 자신을 참된 본성의 한 부분으로 받아들이며, 당신의 실체에 대한 통찰력을 얻게 될 것이다.

당신은 인간의 아홉 가지 성격 유형들 또는 원형들archetypes을 알게 될 것이다. 각각의 유형은 특정한 경험에서 우세한 개인의 특성과 재능 그리고 고통의 원인 등에 대해 설명하고 있다.

인간의 아홉 가지 유형 각각은 자기만의 핵심 신념core belief, 두려움fears, 회피avoidances, 고착된 사고fixed idea, 그리고 내면의 비평가inner critic에 대한 독특한 취향을 갖고 있으며, 이러한 것들이 현실에서 정확히 어떻게 작용하는지에 대한 분명한 관점을 갖고 있다. 이를 통해 당신은 외로움과 분리의 느낌을 만드는 정신mind과 감정의 패턴을 발견하게 될 것이다. 이러한 모든 역동성은 특정하게 왜곡되고 제한적인 자기 이미지를 만들며, 결국은 특정한 형태의 안정적이지 못한 인간을 만든다. 이러한 경험은 너무 일상적이어서 우리가 이런 불안함의 고통을 회피하려고 얼마나 많은 힘을 쏟는지 조차 알아채지 못하게 한다.

우리는 에니어그램을 통해 다양한 경험을 탐색하게 되며, 우리의 깊고 참된 본성의 일부분인 심오하고 근본적인 특성들을 발견하게 된다. 아홉 가지 유형의 심리적이고 영적인 여정에서, 우리 각자는 영혼의 위대한 재능과 축복을 반영하는 독특하고 포괄적인 특성들이 드러날 것이다. 이러한 자질들을 통해 우리는 우리의 신성divine, 사랑loving 그리고 아름다운 본성exquisite nature에 근본적으로 연결되는 경험을 하게 될 것이다. 놀랍게도 우리는 인간의 다양한 경험을 통해 신성으로 가는 입구를 발견하게 될 것이다.

에니어그램을 통해 자신을 더 깊이 인식하고 이해하는 진정한 가치는 당신의 여정에서 당신이 관련된 유형을 찾는 것부터 시작한다는 것에 있다. 에니어그램의 근본적인 탁월함은 우리를 특별한 치유와 통합의 길로 초대한다는 것이다. 서로 다른 방식으로 표현되는 아홉 가지의 다른 삶의 차원이 있기 때문에 온전함과 충만함으로 가는 길이 단 하나일 수는 없다. 아홉 가지 유형은 내면의 삶을 인식하고 받아들이는 독특한 반응을 요구한다. 따라서 각각의 반응에 부합하는 아홉 가지의 길이 있는 것이다.

이 책은 낯설지만 흥미로운 방법으로 당신 자신을 바라보도록 도와준다. 이 책을 읽고 나면 그동안 친숙하면서도 거의 언급된 적이 없었던 당신 내면의 삶이 당신에게 이해와 사랑을 가져다주는 것과 같은 깊은 만족을 느낄 것이다.

우리가 감히 진실을 마치 경험한 것처럼 말할 수 있는 것은 우리가 본 것을 판단 없이 깊이 느낄 때라고 믿는다. 우리가 도전과 고통, 의심, 두려움, 간절한 소망과 꿈을 갖고 내면의 경험을 인식하고 나면, 우리는 우리가 혼자가 아니라는 것을 알게 된다. 우리가 지금 있는 곳이 우리가 앞으로 항상 있을 곳은 아니다. 솔직함과 연민으로 당신 자신을 마주할 때 얻게 되는 심오한 자유가 있다. 우리의 모든 경험은 그 곳에 무엇이 있든 우리를 내면의 깊은 곳으로 초대하고, 결과적으로 내면세계의 놀라운 지성을 받아들인다는 것을 발견한다.

나의 바람은 이 책이 당신 자신에게 더욱 친절하고, 더욱 연민을 갖도록 영감을 불러일으키며, 그 결과 다른 사람들에게도 똑같이 대하도록 하는 것이다. 친절과 연민은 이 세상에서 근본적으로 필요한 것이며, 우리 각자에게 치유와 변화가 일어나게 하는 기본적이고 독특한 요소인 것이다.

딥 리빙 접근법

딥 리빙 접근법은 당신이 자신과 더욱 깊이 연결되도록 돕는 네 가지 요소를 통합하고 있다.

1. 지혜의 체계, 에니어그램

에니어그램은 고대의 심오한 지혜의 체계이다. 연민으로 정확히 자기를 이해하고, 인식하며, 수용하기 위한 수단이다.

그것은 삶에 존재하는 주요한 패턴을 보여주는데, 어떤 것은 보편적 세상의 기본적인 표현이며 어떤 것은 우리 삶에서 문제를 일으키는 것들이다. 에니어그램을 최대한 이용하기 위해서는 당신에게 우세한 에니어그램 유형을 찾는 것이 중요하다. 당신의 경험과 친숙한 두세 가지 유형에 가능성을 두고 범위를 좁혀가며 찾는 것이 좋다.

2. 딥 리빙의 지향성

이 책은 스스로 돕거나 스스로 개발하는 것 이상의 지향성을 제시한다. 여기서 받아들이는 관점은 우리가 알고 있는 자신보다는 존재의 확장된 느낌과 삶의 신비를 지향한다. 그것은 지금, 여기에서 직접적으로 삶을 경험하는 것에 근거를 두고 있다.

이 책의 기본 방향은 당신에게는 잘못된 것이 없다는 것이다. 이러한 원리는 성격의 작용 방법과 참된 본성과의 관계에 대한 이해를 바탕으로 뿌리내리며 실체를 느끼기 시작한다. 에니어그램은 성격과 본성과의 관계를 아름답게 조명해주고, 당신의 충만한 본성을 완전히 파악하도록 돕는 지혜이다. 이 책은 다양한 인간 경험에 대해 실용적이고 근본적인 연민을 갖고 있는 목소리이자 도구이다. 당신에게는 잘못된 것이 없다는 원칙은 변화의 과정에 대한 우리의 생각에도 영향을 미친다.

당신에게 기본적으로 잘못된 것이 없다면 자신에게는 바꿀 것도 없다는 이 개념은 급진적이지 않다면 이질적인 사고이다. 일반적으로 서구의 사고방식은 상황을 다르게 만드는 행동을 하는 능동적인 관점을 선호한다.

이 책은 우리가 생각하는 잘못된 것을 찾아내기보다는 새로운 방향으로 우리를 이끌어준다. 우리 자신에 대한 접근법이 바뀔 때, 그리고 변화 과정 자체에 대하여 새로운 관점을 가질 때, 무언가 중요한 것이 우리 의식 속에서 일어난다. 그리고 이것은 우리에게 문제가 될 만한 모든 것과 우리 자신에 대한 새로운 관계의 기초가 된다.

3. 일상에서 활용할 수 있는 실용적인 도구의 집합

이 책은 당신 자신을 향한 새로운 지향성을 지지하는 많은 도구들을 제공한다. 이는 궁극적으로 인생 자체와 타인을 향한 당신의 지향성에도 영향을 줄 것이다.

이러한 도구들은 처음에는 간단하거나 쉬워 보일 수 있다. 물론 그것들은 단순하지는 않지만 단순성을 내포하고 있다. 겉으로는 단순해 보여서 도구들을 무시하기 쉬울 수도 있다. 우리에게는 '아, 나는 사용 방법을 벌써 알아 버렸어.' 라고 말하며, 우리의 집중력을 분산시키려고 하는 부분이 있다. 그러나 당신이 여기에 제시된 자기관찰self-observation 능력의 계발, 호기심, 근본적인 연민radical compassion, 진실고백truth-telling, 과정의 신뢰 등과 같은 기본적인 도구들로 작업할 때, 당신 자신에게 무엇이 일어나는지 보라. 의심의 여지없이, 당신의 인생은 결코 이전과 같지 않을 것이다.

4. 치유와 깨달음awakening의 과정

이 책은 현존presence의 능력을 계발하는 데에 바탕을 둔다. 현존은 현실에서 일어나는 매순간의 경험과 연결되어 있다. 우리는 세상을 자신의 성격이라는 렌즈를 통해 보기 때문에 현존하고 있다고 착각을 한다. 따라서 일반적으로 우리는 현존하고 있지 않음을 알아차리지 못한다. 이 책을 통해, 우리는 현존을 위한 내면의 능력을 차근차근 쌓아간다. 본질적으로는 당신이 습관적으로 주의를 두는 곳이 어디인지 인식하도록 하며, 그런 후 진실true과 실제real와 관계를 맺는 경험에 주의를 두도록 새로운 방향을 제시한다. 이는 당신이 삶을 인식하는 일반적인 방법으로부터 자유로워지는 느낌을 경험하게 하는 신경생리학적인 변화를 만든다.

위의 4가지 요소가 인생에서 엮여나갈 때, 당신의 인생에서 의미 있는 것들과의 관계를 재정립하며, 결과적으로 그러한 관계의 변화를 가져온다. 당신은 이 책을 통해 모든 과정을 지켜볼 것이다.

이 책은 독자들의 요청으로 내가 앞서 쓴 「에니어그램 코칭」이라는 책의 후속으로 기획되었다. 에니어그램 코칭은 에니어그램을 도구로 하여 주로 개인이나 소그룹으로 상담하는 자기 계발 상담자나 코치들을 위한 것이다. 이 책도 유사한 구조를 갖고 있고 일부 내용은 그대로 싣기도 했지만, 이 책은 나 자신의 심층적인 계발과 이해를 바탕으로 개인적이고 전문적인 경험을 반영해서 범위를 넓히고 새로운 자료도 포함시켰다.

이 책은 나의 코칭 고객들과, 딥 코칭 자격증 프로그램Deep Coaching Certification Program의 전문가들, 그리고 내 강의와 워크숍에 참여한 사람들과 함께 작업했다. 책 전반에 걸쳐 사람들의 경험을 바탕으로 많은 예화가 들어 있다. 대부분의 예화에서, 비슷한 배경과 과정을 거친 사람들의 작업을 통합해서 정리했으며, 비밀 보호를 위해 가명을 사용했다.

딥 리빙의 구성

(이 책은 1부, 2부, 3부의 세 부분으로 나뉜다.)

나는 당신이 먼저 이 책의 1부 당신의 새로운 세계를 향하여Orienting to Your New World를 읽어보고, 당신의 에니어그램 유형을 찾아보기를 권한다. 1부에서는 2부와 3부에서 언급하는 적용을 위해 필요한 기본 원리와 방향을 제시하고 있다. 여기에서 당신은 중요한 관점을 만나게 된다. 성격의 본성이 무엇인지, 또한 성격이 어떻게 당신이 바라는 선한 방향의 반대로 작용하는지 이해하기 위한 변화의 과정을 경험하게 될 것이다. 이러한 작업을 위한 중요한 도구는 4장에서 다루기로 한다.

2부에서는 성격 구조의 개요를 설명하는 빙산 모델Enneagram Iceberg Model을 먼저 제시한다. 이어지는 아홉 개의 장에서는 인간 조건의 본성에 관한 통찰력과 특정 유형에 속한 개인의 의식 세계에 대해 다룬다. 각 유형에 대한 설명을 읽으면서 당신과 친숙한 유형의 면면을 당신의 삶에 반영해 보기 바란다. 각 유형에 관한 사례연구와 적용은 인생을 살아가는 아홉 가지 서로 다른 방법을 배우고, 당신 자신에게 일어나는 실제 경험을 이해하는데 무척 유용할 것이다.

3부 삶을 위한 변화Change for Life에서는 당신의 영적인 여정을 돕는 더 많은 도구와 실제적인 적용들을 제시한다. 15장에서는 우리 자신으로부터 벗어나는 방법을 이야기하고, 궁극적으로 자신을 향해 나아가는 전략을 설명한다. 16장에서는 현존을 경험하고 평안한 삶을 위해 내면의 능력을 개발하기 위해 필요한 세 가지 초점을 탐색한다. 17장은 누구나 경험하고, 갈등과 고통의 원인이 되는 내면 비평가에 초점을 맞춘다. 이 장에서는 당신이 내면 비평가를 인식하도록 돕고, 이에 따른 부정적인 결과에 대해 관계에 변화를 주는 전략을 배우게 된다. 마지막 장은 책의 주요 주제를 통합하고 정리하면서, 당신의 관심이 당신의 확장된 본성을 향하도록 유도한다. 그 가운데 당신은 보다 많은 유용한 전략들을 발견하게 될 것이다.

당신이 스스로 이 책을 찾았든지, 혹은 코치나 다른 전문가에게서 추천을 받았든지, 나는 이 책이 당신에게 안정감을 주고, 이해의 폭을 넓히며, 당신이 활용 가능한 현실적이고 희망을 주는 감각을 제공하기를 바란다. 나는 당신이 이 책을 시간이 날 때마다 읽으면서 당신의 참된 본성을 기억하게 하는 새로운 무언가를 찾기 바란다. 나는 이 책이 당신의 호기심을 일깨우고, 당신의 영적인 여정을 지지하며, 자신과 타인에 대한 연민을 불러일으키고, 당신의 영혼에 충분한 양식을 공급하게 되기를 마음 모아 간절히 소망한다.

1부

당신의 새로운 세계를 향하여

부1

1장

참된 자신이 되라는 충고를 받아들이기

앤Anne은 희망과 체념이 섞인 복잡한 감정을 드러냈다. 그녀는 지난 수 년 동안 자신만의 사업체를 갖기를 원했지만, 다른 일과 그에 따른 책임감으로 사업체를 만드는데 집중하지 못했다는 것을 알게 됐다. "나는 계속 힘을 내야하는 상황에 너무 지쳤어요. 그리곤 또 몸부림치죠. 전 수없이 노력했어요. 뭐가 문제일까요?"

낙관적인 성격의 죠슈아Joshua는 다른 사람들에게 관심을 갖는 긍정적인 남자이다. 그의 친구와 동료, 식구들은 그가 일을 제대로 하는 믿을 만한 사람이며, 늘 웃으면서 일 한다고 알고 있다. 하지만 그는 이렇게 털어놓은 적이 있다. "내 기억으로는 내가 다른 사람들에게 베푼 관심이 그대로 돌아오지 않을 때, 상처를 받곤 했어요. 그래서 그들을 기쁘게 하려고 더욱 노력했지요. 내 안에 피하고 싶은 무언가가 있다고 느껴지는 건 왜 일까요?"

엠마Emma는 40대 초반부터 영성 수련회에 자주 참여했다. 그녀의 책장은 자기계발 서적으로 꽉 차있다. 그녀는 53세가 되면 자신의 인생이 편안해 질 수 있을지 궁금해 했다. 그녀는 약간 우울한 가운데, 엄청난 자기비판을 쏟아내면서 이렇게 고백했다. "아마도 나는 지금보다 더 나은 상황을 기대할 수 없을 거예요. 이것이 전부일까요?"

세실Cecil은 다수의 석사 학위와 몇 개의 전문자격증을 가진 박사다. 직장에서 그녀는 경영자 위치에 있었고, 덕분에 그녀와 가족에게 우아한 삶이 제공되었다. 그러나 대중적인 이미지와 달리, 그녀는 뭔가 놓친 것 같은 느낌을 오래 동안 가져왔다. 그녀는 점점 커지는 내면의 공허함 때문에 속도를 늦추기는 싫었지만, 그래야만 한다는 것을 알았다. "저는 바뀌어야 한다는 것을 느끼지만, 그게 뭔지 잘 모르겠어요. 괜히 두려워서 죽을 것 같아요."

인간 경험의 표현

네 사람의 삶을 잠깐 들여다보는 것만으로도 우리는 인간 존재의 일부인 미지의 영역에 관해서 비슷한 갈등과 풀리지 않는 문제, 다양한 감정과 의문들이 있다는 것을 인식하게 된다.

과학기술이 하루가 다르게 발전하고, 15개월에서 18개월마다 지식 기반이 두 배로 늘며, 매주 수백 가지의 신상품이 시장에 펼쳐지고, 평범한 사람들이 우주로 가는 시대에 살고 있으면서도 정작 우리는 인간 존재에 대해서는 너무 모른다. 우리의 공동 관심의 대부분이 바깥 세상을 발견하고, 이해하며, 만들고, 구축하며, 통제하려는 욕망을 채우는 동안 내면의 세계는 점점 굶주려가고 있다.

이런 불균형 가운데 인생은 자동적이고, 기계적이며, 압도되는 느낌으로 흘러간다. 무언가로부터 도망치고 싶기까지 하다. 하지만 도망치고 싶은 그 대상은 무엇일까? 우리의 내면이 살아있다는 기쁨과 부드러움은 이미 굳은지 오래다. 우리는 점점 빡빡해지며, 무거워지고, 움츠려들며, 피곤해지고 있다. 내면 세계에 대한 관심과 인식이 부족한 상태가 계속되면 우리는 내면 안에 있는 두려움을 키우게 된다.

이러한 왜곡은 인생과 인간 공동체의 모든 영역에 영향을 준다. 사람들은 상처받지만, 왜 상처받았는지 이해하지 못한다.

그래도 좋은 소식은 이렇게 계속되는 인생의 불균형을 피할 수 있다는 사실이다. 이러한 불균형이 계속 되어서는 안 된다.

깨달은 존재로의 초대

나는 이 땅에서 소중한 시간에 무엇인가 하는 것에 관해 좋은 느낌을 원하며, 긍정적인 기여를 하고 싶어 하는 사람들과 항상 대화한다. 그들은 인생의 커다란 의문을 품은 채, 진정한 만족을 주지 못하는 갈등에 대한 해결책을 찾으려고 노력하고 있다. 굳이 어떤 특정한 표현을 쓰지 않아도, 그들은 내면의 편안함을 원하고 있다.

어떤 사람들은 무척 쉽게 인생을 살아가지만, 대부분은 인생이 자기가 원하는 대로 움직이지 않는다고 생각한다. 사람들은 무언가 놓치고 사는 것이 있다. 어떤 사람들은 자신이 잃어버린 것과 인생의 표리부동을 드러내기도 한다. 또 다른 사람들은 인생이 소유에 있는 것이 아니라는 것을 직관적으로 알고, 깊은 충만감을 경험하고자 한다.

대부분의 사람들은 내면에서 상반되는 에너지가 서로 끌어당기는 것을 느낀다. 한편으로 그들은 내면의 힘, 연민, 기쁨, 감사, 용기나 내면의 평화 같은 영혼의 고차원적인 특성들을 진실하게 드러내는 것에 이끌린다. 하지만 다른 한편으로는 자신을 반대 방향으로 끌어내리는 익숙한 경험을 반복적으로 느끼기도 한다. 그들은 가끔 자신을 실망시키고 당황하게 하는 행동도 한다. 우리는 어떻게 내면의 양극단을 경험하는 것일까?

많은 역설 중의 하나는 모든 사람들이 삶의 결정적인 전환점에서 외로움을 느낀다는 것이다. 사람들은 단지 몇몇 사람들에게만 이해받을 것 같은 비밀스러운 자아 개념을 숨기려고 노력하지만, 실제로 모든 사람들이 이와 같은 방식으로 느끼고 있다. 마치 새로운 연인에게 자기의 좋은 모습만 보여주고 싶은 것처럼 우리는 내면을 수용 가능한 모습과 그렇지 않은 모습으로 구분해 놓는다. 내면에서 일어나는 진정한 삶의 경험을 잘 털어놓지 않기 때문에, 다른 사람들은 나와 다른 경험을 한다고 여긴다. 따라서 당신은 혼자라고 느끼기 쉽다.

하지만 당신은 결코 혼자가 아니다.

고금을 막론하고 심리학적 이해를 바탕으로한 영적인 가르침들은 원치 않는 자신의 모습을 외면한 결과로 나타나는 피할 수 없는 고통과 소원estrangement함에 대해 말하고 있다. 본성적으로 받아들여지는 것과 받아들여지지 않는 것 사이에서의 내면의 분열은 무엇인가 본질로부터 단절된 존재로서의 보편적인 경험을 갖게 한다. 역설적이게도 우리가 어떻게든 피하려고 하는 단절의 경험은 오히려 우리를 치유와 온전함의 길로 곧바로 인도한다.

이러한 치유의 길에 들어선다는 것은 개인적인 경험이지만, 단순히 개인적인 인생 여정이 아닌 인류 공동체가 공유하는 진화의 과정evolutionary unfolding에 속하는 것이다. 인간 의식의 지속적인 발전은 수학, 물리학, 생물학, 신경학 연구와 기술 같은 삶의 모든 단면에 반영되었다. 아울러 우리 모두에게 존재하는 깊은 상호연결성을 언급하는 고대의 영적인 가르침에도 반영되어 있다. 솔직하게 말하면 자신의 참된 본성을 발견하기 위한 피할 수 없는 충동을 경험한 사람들과 자신의 삶의 이면이 궁금한 사람들은 서로에게 던지는 솔직한 질문을 통해 계속해서 배워나가는 유익이 필요하다.

우리는 내면에 있는 폭넓은 인간 경험을 인식하거나 수용하지 못하기 때문에 우리가 그토록 찾고 있는 우리의 심오한 특성들을 자각하지 못한다. 내 안에 있는 밝은 면과 어두운 면을 모두 받아들이는 것은 온전하고 충만한 인간 존재가 되기 위한 핵심 조건인 것이다.

당신의 주의 초점

당신의 출발점은 어디인가? 탐구의 다음 단계는 무엇인가?

가끔 이렇게 묻는 사람이 있다. "나의 내면을 볼 때, 정확히 내가 찾아야 하는 것은 무엇인가요? 내가 어디를 봐야 하는 건가요?" 이러한 질문은 형언할 수 없는 '그것' 을 바라봐도, 아무것도 찾을 수 없다고 느끼는 의심과 두려움에 결부된다. 가장 큰 두려움은 거기에 아무 것도 없다는 것이다.

나는 이 오래된 이야기를 좋아한다. 이 이야기는 모든 인간이 느끼는 공통적인 딜레마를 잘 표현하고 있다.

> *한 남자가 늦은 밤에 귀가 하던 중, 나스루딘Nasrudin이 가로등 아래서 엎드린 채 무언가 찾고 있는 것을 보았습니다.*
> *"물라Mulla, 무엇을 잃어버리셨습니까?" 그 남자가 물었습니다.*
> *"집 열쇠를 찾고 있습니다." 나스루딘이 대답했습니다.*
> *"제가 도와 드리지요." 그 남자가 말했습니다.*
> *곧 두 사람은 무릎을 구부린 채, 열쇠를 찾고 있었습니다.*
> *몇 분이 지나서, 그 남자가 물었습니다.*
> *"정확히 어디서 열쇠를 떨어뜨리셨습니까?"*
> *나스루딘이 어둠 속에 팔을 뻗으며 말했습니다. "저기, 제 집 안에서요."*
> *그 남자가 펄쩍 뛰며 말했습니다. "그런데 왜 여기서 열쇠를 찾는 겁니까?"*
> *"여기가 우리 집보다 훨씬 더 밝으니까요."*

나스루딘과 같이, 대부분의 사람들은 자신이 찾고 있는 것을 발견하지 못하고 있다. 그 이유는 사람들이 자신의 주의attention를 정확히 찾을 수 있는 곳에 두지 않기 때문이다. 이는 결국 외로움과 연약함을 느끼게 한다.

이 책은 내면의 자아self와 진정으로 만날 수 있는 곳에 당신의 주의를 집중하기 위한 학습에 관한 것이다. 에니어그램으로 알려진 심오한 깨달음의 시스템을 이용하여, 우리는 당신 자신을 알아감에 있어서 안전함을 느끼고, 새로운 이해와 현시revelations의 영역으로 함께 여행할 수 있다.

인류 공동체에 태어난 인간의 한 사람으로서, 우리 각자는 특정한 방식으로 자신의 깊은 본성과 측정할 수 없는 소중한 것, 그리고 풍요로움으로부터 무의식적으로 떨어져 있다. 우리의 참된 본성으로부터 멀어지게 만든 이 움직임이 바로 우리 내면에 양극단을 만든 것이다.

내가 에니어그램으로 작업하는 것을 좋아하는 이유는 이런 움직임을 명확하게 조명해주기 때문이다. 근본적인 내면 딜레마의 이면에 있는 이유들을 알아차리고 더 많이 이해함으로써 당신은 그동안 당신이 고귀한 본성으로부터 멀어진 이유를 알게 될 것이다. 이를 통해 당신은 자신과 더 친밀한 관계를 갖게 되는 능력을 키우고, 당신 내면에 있는 놀라운 능력들을 발견하게 될 것이다.

현존 기반의 지향성 계발하기

우리 모두는 의식적으로 더욱 깨어있어야 하는 흥미롭고 도전적인 시대를 살고 있다. 우리는 어느 때보다도 새로운 깨달음과 심리적, 영적 성숙에 필요한 지원을 잘 받고 있다. 이는 일상에서 적용하고 통합할 수 있는 다양한 전략과 도구, 태도와 교육을 통해서 가능하다.

이것이 바로 에니어그램을 '선물'이라고 하는 이유이다. 당신이 에니어그램을 지혜롭게 사용하면 자신을 바라보는 진기한 방법을 알게 된다. 이는 놀라울 정도로 명확하고 지혜로운 렌즈를 통해 자신을 이해하도록 돕고, 당신이 혼자가 아니라는 사실도 깨닫게 해준다. 당신의 대부분의 에너지를 습관적으로 어디에 쏟는지 깨닫게 함으로써, 삶에 대한 당신의 지향성을 형성하는 보이지 않는 내면의 역동이 더욱 분명해 질 것이다. 아울러 에니어그램은 지금까지 살아온 당신의 인생을 이해하도록 도울 것이며 더 나아가 새롭고 더욱 효과적인 선택들이 가능해 질 것이다.

나는 학습과 계발을 위한 태도를 형성할 수 있는 세 가지 의도적인 행동으로 에니어그램의 신성한 지식을 만나기 위한 가장 적합한 방법을 찾았다.

첫 번째 행동은 그라운딩grounding이다. 이것은 당신의 호흡을 의식하고, 자신만의 자연적인 리듬을 찾기 위한 공간에 숨을 불어넣는 것이다. 이러한 간단하면서도 신중한 행동을 통해 당신은 더 안정된 느낌을 갖게 된다. 또한 그라운딩은 당신의 몸과 그 몸의 신체적 접촉을 알아차리는 것을 말한다. 예를 들어, 바닥에 발이 닿는 것과 엉덩이와 등이 의자에 닿는 것에 주의를 두면, 그 순간에 당신의 존재가 어디에 있는지 알게 된다. 그라운딩은 우리에게 필수적인 지능을 제공하여 우리가 우리의 신체 안에 점진적으로 머물 수 있도록take up residence 하는 과정이다.

두 번째 행동은 가슴heart에 주의를 두는 것이다. 당신의 가슴을 향한 친절한 태도만으로도 당신은 부드러워지고 깨어나는 느낌을 받을 수 있다. 가슴은 머리와는 다른 박자와 속도로 반응하기 때문에, 당신 자신과 새로운 관계를 계발하기 위해 당신의 가슴으로 경험하는 것에는 충분한 시간이 필요하다. 본질적으로 이 훈련은 당신 자신을 더 친절하게 받아들이는 실습이다.

세 번째 행동은 호기심을 갖는 것이다. 호기심은 당신의 정체성과 삶의 방식에 대해 질문을 던지는 데에 유용하다. 인간의 삶은 수많은 이야기로 이루어져 있고, 우리는 그 이야기가 사실이라고 믿는다. 에니어그램은 나 자신을 발견하는 놀라운 경험을 하게 한다. 우리가 오랫동안 사실이라고 믿었던 이야기가 단순히 진실이 아니라는 것을 알게 되는 경험도 포함한다. 호기심과 열린 마음은 이러한 놀라운 경험을 바탕으로 우리가 성장하는 데 큰 도움을 준다.

이러한 세 가지 행동들은 모두 함께 당신이 현존하도록 도와준다. 당신이 이 책을 통해 현존하게 될 때, 당신 내면의 무언가가 변화하기 시작한다는 것을 발견할 수 있고, 단순한 저자와 독자의 관계를 뛰어넘어 더욱 친밀한 의사소통을 할 수 있다. 이는 결국 당신의 영혼이 당신 자신과 더욱 깊이 연결되도록 자연스럽게 이끌어줄 것이다.

이것은 인간 존재로 향하고, 참된 본성을 경험하기 위한 진리에의 초대이다. 이 책은 당신이 계발하고 싶은 통찰력에 적용할 수 있는 지향성과 도구 그리고 실제 연습 방법 등을 제시한다.

에니어그램: 인간 경험의 지도

에니어그램에 관한 몇 가지 기본 사항을 언급하면서 시작해 보자. 인간 본성의 모든 면을 설명하는 체계는 없다. 아울러 인생의 모든 도전과 기회를 해결해 주는 만병통치약도 없다. 하지만 에니어그램은 엄청난 인생의 변화와 변형transformation을 지지하는 심오한 지식 체계이고 지침서이다.

오랜 시간 동안 구도자들은 인간 경험의 본질과 영적인 관계 혹은 종교적 언어로 신을 아는 것에 대한 질문을 던져왔고, 그 질문은 오늘 날에도 여전히 유효하다. 에니어그램은 인류가 공유하는 고대의 지혜로부터 전해진 심리적, 영적 구원에 대한 탐구와 함께 인간 행동과 동기에 관한 지식을 통합하고 있다. 깨달음의 기본적인 교리는 기독교나 유대 신비주의, 불교, 이슬람 신비주의 같은 주된 영적 전통에서 공통적으로 나타나고 있다.

에니어그램의 상징은 1차 세계대전이 일어나기 전, 조오지 구르지예프Georges Gurdjieff에 의해 깨달음을 위한 체계로 서구 세계에 알려졌다. 에니어그램은 우리가 잠들어 있을 때 우리가 경험하는 문제를 일깨워 주는 시스템이다. 많은 사람들이 에니어그램을 성격, 즉 유형 체계로 생각하지만 본래는 그런 관점이 아니었다.

1900년대 중반에 오스카 이차조Oscar Ichazo는 에니어그램 상징의 아홉 포인트와 인간 경험에서 발견할 수 있는 아홉 가지의 특별한 심리적, 영적 주제 혹은 질문에 특정한 관련이 있다는 것을 발견했다. 오늘날 현대 심리학적 이해와 영적인 지혜, 신경과학 분야의 연구는 지속적으로 에니어그램에 수렴되어 반영되고 있다. 오랫동안 지혜의 체계를 연구한 사람들은 에니어그램이 지속적으로 우리의 깨달음을 깊어지게 한다는 것을 발견했다.

이 책을 읽으면서, 당신의 우세한 성격 유형을 찾는 것은 당신을 알아가는 과정의 출발점이다. 이 과정을 통해 낭신은 깊은 수순에서 당신 자신과 친밀해지고, 당신의 진실하고 확장된 본성을 반영하는 진정한 경험을 하게 될 것이다.

이 고대의 체계는 앞서 언급한 인간 상태의 양극단을 보여준다. 삶의 양극단 사이에서 우리는 최적의 상태에서 최악의 상태까지, 심지어 나 자신이나 타인을 침해하는 행동까지 다양한 범위를 경험하게 된다. 에니어그램은 자신의 고통에서 자유롭게 되고자 하는 사람들이 자주 하는 다음과 같은 질문에 대한 지침도 준다. "내가 인생을 살아가는 방법에 대한 높은 이상(예를 들면, 사랑하기, 용기 갖기, 혹은 온전해지기, 감사하기)을 갖는 것이 어떻게 가능할까? 또한 내가 그 이상과 멀어지고 있다는 것을 어떻게 알 수 있을까?"

삶의 패턴

에니어그램을 통해 우리는 아홉 가지의 주요 관점이나 원형, 또는 의식의 영역이 세상에 존재한다는 것을 알게 된다. 사람에게 적용하자면, 인생에 대한 전혀 다른 아홉 가지의 지향성이 존재한다는 뜻이다.

우리 각각은 이 관점 중에 하나를 집중적으로 사용한다. 에니어그램에서는 이를 성격 유형이라고 부르고, 1유형에서 9유형까지 있다.

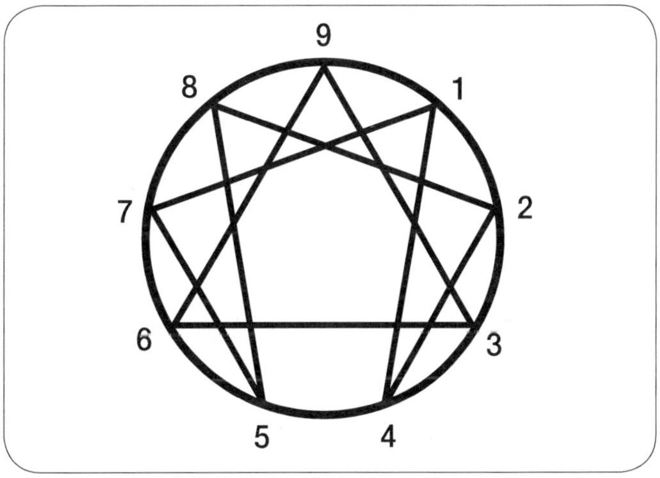

그림 1-1: 에니어그램의 상징

아홉 가지의 지향성은 각각 특별한 생각, 감정, 주의, 행동이 반복되는 특정한 패턴을 갖는다. 반복되는 패턴은 본성의 한 부분이며 삶의 전부이다. 자연스럽게 자주 나타나는 패턴은 아름답지만 불행하게도 우리가 무의식적으로 반복하는 행동, 생각, 감정적 경험은 우리를 불만족스러운 상태로 이끌기도 한다. 문제는 우리가 그 불편함의 원인을 알지 못한다는 것이다.

반복되는 패턴

에니어그램은 각 유형과 관련된 특별한 생각과 감정 그리고 행동 패턴에 대한 인식을 보여준다. 우리는 대부분 우리가 누구인지, 어떻게 행동하는지, 다른 사람들이 우리를 어떻게 본다고 상상하는지에 대한 이야기를 갖고 있다. 하지만 우리의 자아 개념self-concept은 마치 구름에 쌓여 있는 것과 같다. 에니어그램을 통해 우리 자신에 대해 알아가면서, 우리가 어떻게 보이고 싶은지와 실제로 우리가 어떻게 사는지가 다르다는 것을 아는 것은 결코 이상한 일이 아니다. 대부분의 사람들에게 가장 어려운 일은 구름을 뚫고 자신을 명확하게 바라보는 것이다.

우리의 반복되는 패턴의 기제에는 삶의 경험을 지나가는 중요한 심리학적, 영적 주제들이 있다. 만일 당신이 다른 사람들과, 다른 상황에서도 유사한 어려움을 반복적으로 경험하는 것에 의문을 던진다면, 중요한 이해의 관점을 얻을 수 있는 이면의 역동들을 볼 수 있다. 에니어그램을 경험한 사람들은 인생의 다양한 지점들을 연결하면서 자신의 삶을 이해하게 되었다고 말한다.

이러한 이면에 있는 역동들이 사람들의 유형을 정확하게 구분하는 기준이 된다. 깊은 수준에서 자신을 알아가는 것은 당신이 과잉행동을 하는 상황이나 당신에게 손해를 끼쳐가면서까지 회피하고 싶은 상황이 무엇인지 알려주는 통찰력을 제공한다.

사례를 살펴보자. 한 기업의 중역이 나에게 코칭을 받았다. 그녀는 자신의 패턴 속의 변화를 나누면서 훨씬 더 안정되었다.

> *"저는 이제 직원들의 프로젝트에 지나친 책임감을 느끼지 않기로 했어요. 그동안 제가 돕고 싶어 하는 본능을 지나치게 사용했다는 것을 알게 되었습니다. 제 돈을 들여서라도 직원들을 돌봐야 한다고 믿었거든요. 제가 생각하는 해결책을 주는 대신에 팀장들에게 필요한 질문을 했고, 약간의 지침을 제시했더니 스스로 집중해서 프로젝트를 잘 끝내더군요. 저도 스트레스가 줄고, 직원들도 좋아했습니다. 앞으로 이렇게 계속하려고 합니다. 저는 제가 제대로 하고 있다고 생각합니다."*

당신도 인생에서 한 가지 특정한 전략을 지나치게 사용하면서 불만족스럽게 만드는 한정된 범위의 자동적인 반응에 의존하고 있다는 것을 깨달았을 것이다. 이 습관적인 행동은 오히려 당신 인생의 중요한 것들을 뒤로 미루게 한다.

삶에서 강하게 나타나는 패턴을 인식하는 것은 당신에게 성격 구조를 깨닫게 만든다. 이제 당신은 자신을 명확히 볼 수 있는 놀라운 능력을 갖게 될 것이다. 어쩌면 인생에서 첫 경험일 수도 있겠다.

왜 알아차려야 하는가

왜 알아차림이 그토록 중요한가?

그것은 당신의 숨겨진 자아의 문을 여는 열쇠이기 때문이다. 그런 깨달음 없이는 대부분의 사람들은 어려움을 겪는다. 하지만 깨달음이 있을 경우에는 얼음이 녹는 것 같은 느낌이 온다. 가변성은 자연스럽고 건강한 변화를 동반한다.

성격구조의 패턴을 알아차리는 것은 또 다른 심오한 결과를 가져온다. 우리는 내면의 힘겨움과 고통을 가져오는 거짓말을 구분하기 시작한다. 이런 거짓말을 놓아줌으로써 내면의 치유와 확장된 에너지를 가져오고, 결국 우리는 그 힘으로 가장 좋아하는 일을 할 수 있다.

그리고 깨달음은 당신의 에니어그램 유형이 갖고 있는 특정하고 독특한 재능을 알려준다. 이러한 재능이 보여주는 독특한 지도는 그 동안의 일반적인 사고방식과는 완전히 반대일 수 있다. 많은 사람들이 에니어그램을 통해 더욱 현존하고 자신의 고유한 재능을 받아들임으로써 자신을 더 깊이 수용하고, 내재된 재능을 표현하는 데에 기쁨을 느끼고 그리하여 자신의 인생에서 진정한 목적을 경험하게 된다.

이러한 깨달음은 영혼을 환하게 비춰준다.

모두에게 맞는 옷은 없다

당신은 이미 수많은 자기계발 서적을 읽었겠지만 그 제안들이 결코 당신의 인생에 보탬이 되지는 않았을 것이다. 물론 그래서 실망하고 좌절했을 수도 있다. 나 역시 오랫동안 그런 책들을 모아왔다. 나도 진정한 삶을 위해 저자들의 제안을 따르려고 노력했지만 잘 되지 않을 때 오히려 기분이 울적해지기도 했다.

물론 이상할 것도 없다. 모두에게 맞는 옷은 어디에도 없다.

이 책에서 당신은 아홉 가지의 다른 옷, 아홉 가지의 다른 길을 알게 된다. 각각의 유형은 특별한 길을 걷는, 특별한 삶의 방식과 관련된 한 사람을 위해 특별한 조언을 할 것이다. 당신이 에니어그램에서 당신의 성향을 찾게 되면, 그 유형과 관련된 조언에 주의를 두기 바란다. 당신을 위한 조언과 당신의 친구를 위한 조언은 분명히 다를 것이다. 왜냐하면 당신과 당신의 두뇌는 주위 사람들과 다르게 설계되었기 때문이다.

당신에게 친숙한 생각과 행동, 느낌 그리고 반응들이 실제로 에니어그램의 특정한 성격 유형을 반영한다는 사실이 당신을 매우 놀라게 할 것이다. 단지 이런 알아차림 상태에서 당신이 비판단적인 태도를 견지하게 되면 변화가 일어나기 시작한다. 지속적인 훈련을 통해 당신의 내재된 특성들이 깨어나고, 당신은 내면의 평화를 경험하게 될 것이다. 시간이 지나면서 당신은 심리적, 정서적, 영적 자유를 누리고,

더욱 더 풍성한 삶을 살게 될 것이다.

하지만 에니어그램은 단순히 성격 유형을 이해하는 도구는 아니다. 에니어그램의 뿌리는 더 깊고 심오한 체계이다. 에니어그램은 우리의 변화를 도와서 우리가 본질적이고 참된 본성의 모습으로 살아가도록 하는 우리의 변형을 지원하는 고대의 신성한 심리학 도구인 것이다.

성격 이해와 의미

성격이라는 용어는 일상생활에서 많이 사용되며, 함축된 의미를 갖고 있다. 이 책에서 우리가 원하는 것은 온전하게 통합된 인간으로 이끄는 역동을 탐색하고 이해하며 조명하는 것이기 때문에 우리는 앞서 언급한 내면이 분열되는 원인을 이해할 필요가 있다. 에니어그램은 성격과 우리의 참된 본성과의 관계에 대해 이전에 알고 있던 것과는 근본적으로 다르게 설명하고 있다.

우리는 모두 특정한 성격을 갖고 있고, 생명이 다할 때까지 그 성격을 가지고 간다. 하지만 성격은 우리의 전부가 아닌 일부분에 지나지 않는다.

이 책을 더 읽기 전에 잠깐 다음의 질문에 대해 생각해 보자. 당신은 자신을 어떻게 묘사하는가? 당신이 쓰고 싶다고 생각하는 것을 적지 말고, 단순히 마음에 떠오르는 생각을 적어보라.

이제 답을 다 적었는가? 그렇다면 계속 읽어보자.

대부분의 사람들은 자신을 특정한 방식으로 묘사하려고 한다. 예를 들면

- 신체적 특징
- 인생에서 맡은 역할(결혼 여부, 직업 상태, 관계에서 맡은 역할: 배우자, 부모, 형제자매, 자녀)
- 좋아하는 것, 관심사, 활동 등
- 우리가 생각하는 특징, 예를 들어, 창조적이다, 용감하다, 재미있다, 감정적으로 민감하다, 철학적이다, 책임감 있다, 조용하다, 친절하다, 차분하다, 혹은 똑똑하다 등으로 묘사한다.

앞서 당신이 자신을 묘사한 답변을 다시 보라. 위에서 언급한 내용을 얼마나 활용했는지 살펴보라.

이러한 내용은 누가 봐도 알 수 있는 우리 모습을 설명하는 방법이다. 나 자신을 성격으로 규명하는 것은 무척 자연스러운 일이다. 하지만 우리는 다른 대안이 있다는 것을 깨닫지 못하고 있다.

'동일시'의 경험이란 당신의 자아 개념과 사고, 감정, 행동, 자질, 반응, 불안 등과 같이 당신이 가질 수 있는 어떤 경험들이 일상의 경험과 복잡하게 얽혀 있어서 도무지 의심을 갖지 않는 상태를 말한다. 이러한 동일시는 삶의 이야기를 구성하고 당신은 그 이야기를 믿는다. 동일시는 자아 정체감을 느끼게 하고, 진정한 자아authentic self의 반영이다.

당신 스스로 이런 말을 하는 것을 들어 본 적이 있는가? "물론, 난 걱정하고 있지(혹은 화났어, 또는 다른 신나는 일을 찾고 있어, 나부터 완벽해져야 해, 모든 걸 통제하고 싶어.). **이게 바로 나야. 어쩔 수 없지 않겠어.**"

이것이 성격을 대하는 가장 일반적인 방식이다. 당신은 아마도 성격과 관련해서 할 수 있는 것이 없다고 생각할 수 있다. 하지만 당신은 곧 무언가 할 수 있다는 것을 알게 될 것이다. 이제 우리가 성격에 대해 이렇게 생각할 때 어떤 일이 일어나는지 살펴보자.

성격과 동일시하는 것–당신의 성격이 당신이라고 착각하는 것–은 내면의 분열에 뿌리를 두고 있다. 당신이 성격과 동일시하는 정도에 따라, 그 경험이 중심을 차지하고, 그 경험 밖에는 '나' 는 존재하지 않는다. 이러한 경험과 이러한 일들이 일어나는 이유에 대해 관심을 두지 않으면, 성격과의 동일시 경향은 더 강하게 나타난다.

더 나아가 단지 어떤 개인적 특성만이 받아들여지지만, 많은 것들은 여전히 수용되지 않고 있다. 그래서 내면의 분열은 더 심화된다.

동일시한다는 것은 일상에서는 매우 복잡한 문제이다. 동일시하는 성격을 갖고 있다는 것은 특정한 환경에서는 감탄할 만큼 바람직한 특성으로 여겨질 수 있기 때문이다. 예를 들어 비전을 갖는 것은 존경받는 리더십 특성이고, 돌보는 성격은 의학 분야의 종사자들에게 꼭 필요한 특성이다. 내성적인 아이들은 외향적인 아이들이 더 좋은 평가를 받는 것을 알고 있다. 동기부여 강사는 열정이 넘치고, 긍정적이며, 동기부여가 충분히 가능한 사람이라고 기대된다. 종교 공동체에서는 겸손과 경건이 고귀한 사회 규범이다. 대부분의 문화권에서는 도를 넘어선 지나친 찬사를 받는 성격도 있다. 그래서 성격이 우리가 생각하는 우리의 기반이 된다는 생각을 더 강화한다.

인생의 여러 순간마다 당신의 성격 특성은 가족과 친구, 그리고 동료들에 의해 격려도 받고, 비판도 받으며, 조언도 받아왔다. 그들은 당신이 바로 당신 성격이라고 더욱 믿어온 사람들이다.

그렇다면 당신은 누구인가, 당신이 당신의 성격이 아니라면 어떻게 될까?

우리 자신이 기본적으로 성격이 아니라는 개념을 진지하게 고려하는 것은 충격적인 일이다.

성격과 동일시하는 것은 인생의 수많은 힘겨움과 도전을 가져온다. 인간이 어떤 의미를 갖는지 이해의 폭을 넓히는 것은 당신에게 자신과 주변 사람들 그리고 주변 환경과 관계하는 방법을 바꿀 것을 촉구한다.

인간 경험이 내포하는 무한한 가능성을 고려한다면, 우리의 전형적인 자기묘사self-description는 근본적으로 한계가 있다. 자기묘사는 당신을 어떻게 설명하든지 결과적으로는 당신의 일부를 잘라내는 것과 마찬가지다. 당신이 성격의 좁은 울타리 안에서 살고 있을 때는 골칫거리가 될 것이다.

진정한 선택을 위한 열쇠

내면의 분열을 치유하는 핵심은 당신이 내면을 아는 것knowing으로부터 오는 진정한 선택을 할 수 있다는 인식에 있다. '내 성격에 대해서 내가 할 수 있는 것은 아무것도 없어.' 라는 거짓 감각은 이러한 선택의 경험을 가로막는다.

에니어그램의 기본 가르침 중의 하나는 성격이 변하지 않는 단지 몇 가지의 특성으로 합쳐진 하나의 견고하며 고정된 실체가 아니라는 것이다. 성격은 유연한 잠재력을 갖고 있다. 이는 우리 인생에서의 여러 환경과 기회들에 대해 새롭고 신선하며 창의적인 방법으로 반응할 수 있다는 것을 의미한다.

예를 들어 우리의 평상시의 접근법은 효과가 없기에, 때로는 우리 삶에서 반복적으로 일어나는 어려운 상황에 대해 완전히 새로운 태도와 행동으로 시도해야 한다는 것을 깨닫는다. 물론 새로운 접근은 낯설고 두렵겠지만, 마음의 평화를 위해 새로운 시도가 필요하다고 당신의 내면 안내자가 말하고 있다. 그리고 아마도 보다 나은 결과를 가져올 것이다. 새로운 접근의 실험은 반복적으로 나타나는 성격의 패턴을 뛰어넘어 새로운 영역으로 들어가는 첫걸음이 될 것이다.

이러한 가변성에 대한 열쇠는 의식이다. 성격의 구조와 우리가 어디에, 왜 갇혀 있는지에 대하여 연민과 알아차림을 갖고 집중할 때, 새로운 접근법은 흥미롭고 가능성 있는 대안이 될 것이다. 신경과학이나 두뇌의 가소성에 대한 연구는 두뇌가 계속 변한다는 것을 보여준다. 따라서 당신의 신체는 성장하고 발달하며 진화하도록 구조화되어 있다. 실제로 당신은 기본적으로 가정과 직장에서 충만하고 목적 있는 삶을 만들고 즐길 수 있는 능력을 갖고 있다.

에니어그램은 성격이 실제로 무엇인지, 어떻게 작동하는지에 대한 이해의 틀을 제공하고, 우리에게 완전히 새로운 세계를 열어줄 것이다.

성격에 대한 세 가지 관점

다음은 성격에 대한 세 가지 특별한 관점이다. 각 관점은 성격 발달의 이유와 성격의 목적, 성격의 작동 원리에 대한 통찰력을 제공한다. 성격이 당신 자신이라고 생각하는 것이 얼마나 자연스러운지를 인식하게 될 때, 당신 스스로를 연민으로 바라보게 될 것이다. 성격은 온전한 당신의 일부분일 뿐임을 깨닫는 데에 도전하길 바란다.

나는 성격이 나쁜 것이 아니라고 강조하고 싶다. 성격은 이 여정에 당신을 초대한 것을 포함하여 중요한 목적들을 수행하도록 지속된다. 성격은 절대 당신의 전부가 아닐 뿐이다.

첫번째 관점: 정체성의 구조로서의 성격*(나는…이다.)*

당신의 성격은 당신이 자신을 표현하는 방법의 기초가 되는 내면의 청사진이다. 마치 건물의 건축학적 청사진이 치수와 공간의 관계, 출구 등을 포함한 여러 요소들의 구성을 통해 빌딩의 형태와 기능에 대한 기초 정보를 알려주는 것처럼 성격의 청사진은 성격의 기능을 위한 숨겨진 구조를 보여준다. 이 청사진은 다양한 요소들을 포함한다. 당신의 기호, 행동, 태도, 욕구, 두려움, 방어기제, 주요한 주의 초점 등을 보여주는데 이들 중 대부분이 일반적으로는 좀처럼 인식되지 않는다.

에니어그램의 아홉 가지 유형은 각각 자체의 건축학적 청사진과 같은 고유한 특성을 갖고 있다. 우리의 경험은 자기 지각self-perception과 타인을 인식하는 방법, 세상과의 관계 등과 같은 우리의 이야기를 만들어내는 내면 구조에 바탕을 둔다. 실제로 특별한 성격구조는 개인의 정체성을 떠올리게 하고, '이것이 바로 나로구나.' 하는 공감대를 만들어낸다.

다음 장에서 개별적으로 언급하게 될 아홉 개의 청사진 각각은 한 개인의 인생 전반에 걸쳐서 적어도 그 체계에 노출되고 새로운 대안이 나올 때까지 폭넓은 영향을 주는 독특한 구조와 목록을 형성한다.

5장에서 자세하게 소개할 에니어그램 빙산 모델은 성격 구조를 설명하는 틀을 보여준다. 간단히 말해서 빙산 모델은 물결 위의 모습을 통해 관찰 가능한 행동 특성을 설명하고, 물결 아래 모습을 통해서 행동을 형성하는 동기유발 요소들을 설명한다.

2000년대 초에 에니어그램 연구원들은 빙산 모델을 이용해 성격의 개념을 명확하게 하려고 시도했다. 그 결과 성격의 숨겨진 부분이 드러났고 훨씬 쉽게 이해하게 되었다. 빙산 모델을 계속 수정해 가면서 마치 자신을 심리적 어항에서 꺼내는 양상이 되었다. 결과적으로 우리는 그동안 인생을 어떻게 습관적으로 대했는지 알게 되었고, 보다 폭넓으며 건강한 시각을 얻을 수 있게 되었다.

두번째 관점: 에너지 시스템으로서의 성격*(나는 …… 믿는다.)*

성격은 마치 검사되지 않거나, 중단 되지 않는 시스템과 같이 계속해서 자체적으로 형성되는 에너지 시스템이다.

예를 들어 중단 되지 않는 시스템의 경험은 인생의 여러 가지 다른 상황 속에서 당신이 계속해서 곤란을 겪거나 비효율적인 행동이나 접근을 반복한다는 것을 깨달을 때 느끼게 된다. 또는 당신이 쳇바퀴를 맴도는 것과 판에 박혀 있는 것과 같아서 아무것도 할 수 있는 것이 없다고 느낀다. 익숙한 행동을 하는 성격을 포함해서 시스템이 중단되지 않을 때, 그 시스템은 이미 존재하는 패턴을 강화하는 정보만 선택하게 한다.

예를 들어 사람들은 선택된 정보만 걸러내는 어떤 필터를 가지고 있는데, 그것은 우리가 자신에 대해 이미 생각한 것을 확인 시켜주는 것이다. 이 필터 또는 스크린은 놀랍게도 인식하는 특정 자료만을 통과하도록 허용하고, 동시에 다른 모든 정보를 보지도 받지도 못하게 한다. 마치 다른 정보가 존재하지 않는 것 같으나, 사실은 당신이 보지 못할 뿐이다. 그리하여 당신의 인생의 무지개와 같은 다양한 색깔들이 흐려져 보이지 않게 된다. 숨을 쉬는 것과 같이, 당신이 갖고 있는 가정과 신념들은 보이지 않기에 아무런 의문조차 생기지 않는다. 이것들은 세상에 대해 고착된 태도와 자신과 타인 그

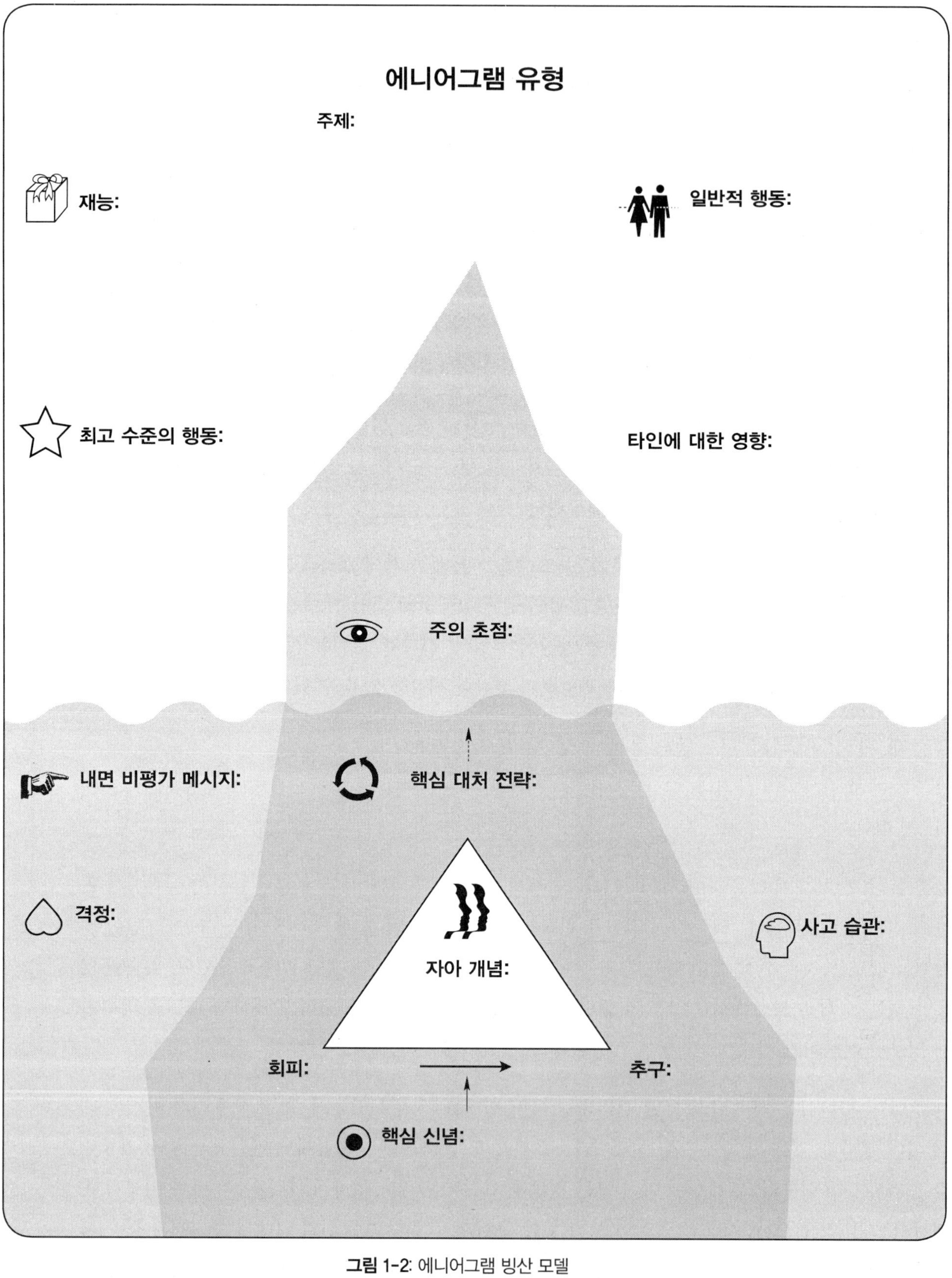

그림 1-2: 에니어그램 빙산 모델

리고 삶에 대해 변하지 않는 내면 이야기를 가지도록 한다.

명심해야 할 것은 의심하지 않은 가정들은 인생의 힘을 이용하여 당신을 참된 본성으로부터 멀어지게 만드는 역할을 한다는 것이다.

이제 에너지 시스템으로서의 성격이 어떻게 작용하는지에 대해 간략하게 서술된 내용을 살펴보자.

초보자들이 알아야 할 것은 아홉 가지의 성격 유형은 각각 특별한 핵심 신념을 갖고 있다는 것이다.

- 핵심 신념은 성격을 형성하는데 도움을 주는 중심 작동 원리operating principle이다.
- 핵심 신념은 매 순간 쏟아지는 거대한 분야의 정보로부터 자신을 강화하는 자료를 능동적으로 걸러내어 선택한다. 핵심 신념에 맞지 않는 자료는 무의식적으로 폐기한다.
- 따라서 다른 관점을 제공하는 자료는 무시된다. 개인은 다른 정보의 존재를 깨닫지 못하고, 자신의 반복되는 경험을 보면서 이 경험이 진실이라고 확신하기 쉽다.
- 반응들이 예측될 때는 그것은 자동적인 반응automatic reaction이다. 개인의 행동과 반응은 신념을 바탕으로 하기 때문에 원래의 신념을 강화하는 피드백을 만들어낸다. 따라서 피드백은 내면의 소리를 그대로 반영하고 핵심 신념은 다시 지지받는다.
- 핵심 신념의 표면상의 진실은 분노, 좌절, 두려움, 감정적 의존, 수치심과 심지어 거절당하는 느낌 같은 어린 시절의 감정적 반응을 다시 경험하게 한다. 대부분이 이런 감정적 반응들은 충분히 의식되지 않고, '그게, 나야.' 같은 느낌을 갖게 하거나, 삶의 초기 상황에서 원인을 찾게 끔 한다.
- 이런 패턴은 너무 현실적이어서 스스로 습관적인 패턴으로 생각하게 한다. 그러나 이 패턴은 결코 나쁜 것이 아니다. 단순히 제한된 상태일 뿐이다. 이것은 우리가 숨 쉬는 공기처럼 자연스러운 것이어서 결코 의문도 생기지 않는다. 우리는 신념의 존재조차 수상해하지 않는다. 핵심 신념은 바로 그런 것이다.

이제 '나는 결점이 많다.' 라는 핵심 신념을 갖고 있는 신념 체계에서 나온 내면의 이야기를 실제 예화로 살펴보자.

- 강력한 핵심 신념은 이용 가능한 광범위한 정보로부터 그 신념을 강화하는 데이터를 찾거나 지각하며 필터로서 기능을 한다.
- 개인의 경험은 다음과 같은 상황을 만든다. '나는 내 자신을 언제나 엉망인 사람으로 생각해. 사실, 나는 얼마나 많은 실수를 하는지 알아. 나는 계속해서 다른 사람에게 사과하거나 대화하는 데 끼어들어, 이 모든 것들은 내가 당황하기 때문이야.'
- 이 사람의 내면의 비평가는 이렇게 말한다. '봐, 내가 말했잖아. 너는 엉망이라고. 넌 자신을 다잡을 수 없어. 직면해, 너는 결점이 많아. 물론 괜찮은 건 아니지. 너는 다른 누구보다 결점이 많다니까.'

- 이 사람은 이제 결점이 유난히 많은 사람처럼 행동한다. 그리고 자신이 타인과 계속해서 문제나 갈등을 일으킨다고 생각한다.
- 결과는 심각하다. 그 사람은 자신을 모질게 대한다. 자신을 학대하고 수치스러워한다. 인간관계는 산산조각이 난다.
- 성격은 더 강해진다. 그 사람은 자신이 생각하는 사람이 바로 자신이라고 느끼는 덫에 빠져있다. 모든 증거는 '나는 결점이 많다.' 는 신념을 강하게 뒷받침한다.

중단되지 않은 성격은 능동적인 인식이나 호기심이 작동하지 않는 폐쇄 시스템이다. 기존의 신념과 일치하지 않는 정보는 걸러내고, 가끔은 고통스럽기까지 한 익숙한 자동적인 반응으로 나타나기 쉽다. 실제로 우리는 성격의 패턴과 문화적 조건에 최면이 걸려서 나 자신을 잃어버리게 된다. 이러한 성격과 문화적 경험들은 우리로 하여금 지금 이 순간이 아닌 과거나 미래 혹은 다른 사람들에게 습관적으로 주의를 두도록 강화한다.

그러나 현존할 때, 당신은 더 가볍고 광범위한 본성에 다다르며, 내면의 강함과 내적 권위에 더 가까이 다가갈 수 있을 것이다.

그래도 다행인 것은 이러한 성격 시스템은 멈출 수도 있고 새로운 정보를 받아들일 수도 있다. 하지만 이는 현존을 느끼며 깨어있을 때 가능한 일이다.

세번째 관점: 대처 기제로서의 성격*(나는 … 지킨다. / 나는 … 보호한다.)*

당신의 인생 전반에 걸쳐서 어떤 성격 특성들과 동일시된 데에는 중요하고 분명한 이유가 있다. 이런 이유 중 어떤 것은 당신이 성장하면서 주의가 변화되어 구식이 되어버리거나 덜 적절하다고 느낄 수도 있다. 하지만 여전히 만족스럽지 못한 행동과 내면의 불편함의 원인이 되고 있다. 그것이 바로 우리가 대처 및 보호 기제로서의 성격을 탐색해야 하는 이유이다. 그렇게 함으로써 우리는 인간 경험 이면에 있는 감정적 고통을 치유하는 일에 관심을 둘 수 있다.

결국 자신을 향한 친절과 연민을 통해서 치유가 일어나고, 내면의 자유와 선택의 새로운 형태가 존재하게 된다.

처음으로 잠깐 돌아가 보자. 이 땅의 모든 사람들은 태어날 때부터 고통을 겪는다. 우리는 주변 환경에서 들리는 것과 들리지 않는 것, 보이는 것과 보이지 않는 것을 구분할 수 있는 본질적인 감각이 있는 작은 존재이다. 어떤 사람들은 어린 시절에 학대를 받기도 했다. 그러나 대부분의 경우 특히 어린 시절에 독특하고 민감한 관점들이 실제 의도와는 다르게 타인의 행동과 태도를 해석하는 결과가 되었다. 어떤 방법으로든 우리는 두려움과 분노, 수치, 실망, 거절당한 느낌, 상실감, 외로움을 덮어두는 방법을 배웠다.

당신은 수많은 상처에 반응하고 숨기는 방법을 배웠다. 점점 쌓여가는 당신의 상처는 감정적 에너지로 드러난다. 이것은 당신이 단어로 표현할 수도 없고(수많은 경험들이 이미 당신이 말할 수 있기 전에 생긴 것이다.), 신경학적, 생물학적 능력으로도 견디기가 어렵다. 당신은 흠이 없는 사람으로 살아남기 위해 이러한 초기 경험들을 누르고 감춰야 했다.

이것이 바로 당신의 성격이 하는 역할이다. 성격은 당신이 도저히 받아들일 수 없거나 그 순간에 감당하기 어려운 경험들로부터 당신을 보호했다.

시간이 지나면서 당신의 대처 기제는 확고해졌다. 청소년기를 거쳐 성장하면서 이러한 대처 기제는 우선순위가 되고, 당신의 오래된 상처를 다룰 수 있는 내재된 능력은 계발될 기회를 잃게 되었다.

그러나 지금 당신의 인생이 새로운 국면에 접어들면서 심리학적, 영적 존재로서의 당신의 능력은 성숙해졌고, 모든 보호를 필요로하는 것보다 훨씬 앞서 있다. 이제, 이렇게 질문할 수도 있다. '익숙한 대처 기제에 의지하는 것보다 더 중요한 것은 무엇일까?'

그렇다면 당신은 도대체 왜 성격을 갖고 있는 걸까? 오늘날 우리가 알고 있는 것으로써, 당신은 특정한 영적 형판spiritual template을 가지고 이 세상에 왔다. 이것은 당신을 고차원적인 영적 자질의 특정한 그룹으로 조율되게 했다. 아주 어린 시절, 어쩌면 태어나기도 전에 당신은 숭고한 영적 자질들과 연결이 끊어지는 커다란 상실감great loss을 느꼈을 것이다. 당신의 특정한 성격이 당신처럼 느껴지는 이유는 당신이 그 특성들을 흉내 내는 것이거나 혹은 초기 상처로부터 당신을 보호하려는 시도이기 때문이다.

2부에서는 각 성격 유형을 설명하면서, 이러한 상실, 특정 유형이 대처하는 방식, 치유의 길, 그리고 각 유형별로 고유한 영적 속성 등을 탐색할 것이다.

평행선과 같은 삶Parallel Living

성격 구조는 삶의 특정한 형태를 반복하도록 설계됐지만 그것은 진짜real가 아니다. 그것은 부풀려진 것이며, 당신이 진정으로 원하는 것의 모조품일 뿐이다.

만약 그것이 본질이고 진짜라면, 그것이 성격이라면, 그리고 둘 다 보이는 독립체가 있다면, 우리는 실제로 성격과 본성이 평행선을 그리면서 함께 살아가는 것으로 볼 수 있다. 실제로 우리가 각인된 성격대로 살면, 우리는 본성과 동떨어진 삶을 산다. 자연스럽게 당신이 성격대로 사는 인생을 지속적으로 경험할 때, '이게, 그냥 나야.' 라는 피할 수 없는 느낌과 동시에 어딘가에 갇혀 있는 것 같은 느낌을 갖게 될 것이다.

당신이 어렸을 때는 당신의 방식과는 다른 방식으로 인생을 살아가는 사람을 용인하지 못했을 수도 있다. 그 때는 그것이 통했고, 그것을 존중하는 것이 중요했다.

그러나 세상의 엄청난 변화 앞에서 당신도 바뀌고 있다는 것을 알아차렸을 것이다. 나는 당신이 보다 활기차고, 생동감 있으며, 진짜 실체로서의 충만한 마음으로 경험할 준비가 되어 있다고 생각한다. 당신이 무언가 놓쳤다고 느끼면, 그 놓친 것을 선물로 생각할 수 있는데, 이는 이미 그 선물이 당신에게 새로운 깨어남을 가져다주었기 때문이다.

하지만 진실은 당신이 놓친 것이 없다는 것이다. 부족한 것은 당신 자신이 삶을 살아가는 직접적이고 걸러지지 않은 진실한 경험이다.

수 년 전, 나는 북 캘리포니아로 이사 했는데, 스모그가 짙게 깔려 있었다. 나는 석사 과정에 있었던 터라, 10차선 고속도로를 오가며 학교를 다녔다. 첫 학기에 나는 주로 잿빛 하늘의 그림자 사이로 멀리 언덕의 흐릿한 형상을 보던 기억이 있다. 그러던 어느 날 저녁, 맑은 동쪽 하늘을 보고 넋을 놓았다. 스모그는 사라졌고 깨끗한 배경의 언덕이 모습을 드러냈다. 나는 정말 놀랐다. 언덕은 스모그에 의해 가려졌었고, 나는 그 언덕이 그렇게 가까이 있었는지 알지 못했던 것이다.

우리의 내면 여정은 이러한 현시revelation와 유사하다. 개인의 성격에 의해 만들어진 스모그는 실체를 덮어버린다. 우리의 시야는 얇은 막으로 덮여 있어서, 무엇이 혹은 누가 여기 있는지 제대로 경험하지 못한다. 우리는 그저 생각만 할 뿐이다. 그 생각은 왜곡되거나 심지어 잘못되었다. 성격이 지나친 역할을 꾸려나가게 될 때, 당신이 당신의 실체와 연결되는 것을 걸러 낸다.

'그것'으로서의 성격

성격을 정확히 당신의 모습이라고 생각하는 것보다는 그냥 '그것' 혹은 '저것'으로 객관화 시키는 것이 좋다. 성격은 옳고 그름, 혹은 좋고 나쁨의 문제가 아니다. 성격은 분명 유용하다. 당신은 이 세상을 살아가기 위해 어느 정도는 성격을 활용할 필요가 있다.

하지만 당신의 성격은 당신이 아니다. 당신이 성격 자체가 해답을 갖고 있다고 믿거나, 성격이 당신을 완전하게 정의한다고 수용하면 아마 이는 고통의 원인이 될 것이며 당신은 영혼의 깊은 갈망을 옥죄게 될 것이다.

적용을 위한 원칙

- 에니어그램은 당신이 동일시 해온 특성과 자질, 그리고 당신이 인생에 어떻게 대처해 왔는지를 보게 하는 시스템이다. 당신의 에니어그램 유형을 바탕으로 당신은 의사 결정을 내리고, 스트레스를 다루며, 사람들과 소통하는 방법에 대한 통찰을 얻게 될 것이다.
- 당신의 에니어그램 유형의 성격 구조를 확인하고 나면 당신은 놀라운 경험을 하게 될 것이다.
- 당신이 자신에 대하여 더 많이 알아갈수록, 당신은 당황스러울 수도 있고, 상당한 안도감을 느낄 수도 있을 것이다.
- 자신을 알아가는 인생 여정이 진행되는 동안 자신에게 친절하라. 가끔 내면 비평가라고 불리

는 내면의 소리가 들리는 것은 당연한 일이다. 내면 비평가는 자신을 알아가는 과정이 완전히 잘못된 것이라는 수많은 핑계를 댈 것이다. 따라서 최대한 부드러움과 연민을 갖고 인생 여정을 따라가라.

- 호기심을 가져라. 자신에게 줄 수 있는 가장 큰 선물은 자신에 대한 확신을 버리고, 자기 모습을 바라보는 것이다. 이는 자신을 의심하는 것과는 다르다. 이러한 과정은 '음, 이게 뭘까? 이건 나에게 어떤 유익을 줄 수 있을까?' 라는 질문에서 시작한다. 이러한 관점으로 접근하면 당신의 호기심은 경이로운 결과를 가져다 줄 것이다.
- 에니어그램은 당신의 과거 행동에 대한 숨은 동기를 보여준다. 친절한 마음으로 숨은 동기를 관찰하면, 당신은 자신 안에서 시작되는 작은 변화를 느낄 것이다. 당신도 이제 더 이상 습관적인 행동을 반복하는 것이 아니라 창의적인 반응이 가능하다는 사실을 깨닫고 나면 큰 위안이 될 것이다.
- 당신에게는 아무 것도 고칠 것이 없다는 믿음을 받아들여라. 모든 원리 중에 가장 큰 도전이다. 왜냐하면 우리들 대부분은 자신을 개선하기 위해 무엇을 하거나 고치는 것에 초점을 두는 문화권에 살고 있기 때문이다.
- 자신을 바꾸려는 무리한 시도는 나 자신의 진짜 모습을 발견하는 것을 방해한다. 실제로 당신 안에 존재하는 당신의 실체는 어떠한 잘못도 없다. 이런 식으로 우리 삶의 방식을 바꿀 필요는 없다. 에니어그램은 당신의 발견을 돕는 좋은 도구이다.

에니어그램의 가장 큰 유익은 당신이 받아들이는 당신의 모습보다 당신이 훨씬 괜찮은 사람이라는 것을 깨닫게 해 주는 것이다. 당신은 에니어그램을 통한 지속적인 작업을 통해, 당신이 아는 것보다 더 귀중하며, 실제적이고, 사랑스러우며, 용기 있는 사람이라는 것을 깨닫게 되고 현존하도록 돕는 강력한 도구임을 인식할 것이다.

사랑의 지도

에니어그램을 사랑의 지도라고 부르는 이유

에니어그램은 잘 드러나지 않는 진실과 공유한 인간의 경험 사이를 흐르는 깊은 강이나. 에니어그램은 우리가 혼자가 아니라는 사실을 알려 준다. 에니어그램은 우리가 상처 입은 부위와 우리의 빛나는 고귀한 특성들을 밝혀준다. 에니어그램은 양극단으로 갈라진 내면의 분열을 바로 잡고, 지난 날 우리의 삶에 진정한 의미를 부여한다.

에니어그램은 이 땅의 모든 사람이 겉으로 보이는 모습은 다를지라도, 각자 독특하면서도 서로 비슷한 여정을 걷고 있다는 사실을 알려준다.

에니어그램은 우리 자신에 대한 보다 위대한 실제reality를 깨닫도록 우리를 초대한다. 사랑이야말로 이 실제의 본성인 것이다.

2장
선택의 창조

덫에 걸린 느낌feeling stuck: 구멍에 빠졌음. 출구 없음. 새로운 결과를 얻기 위해 시도하지만 같은 결과만 계속 나옴. 대안 확인 불가. 다른 선택 없음.

선택choice: 풍부한 다양성. 대안에 대한 앎과 행동. 더 많은 자유.

대부분의 사람들은 삶이 만족스럽지 못하거나 원하는 것이 있을 때 자기계발에 관심을 보인다. 수많은 책들과 인터넷 사이트, 동기부여 강사들, 자기계발 프로그램과 여러 전문가들은 인생의 새로운 결과를 원하는 사람들에게 특별한 도구와 기술, 접근법 등을 제시한다. 이런 정보의 홍수 속에서 내가 발견한 것은 아무리 성공한 사람들이라도 덫에 걸린 것과 같은 느낌이 만연되어 있다는 것이다.

내면에서 선택의 자유를 경험한다는 것은 어떤 느낌일까?

이 장에서 우리는 선택의 본질에 대해 보다 깊이 탐색하려고 한다. 일상적인 의사결정과 진정한 선택이 어떻게 다른지, 성격 구조가 선택에 주는 영향은 무엇인지 알아보고자 한다.

진정한 선택과 잘못된 선택

연속되는 선택의 경험을 살펴보자.

시나리오 1: 당신은 마음이 열려 있고, 호기심이 작동하며, 반응을 잘 하고, 살아 있는 느낌을 가지며, 편안함을 느끼는 때가 언제인지 잘 알고 있을 것이다. 모든 일이 완벽하지 않더라도 인생은 잘 흘러간다. 당신은 더욱 가볍고 확장됨을 느끼며, 삶의 순간마다 제대로 반응할 때도 있다. 당신은 삶의 흐름에서 자유롭고 일어나는 일들을 잘 수용할 때, 삶의 도전들이 기회로 바뀌는 것을 쉽게 볼 수 있다. 당신의 현재 상황과 관계없이, 당신은 인생의 수많은 재능과 축복으로 인해 무한한 감사의 마음을 갖게 된다.

내면 갈등과 대인 갈등이 최소화되고, 당신의 본성적인 힘과 열려 있는 가슴, 그리고 사고의 명료함은 더욱 수월하게 표현된다. 일이 계획대로 되지 않더라도 삶은 잘 돌아간다. 당신은 상황에 적응하면서 자신의 '선택'에 따라 움직인다고 느낀다.

시나리오 2: 당신은 덫에 걸려 꼼짝 못하는 것 같고, 아무런 결과도 얻지 못하며, 당신이 생각한 것과 다른 방향으로 상황과 사람들에게 반응하고 있다고 느낄 때가 있다. 인생이 복잡하고, 엉망으로 돌아가며, 좌절한 것처럼 보인다. 당신은 인생이 당신의 생각과 반대로 돌아간다고 생각할 수 있다. 상황에 따라 당신이 원하는 것일수록 오히려 적절하게 반응하지 못한다. 당신이 생각하기에 건강하지 않은 행동에 사로잡힐 수도 있고, 심지어 당신이 원하지 않은 어떤 힘이 당신의 삶을 이끌어 나갈 수도 있다.

비슷한 상황에 놓인 많은 사람들이 같은 경험을 계속 반복하면서 항상 동일한 결과를 얻는다는 것을 알 수 있다. 자신이 가지고 있는 대안은 미처 생각하지 못한 채, 혼자라고 느끼고, 내면의 불편한 마음을 수치스럽게 생각할 수도 있다. 인생이 실제로 그렇게 돌아가는 것처럼 느낀다. '그냥 현실적이 되라고, 그게 인생이야.' 라는 소리를 안팎으로 듣는 것은 그리 이상한 일만은 아니다.

당신은 내면의 선택을 위한 기본적인 감각이 얼마나 많은 한계를 갖고 있는지 느낄 수 있는가? 우리에게는 수백 개의 TV채널과 셀 수도 없이 많은 음료수 종류, 어지러울 정도로 많은 진열된 상품들이 있지만 인생을 사는 법에 대한 선택은 분명하지 않다. 하지만 이러한 불편함 가운데서도 당신의 선택을 탐색할 것을 권하는 내면의 차분한 목소리가 희미하게 들리기는 한다.

그러나 우리는 진정한 선택으로부터 오히려 더 단절될 수도 있다.

시나리오 3: 당신의 인생에서 어떤 의견을 굽히지 않은 적이 있는가? 무슨 일이 있어도 당신의 주장을 고수하기로 결심한 적이 있는가? 혹시 다른 사람들이 모두 잘못 생각하고 있고, 다루기도 힘들며, 바보라고 생각하는가? 아니면 혹시 당신은 삶을 제대로 다루지 못하며, 당신에게 익숙한 행동 외에는 전부 외면하는가? 아무것도 당신을 통해서 얻는 것은 없다. 이러한 경험은 일반적으로 심각한 내면의 긴장과 스트레스를 가져온다. 성찰하지 못하고, 시야를 넓히지 못한다면 진정한 선택은 시야에서 사라진다. 결정은 선택이 아니다. 다만 진지한 성찰이나 통찰 없는 성격 구조의 재연일 뿐이다.

당신의 인생에서 이와 유사한 경험을 한 적이 있는가? 인정하기 싫겠지만, 우리 대부분은 인생의 연속선에서 다양한 정도의 자유와 구속을 경험한다.

어떻게 한 사람이 다양한 범위의 상태를 가질 수 있을까?

성격이 우리의 생각과 감정, 행동을 주도하는 이상, 진실은 생각만큼 자유로울 수 없다. 왜냐하면 성격이 같은 경험을 계속 반복하도록 만들기 때문이다. 진정한 선택은 성격의 일부분이 이완되는 순간에 일어난다. 이런 일을 한번 경험하고 나면 그 차이를 느낄 수 있을 것이다.

이 장에서는 첫째, 당신이 진정한 선택을 얼마나 많이 하고 있는지, 둘째, 인생에 대하여 수축된 시각을 갖게 하는 요인은 무엇인지, 셋째, 어떻게 하면 당신의 주의가 보다 확장되고 자유로운 본성을 향하게 하는지에 대한 세 가지 중요한 열쇠를 살펴볼 것이다.

첫 번째 열쇠: 불만족을 타인의 행동에 귀인 시키기

인생에서 힘들거나 덫에 걸린 시기의 원인을 외부 세계에서 찾는 것은 단지 솔깃한 이야기일 뿐 아니라 문화적으로 권장되는 이야기이다. 뉴스를 전반적으로 훑어보면, 거의 모든 어려운 상황에서 책임 소재를 묻는 경우를 쉽게 볼 수 있다. 우리 개인의 삶도 마찬가지다. 예를 들어, 직장에서의 예상치 못한 변화, 회사의 새로운 정책, 고위 관리자의 결정, 어려운 대화, 타인의 행동마저도 당신에게는 불행의 원인이 된다. 당신은 자신에게 무슨 일이 일어났다고 느끼거나, 심지어 누군가 의도적으로 밀어낸다고 생각할 수도 있다.

여기 산드라Sandra의 이야기를 들어보자. 그녀는 재주 많은 여성이며, 지금 인생의 중요한 전환기에 놓여 있다.

"난 친구나 동료가 프로그램 진행이나 새 프로젝트를 맡아달라고 부탁하면 바로 '예'라고 쉽게 답합니다. 모두 내가 거절하지 않을 거라고 생각합니다. 그들은 내가 잘 해낼 거라고 생각하고, 나도 그렇게 생각합니다. 하지만 '예'라고 답한 후에 나는 가끔 억울하기도 합니다. 나의 도움을 요청하는 사람들은 어떻게 하면 내가 그들의 부탁을 거절하지 못하는지 잘 알고 있는 것처럼 보입니다."

좌절과 실망의 책임이 타인에게 있다고 생각하는 것은 그리 이상한 일은 아니다. 당신의 삶을 보더라도, 당신에게 영향을 주거나 당신을 공격하기 위해 다른 사람들이 했거나 하지 않은 일에 대해 고민하거나 이야기하면서 얼마나 많은 시간과 에너지를 쏟고 있는지 생각해 보라. 이것은 다른 사람들이 당신의 마음을 읽어서, 당신을 겁주거나, 방해하거나, 화를 내게 하거나, 포기하게 하거나, 부탁하기 위해서 무엇을 해야 하는지 잘 알고 있는 것처럼 느껴지기 때문이다.

그 이유 중에 하나는 사람들마다 다른 시각으로 사물을 보고 다른 방식으로 상황을 이해한다는 것을 머리로는 알고 있지만, 기본적으로는 사람들이 인생을 자신과 동일한 방식으로 본다는 깊은 무의식적인 믿음이 모든 사람에게 있기 때문이다. 이 문제를 한 번 생각해 보라.

다른 사람들이 당신이 이해할 수 없거나 당신을 화나게 하는 일을 했을 때 이렇게 생각해 본 적이 있는가? '만일 나라면, 그렇게 했을까?' 이어서 또 다른 내면의 이의objection가 들린다. '그들이 내 방식대로 하지 않았네. 그들은 내 방식대로 해야만 하는데.' 이러한 생각은 그 사람에 대한 판단에 따른 것이거나 내면의 판단이 당신과 반대일 수도 있기 때문에 생긴다. 아니면 당신은 자신에게 자연스러운 방법으로 상황을 바라보도록 다른 사람을 설득하거나 가르칠 수 있다. 이것이 친근하게 느껴지는가? 나는 이런 경험에 대해 확실히 잘 알고 있다.

에니어그램을 통해서 발견한 것은 사람들이 서로 엄청나게 다른 내면 세계와 현저히 다른 처리 방식을 갖고 있다는 것이다. 우리의 삶에 대한 내면 경험은 지극히 평범하고 자연스러우며 올바른 것으로 보인다. 왜 사람들은 이런 시각을 갖고 있지 않을까? 나는 어떻게 그들을 도울 수 있을까?

그러나 당신과 같은 유형이 아닌 사람들은 당신과 같은 방식으로 삶을 경험하지 않는다. 실제로 삶을 경험하는 방식에는 엄청난 차이가 있다. 당신의 내면 세계가 다른 성격 유형을 가진 사람에게는 낯설고 이질적일 수 있는 것처럼 그들의 내면 세계도 당신에게는 그렇게 느껴질 수 있다. 내면 세계 간의 상당한 차이를 인식하는 것은 놀라운 일이다.

이것이 뜻하는 바는 대부분의 경우, 다른 사람들은 일부러 당신을 불행하게 만들려고 하지는 않는다는 것이다. 비록 당신은 이해하지 못해도 그들은 그들이 완벽하게 이해하는 자신의 내면 세계에 살고 있을 뿐이다. 당신으로부터 예상된 반응을 얻는 것은 그들의 삶에서는 그리 중요한 일이 아니다. 따라서 다른 사람들의 행동과 의도를 오해하기 쉬운 것이다.

그리고 그 반대의 경우도 마찬가지다. 당신의 관점으로는 완벽하게 정상으로 보이지만 다른 사람들에게는 그렇지 않을 수도 있다. 나는 당신이 대부분의 경우 일부러 다른 사람들과 갈등을 만들려는 의도가 없다고 생각한다. 하지만 다른 사람들이 당신의 전형적인 행동에 익숙하지 않다면 그들은 당신의 의도를 오해할 수도 있다. 인생의 모든 부분이 관계의 영향을 받는다. 개인적이고 친숙한 관계, 직장에서의 관계, 가족과 공동체 내의 관계 등의 영향을 받기 때문에 다른 사람들의 내면 세계를 이해하기 위해서는 그들의 행동에 대한 해석이 필요하다. 다른 사람들이 반드시 우리를 깊이 이해해줄 것이라고 기대할 수는 없지만, 적어도 우리가 먼저 자신을 깊이 이해하려는 과정이 필요하다.

특정 에니어그램 유형이 우세한 사람의 특성과 내면 경험에 대해 더 배우고 구체적인 예들을 보게 되면 당신 자신을 이해하는데 도움이 될 것이다. 각각의 사람은 내면의 감각과 일치해서 살아가기 위해 최선의 행동을 한다는 것을 깊이 인식하는 것은 당신이 무의식적으로 개인적인 책임감을 되찾게 하고 평안과 만족을 위한 책임감이 주어져서 다른 사람과 조화를 이루며 사는데 도움이 될 것이다.

역설적이게도 실망의 원인을 다른 사람에게 돌리지 않으면 내면 선택의 경험은 오히려 확장된다. 대부분의 사람은 다른 사람을 바꾸려고 시도하기보다는 자신의 통찰력과 계발을 바탕으로 사람들과 상호작용할 때에 안도감과 자유를 느낀다. 우리가 자신의 반응과 선택에 대한 책임감을 수용할 때 심리적, 영적으로 성숙하게 되는 것이다.

그렇다고 무조건 자신을 탓하자는 것은 아니다. 때로는 '책임감'과 '누구의 탓으로 돌린다.'는 단어가 사전에서조차 혼동될 수도 있다. 그러나 분명한 차이가 있다. 누구의 탓으로 돌릴 때는 어느 정도의 고발과 유죄 판결, 손가락질을 의미한다. 대부분의 사람은 이런 지적을 받을 때 안전하다고 느끼지 않는다. 이것은 마치 우리가 자신을 고발하는 것과 같다. 이렇게 되면 내면의 안전을 느끼기는 어렵다.

책임감, 특히 자기 책임은 자신에게 의무를 다하는 태도이다. 이는 약속을 시키고 헌신을 다하는 개인의 신뢰와도 같은 의미이다. 비록 이런 능력을 완전히 계발하지는 못하더라도 우리는 어느 정도의 능력을 갖추도록 노력해야 한다.

이 장의 앞부분에 나온 산드라를 기억해보자. 그녀는 자신의 불편을 타인에게 돌리지 않으면서 내면의 갈등을 고백했다.

> *"내가 '아니오'라고 말하는 것이 얼마나 어려운지 알게 된 것처럼, 내가 겪는 어려움은 다른 사람의 실수 때문이 아니라는 것을 알게 됐습니다. 나를 위한 어떤 일이 계속 되고 있습니다. 내가 '아니오'라고 말하려고 하면 죄책감이 생깁니다. 결국은 프로젝트를 감당하는 것이 고통스러워*

지고 심지어 화가 납니다. 저는 이 한계를 뛰어넘고 싶습니다."

두 번째 열쇠: 양자택일의 수수께끼 이면을 보기

인생에서 양자택일의 상황 역시 당신이 느끼는 내면의 자유에 영향을 준다.

산드라의 이야기로 돌아가 보자. 그녀가 자신의 시간과 에너지를 요구하는 일반적인 부탁에 '아니오'라고 얘기 했을 때, 그녀의 자아 개념에는 변화가 찾아왔다.

"그러나 이건 단순한 선택의 문제가 아닙니다. 내가 '아니오'라고 말하면 죄책감을 느끼고, '네'라고 말하면 화가 나는 것을 알게 되었습니다. 물론 다른 방법은 있습니다. 깊은 만족과 기쁨을 주는 일에 주의를 더 두는 것과 같이, 내가 좋아하지 않는 일에 시간을 보내지 않으면 된다는 것을 알았습니다. 그러면 자연스럽게 죄책감도 줄어들더군요. 죄책감이 나를 강하게 흔들지는 못하지만 아직 조금은 남아 있어요. 그리고 전반전인 문제에 대해서도 많이 편안해졌습니다."

그녀가 부탁을 받을 때마다 비슷한 반응을 한다는 것을 알고, 그들의 요구가 그녀의 내면에 어떤 영향을 주는지 살펴보기로 했다. 산드라는 두 가지 상황을 경험했다. '예' 라고 말하면 화가 나고, '아니오' 라고 말하면 죄책감이 들었다. 그녀는 자신이 원하지 않는 두 가지 상황 사이에 놓여있음을 알게 되었다. 그 사실을 알고부터 그녀는 중간 입장을 취하려고 노력했다. 그녀는 생애 최초로 보이지 않은 역동으로부터 한 걸음 물러섰으며, 자신에게 항상 다른 대안이 있다는 관점을 갖게 되었다. 새로운 접근 방법을 실험하는 것은 시간이 지나면서 가치 있는 결과를 가져왔다. 그녀는 자신에게 기쁨을 주는 일을 위해 더 많은 시간을 보냈고, 그 이후로 뚜렷한 안도감과 진정한 자유를 경험했다.

우리 대부분은 양자택일의 딜레마를 경험한다. 이런 상황은 계속해서 우리가 비슷한 갈등을 하도록 만든다. 내면에 대한 탐색 없이는 그런 선택의 상황이 존재한다는 것조차 인식하기 어렵다. 그것은 우리의 주의를 필요로 하는 내면의 경험도 마찬가지다. 당신이 좌절하거나, 짜증나거나, 분노하거나, 속상하거나, 죄책감을 느끼거나, 비판적이 되거나, 부담을 느끼는 모든 상황에서 당신은 자신이나 다른 사람에게 좋은 감정을 느끼지 못한다. 이러한 경험들에는 성격이 독특한 방법으로 당신을 사로잡고 있다는 큰 단서가 있다. 이것은 당신의 친절과 호기심이 이용당할 수 있다는 위험신호red flag이다.

세 번째 열쇠: 인식의 역할

더 나은 선택과 자유를 위해 세 번째 열쇠인 인식의 역할에 대하여 살펴보자. 성격 구조를 현미경 아래에 놓고 자세히 들여다보자. 다시 상기하자면, 성격 구조는 성격이 만들어진 방식과 작동 원리를 말하는 것이다. 구조는 진짜 당신이 아니다. 성격을 이해한다는 것은 당신의 실체와는 완전히 다른 접근이기 때문에 이 말을 이해하기는 쉽지 않다. 이번에는 당신의 머리로 이해하려고 하지 말 것을 권한다. 이것은 당신의 깊은 부분과 소통해야하는 것을 의미한다.

또 다른 예를 살펴보자. 피터Peter의 충격과 깨달음에 대한 이야기이다.

피터는 워크숍에서 만난 학생이다. 그는 첫 날 표정과 달리 환하게 웃으며 둘째 날 강의에 나타났다. 나는 그에게 이유를 물어보았다.

"아, 네." 그는 더 환하게 웃으며 말했다. "저는 봤어요. 어제 말씀하신 나의 성격 구조의 일부분을 봤어요. 전에는 한 번도 본 적이 없었거든요. 실제로 있더라고요."

그는 계속해서 말했다. "어찌나 웃음이 나는지, 저는 항상 성격대로 행동해 왔더라고요. 이제 내가 경험할 수 있는 것에 대해서 놀라는 중이에요. 처음으로 이제 선택권이 내게 있다는 것을 깨달았어요. 저는 이미 변화된 것 같아요."

새로운 자아인식에 대한 그의 열정은 분명했다. 그는 처음으로 계속 반복되는 행동 패턴을 명확히 보게 됐다. 그 깨달음이 주는 영향은 엄청날 것이다.

당신도 그다지 유익하지 않은 특정한 행동과 습관을 갑자기 보게 될 수 있다. 이는 당신에게 충격과 깨달음을 가져다 줄 것이다. 의식적으로 다른 태도와 행동을 선택하는 연습을 한다면 당신은 더 편안해지고 새로운 희망을 볼 것이다. 당신은 우리가 깨달음이라고 말하는 경험을 했다. 당신 자신에 대하여 믿고 있는 생각은 실제가 아니다. 이는 자유로 나가는 문을 열어주는 놀라운 경험이다.

에니어그램은 아홉 가지 유형이 갖고 있는 특정한 자동 패턴을 보여준다. 이러한 패턴은 무의식적으로 우리에게 적지 않은 문제를 일으킨다. 당신에게 우세하게 나타나는 에니어그램의 특정한 자동 패턴을 알게 되면, 당신은 충격과 깨달음을 경험하게 될 것이다.

이러한 새로운 인식을 통해 당신은 자동 패턴을 한 번에 하나씩 순화시킬 수 있을 것이다. 당신은 더 역동적이고 유연한 자신을 발견할 것이며, 당신의 삶에서 더 많은 진정한 선택을 하게 될 것이다.

성격의 수축과 확장의 영향

시간을 내서 다음과 같은 훈련을 해 보자.

연습: 당신의 주먹을 꽉 쥐어 보자. 10초 동안 주먹을 쥔 채 어떤 느낌을 받는지 살펴보라. 당신의 호흡은 어떻게 바뀌는가? 당신 몸의 다른 부분들도 마찬가지로 긴장하게 되는가? 당신이 느끼는 감각을 살펴보라. 이제, 천천히 긴장을 풀기 시작하라. 손이 완전히 펴지고 이완될 때까지 당신의 모든 작은 근육과 작은 세포를 느끼면서 아주 천천히, 천천히 이완시켜라.

당신이 주먹을 쥐고 있을 때는 당신이 할 수 있는 일이 제한된다. 선물을 쥐고 있다는 것보다 싸움을 준비하고 있는 것에 가깝다. 이는 당신이 긴장하고 있을 때 일어나는 일과 비슷하다. 긴장하고 있을 때의 당신은 재능을 나누고 기회를 인식하여 선물을 받기보다 오히려 싸움을 준비하고 있는 것이다.

긴장은 일상의 스트레스에 대한 정상적인 반응이다. 투쟁 도피fight or flight 반응과 관련이 있다. 진화적인 관점에서 보면, 이는 선조들이 신체적 안전에 위협을 받았을 때 보이는 반응으로 생존을 위해 꼭 필요한 것이었다. 투쟁 도피 반응은 오늘날의 삶에도 이어진다. 대부분의 사람들은 한층 심해진 스트레스 반응과 함께 일상을 살아가고 있다. 만일 당신이 당신 자신과 호흡을 잘 맞춘다면, 신체적, 정신적, 감정적 긴장을 인식할 수 있다. 예를 들어, 앉아서 이 책을 읽는 중에도 몸의 일부분이 긴장하는 것을 느낄 수 있다. 물론 이런 느낌은 정상이다. 이 순간에 이러한 긴장은 필요한 것일까? 당신의 몸에서 긴장을 풀어야 할 부분은 어디인가? 당신은 호흡이 잦아들거나 숨이 멈추는 순간을 느낄 수 있다. 가슴이나 머리의 긴장도 마찬가지다. 예를 들어 가슴에 묵직함을 느끼거나 머리에 꽉 조이는 띠를 한 것 같은 긴장감을 경험할 수도 있다.

스트레스는 외부 환경에 대한 내면의 반응이다. 자연 재해나 인재가 일어나거나 또는 고속도로에서 빠른 속도로 차가 앞으로 끼어들 때, 우리는 이 상황이 일종의 경고라는 것을 인식한다.

또한 우리는 스트레스 반응이 평범한 환경에서도 나타난다는 것을 알 수 있다. 예를 들어, 파티에서 불편한 사람을 만나는 경우이다. 동일한 사람에 대해서 스트레스를 받지 않는 사람도 있다. 이는 스트레스를 만드는 대부분의 사건에서 자동적으로 촉발되는 방아쇠는 개인적이라는 의미이다.

성격 자체가 수축되기도 하고 긴장하기도 한다는 사실은 대부분의 사람들에게 익숙하지 않다. 성격 구조 안에 스트레스 생성 기제와 긴장 완화 기제가 내재되어 있다. 그러므로 하루 동안 나타나는 긴장의 다양한 정도는 성격의 수축과 이완으로 기능한다.

아무 이유 없이 긴장하고 있다는 걸 느끼는 순간을 생각해 보라. 당신은 짜증이나 분노, 질투, 불안, 분개, 의심이나 통제 같은 그 순간에 딱히 이해되지 않는 감정 반응을 한 적이 있을 것이다. 혹은 친구나 동료 또는 직장에서 불행의 방아쇠를 당기는 경우도 있는데, 이는 그러한 감정의 원천이 된다. 돌아보면, 당신은 이런 상황을 친숙하게 느낄 수도 있다. 이것이 바로 당신의 인생사에서 성격이 대처하는 방식이었던 것이다.

삶의 경험에 가장 잘 반영되어 있는 성격 구조를 확인하고 알아가면서, 당신은 성격을 이완하는 도구들을 배우게 될 것이다. 흔히 휴식이라는 단어는 소파에서 편하게 쉬기, 잠자기 또는 자신을 몸에서 분리하는 예지적인 경험 등과 연결되어 있다. 우리의 목적은 이런 것과는 다르다. 그것은 당신에게 더 이상 이롭지 않은 습관적인 패턴을 인식하고, 놓아주는 것을 지원하는 능동적 각성active awareness을 수반한다. 이런 패턴은 놀랍게도 내면의 긴장을 가져온다. 내면에서 얼마나 많은 긴장감을 느끼는지 알게 되면 무척 놀랄 것이다. 당신이 몸 안에 일어나는 긴장감에 집중하게 되면, 점차 이런 긴장감으로부터 자유로워질 것이다. 이 책의 후반부에서 우리는 성격의 에너지를 이완시키기 위하여 몸의 긴장을 알아차리고 순화시키는데 이용할 수 있는 몇 가지 실습을 다룰 것이다. 결국 성격은 당신의 삶과 자유에 별다른 영향을 주지 못할 것이다.

성격은 연속체로서 존재한다. 각 개인의 경험은 매우 수축된 경험부터 매우 확장된 경험까지 범위가 넓다. 성격은 어떤 행동을 강요받을 때나 수축됐다는 특별한 신호가 나타날 때 작동한다. 성격과 관련된 패턴은 삶에서 극심한 스트레스나 수축된 경험을 만들어낸다. 우리가 확장되고 자기 방식에서 벗어날 때에야 비로소 우리는 삶의 많은 축복을 누릴 수 있다. 더욱 확장되는 것을 누가 좋아하지 않겠는가?

그림 2-1은 성격의 양극단의 속성들을 보여준다. 이것은 수축된 경험에서 확장된 경험으로 가는 연속성을 보여준다.

대부분의 사람들은 확장과 수축의 양극단에서 삶의 대부분의 시간을 보내지는 않는다. 실제로 확장과 수축 사이에는 수많은 인생의 그림자들이 있다. 에니어그램의 선구자인 돈 리소는 1977년부터 다양한 차원의 성격을 연구하기 시작했으며, 그 결과 각 유형별로 아홉 가지 수준의 확장과 수축의 경험이 있다는 것을 발견했다. 돈 리소는 다른 에니어그램의 교사이자 저자인 러스 허드슨, 그리고 에니어그램 연구소 팀원들과 함께 각 성격 유형별로 아홉 가지 수준을 설명하는 행동과 태도, 두려움, 그리고 욕구 등에 대해 정의했고 이를 발달의 수준Levels of Development이라고 불렀다.

이 수준은 크게 세 가지로 나뉜다. 즉 세 가지의 건강한 수준(자유로운 수준), 세 가지의 평균 수준, 그리고 세 가지의 불건강한 수준(매우 수축된 수준)으로 나뉜다. 다른 말로 하면, 에니어그램의 성격 유형만 아홉 가지인 것이 아니라 성격의 수직적인 차원에 기초해서 자유와 건강의 수준에 따라 아홉 개의 다른 수준이 있다는 것이다. 불건강한 수준과 평균적인 수준의 차이, 혹은 평균적인 수준과 건강한 수준의 차이는 개인적인 삶에서 엄청난 차이로 나타난다. 2장 도입 부분에서 '진정한 선택, 잘못된 선택'이라는 주제 아래 언급한 세 가지 시나리오를 기억하는가? 첫 번째 시나리오는 건강한 수준을, 두 번째는 평균적인 수준을, 세 번째는 불건강한 수준을 보여준다.

위의 세 가지 범주 중에 어디에 속해 있더라도, 각 수준의 차이는 자신과의 관계, 타인과의 관계 그리고 자신의 목표에 따라 살고자 하는 능력에 상당한 영향을 준다.

리소와 허드슨에 따르면, 어떤 특정한 유형이 우세한 사람의 발달 수준을 결정하는 요인은 그 사람이 현존presence하고 있는 정도이다.

우리는 이 책을 통해 탐색하고 깊이 이해하며 실제로 현존하는 연습을 한다. 지금, 우리가 말할 수 있는 것은 우리가 성격에 의한 자동적인 행동으로부터 자유로우면 자유로울수록 우리는 더욱 현존한다고 말할 수 있다. 우리로 하여금 본성을 보지 못하게 하고, 우리를 가두어 버리는 것은 성격 구조의 끊임없이 반복되는 작동 때문이다. 20세기 초에 에니어그램을 소개한 영향력 있는 영적 지도자, 조오지 구루지예프Georges Gurdjieff의 가르침을 반복하자면, 이와 같은 패턴을 한번 인식하고 자유로워지면 깨어남과 내면의 자유를 향한 여정에 다가가도록 우리를 도와준다.

건강한 속성: 확장												
확장	내가 성격을 가지고 있음	패턴의 관찰 및 무집착	높은 수준의 내적 자유와 선택	내가 경험하는 것에 대한 호기심	넓은 조망	수용적, 투명한	무한한 가능성	유연한 반응	편안함	민첩함	타인에게 긍정적인 영향	감정 지능이 높은
매우 수축	성격이 나를 가지고 있음	패턴에 집착하는	갇힌, 진실한 선택이 없고	나의 상태를 나라고 확신	좁은 조망	폐쇄적, 투입 거부	대안 없음	경직된 반사적	긴장감	우둔함	타인에게 부정적인 영향	감성 지능이 낮은
불건강한 태도: 수축												

그림 2-1: 수축과 확장의 연속성에 따른 성격의 역동적 본질

각 유형의 수직적인 발달 수준의 역동성을 이해하면 여러 가지 유익이 있다.

첫째, 그것은 자신의 최고의 본성을 계속해서 표현하려고 하는 깊은 열망을 가진 사람들과 자신의 부족한 부분이나 문제가 되는 행동, 감정 혹은 의심과 마주하게 되면 실망하거나 포기해 버린 많은 사람들의 경험을 묘사한다. 내면의 양극성은 전 인류가 공유하는 인간의 조건이다. 아무도 이러한 경험에서 자유로운 사람은 없다. 하지만 우리는 이 여정을 통해 각자의 내면에서 양극성을 해결하고 치유하기 위해 초대되었다.

둘째, 우리의 행동이 성격에 강하게 사로잡혀 있다고 해도, 에니어그램은 우리가 진정으로 자유로운 존재가 되도록 특별한 지도를 제공해준다. 이 지도는 높은 수준의 자질들이 우리의 실제 본성의 일부분이며 우리에게 결코 낯선 것이 아니라는 것을 보여준다. 각각의 수준은 불건강한 상태와 더 건강한 특성 사이의 관계를 설명한다. 그들은 모두 연속적으로 나타나고, 우리의 가장 높은 잠재력이 무엇인지 알려준다.

셋째, 이러한 연속성은 당신이 심지어 하루 동안에도 어떻게 더 확장되고, 덜 확장되는 순간을 경험하게 되는지 알려준다. 예를 들어, 어떤 상황에서 당신은 진정으로 고마워하고 타인을 받아들이며 깊은 신뢰를 표현할 수 있다. 하지만 곧, 뜻밖의 전화를 받고나서 긴장하게 되거나 불신과 냉소로 반응할 수 있다.

넷째, 같은 유형을 가진 사람이라도, 그들은 매우 다른 특성을 나타낼 수 있다. 이는 그들이 서로 다른 수준에 있기 때문이다. 이 책의 2부에서, 당신은 각 유형의 건강한 수준에서 나타나는 행동과 평균 수준에서 보이는 일반적 행동 특성의 차이에 대한 구체적인 예들을 보게 될 것이다.

양극단의 사이

양극단의 사이에 있는 평균 수준이나 연속성의 중간 부분에서는 무슨 일이 일어나는가? 이 중간 부분은 결국 대다수의 사람들이 인생 대부분의 시간을 보내고 있는 영역이다. 그것은 마치 정상처럼 느껴진다.

다음은 연속성의 중간 부분에서 경험할 수 있는 공통적인 특성이다. 어떤 특성은 당신에게 매우 익숙할 수도 있고, 어떤 것은 아닐 수도 있다. 당신이 자신에게서 무엇을 발견하든지 나는 당신이 친절과 호기심을 갖고 무언가 깨닫게 되기를 바란다.

제한 신념 – 당신의 가능성, 능력, 가치에 대한 폄하된 생각을 고수하기.
일을 하는데 특정한 방식대로 하기 – 선택에 대해 호기심도, 열린 마음도 없음.
움켜쥐기 – 일이 되게 하거나 성취하고 획득하기 위해 끊임없이 고군분투함.
저항하기 – 현재의 실제 상황을 수용하지 않음.
바쁘게 지내기 – 내면의 고요와 성찰의 시간을 갖지 않음.
숨죽이기 – 의식적인 호흡의 망각.
부정하기 – 문제 상황 인식하기를 거부함.
비난하기 – 불만족의 원인을 외부로 돌림.
걱정하기 – 최악의 시나리오를 설정하고 계속해서 신경을 씀.
자신과 타인에게 진실을 말하지 않기 – 인정 및 소통으로부터 물러나기.
판단하기 – 자신과 타인의 결점을 찾으려고 노력함.
피해 의식 느끼기 – 불만족스러운 경험을 타인이나 상황의 책임으로 돌림.
타인과 상황을 통제하려고 노력하기 – 사람들에게 특정한 방식을 요구함.
다른 사람을 변화시키려고 노력하기 – 당신의 생각을 타인에게 집요하게 요구함.
과도한 의무감을 느끼기 – 자기 열정을 분산시키며 고갈시킴.
무리하기 – 분쟁 모드의 유지.
지나치게 생각하기 – 과도한 사고와 분석, 계획, 지나친 기대감을 가짐.

유혹하기 – 타인의 관심을 끌어 특정한 방식으로 당신에게 반응하도록 노력함.
위축하기 – 신체적, 정신적, 감정적으로 상황에서 물러남.

이는 특정한 결과를 얻기 위해서 특정한 전략을 과도하게 사용하거나 지나치게 노력하는 전형적인 특성들이다. 이는 내적인 편안함을 얻기 위한 것이다. 물론 이러한 특성들이 나쁘거나 우리를 나쁘게 만들지는 않는다. 하지만 습관적으로 사용하게 되면, 결국에 가서는 어떤 효과도 볼 수 없다.

역설적으로 그들이 특정한 긍정적인 결과를 얻으려고 노력하는 동안, 그들은 더 많은 스트레스를 받고, 피로감을 느끼며, 만족하지 못하게 되고, 심지어 엄청난 에너지를 써버리게 된다. 예를 들어, 자신의 능력에 대한 자신감이 부족한 사람은 도전적인 대화에서 위축되거나, 대화에 압도당할 수 있다. 이 사람이 대화에서 물러나게 되면, 혼자 있는 것만으로도 마음이 편안해 지고, 마치 대화의 불편함을 해결한 것처럼 보이기도 한다. 하지만 기껏해야 대화로 인한 두려움을 잠시 잊었을 뿐, 해결된 것은 아무것도 없다. 또 다른 사람의 경우를 살펴보자. 걱정이 많은 사람은 모든 상황마다 매 순간 엄청난 걱정으로 시간을 흘려보낼 수 있다. 이 사람에게 있어서 걱정의 의미는 아무 일도 일어나지 않으리라는 확신과 자신 및 가족들이 안전하다는 것을 확인하기 위해 필요한 수단이다. 걱정 그 자체는 긴장과 두려움을 더 크게 하고, 실제보다 더 큰 위협으로 느끼게 만든다. 위의 두 가지 사례는 익숙한 결과를 만들기 위해 같은 행동을 반복하는 패턴을 보여준다.

특정한 전략을 습관적으로 사용할 때 나타나는 어려움은 사람들이 자신에게 합당한 결과를 만들기 위해 열심히 노력하는 동안에, 다른 사람들도 동시에 그들의 내면에 합당한 다른 결과물을 만들기 위해 노력한다는 것이다. 이 두 가지 다른 노력은 서로를 방해하고 갈등을 만들며, 깨어나지 못하게 한다.

아울러 이런 전략은 개인적으로 정의한 만족감, 행복감, 충만감을 가져오는 결과물을 만들고 싶어 하는 개인의 욕망을 보여준다. 예를 들어, '만약에 이것만 ___________ 바뀌면, 나는 행복할 것이다.' 라는 말과 같다. 당신에게 이것은 무엇인가? 빈 칸을 채워보라.

연습: 당신이 성숙되는 느낌과 충만감, 행복감, 현존을 느끼기 위해 필요한 조건들을 생각해 볼 수 있는 좋은 기회이다. 다음 질문들이 당신 인생의 숨겨진 조건들을 탐색하는 과정에서 큰 도움을 줄 것이다.

- 당신은 차이를 만들기 위해 무엇을 했는가?
- 무엇이 혹은 누가 변화되어야 하는가?
- 당신의 인생을 행복하게 만들기 위해서 당신 자신이 규칙적으로 하는 말은 무엇인가? 당신 자신의 가슴에 귀를 기울여보라.
- 당신이 어딘가에 에너지를 쏟음으로 인해서, 진정으로 사랑하면서도 할 수 없었던 일은 무엇인가?

물론 위에 언급된 연속성에 관한 특성 중에서 친숙한 것들도 있겠지만, 당신의 남은 인생에서 꼭 필요한 것들은 아니다. 당신이 연속선 위의 어느 곳에 있든지, 중요한 것은 당신이 판단하는 마음없이

non-judgment, 당신 자신과 친절한 마음으로 만나는 것이다. 그리고 건강한 수준이든, 확장된 상태든, 수축된 상태든, 어디에 있든 당신이 마주하고 있는 방향에 주목하는 것이다.

이러한 탐색을 계속해 나가면서, 당신은 자신의 수축된 부분을 발견하고, 아직 펼치지 못한 영혼의 꿈을 이루는 환경을 만들 수 있는 더 많은 통찰력을 얻게 될 것이다.

직접 경험을 통한 변화

자신에 대한 인식이 커져가면서, 당신은 자신의 자동적인 패턴을 더 자주 느낄 뿐 아니라 그 패턴을 직접 경험하는 것을 배울 수 있다. 직접 경험은 자신에게 영향을 주는 상황이나 상호작용을 몸으로 직접 느끼는 것을 말한다.

일반적으로 우리는 우리의 경험에 대해 잘 알고 있다고 생각하며, 그 경험을 분석하려고 노력한다. 우리는 누가 누구에게 무엇을 했는지에 관해 전체적인 줄거리를 이야기 하고 우리의 의견과 판단으로 끝을 맺는다. 하지만 이러한 접근 방법은 긍정적인 변화를 만들지 못한다. 이는 우리 인생을 성격에 사로잡혀 있게 만들기 때문에 우리가 인생을 보다 확장된 관점으로 바라보지 못하도록 만든다.

직접 경험direct experience은 근본적으로 차원이 다르다. 이는 우리의 정신적 사고 과정이나 감정적인 흥분을 통해 걸러내는 것이 아니라 몸으로 느끼는 것이다. 직접 경험을 한다는 것은 어떤 상황을 둘러싼 환경과 사고의 수준 아래로 우리의 주의를 두는 것이다. 우리가 복잡한 상황에서 벗어나 전혀 다른 새로운 영역인 우리의 몸에서 일어나는 일들에 주의를 돌리는 것이다. 이렇게 몸을 통해 전해진 감각으로부터 우리는 우리 자신에 대해, 그리고 성격의 일상적인 전략에 대해 완전히 새로운 정보를 발견할 수 있다.

대기업 그래픽 부서 팀장으로 일하는 존John은 직접 경험을 통해 변화를 이끌어 냈다. 그는 항상 '오늘은 직장에서 어떤 일이 일어날까?' 라는 생각에 사로잡혀 있다가, 최근 직접 경험에 관심을 두기 시작했다.

> *코칭을 받으면서 존은 그가 기대만큼 일을 못하는 직원들로부터 받은 어려움에 대해 털어놓았습니다. 그는 직원들이 한 일을 바로잡기 위해 자주 지적을 해야 한다는 사실이 피곤하게 느껴졌습니다. 이미 여러 번 그렇게 해 왔기 때문입니다. 그는 직원들이 유능했더라면 안 해도 될 일이라는 생각에 짜증을 냈습니다.*
>
> *그는 또 다른 상황에서 비슷한 감정을 느낀 일을 얘기했습니다. 그의 짜증은 자신의 기준에 부응하지 못하는 다른 사람들의 무능력 때문이었습니다. 심지어 다른 사람들은 왜 이런 무책임한 행동에 화를 내지 않는지도 의아했습니다. 그 후 그는 이런 짜증이 그의 성격 때문에 나타나는 반복되는 패턴이라는 것을 알게 되었습니다.*

나는 그에게 직원과의 짜증나는 관계를 생각하지 말고, 오직 자신의 상태만을 점검하고, 몸에서 무슨 일이 일어나는지 느껴보라고 조언했습니다. 그가 느낀 것은 가슴과 어깨 그리고 심장 주위가 긴장돼 있다는 것이었습니다. 우리는 그가 일단 긴장을 풀도록 심호흡을 하게 했다. 시간이 흐르자 그가 눈물을 흘리기 시작했습니다. 자신이 직원들로부터 단절되어 있을 뿐만 아니라 자신으로부터도 완전히 떨어져 있다는 것을 깨달았기 때문입니다. 그는 자신이 오로지 일에만 집중하고, 같이 일하고 있는 사람들의 존재에는 관심이 없었다는 사실을 인식했습니다.

그는 직원들과의 관계도 대부분 비판과 부정적인 반응뿐이었다는 것을 알게 되었습니다. 비록 자신의 의도는 그들을 돕고자 했음에도 불구하고 관계는 늘 부정적이었습니다.

그 후로 그는 일에만 집중하기 보다는 그가 만나는 직원들의 얼굴을 바라보는 연습을 했습니다. 그 훈련이 익숙해질수록 그는 직원 한 사람 한 사람에게 더 많은 관심을 갖게 되었습니다. 그는 직원들과 다른 방식으로 소통하려고 노력했습니다. 단순히 직원들의 잘못을 지적하는 것보다 그들이 직장에서 받는 도전에 관심을 두기 시작했습니다. 이러한 소통방식은 문제 해결을 위해 대안을 공유하고 새로운 전략을 실행하는데 큰 도움이 되었습니다.

시간이 지나면서, 그의 좌절과 분노는 상당히 줄어들었습니다. 결국 그 자신만 바뀐 것은 아니었습니다. 그의 변화를 통해 직원들의 반응도 달라졌습니다. 그는 직원들과 점점 더 가까워지고 있었습니다.

그의 불만족스러운 감정은 건강한 업무 환경을 만드는데 장애요소였다. 결국 그가 이런 패턴을 인식하고, 자신의 감정을 직접 경험함으로써 그는 자기 자신과 리더십에 대한 새로운 통찰력을 얻게 되었다. 직원들의 부족함만 탓하기보다 자신의 경험을 통한 느낌에 충실하게 되면서, 그는 그동안 표현하지 못했던 내면의 고통을 치유하고, 자신과 공동체의 새로운 가능성을 발견하는 중요한 경험을 하게 되었다. 그는 높은 기준을 유지하면서도 직원들과 어떻게 친해지는지 그 방법도 알게 되었다.

당신은 그가 느꼈을 자유와 평안을 상상할 수 있겠는가? 당신 또한 이런 해방감을 느낄 수 있는 능력을 갖고 있다. 당신도 당신의 패턴으로부터 벗어나는 위대한 인간의 실험에 동참해 보라.

자신을 만나는 여정을 위한 놀라운 변화

우리는 자신에게서 성격을 제거하기 위해 탐색하는 것이 결코 아니다. 우리는 '내가 성격을 갖고 있는가, 아니면 성격이 나를 갖고 있는가?'에 대한 가치 있는 질문을 하는 것이다.

당신이 깨어있는 상태에서 성격을 잘 활용한다면, 당신의 성격은 당신을 잘 돌봐줄 것이다. 예를 들어, 은행 계좌의 잔고가 얼마 남지 않았을 때도 그 사실을 분명한 평정심으로 받아들일 수 있다.

그러나 당신이 성격에 사로잡혀 있다면, 성격이 책임을 지게 된다. 성격이 결정을 하고, 성격이 주인이 된다. 성격이 당신의 인생을 이끌고 간다. 당신은 당신이 생각한 만큼의 선택권도 갖지 못하게 된다.

이 책의 목적은 당신이 깨어있도록 하는 방법과 성격으로부터 자유로워지는 방법을 발견하도록 돕는 데 있다. 이 때 중요한 열쇠는 자신이 발견한 것에 대해 되도록이면 판단하지 않는 것이다.

당신이 익숙하지만 불만족스러운 경험을 인식하며, 판단하지 않고 경험을 만나는 매 순간이 중요하다. 당신이 곧바로 패턴 뒤에 숨은 동기에 대해 질문하게 되면, 성격은 이완되기 시작한다. 당신의 패턴이 에니어그램 유형과 관련된 익숙하고 방어적 패턴이라는 것을 인정하면, 성격은 패턴을 순화시킨다. 패턴이 순화되면 성격은 더 이상 영향력을 발휘하지 못하고 당신의 인생도 조종하지 못한다. 시간이 지나면서 당신은 본성에 힘이 생기고, 스스로 편안함과 평안을 느끼게 된다. 아울러 과거에 감정적 반응을 불러일으켰던 타인의 행동에 대해서도 영향을 덜 받게 된다.

진정한 당신real you은 자연스럽게 열려있고, 호응하며, 살아 숨쉬고, 만들어내며 깨어있다. 당신의 건강하고 유연한 성격이 더욱 확장될 때 내면에 있는 가장 좋은 것을 자연스럽게 표현하게 된다. 당신은 자신의 영원하고 근본적인 본질과 더 닿아있게 된다.

성격의 방어 층들layers로부터 이완되는 모든 단계마다 감정적, 영적으로 건강한 상태를 향해 나가려는 움직임이 있다. 이 때 당신의 관점은 중립적이 되고, 과거에 당신을 어떤 상황으로 밀어 넣었던 에너지와는 멀어진다. 아울러 당신의 관점은 객관적이 되고, 당신의 성격을 기준으로 판단하던 습관에서 벗어나 사물을 있는 그대로의 모습으로 보게 된다. 당신의 관점은 그만큼 유연해진다. 결국 당신의 타고난 재능과 영혼의 진정한 관용은 당신 자신과 다른 사람들에게 큰 유익을 줄 것이다.

이번에는 비유를 통해 차이를 인식하는 연습 방법을 소개한다.

연습: 당신이 지금 수영장에서 수영을 하고 있다고 상상해보자. 수영장은 당신이 알고 있는 전부이다. 삶 그 자체라는 뜻이다. 수영장은 당신이 갈 수 있는 곳을 제한한다. 당신은 수영장 외에는 아무것도 모른다.

이번에는 수영장 위로 올라오는 자신을 상상해보자. 그 곳에는 물이 넘치도록 담겨있다. 너무 넓어서 당신은 도무지 끝을 볼 수 없다. 여기에는 막힌 곳이 없다.

수영장은 성격과 같다. 그 안에 있으면 더 이상은 없다. 수영장이 존재하는 전부다.

넘치도록 담겨있는 물은 높은 수준의 건강한 당신의 본성이다. 당신은 수영장 크기를 알고 있으며, 원하는 만큼 들어갔다 나왔다 할 수 있다. 시간을 재고 싶을 때는 수영장 끝을 오고가면 된다. 하지만 당신은 수영장의 한계를 인식한다. 바다는 수영장보다 더 많은 가능성을 갖고 있다.

수영장 안에 있는 것 같이 성격에 사로잡혀 있으면 좁고 제한된 시야를 갖게 된다. 인생의 드라마에 빠져들어 다양한 상황에 대해 감정적으로 반응하게 된다.

당신이 인생의 특별한 상황에서 어떻게 상호작용 하는지를 잘 관찰하고, 실제 내면 감각과 더욱 깊이 소통하여 깨어남을 얻게 되면, 당신의 시야는 훨씬 확장된다. 당신이 만약 내면의 충동에 따라 행동하지 않을 수 있다면, 성격이 당신을 사로잡고 있는 비중을 낮출 수 있다. 당신은 상황에 대해 감정적으로 반응하거나 무엇이 일어날까에 대해 생각하고 반응하는 것보다 실제로 일어나는 일에 더욱 현존하게 된다. 당신은 행동으로 나타나는 성격을 관찰할 때 더 넓은 시각을 갖게 된다. 당신이 현존하면 어떻게 반응할 것인가를 선택할 수 있는 감각을 얻게 되며, 이는 비교할 수 없는 가치 있는 재능이 될 것이다.

에니어그램으로 작업하는 것은 당신의 성격 구조가 자동적으로 작동될 때에 일어나는 일들을 당신이 인식하도록 도와준다. 아울러 당신이 자신의 성격에 전적으로 의존하지 않도록 도와주며, 더 확장되고 진실해진 당신의 자아와 더 깊은 관계를 맺을 수 있도록 돕는다. 그런 맥락에서 보면 '성격 유형을 갖는다.'는 표현과 '성격 유형이다.'라는 표현을 구분할 수 있다. 예를 들어 '나는 1유형을 갖고 있습니다.'라는 말과 '나는 1유형입니다.'라는 말은 엄연히 다르다. 성격 유형을 갖고 있다고 인식하는 것은 성격의 패턴보다는 당신에게 더욱 가깝다는 뜻이며, 당신이 패턴과 내면의 확장된 본성 모두를 잘 인식하고 있다는 뜻이기도 하다.

3장

삶의 방식:
에고의 내면 논리 해독

하루의 삶을 단순히 자연스럽게 사는 것은 인생에서 가장 쉽고 자연스러운 일이다. 우리는 삶을 살아가는 그 자체가 인생이라고 생각하는 것에 길들어져 있다. 우리는 성장하면서 삶을 대하는 특정한 방식과 자신을 자연스럽게 동일시하고, 그것은 실제로 현실reality이 된다. 대부분의 사람들은 자신의 삶, 생각, 태도, 행동 등의 자연스러운 방식이 삶을 관리하는 인생의 핵심 전략이라는 것을 알고 놀란다. 1장에서 살펴본 대로 자동적인 방식은 인생의 도전과 고통을 다루는 전략이다. 하지만 이 핵심 전략은 자주 더 불행하고 불만족스러운 상태를 만들기도 한다.

아홉 가지의 성격 유형 각각은 자신과 인생에 있어서 꼭 필요하고, 옳으며, 진실이라고 느끼는 핵심 신념을 중심으로 삶을 구조화하는 방식을 갖고 있다. 당신의 인생 방향은 당신이 자연스럽게 관심을 두는 곳과 관련이 있다. 그림 3-1은 각 유형이 우세한 사람들이 자신의 성격에 사로잡혀서 활동할 때, 주의를 어디에 두는지 보여준다. 이는 각 유형의 사람이 성격에 사로잡혀 있을 때, 자동적으로 생각하고, 행동하며, 혹은 무의식적으로 많은 에너지를 집중하는 양상을 보여준다.

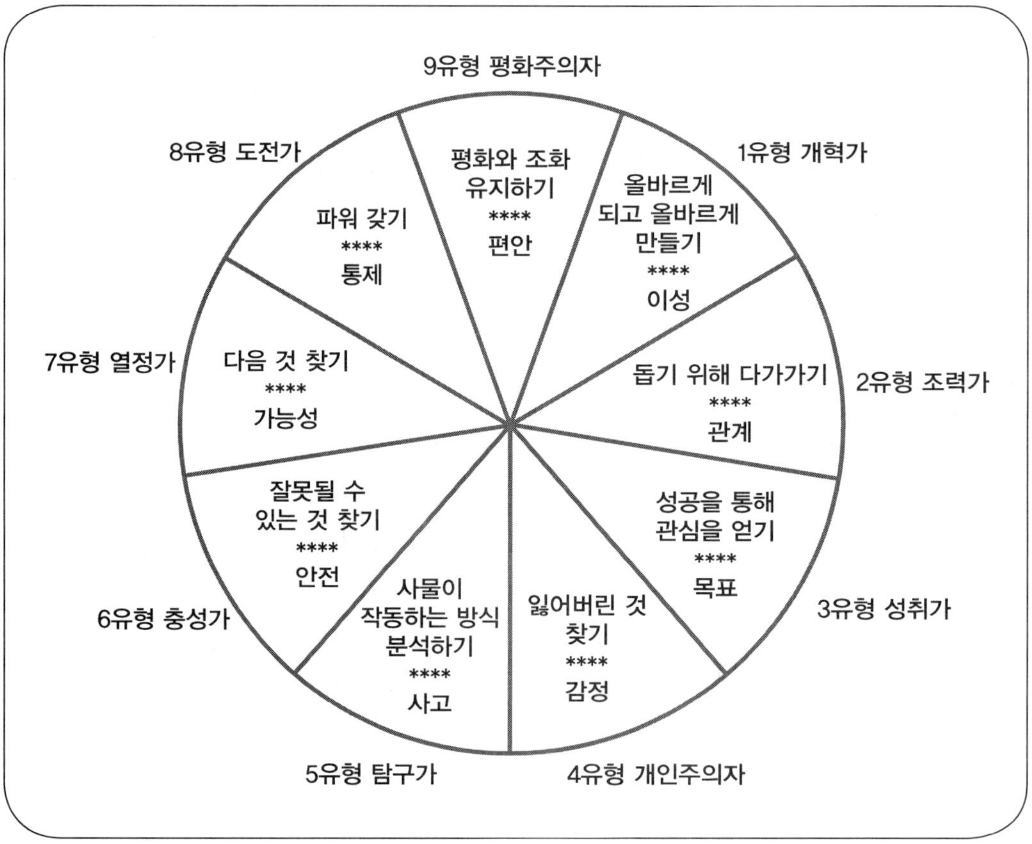

그림 3-1: 에니어그램 아홉 가지 유형별 주의 초점

*각 유형 이름은 리소와 허드슨Riso & Hudson의 연구에서 인용

각 유형별로 서로 다른 주의 초점[FOA]이 어떻게 작동하는지 살펴보자. 먼저 개인의 관심을 끌만한 인생의 모든 분야를 고려해 보자. 가능성의 영역은 엄청나게 광대하다. 우리 마음이 그것을 한 번에 다 담을 수 없을 정도다. 신경생물학적 회로에 의해 지원되는 우리의 성격은 우리의 주의 초점을 관리하는 훌륭한 요소들의 집합체를 만들고, 결국 우리는 삶의 특정한 부분에 압도적인 주의를 두게 된다. 따라서 주의 초점은 가능성의 영역을 축소시킨다.

이러한 축소는 부산물로 일련의 기대를 만들어낸다. 우리는 자연스럽게 다른 사람들도 우리와 같은 주의 초점을 갖고 있다고 기대한다. 이러한 기대는 어떤 상황에서 일어나는 일들을 어떻게 해석해야 할지 알려주고, 우리가 무엇을 듣고 찾아야 되는지를 형성시킨다. 우리의 감정이 고조되면, 주의 초점은 보다 더 분명해지고, 확실하게 정의되며, 고착된다. 물론 주의 초점의 차이는 다른 사람과의 관계에 영향을 주기도 한다.

여기 좋은 예화가 있다.

전문직에 종사하는 40대 중반의 부부인 첼시[Chelsea]와 놀란[Nolan]은 주말을 어떻게 보낼지에 대해 자주 의견이 엇갈렸습니다. 첼시는 다양한 활동을 하고 싶어 했습니다. 놀란과 함께 주말을 즐길 수 있는 신나는 이벤트나 가고 싶은 곳을 찾아보는 것을 좋아했습니다. 그녀는 놀란도 함께 즐길 수 있는 것들에 대해 열정을 가졌으면 하는 자연스러운 바람을 갖고 있었습니다. 놀란은 그녀가 적어 놓은 목록을 보자마자 무척 난감해 했습니다. 어디를 가느냐를 결정하기 전에 그들에게 일어날 수 있을 만한 문제점들을 먼저 신중하게 생각해 보았습니다. 놀란은 그녀가 여행 이후에 벌어질 만한 결과에 대해 생각해 보기를 원했습니다. 솔직히 말해서, 그는 멀리 가는 것을 좋아하지 않았습니다. 의견 일치를 보지 못할 때, 그들은 각자 원하는 방식으로 주말을 보내고 싶은 마음이 강해졌습니다. 첼시는 항상 멀리 떠나고 싶어 했고, 놀란은 그 때마다 멀리 갔을 때 일어날만한 안 좋은 일들에 대해 계속해서 말했습니다. 그들의 시야는 점점 좁아졌고, 그들은 각자 자신이 갖고 있는 특정한 렌즈로만 상황을 바라보고 있었습니다.

그림 3-1에서 보듯이, 사람들은 서로 다른 주의 초점을 갖고 있다. 당신에게는 의외인 것도 있고, 심지어 바보처럼 느껴지는 것도 있다. 하지만 그들은 자신의 특정한 주의 초점을 결코 이상하다고 생각하지 않는다. 아마도 당신은 어떤 주의 초점에 대해 이렇게 생각할 수도 있다. '물론, 나도 그렇게 해. 다른 사람들은 그렇지 않다고? 하지만 그건 유형의 문제가 아니야. 그냥 인생이 원래 그런 거지.'

세미나를 진행하면서 사람들이 목표에 어떻게 주의를 두는지에 대해서 간단하게 토의했던 적이 있었다. 하나의 목표를 이루면, 바로 다음 목표가 생긴다. 3유형 사람들은 각각의 목표를 성공적으로 달성하고자 하는 강한 도전을 받는다. 목표는 그들에게 성취와 인정을 위한 수단이다.

그 때 참석자 중에 한 사람이 말했다. "잘 이해가 안 되네요. 모든 사람이 목표에 주의를 두지 않나요? 그건 그저 인생의 한 부분이죠. 저는 특정 유형만이 그렇게 한다고 생각하지 않는데요."

그녀는 또 당연하다는 듯이, 목표 지향적이지 않은 직원들을 보면 무척 실망스럽다고 덧붙였다.

세미나가 끝나자, 그녀는 자신이 3유형이기 때문에 목표지향적인 삶이 자연스럽게 다가왔다는 것을 깨달았다. 그녀의 주의 초점은 바로 목표였다. 다른 유형의 사람들은 목표가 중요할 수도 있고 그렇지 않을 수도 있지만, 그들의 주의 초점은 아니다. 사실 3유형 사람들은 가치 있는 목표를 찾아내기 위해서 정말 열심히 일할 수 있다.

주의 초점은 아홉 유형 사람들의 내면이 실제로 얼마나 다른지 잘 보여준다. 우리가 이렇게 서로 다르다는 것을 제대로 인식하지 못한다면 대인관계에서 일어나는 갈등과 내적인 고민은 더 심해질 것이다. 우리가 이 모든 것을 인식한다면, 나의 방식이 가장 좋다는 것, 그 방법이 유일한 방법이라는 것을 고집하지 않고도 서로를 더 많이 이해할 수 있는 가능성을 높일 수 있다.

각 유형별 주의 초점이 관심 대상의 범위를 어떻게 정의하는지는 2부에서 살펴보기로 하자.

조언: 당신이 성격 유형에 관한 예화 속 주인공과 비슷한 경험을 한다면, 그것이 당신의 유형일 가능성이 높다. 예화를 읽고, '저도 그렇게 생각해요. 다른 사람들도 그렇게 하거나 그렇게 해야 하지 않나요?' 라고 생각한다면 그 유형에 대한 설명을 주의 깊게 읽어보기 바란다.

인생을 살아가는 아홉 가지의 접근 방법

각 유형은 특정한 주의 초점을 갖고 있을 뿐 아니라 내면의 일관성을 형성하는 특별한 논리적 감각을 갖고 있다. 우리가 어린 시절부터 우리 안에 특정한 내면 논리의 형판template을 갖고 있다는 사실은 논란의 여지가 없다.

이제 이러한 내면 논리가 어떻게 작용하는지 살펴보자.

중대한 상실Great Loss

1장에서 언급한 것처럼 인생 여정의 출발 시점에서 심지어 당신이 생각이나 말조차 못할 때부터, 당신은 당신의 영혼이 정말 사랑하는 것으로부터 분리되는 선험적 경험을 하게 된다. 연결의 상실로 인해 당신은 상처받고, 분리되며, 혼자라는 느낌을 받았다. 에고의 구조는 상실의 고통으로부터 자신을 보호하기 위해 계발되기 시작했고, 진정한 본성의 자질을 흉내 내려고 노력한다. 물론 그렇게 애쓴다고 해서 성공할 수 있는 것은 결코 아니다.

어린 시절, 피할 수 없는 고통스런 상황을 통해 당신은 잘 정의된 방식으로 세상과 관계하는 법을 터득하게 된다.

어른이 되면서 에고는 본질적인 특성을 복제하려고 시도하는 과정에서 내면의 혼란을 가져온다. 자기 자질에 대한 진정한 느낌과 모방된 느낌을 구분하기 어렵기 때문이다. 예를 들어, 당신이 9유형이라면 당신의 에고 구조는 '모든 것은 하나이다.' 라는 경험을 계속 만들려고 애쓴다. 실제로 본질essence의 수준에서는 이것이 사실이다. 그러나 9유형 성격 구조가 이 믿음을 신성시되는 소sacred cow처럼 붙잡고 있고, 그 믿음을 견지하는데에 엄청난 에너지가 소모된다. 그리고 '모든 것은 하나' 라는 내면의 일체감에 맞지 않는 어떤 경험도 무시된다. 모방 경험은 많은 노력과 반응이 요구된다. 진정한 경험은 우리가 더 깊이 현존에 닿아 있을 때 굳이 노력하지 않아도 자연스럽게 나타난다. 하지만 우리는 힘들이지 않고도 진정한 본성을 경험할 수 있다는 사실을 깨닫지 못한다. 에고 구조나 성격 유형은 매우 강하기 때문에 우리는 우리의 지고한 본성과의 깊고 친숙한 연결이 실제로 존재한다는 것을 잊어버리곤 한다. 심리학적, 영적 여정의 과정에서, 상실은 본래 통합의 경험으로부터 이중성duality의 경험으로 바뀌는 것을 나타낸다. 우리는 분리된 느낌을 갖는다. 예를 들어 기독교 전통에서는 은혜로부터의 분리를 뜻한다. 이러한 변화는 예민하고 작은 존재인 영혼에 심한 타격을 입히고, 결국에는 원초적인 재앙과 위협으로 나타난다.

우리는 이것을 중대한 상실이라고 말한다.

기본적 내면 논리와 정체성 삼각형

1장에서 우리는 핵심 신념에 대해 살펴본 바 있다. 핵심 신념은 인생에 대한 기본 가정assumption을 형성한다. 우리가 깊은 수준에서 자기이해에 대한 작업을 할 때에만 이 신념이 실제로 존재한다는 것을 인식하기 시작한다. 그럼에도 불구하고 핵심 신념은 우리가 삶에 대해 어떻게 반응하는가를 보여주는 강력한 요인이다.

기본적으로 한 개인의 핵심 신념은 인생 초기, 어린 시절부터 무의식적으로부터 올라온다. 이것은 그 사람이 드넓은 세상에서 다른 사람들과 관계할 때, 자신의 내면이 약하고 부적절하다는 감각을 만든다. 물론 '충분하지 못하다.' 는 감각은 그것을 한 번 견뎌봤다고 해도 어린 아이에게는 너무 고통스러운 느낌이다. 그래서 에고의 전략은 이런 느낌으로부터 어린 아이를 보호하는 것이다. 결국 어린 아이는 청소년기를 거쳐서 어른이 된다. 그 사람이 자신의 핵심 신념을 의식하고 나서 그 진실성에 대해 반복해서 의문을 제기하지 않는 한, 핵심 신념은 내면 논리에 따라 일상의 삶을 만들어가게 된다. 물론 인정하기는 무척 어렵지만 인간은 자신의 삶을 어린 시절의 경험을 통해서 걸러낸다. 우리가 기본적인 핵심 신념 안에서 치유되고 깨어나기 전까지는 어쩔 수 없다. 감정적, 영적으로 성숙하기 위해서는 자신을 이해하기 위한 깊은 탐구가 필요한 것이다.

내면 논리의 작동에 대한 일반적인 설명

각각의 에니어그램 유형은 핵심 신념이나 삶을 어떻게 살아갈지에 대한 에고의 기본적인 가정을 기반으로 형성된다. 따라서 당신에게 우세한 에니어그램 유형은 특정한 핵심 신념을 바탕으로 이루어진다.

아홉 가지의 핵심 신념은 특정 유형이 우세하게 나타나는 개인이 계속해서 반복하고 싶어 하는 경험을 하고자 한다. 예를 들면 2유형이 우세한 사람은 인생에서 여러 사람들과 따뜻한 연결을 가지기를 원하고, 이 사람들을 위해 가까이 다가가서 많은 일을 하고자 하는 습관을 형성한다. 5유형이 우세한 사람은 일이 작동하는 방식을 이해하기 원하고, 이해의 폭을 넓히기 위해 집중해야 할 개인적인 시간이 많이 필요하다. 다시 말해 우리 각자는 어느 정도 수준까지는 우리가 생각하는 만족스러운 삶을 위해, 적어도 그 삶이 최선이 되도록 만들기 위해 노력하고 있다.

아마도 이러한 만족스러운 경험은 당신이 추구하는 바이고 결국은 최선의 만족을 가져다 줄 것이다. 예를 들어, 만약 당신이 안전한 느낌을 원한다면, 당신은 어디에서 무엇을 하든, 안전한 느낌을 유지하기 위해 최선을 다 할 것이다. 당신은 이미 존재하는 문제들을 점검하려고 할 것이고, 잘못될 가능성이 있는 일에는 경계심을 늦추지 않을 것이다. 또한 위기의 순간에 건물을 어떻게 빠져나가는지 미리 적어두거나, 여러 가지 상황에서 당신이 할 수 있는 일들을 정확히 알고 싶어 할 것이다.

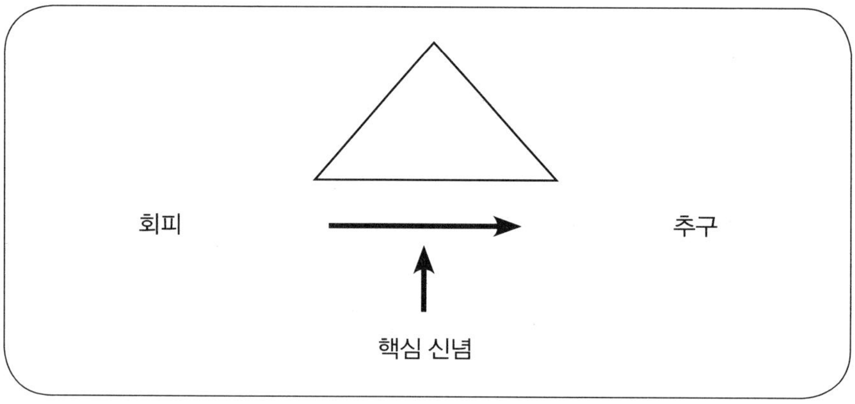

그림 3-2: 정체성 삼각형의 기본 구조

당신은 이런 행동을 추구하는 것이 왜 그렇게 중요한지 모를 수도 있다. 당신은 그저 그렇게 해야만 한다고 알고 있다. 당신은 이렇게 하고 있을 때 진정성을 느낀다. 하지만 이런 행동 이면에 작동하는 신념이 있다는 것을 알아내기는 어렵다. 위에서 언급한 예를 보면, 당신의 핵심 신념은 당신이 결코 안전하지 않으며, 당신은 아무것도 믿을 수 없다는 것이다. 비록 당신이 우리와 마찬가지로 충분히 안전하다고 해도, 당신은 문제가 일어날 만한 모든 상황이 원활하게 해결될 것이라는 것을 '그냥 확인하는 작업' 자체가 절대적으로 필요하다.

이와 동시에 추구하는 경험과 반대 방향으로 움직이는 것은 우리가 어떻게든 회피하려고 노력하는 또 다른 경험이다. 우리가 회피하고 싶은 경험은 에니어그램 유형에 따라 다르고, 우리가 추구하는 것과 반대되는 경험이다. 예를 들어, 당신에게 있어서 힘, 권력, 통제 같은 경험이 제일 중요하다면, 당신의 에고가 생각하는 반대되는 경험, 즉 나약함, 한계, 연약함 등을 회피하려고 노력할 것이다.

사실 이 반대되는 특성을 경험한다고 생각하면 엄청난 불안과 두려움, 저항감이 생길 수 있다. 이 반대되는 특성은 우리의 자아 개념을 위협하기 때문에 어떤 대가를 치르더라도 회피하고 싶은 것이다. 그러나 실제적으로 위협하는 것은 에고의 생각 그 자체이다. 내면 논리는 지속성을 갖고 있다. 성격이 추구하는 것과 회피하는 것에 대한 내면의 양극단을 만족시키려면 우리는 적어도 성격의 측면에서, 외견상으로는 완전하고 명확하게 보이는 대처 전략을 사용한다. 이 대처 전략은 우리로 하여금 특정 욕구를 충족시키고, 반대되거나 바람직하지 않은 상황을 회피하게 하는 순환에 빠지게 한다. 물론 우리는 대처 전략에 대해 많이 생각하지는 않는다. 그것은 삶의 요구를 충족시키기 위한 우리들의 자동적인 접근이다.

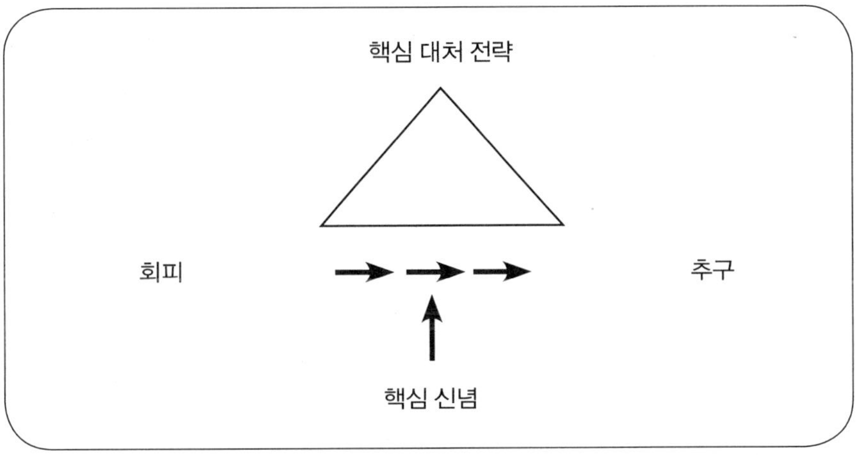

그림 3-3: 정체성 삼각형의 전개 구조

핵심 신념에서 나오는 세 가지 요소인 추구하는 것, 회피하는 것, 핵심 대처 전략은 함께 상호작용을 하며 특정한 자아 개념을 형성한다. 당신에게 우세한 유형에 따라 이 자아 개념은 자기 자신의 모습을 보여준다.

개인에게 우세한 에니어그램 유형에 따라서 이런 요소들이 내면의 의식 세계를 만들어 내는데, 이를 '정체성 삼각형' 이라고 부른다. 이는 개인이 자신의 인생을 어떻게 살아가는지에 대한 일반적인 주제를 반영한다. 이러한 자동적인 프로그램을 조명하는 것은 우리 삶에서 나타나는 자동적이고 반복적인 반응을 명확하게 이해하는데 도움이 된다. 자동화된 프로그램에 익숙해지고 의식화 되는 것은 자동적인 패턴을 줄이고, 인생의 새로운 가능성을 경험하는 가치 있는 걸음이다. 이 모든 것은 당신이 당신 자신과, 혹은 타인이나 당신이 처한 환경과, 더 나아가서 당신의 숭고한 본성과 어떻게 관계하는지에 대한 긍정적인 변화를 경험하도록 도울 것이다.

그림 3-4는 3유형이 우세한 사람들의 정체성 삼각형을 보여준다. 이를 통해 정체성 삼각형이라는 개념이 특정 유형에게 어떻게 적용되는지 살펴보자. 예를 들어 3유형이 우세한 여성은 인생은 콘테스트이고 자신이 최고가 되어야 한다는 무의식적인 핵심 신념을 갖고 있고, 성취를 최고의 가치라고 생각한다.

그녀는 목표를 설정하는 일에 높은 가치를 두는 삶을 추구한다. 그 목표는 그녀가 인정받고 싶어 하는 사람의 관점에서 높은 가치라고 평가받아야 한다. 그녀의 목표 설정은 끝이 없어 보인다. 하나의 목표를 달성하면 바로 그 다음 목표가 생긴다.

그녀는 실패처럼 보이는 경험을 회피하고 싶어 한다. 그녀에게 실패는 내재된 가치가 결여되어 있다는 엄청난 두려움을 더 강화시킨다. 그녀는 학교 공연 오디션에 참가하거나 체육대회에서 반대표로 뛰거나 혹은 그녀가 진심으로 즐길 수 있는 일에 참여할 수 있는 좋은 기회가 주어져도 성공할 수 없다고 생각하면 처음부터 도전조차 하지 않는다.

따라서 그녀는 자신이 어떤 환경에 처해 있든지 성공하기 위해서 상황에 적응하거나 자신을 다시 만들어내는[re-inventing] 것으로 대처한다. 그녀는 언제나 변신이 가능하다. 능력 있는 팀원으로, 유연하고 뛰어난 스트레칭 수강생으로, 손님에게 따뜻한 감동을 주는 집주인으로 항상 변신한다.

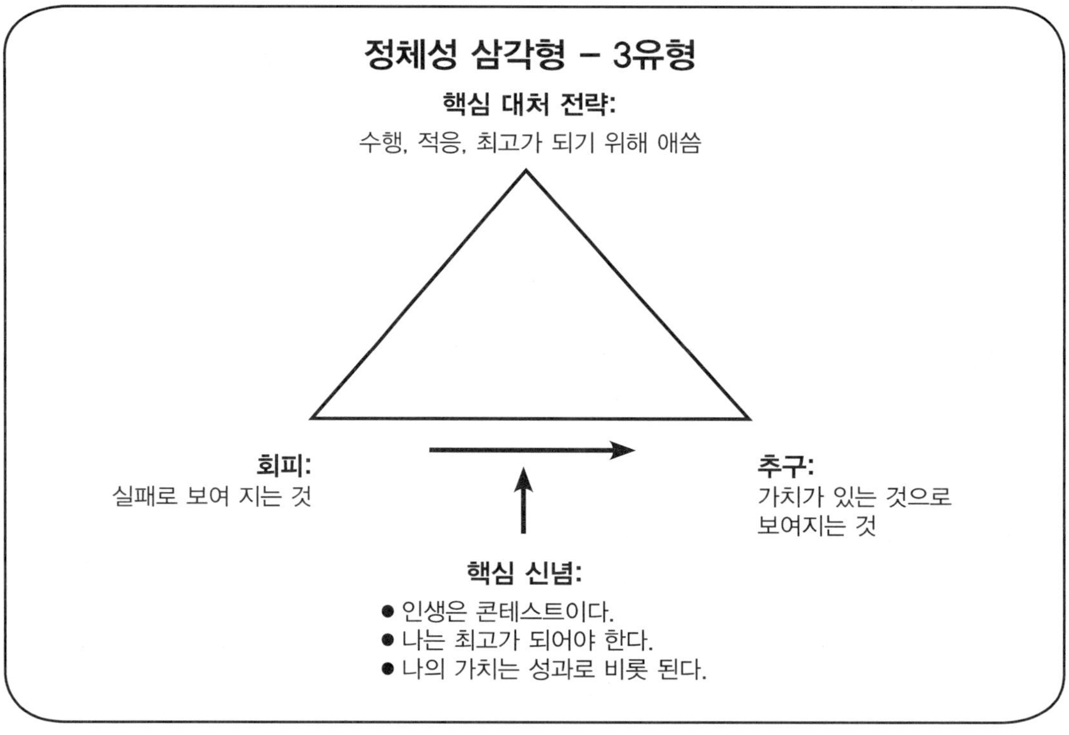

그림 3-4: 3유형의 정체성 삼각형

9장에서 3유형에 대해 자세히 살펴볼 때, 우리는 이러한 역동이 탁월하고, 타인들에게 존경을 받으며, 무한 잠재력을 가진 그녀의 자아 개념을 어떻게 강화 시키는지 알게 될 것이다. 또한 우리는 핵심 신념과 강력한 감정적 힘, 사고 습관, 내면 비평가 등의 조합이 추구, 회피, 대처의 이 폐쇄 시스템 안에 그녀를 어떻게 가두어 두는지를 보게 될 것이다. 다시 말해서, 호기심과 연민과 정직으로 탐구하고 열려있게 될 때까지 내면 논리가 계속 작용하는 것이다. 아홉 가지의 유형 모두 동일하게, 내면 논리는 내면 이야기의 바탕이 되고, 인생을 어떻게 살아가는가에 대한 근거가 된다.

아울러 내면 논리는 내면의 양자택일에 양극성을 설정한다. 그녀의 경우 자신의 한계에 부딪혀 지치거나, 실패자처럼 느껴서 탈진하고 연약해 보일 때조차 자신에게 기대되는 존경을 얻기 위해서는 성공 기준을 초과 달성해야 한다고 믿기 쉽다.

이러한 선택들은 성취감을 주지 못하지만, 정체성 삼각형에 사로잡혀 있는 사람은 다른 대안이 있다는 것조차 알아차리는 것이 어렵다. 물론 탁월하다는 것과 존경 받을 만하다는 것은 모두 아름다운 속성이다. 문제는 그녀가 이러한 속성을 갖고 있다는 것이 아니라, 그녀가 반드시 그렇게 되어야 한다고 믿는다는 것이다. 우리가 특정한 것에 집착하게 되면, 대신 인생의 다른 부분이 희생되기 마련이다. 실제로 우리의 성장을 막고 현실적이며 진실하게 영혼의 궁극적인 만족을 위해 실체에 접근하는 것을 방해한다. 우리가 어떤 특정한 것에 집착한다는 것은 우리 인생에 다른 색깔을 입힌다는 것이다.

내면의 논리가 어떻게 진행되는지 알아보기 위해 그녀 이야기를 계속 살펴보자. 3유형의 그녀는 자신이 누구인지, 수용될 수 있는 것과 없는 것에 대해 고정된 생각을 가지고 있다. 그녀는 자신의 정체성 삼각형에 지나칠 정도로 사로잡혀 있다. 그녀는 또한 대중에게 보이는 페르소나와 내면의 부적합한 감정 사이에서 습관적으로 고민하고 있음을 느낀다.

만일 당신이 실체를 보지 못한 채 같은 일을 계속 반복하고 있다면, 당신이 그것에 붙들려 있다고 느끼는 것은 당연하다. 아울러 이런 반복이 당신을 참되고 고유하며 영혼의 양식이 되는 실체에 닿아 있는 것을 단절시키기 때문에 상실감을 느끼는 것도 당연하다.

이러한 상황에서 우리는 상실감을 느낄 수밖에 없다. 우리가 진정한 우리 영혼과 본질적인 연결을 상실했다는 것을 알고 있기 때문이다.

우리가 확장되고 자유로워진 자아에 대해 잊고 살수록, 우리는 가장 깨어있고 현존할 때 사용할 수 있는 소중하고 내재된 능력과의 연결을 점점 잃어버린다. 이 선천적 능력이 감추어지게 되면, 에니어그램 용어로 '격정' passion이라고 부르는 특별한 에너지 충동energetic drive이 작동한다.

이 에너지의 충동 또는 격정은 내면 논리의 한 부분이다. 그것은 논리에 연료를 넣고 구동시키는 엔진과도 같다. 깨어있지 못하거나 현존을 느끼지 못하면 이 엔진은 가동력을 갖게 된다. 이러한 힘은 당신을 높은 본성과 당신의 가슴과 당신의 영혼이 가장 사랑하는 것으로부터 멀리 보낸다. 실제로 격정이 더 큰 힘을 갖게 되면, 당신은 영혼의 소망으로부터 점점 더 멀어진다. 당신에게 기쁨과 평화와 사랑과 살아 있음과 만족감을 주는 대상과는 정확히 반대 방향으로 움직이는 것이다.

다시 그녀 이야기를 해보자. 3유형 성격의 에너지 충동은 허영vanity이라고 한다. 이는 한 개인의 성공을 위한 유일한 명분으로 보이기를 원하는 것으로 이해될 수 있다. 허영의 에너지는 '내가 이룬 성취' 에 있다. 따라서 이 재능있고, 영감을 주는, 탁월한 여성이 자신의 성격에 사로잡혀 있을 때, 자신의 성공을 원하고, 심지어 자녀와 남편의 성공도 원한다. 세상의 관심을 독차지하고 싶기 때문이다. 그녀는 열심히 일만 한다. 무언가 성과를 얻어내며, 높은 수준의 목표를 달성하고 싶기 때문이다. 결국 그녀는 자기 자신도 보지 못하고, 자신의 인생의 큰 그림을 그리지도 못한다. 그녀는 성공을 좇아가는 동안 많은 것을 잃는다. 심지어 무언가를 성취하는 것 이외의 인생은 전부 잃고 만다.

대부분의 사람에게 이는 무척 놀라운 발견이다. 이러한 내면 논리가 바로 성격이며, 다른 말로는 에고이다. 자신의 관점에 푹 빠져 있는 한, 성격은 잘못된 방향으로 흘러가는 내면 논리를 절대로 볼 수 없다.

노트: *다음은 1장에서 살펴 본 성격의 폐쇄적인 시스템이 작동하는 예이다.*

당신이 더 넓은 관점으로 보기 전까지는 갇혀 있는 성격에서 보는 것이 반드시 옳다고 느낄 것이다.

우리가 깨어있고 마음의 여유가 생기고 나면, 내면 논리가 인생의 모든 역설 중 대단한 하나를 보여준다. *성격의 방향성은 실제로 우리를 결핍과 좌절과 불만족을 느끼는 쪽으로 몰고 가도록 설계되어 있다.* 성격은 자신의 명령을 잘 따르면서 어느 정도까지 잘 가는 것 같지만 결국 논란의 여지없이 고통에 이르게 된다. 토마스 무어Thomas Moore는 '마음의 여정은 삶의 여정과 대조된다.' 고 말했다. 그렇다면 우리가 내면의 일들을 이상하게 여기는 것은 어쩌면 당연한 일이다.

성격의 내면 논리를 발견한다는 절대적인 역설은 굳이 드러내지 않더라도 당신이 검사할 수 있다고 생각하는 마지막 기회일 수 있다.

2부에서 살펴볼 에니어그램 유형 설명을 통해, 당신이 공감할 만한 내면 논리를 깨닫는 것은 성격의 기제와 당신이 과거에 자신을 어떻게 생각했는지 알 수 있는 가장 강력한 방법이다. 당신은 또한 자신의 유형을 찾거나 확인하는 작업이 얼마나 가치 있는지도 깨닫게 될 것이다.

당신이 내면 논리의 작동원리를 더 깊이 깨닫고 힘을 뺀다면, 당신은 더 자유로워질 수 있다. 이러한 깨달음이 없다면 당신의 인생은 불만족과 실망으로 가득 찰 것이며 긍정적인 변화를 꿈꾸기는 어려울 것이다.

당신에게 우세한 유형 찾기

당신을 가장 잘 설명하는 유형을 찾고 나면, 당신이 지금까지 인생을 어떻게 살아왔는지 알 수 있다. 당신은 지금까지 나온 간단한 설명만으로도 아마 당신의 유형을 짐작했을 수도 있다. 하지만 당신은 여전히 당신의 유형을 찾는 과정에 있다. 자신의 유형을 쉽게 찾는 독자도 있지만, 대부분의 경우 정확한 유형을 찾기 위해서는 꽤 많은 시간과 성찰이 필요하다.

당신의 유형을 찾는 방법으로는 간단한 질문지를 풀거나 책을 많이 읽는 것, 혹은 전문가에게 깊이 있는 코칭을 받거나, 에니어그램 세미나에 참가하는 것 등이 있다. 하지만 그 전에 먼저 이 책을 다 읽기를 바란다. 특히 2부에서 나오는 아홉 가지 유형에 대한 설명을 다 읽고 나면 당신의 유형을 알아내거나 적어도 두세 개로 좁힐 수 있을 것이다.

유형 찾기 방법

상자에 갇혀 있기를 원하는 사람은 없다. 당신의 유형을 발견하는 것은 당신의 성격이 만들어낸 패턴의 상자에서 탈출하는 첫 걸음이다. 궁극적으로 우리의 과거 자아 개념으로부터 해방되고, 현존을 위해서 우리의 능력을 확장하는 것과 같이 우리는 상자로부터 더 자유로워질 수 있다. 이 과정을 성격의 패턴으로부터의 탈동일시dis-identifying 라고 부른다.

우리 모두는 우리 안에 아홉 가지 유형의 요소들을 어느 정도는 다 갖고 있다. 따라서 우리는 대부분의 유형과 어느 정도는 연결되어 있다. 특정 유형을 다른 유형과 구분할 수 있는 것은 감춰진 동기 요인들이다. 이러한 동기 요인에 초점을 맞추면 당신의 유형을 쉽게 찾을 수 있을 것이다.

나의 유형을 가장 잘 찾을 수 있는 사람은 바로 나 자신이다. 다른 사람들이 '당신은 몇 유형이군요.' 라고 말할 수 있지만 진지하게 받아들일 필요는 없다. 당신만이 자신의 유형을 찾을 수 있다고 말하는 이유는 당신의 행동에 기저하는 동기 요인이 다른 사람들에게는 숨겨져 있기 때문이다. 당신이 바로 당신의 경험을 하는 유일한 사람이기 때문에 오로지 당신만이 '아, 예, 나 자신을 가장 잘 설명하는 유형은 바로 이것입니다.' 라고 자신 있게 말할 수 있는 것이다.

나는 당신이 다른 사람들의 유형을 추측하여 말하는 것을 바람직하지 않다고 생각한다. 심지어 에니어그램 전문가도 다른 사람의 유형은 정확히 알 수 없다. 대신에 친구나 사랑하는 사람들에게 이 책을 소개하여 자신과 만나는 인생 여정에 초대할 수는 있다.

때로는 자신에게 우세한 유형이 아닌 다른 유형을 원하는 사람들이 있다. 그것은 유형 시기type envy라고 불린다. 우리는 유형을 선택할 수 없다. 모든 의식의 영역, 각각의 에니어그램 유형은 고유한 재능과 도전이 있다. 어떤 유형도 다른 유형보다 좋거나 나쁠 수 없다. 각각의 유형은 심오하고 신성한 인생 여정을 제공하는 것이다.

당신은 지금도 자신의 유형을 발견하는 과정이라는 것을 기억하라. 당신이 발견한 것에 대해 마음을 열어라. 당신이 에니어그램에 관하여 배우고 자신에 대한 관찰을 계속할수록 결국 당신은 자신의 내면적인 경험과 살아온 인생에 깊이 공감할 수 있는 영역에 도달할 것이다.

사회적 스타일 집단clusters

아홉 가지 유형의 내면 세계를 한 번에 배우고, 당신의 유형을 찾는 작업은 무척 부담스러울 수 있다.

아홉 가지 유형을 세 가지 집단으로 나누어 보면 훨씬 쉽게 이해할 수 있을 것이다. 물론 여러 가지 방법으로 유형을 나눌 수 있는 접근이 있지만, 내 생각으로는 사회적 스타일 집단으로 나누는 것이 제일 무난하다. 이 책에서 사용하는 접근 방식은 카렌 호나이Karen Horney의 선구자적인 연구에 기반하고 있다.

호나이는 심리치료사로 사람들이 여러 가지 사회적 상황에서 심각한 스트레스를 경험한다는 것을 깨달았다. 사람들은 보통 이런 스트레스를 감추려 들기 때문에 내적인 불편함의 원인이 된다. 호나이는 낯선 사회적 상호작용에서 생기는 불안감을 줄이는 세 가지 전략을 찾아냈다.

우리는 급변하는 세상에 살고 있기 때문에 종종 새롭고 낯설며 불편한 사회적 상황에 노출된다. 따라서 당신의 상호작용을 깨달을 수 있는 이번 기회는 당신이 인생을 어떻게 사는가에 대한 새로운 관점을 제공하고 당신에게 우세한 유형을 찾는 데도 큰 도움을 줄 것이다.

사회적 불편함을 다루기

호나이는 우리가 어린 시절에 경험한 사회적 불편을 다루기 위해 세 가지의 기본 전략 중에 하나를 사용하는 경향이 있다고 말한다. 세 가지의 기본 전략은 위축resignation, 확장expansiveness, 순응compliance이고 이러한 전략을 어른이 되어서도 무의식적으로 계속 사용한다.

연습: 잠시 시간을 갖고 다음 이야기에 대해 생각해 보자.
당신은 시민단체 모임이나 전문가 회의, 혹은 파티와 같은 당신이 전혀 모르는 사람들만 있는 모임에 막 들어가려고 한다. 이 모임에서 당신에게 주어진 역할은 없다.

노트: *아마도 당신의 내면 반응은 당신이 좋아하거나 잘 알고 있는 사람들과의 모임에 갈 경우와는 사뭇 다를 것이다. 이 연습을 통해서 아는 사람들이 있는 장소와 모르는 사람들만 있는 장소로 들어서려는 당신의 모습을 떠올려 보라.*

당신이 이러한 경험에 어떻게 반응하는지에 대해 다음 관점에서 생각해 보자.

- 당신의 몸은 어떻게 반응하는가?
- 당신의 생각은 무엇인가?
- 당신의 감정 상태는 어떤가?
- 당신이 반드시 보여주어야만 한다고 생각하는 것이 아니라 당신이 자연스럽게 하고자 하는 행동은 무엇인가? 당신의 행동은 당신의 내면의 경험을 어떻게 반영하고 있는가?
- 당신은 혹시 불편을 느끼는가? 예를 들어 친근한 수다를 떠는 가면을 쓰고 있는가? 당신은 가볍게 인사하고 앉아 있을 만한 곳을 찾고 있는가? 당신은 모임 책임자에게 자신 있게 다가가서 자신을 소개하는가?

당신이 이 연습을 진지하게 수행한다면, 당신은 낯선 사람들과의 상호관계에서 느끼는 스트레스를 다루는 당

> 신의 습관적인 방법을 발견할 수 있을 것이다.
>
> 만일 당신이 주의를 기울인다면 당신이 엄청난 스트레스나 불안을 느끼고 있다는 것을 알 것이다. 물론 당연한 일이다. 사람들과의 의사소통은 숨겨진 불편을 동반하기 마련이다.
>
> 이런 상황에서 음식이 얼마나 중요한지 알고 있는가? 그렇다. 사람들은 배고플 수 있지만, 음식은 잠재적인 관계의 윤활유다. 사회적 불편으로부터 주의를 환기시켜주고, 무언가 먹는다는 편안함의 원천이 된다.
>
> 하지만 사회적 불편을 너무 빨리 덮어버리기 위해 음식이 거기 있는지 조차 모르는 사람도 있다는 것을 명심하라.

에니어그램의 선구자인 돈 리소와 러스 허드슨은 호나이의 작업과 자신들의 작업 사이의 연결고리를 찾아냈다. 그들은 호나이의 세 가지 인간관계 대응전략이 각각 에니어그램 세 가지 유형들과 일치한다는 것을 발견했다.

세 가지 사회적 스타일 집단은 각각 에니어그램의 세 가지 유형을 포함한다.

1. 첫 번째 집단은 개인적 혹은 혼자인 스타일로 리소와 허드슨은 위축형이라고 부른다. 9유형, 4유형, 5유형이 여기에 해당된다. 호나이가 말하는 위축된 해결방식으로 개인이 다른 사람들로부터 멀어지거나 위축되는 경향을 말한다. 2부, 6장에서 8장까지 다루도록 한다.

2. 두 번째 집단은 확신 혹은 자신감 있는 스타일로 리소와 허드슨은 주장형이라고 부른다. 3유형, 7유형, 8유형이 여기에 속한다. 이 집단은 호나이가 말하는 확장된 혹은 공격적인 해결방식으로 개인이 다른 사람들에게 반하여 움직이는 경향이 있다. 2부, 9장에서 11장까지 다루도록 한다.

3. 세 번째 집단은 서비스 지향적인 혹은 책임감을 느끼는 스타일로 1유형, 2유형, 6유형이 해당한다. 리소와 허드슨은 의무형이라고 부른다. 호나이가 말하는 순응하는 해결방식으로 개인이 다른 사람들을 향해서 움직이는 경향이 있다. 2부, 12장에서 14장까지 다루도록 한다.

아울러 2부에서는 각 집단의 특징을 명확하게 설명하기 위해서 특정 집단에 속하는 세 가지 유형의 공통적인 해결방법이나 대처전략도 살펴보기로 한다.

잘못 찾은 원인과 결과 사례

만약 당신의 우세한 에니어그램 패턴을 찾기 어렵다면, 아마도 삶의 경험을 설명할 때, 당신의 어린 시절 감정이나 특정한 사람의 영향, 혹은 당신의 개인적인 이야기를 근거로 했기 때문일 것이다. 어린 시절의 경험이 우리 인생을 만든 것은 사실이지만, 어린 시절의 이야기가 당신의 인생을 설명하거나 해석하는 유일한 원인은 아니다.

여기 사람들의 패턴을 에니어그램 유형으로 설명하기보다 어린 시절의 경험으로만 해석한 몇 가지 예화가 있다.

6유형이 우세한 어떤 남자가 자신과 가족의 안전을 확보하기 위해서 늘 염려하고 무엇이든 다 하는 경향을 보여 왔습니다. 사실 그는 안전이 확보되지 못한 가정에서 보호받지 못한 채 불안정한 어린 시절을 보냈습니다. 그는 지난 수십 년 동안 가족에게 일어날 수 있는 잠재적인 위협에 대항해 조금도 방심하지 않는 하루하루의 삶을 살아 왔습니다. 이러한 위협은 어디든 존재하는 것처럼 보입니다. 그는 이러한 위협이 6유형의 성격 구조에서 나타나는 관점이라는 것을 아직 알아차리지 못했습니다.

2유형이 우세한 어떤 여성은 중요한 주변 사람들로부터 인정과 지지를 받기 위해 노력해 왔습니다. 그녀가 다른 사람들을 위해 사소한 것이라도 더 잘하려고 하는 이유는 그렇게 하면 사람들이 그녀를 받아주고, 인정해 주며, 고마워하리라고 생각하기 때문입니다. 만일 사람들이 그녀가 원하는 만큼 충분히 고마워하지 않으면, 그녀는 사람들이 고마워하지도 않고 오히려 자신을 거절한다고 느낍니다. 그녀는 어린 시절에 엄마가 자신과 시간을 충분히 보내지 않은 것으로 인해서 거절당한 기억을 갖고 있습니다. 그녀는 지난 수십 년 동안 사람들이 자신을 외면한다고 느껴 왔고, 다른 사람들의 인정과 사랑을 받기 위해 항상 베풀기만 했던 수많은 경험들이 그녀의 인생을 대변해 왔습니다. 그녀는 지나칠 정도로 베푸는 경향이 2유형의 성격 구조라는 것을 아직 알아차리지 못했습니다.

4유형이 우세한 어떤 여인은 인생에서 최상을 가지길 원합니다. 그녀는 부유한 환경에서 자랐고, 그녀가 굳이 일하지 않아도 원하는 만큼 넉넉히 살 수 있다고 생각해 왔습니다. 그녀는 갑작스럽게 40대 중반에 경제력을 상실했고, 이런 어려움을 견딜 만큼 마음의 준비가 되어 있지 않았습니다. 그녀는 다시 일어설 만한 능력도, 자신감도 없었으며, 심지어 그렇게 하고 싶은 마음도 없었습니다. 그녀는 자신에게 더 잘 준비를 해 주지 않은 부모를 탓하기 시작했습니다. 그녀는 자신의 경험이 4유형 성격 구조를 반영한다는 것을 아직 알아차리지 못하고 있습니다.

이러한 예화들만 보면, 자신의 인생이 어린 시절의 경험만을 바탕으로 한다는 사실로 받아들이기가 무척 쉽다. 아마 당신도 '과거 경험 때문에 지금 내가 이렇게 사는구나.' 라고 생각할 수 있다. 그러나 성격 구조는 우리가 인생 경험에 어떻게 반응하는가를 형성하는데 지대한 역할을 한다.

당신에게 우세한 에니어그램 유형을 찾는 과정에서 반드시 기억해야 할 것은 성격이 인간 존재의 한 부분으로서 인생의 필터 같은 기능을 항상 수행하고 있다는 사실이다. 이는 당신의 성격을 설명하는 특정한 정보 덩어리가 당신을 마치 자석처럼 끌어당기고 있다는 뜻이다. 아울러 성격의 틀에서 벗어난 정보덩어리와는 경쟁관계를 유지하고 있다.

예를 들어, 거절당한 경험이 많은 여성의 영혼은 거절 경험에 매우 예민해질 가능성이 높다. 객관적인 관점에서 그녀의 경험은 다른 사람들이 경험한 것보다 거절의 강도가 낮았을 수도 있다. 그녀는 단지 다른 사람들이 자신과 상호작용을 한다는 사실에 더 예민할 뿐이다. 동시에 아마도 그녀는 자신이 원하는 만큼 충분한 사랑과 인정을 받지 못했다고 생각했을 것이고, 따라서 그녀가 실제로 수용되는 경험조차도 그녀를 쉽게 만족시킬 수 없었을 것이다.

당신의 유형을 발견하는 것의 유익은 당신의 과거가 점차적으로 당신의 현재 삶에 영향을 미치지 못한다는 사실이다. 당신에게 우세한 성격 유형의 틀이 당신의 인생 경험을 충분히 설명해 준다는 사실을 깨닫고 나면, 당신의 인생 경험에서 다른 사람들이나 어린 시절이 나쁜 영향을 끼쳤다는 느낌에서 벗어날 수 있다. 아울러 당신이 원하는 모습으로 변화될 수 있도록 당신을 자유롭게 놓아준다. 과거를 바꿀 수는 없지만, 의식을 변화시키는 것은 가능하다. 당신 유형의 미덕으로 인해 성격 구조의 틀에서 정보의 좁아진 범위를 알아차릴수록, 당신은 큰 비전을 가질 수 있고, 인생이 확장되며, 인생의 변화를 가져오는 능력도 키울 수 있을 것이다.

나는 당신의 유형을 발견하는 여정에 함께 하게 되어 무척 기쁘다. 그 여정은 당신의 인생에 고통을 가져다 준 내면의 근원을 알아차리는 것과 동시에 당신의 고귀한 본성을 경험하는 소중한 기회가 될 것이다. 나는 당신의 시간과 알아차림과 사랑의 차원에서 이보다 더 가치 있는 여정이 있을지 질문하고 싶다.

4장

당신 자신과 새로운 관계 만들기

인생을 어떻게 사는가에 대한 깊은 통찰력을 얻는 것은 또 하나의 여정이다. 여정을 앞두고 어떤 준비를 하느냐는 무척 중요하다. 4장에서는 당신과 함께 인생 여정을 준비하려고 한다.

나는 사무실 문에 '**무언가 놀라운 일을 기대하며**' 라는 스티커를 붙여놓았다. 지금도 같은 마음이다. 당신 자신을 알기 위하여 습관적인 방식을 벗어나는 것에 동의하는가? 만약 준비되어 있지 않다면 차라리 지금 이 책을 덮는 것이 좋다. 지금 당신 안에서 당신을 격려하고 있는 무언가를 찾아보라.

에니어그램을 통해 자기 자신에 대해서 깊이 알게 된 사람들은 대부분 놀라거나 슬프거나, 안심하거나, 황당하거나 비통하거나 혹은 희망을 갖게 되거나 영적으로 즐거운 시간을 가졌다는 다양한 경험을 말한다. 당신도 다양한 감정을 느끼게 될 것이며, 이는 자신과 더욱 친근해지는 신호가 될 수 있다. 당신 자신과 더욱 깊고 진정한 관계를 계발하는 일은 지속적이고 점진적인 삶의 본성에 온전히 참여하고 치유하는 데에 필요하다. 자신의 정체성에 대한 오래된 생각들을 내려놓는 동안에 인생의 흐름에서 나 자신을 경험하는 것은 무척 자연스러운 일이다.

이런 점에 관심을 갖고, 당신을 지지하는 특성을 찾는 일에 방향성을 두는 것은 중요하다. 여기서 영혼의 여정에 유용한 4가지 특성을 제안하고자 한다. 물론 이러한 특성은 이미 당신도 갖고 있다. 이곳에서 그 특성들을 불러내어 문을 열고 다가가고자 하는 것이다.

네 가지 필수적인 특성들

1. 호기심 갖기

호기심은 우리로 하여금 새로운 관점으로 사물을 보게 하고, 탐구심을 갖게 하며, 새로운 것을 발견하는 눈을 뜨게 한다. 이것은 정답부터 찾으려고 하는 내면의 압박과는 전혀 다르다. 호기심은 정답을 미리 알 수 없다는 것을 전제로 한다. 사람들은 일정한 나이가 되면 인생을 이미 통달했다고 생각한다. 당신에게 그 나이는 몇 살인가? 27세? 36세? 54세? 63세? 아니면 72세인가? 하지만 이러한 가정은 다른 것들과 마찬가지로 단순한 심리 게임에 지나지 않는다.

우리 대부분은 타인의 행동 뒤에 숨어 있는 진실한 이유를 알지 못하며, 우리가 내린 결정 이면에 무엇이 있는지 알지 못하고, 내일 무슨 일이 일어날지도 아직 알지 못한다. 우리의 분주한 마음은 모른다는 것을 좋아하지 않는다.

그러나 만약 우리가 진짜 모른다면, 우리는 그저 이것저것 받아들였던 것뿐이다. 우리에게 진실로 보이는 추측과 가정과 상상으로 우리의 마음을 채우고 있고, 그 허상을 진실인 것처럼 다룬다. 그 허상은 고착되어, 미래를 예측하는 기초로 사용된다. 그 결과 우리는 질문을 받거나 도전 받는 상황에서는 오히려 가정과 추측을 방어하는 위치에 있게 된다.

나는 모든 것을 미리 알 필요가 없다는 것을 깨닫는 순간 안도감을 느꼈다. 나는 가끔 내 확신이 틀렸다는 것을 겸손하게 받아들이는 일에 자유롭다. 단순한 생각이나 의견을 마치 실제인 것처럼 잘못 판단할 수 있다.

호기심은 열린 마음으로 탐구하게 한다. 호기심은 쉽게 자신을 발견하게 하며, 자기 자신을 너무 진지하게 대하지 않도록 해준다. 호기심이 있으면 우리가 발견한 것에 대한 생각과 판단에 여지를 두게 한다. 호기심 훈련은 즐거운 것이며 가능성에 대해 개방적이 된다. 이를 통해 당신의 인생과 자신에 대해 보다 폭넓은 기회를 갖게 될 것이다.

호기심은 무엇과 같을까? 이는 '나는 궁금하다.' 라는 질문과 함께 시작한다.

- 나를 성가시게 하는 내면의 눈치 채지 못한 것에 관심을 두면 어떨까?
- 내가 이 상황에 대해 다른 방법으로 접근한다면 어떤 새로운 결과가 나올까?
- 만약 내가 지금까지 한 것처럼 슬픈 감정을 서둘러 떨쳐내기보다 충분히 느끼도록 놔둔다면 어떤 일이 일어날까?

호기심은 또한 인식 확장에 도움이 되는 특정한 결과물에 덜 집착하게 한다. 나는 당신이 자신의 경험에 대해 호기심을 갖기 바란다. 이는 자신과의 새로운 관계를 계발하는데 있어서 무척 중요하다.

2. 연민의 실천과 성격 패턴을 정상으로 바라보기

사람들이 성격이라는 개념에 대해 배울 때, 특히 무의식적으로 드러나는 자신의 성격에 대해서 배우면, 그들은 마치 무언가 발견한 것처럼 느끼곤 한다. 많은 사람들이 자기의 성격 유형에 대해 알게 되면, 누군가 자신의 일기를 읽는 것 같은 느낌을 받는다. 이 때문에 황당하거나 비통해하기도 한다.

이런 감정을 대비하게 하는 두 가지 요소가 있다.

첫째로 이 세상 사람들은 자신이 알아채지 못하는 성격 패턴을 갖고 있다. 물론 이는 완전히 정상이다. 하지만 대다수 사람들은 성격 패턴이 변화할 수 있다는 것을 모른다. 따라서 당신을 특별하게 만드는 것은 당신의 성격 패턴이 아니라, 당신의 성격을 보다 객관적으로 보기 위해 조치를 취하는 것이고 당신의 삶에 있어서 보다 많은 선택을 하는 것이다. 당신의 성격에 따라 익숙하고 자동적으로 반응하기보다 더 많은 대안이 있는 것을 배우는 것은 쉽지 않은 경험이다.

이를 인식하는 과정에서 사람들은 자신의 성격 패턴이 일상적인 이미지와 맞지 않는다는 것을 깨닫는다. 물론 당황스러울 수도 있다. 자아 이미지와 성격이 표출되는 것 사이의 부조화를 알아본다는 것은 의식을 증진시키고, 자기 자신과 더욱 진실하고 건강한 관계 계발에 무척 중요한 단계이다.

둘째로 마음에 새겨야 할 것은 자신을 새롭게 발견할 때, 슬픔과 비통, 당황함, 수치심, 그리고 안도감이 생기는 것은 지극히 정상이라는 사실이다. 당신에게는 아무 잘못이 없다. 진정한 문제는 과거에는 이런 패턴을 당신 자신으로 받아들였다는 것뿐이다.

이런 패턴들이 자신의 삶을 정의하는 중요한 요소라는 것을 알고 나면 사람들은 깊이 상심한다. 수

많은 갈등과 고통을 가져온 오랜 환상의 실체가 드러났을 때 낙담하는 것은 당연하다. 인생 자체는 우리가 고귀한 본성으로부터 멀어질 때마다 우리 가슴을 아프게 한다. 실제로 상한 가슴은 우리로 하여금 깊은 진실에 열려 있게 하며, 자신이나 다른 사람과 친밀한 관계를 갖도록 돕는다.

이 과정에서 자신에게 연민을 갖는 것은 반드시 필요하다. 연민을 갖는다는 것은 당신이 지금 어디에 있든지 고통의 순간이라 하더라도, 심지어 자신에 대해 알지 못한다고 해도, 판단하지 않고 친절하게 자신과 만나는 일에 최선을 다하는 것을 의미한다. 여기서 기억해야 할 것은 당신이 깨닫기 어렵거나 함께 할 수 없는 문제는 아직 해결되지 않은 내면의 상처와 연결되어 있다는 사실이다. 연민 없는 진정한 치유는 없다.

이 과정에서 부가적인 아름다운 결과는 당신이 타인에게도 연민을 갖게 된다는 것이다. 연민을 겉으로 드러내고 공유할 수 있다면 세상이 얼마나 달라질지 상상해보라.

자신을 판단하는 것은 당신에게 생길 수 있는 불편한 경험을 줄이는데 아무런 도움이 되지 않는다. 오히려 더 불편하게 할 뿐이다. 당신은 수십 년 동안 의심 없이 자신을 엄격하게 대해 왔다. 이는 대부분 사람들에게 있어서 후천적인 본성이며, 우리가 살면서 좀처럼 의식할 수 없는 영역이다. 하지만 이러한 내면 판단은 개인적으로도 공동체로도 큰 고통을 주는 일이다. 이는 그동안 우리가 내면 비평가에게 너무 많은 권위를 부여했기 때문이다. 17장에서 내면 비평가와 작업하는 방법을 알아볼 것이다. 당신은 내면 판단의 부정적인 충격을 감소시키며 고유한 내면의 권위를 강화시키는 전략을 배우게 될 것이다.

현재로서는, 당신 자신에게 친절해야 한다는 사실 만큼은 기억해 주었으면 좋겠다. 성격의 패턴들은 과거에는 당신이 관여하지 않았던 자신만의 삶을 가지고 있다는 것을 이해하라. 지금 그것들은 보이지 않는 모습으로 당신에게 다가오고 있다. 이것은 위대한 선물이다.

3. 근본적인 정직을 수용하기

자기 자신에게 기꺼이 솔직해지려는 사람을 만나기는 어렵다. 대다수의 사람들은 특정한 방식으로 자신을 보며, 자기 평가에 온전히 동의하는 데에 자연스럽다. 이런 투자는 갈등이나 의견 충돌이 있을 때 타인을 비난하고 자신을 방어하는 많은 방식을 통해서 드러난다. 왜 그렇게 하는지 쉽게 알 수 있다.

앞부분에서 성격을 계발하는 방법을 이야기하면서, 에고는 우리를 보호하고 어린 시절에 받은 상처에 대처하는 데 도움을 주도록 만들어졌다는 것을 알게 되었다. 어떤 의미에서 에고는 초기 경험과 만나는 것으로부터 우리를 보호하는 사명을 갖고 있는데, 이것은 우리가 인생의 진실이 무엇인지 보는 것을 견디지 못하도록 이미 설득되었기 때문이다.

나의 경우 에니어그램 유형을 알기 전에는 나 자신을 관대하고 이타적인 인본주의자라고 생각했다. 이런 삶의 방식을 나 자신으로 착각하여 처음에는 나를 2유형 조력가로 오해하기도 했다.

하지만 나를 더 깊이 바라보면서, 나의 내면에 대한 설명이 겉으로 드러난 나의 행동이나 삶의 태도와 전혀 맞지 않는다는 것을 알았다. 그것은 내가 관대하지 않다는 말이 아니다. 나는 관대하며, 여러 방법으로 표현되어 왔다. 하지만 나는 타인의 삶에 민감한 2유형처럼, 다른 사람의 삶에 관심을 두지 않는다는 것을 발견했다. 나의 성격 구조의 본질은 타인의 삶과 깊이 연결되는 것보다는 더 내면적이고 개인적인 일에 관심을 두고 있다. 처음에는 이런 부분을 보는 것이 쉽지 않았다. 이미 심리학적이나 영적으로 많은 연구를 한 나로서는 자신에 대해 잘 알지 못한다는 것이 매우 당혹스러웠다.

나는 곧 나의 행동과 삶의 방향이 9유형과 완전히 맞는다는 것을 알게 되었다. 어찌나 안심이 되던지! 아, 나는 더 이상 혼자가 아니었다. 나를 꽉 잡고 있는 특정한 방식이 느슨해지면서 삶의 원동력은 이제껏 경험한 것보다 훨씬 더 자유롭게 느껴졌다. 이는 내 인생의 중요한 전환점이었다. 물론, 내 인생 여정도 다른 사람들처럼 계속 되고 있다.

'진리가 너희를 자유하게 하리라.' 라는 격언을 들어봤을 것이다. 진리, 즉 진실의 순간[truth of moment] 또는 보편적 진리[universal truth]를 찾는 여정 중에 만나는 가장 큰 역설은 우리의 성격 구조는 우리를 가장 풍요롭게 하거나 만족시키는 것과는 완전히 반대로 움직인다는 것이다. 에고는 우리의 깊은 본성을 모방하면서 평행선과 같은 삶을 살아간다. 에고의 사명에 초점을 둔 자기만의 이야기가 풍성해지면서 우리는 깊은 진실로부터 멀어진다. 당신의 솔직한 탐구는 거짓을 벗겨내며, 당신의 가슴을 채우고, 영성을 자라게 하며, 당신을 자유롭게 하는 더 깊은 진실로 이끌 것이다. 이것이 바로 진정한 탐구이다.

4. 과정을 신뢰하기

나는 오랫동안 진실한 본성을 탐구하는 과정을 신뢰의 발걸음[trust walk]으로 표현해왔다. 이 여정은 비록 증거는 보이지 않지만 당신이 올바른 방향으로 인도되고 있으며, 새로운 세계로 향하고 있다는 것을 신뢰하도록 만든다.

이것은 단지 위험을 좋아해서 큰 위험을 감수하는 것과는 다른 일이다. 신뢰의 발걸음은 내면에서 올라오는 영혼의 소리를 듣는 것을 의미한다. 물론 두렵기도 하지만 그것은 더 정직하고 진실한 여정이다. 당신이 가는 길이 아주 하찮거나 다른 사람에게 별로 대단해 보이지 않아도, 당신에게는 중요하게 느껴진다. 예를 들어 자신만의 세계로 숨어드는 습관을 가진 사람은 병든 이웃을 돌보는 일이 어색하고 쑥스러우며 주저하게 된다. 이런 불편에도 불구하고 그가 행동한다면, 이 과정에서 자신에 대해 무언가를 배우게 된다.

사소한 발걸음도 당신의 영혼에게는 중요하다. 매번 사소한 행동을 할 때조차도 어색한 느낌을 받겠지만 당신에게는 올바른 일이다. 이런 작은 과정이 쌓여서 당신은 이 여정에 대해 자신감을 갖고 자신을 신뢰하게 된다.

신뢰는 또한 우리가 삶을 대하는 방식과도 관련이 있다. 당신의 경험에 따라서 그리고 당신의 유형에 따라서 당신은 냉소적이거나 의심이 많을 수도 있고, 매사에 긍정적일 수도 있고, 무조건 일을 벌일 수도 있다. 이런 관점에서 보면, 신뢰라는 개념은 다른 사람이나 공동체가 믿을만한가 와는 관계가 없다. 보다 더 깊은 의미로는 어떤 일이 일어나도 궁극적으로 선한 목적이라는 것이다. 따라서 일이 계획한 대로 되지 않을 때도, 당신에게 대안이 없더라도 원하는 일 대신 일어나야만 하는 어떤 일이 있다는 내면의 경험을 갖게 된다. 무언가 일어나도록 노력하거나 힘을 쓰는 대신, 당신은 깊은 심호흡을 하면서 실제로 일어난 일을 바탕으로 일하면 된다. 지나친 낙관주의 개념과는 달리 이것은 내적인 느낌을 인식하는 것에 바탕을 둔다.

나는 내담자들이나 학생들로부터 가끔 매우 놀라운 이야기를 듣는다. 이는 자신이 오랫동안 지니던 신념이나 인생 전략을 내려놓거나, 엄청난 두려움에도 불구하고 특정한 행동을 취할 때에 자신의 삶에 놀라움이 찾아온다는 것이다. 이렇게 내면의 자유를 경험하게 된 이유가 은혜나 하나님의 손길, 임재Divine Presence, 자신을 움직인 창의적인 지성Creative Intelligence 덕분이라고 그들은 말했지만, 그들 각자는 올바른 여정 위에 분명히 존재하는 새로운 문을 발견한 것이다. 나는 사람들이 자신의 확실한 성격의 일부를 내려놓을 때, 무언가 놀랍고 심오한 일이 일어난다는 것을 알았다.

연습: 다음 질문에 반응하기 전에 잠시 심호흡을 하고 센터링하세요. 그리고 질문에 대답하면서 배우게 되는 것들에 대해 놀랄 준비를 하십시오.

호기심 갖기:

- 당신이 중요하다고 생각하는 자신의 일부분이나 상황에 대해 진심으로 호기심을 가진 것이 언제인지 기억해보자.
- 당신이 호기심을 갖게 된 것은 무엇인가?
- 당신은 무엇을 발견했는가?
- 이러한 발견이 당신에게 끼친 영향은 무엇인가?

연민의 실천:

- 당신 자신을 향해서 진정으로 연민을 느낄 때를 기억해 보자. 혹시 기억이 나지 않는다면, 당신이 관심을 갖고 있던 사물이나 누군가에 대해서 연민을 가졌던 기억을 떠올려 보자.
- 이러한 연민을 경험하는 것은 당신에게 어떤 영향을 주었는가? 당신에게 느낀 연민과 당신과 관련된 대상에게 느낀 연민에는 어떤 차이가 있는가?

근본적인 정직 수용:

- 깊은 진정성을 느끼는 자신의 모습을 새롭게 깨달았던 때를 기억해 보자. 아마도 당신은 완전히 다른 관점으로 자신을 보았을 것이다. 아마도 당신은 가까운 사람으로부터 당신에 대해 오랫동안 가졌던 선입견이 없

어졌다는 평가를 받았을 수도 있다.

- 그러한 경험을 적어 보자.
- 당신이 내려놓은 자신에 대한 오래된 선입견이나 환상은 무엇인가? 그것은 당신에게 어떠한 영향을 주었는가?

과정을 신뢰하기:

- 당신이 원하는 방식으로 일이 되게 하려는 노력을 포기하고 대신 일이 순리대로 진행되는 것을 그냥 지켜보던 때를 회상해 보자.
- 어떤 일이 일어났는가?
- 그러한 경험은 당신에게 어떤 의미였는가?
- 당신은 이 과정을 통해서 배운 것이 무엇인가?

확실성을 포기하기

이 네 가지 특성들은 내면 역동을 공유한다. 모든 사례에서 이 네 가지 특성들은 인생을 어떻게 살고, 일이 어떻게 되어져야 되는가에 대한 내면의 확신을 내려놓는데 도움을 준다. 확신이 줄어들면서 태도가 부드러워지고, 신체 곳곳을 감싸고 있는 긴장을 이완시키며, 진심어린 관대함이 생긴다. 이러한 특성들을 실습한 사람들은 내면의 갈등이 줄어들고 삶의 흐름에 대해 열려있고 수용되었다고 고백한다.

지진에 취약한 지역에 고층 건물을 설계하는 사람들은 건물 붕괴의 가능성을 줄이기 위해 건물 구조에 충분한 유연성을 주어야 한다는 사실을 잘 알고 있다. 유연한 구조일수록 건물을 지탱하는 힘은 적게 든다. 당신이 버스나 기차를 타고 서서 간다면, 이 현상을 잘 느낄 수 있다. 출발하거나 멈출 때 뻣뻣하게 서 있기보다 유연하게 대처한다면 훨씬 편안하게 서 있을 수 있다. 날아다니는 것도 마찬가지다. 순간적인 난기류에서 몸을 편안하게 한다면 흔들림을 견디기가 훨씬 수월할 것이다.

확실성은 경직성을 만들어낸다. 인생에서 우리의 방식이 옳은 방식이고 우리가 알고 있는 것을 주장할 때 더 경직된다. 확신에 붙들려 있는 것은 우리가 살고 있는 창조적인 우주의 지성을 무시하는 또 하나의 방법이다.

확실성을 내려놓으면 우리는 더욱 확장된다. 인생을 움직여서 풍요롭게 하는 우리의 능력은 높아진다. 우리는 새로운 자세로 우리 자신과 관계를 맺게 된다.

자기관찰을 요구하는 딥 리빙

딥 리빙은 단순하게 사는 인생과는 확연하게 다르다. 우리가 성찰 없이 하루하루 살았을 때 우리의 삶은 반복적이고 습관적이며 자동화된다. 우리 삶에 패턴이 주로 나타나면서, 심각한 제한과 결과를 초래한다. 만약 그렇다면 우리는 현실로부터 멀어지고, 살아있음을 느끼지 못하게 되며, 항상 힘이 되는 삶의 원동력의 원천으로부터 멀어지게 된다.

자기 자신과 친밀해지는 새로운 관계로 발전함에 있어서 다음 단계는 자기관찰self-observation 능력을 통해 자신을 명료하게 바라보는 것을 필요로 한다.

자기관찰은 자기 자신과의 새로운 관계를 계발하는 강력한 협력자이다. 구르지예프가 서구 세계에 소개한 이 개념은 자기관찰이 우리 자신을 알기 위한 개인사의 기반을 형성하는 습관적인 패턴과 동일시에서 벗어나기 위해 필수적인 방법임을 아주 잘 보여준다.

자기관찰은 삶의 변화를 가져오는 인간의 독특한 능력이다. 우리가 인생을 어떻게 살고 있는지 인식하게 하며, 나 자신과 진정한 연결을 할 수 있도록 돕는다. 그것은 전체 경험의 한 부분으로써 나 자신과 직접적으로 연결되게 한다. 이는 때로는 내가 인식하지 못한 부분이기도 하고, 실제로 내 안에서 일어나는 경험이기도 하다. 사람들이 자신으로부터 분리되어 있다고 느끼는 이유 중에 하나는 그들이 경험하는 인생의 커다란 부분이 스스로 인식하지 못하는 영역에서 일어나기 때문이다. 자기관찰을 통해 일상의 삶을 하나로 통합시키는 가장 큰 유익은 나 자신과 친밀감을 갖도록 만드는 것이다.

자기관찰은 때로는 판단과 평가가 없는 공정한 목격자fair witness나 내면 관찰자inner observer로 나타난다. 이 능력은 우리 에고의 활동 밖에서 존재한다. 그것은 집착하지 않고 중립적으로 순간 무엇이든 생겨나는 것을 목격하는 현존 기반의 능력presence-based capacity이다. 최근의 신경과학 연구에 의하면 자기관찰을 실천하면 뇌 자체 작동의 특정 부분이 변화하고, 이 진화는 고등 정신 기능을 지원한다고 표명한다.

우리가 원하는 다른 많은 능력들처럼 자기관찰 능력은 의도적인 연습을 통해 발전하고 성장한다. 자기관찰은 단순한 습관이 아니다. 자기관찰은 우리가 늘 실천해야 하는 것임을 기억하자.

세 가지 영역의 관찰

눈 깜짝할 사이에 너무 많은 일이 일어나서 어느 곳에 주의를 두어야 하는지 혼란스러울 때가 있다. 우리가 관찰할 수 있는 경험은 세 가지 영역으로 나눌 수 있다:
경험하는 것이 무엇인가What of Experience, 어떻게 경험하는가How of Experience, 경험을 통한 내면 경험Inner Experience of Experience을 보자.

경험이란 무엇인가

여기서 말하는 '무엇'은 당신이 경험하는 내용이다. 당신은 물론 타인, 특정 업무와 활동, 장소와 사물을 포함한다. 당신의 일상이 바로 그 예다. 아이들의 등교 준비를 시키는 것, 상품에 대한 불만을 고객 서비스 안내원에게 말하는 것, 운동하는 것, 집으로 친구들을 초대하고 준비하는 것, 직장

동료와 잘 지내려고 노력하는 것, 일요일에 저녁 식사를 만드는 것, 인생의 반려자를 찾기 위해 노력하는 것, 전국을 돌며 출장 다니는 것, 직장에서 생기는 문제를 협상하는 것 등이다. 경험의 내용은 하루 일상을 쉽게 채우는 크고 작은 세부적인 일들로 가득 차 있다. 그 목록은 끝없이 이어진다.

'무엇'을 하는가에 대부분의 주의를 두는 일은 마음을 부산스럽게 하고 우리가 진정으로 원하는 심오한 경험들을 방해할 수 있다. 물론 이를 통해 깨닫는 것도 분명히 있지만, 재미있는 것은 우리 일상에서 이런 비슷한 일들이 계속 반복된다는 것이다. 예를 들어 사람들은 항상 도움을 청하려고 당신을 찾아오고, 당신은 의무감에서라도 돕게 된다는 것을 당신은 알 수도 있다. 또한 당신이 갑자기 엄청나게 화를 내고 나면, 상대방은 당신으로부터 멀어지거나 심지어 당신 인생에서 사라질 수 있다는 것도 알 수도 있다. 또한 다른 사람들이 당신이 생각하는 만큼 일하지 않았기 때문에 당신이 더 많은 책임을 지게 된다는 것도 알 수 있다.

반복되는 경험은 비록 거의 만족스럽지 못하더라도 익숙하게 느껴지고 당연한 일이라고 여겨진다. 사실 당신은 항상 반복되는 유사한 경험들로 인해 지칠 때도 있다. 하지만 이렇게 반복되는 경험은 당신을 깊이 들여다볼 수 있는 계기가 되기도 한다. '도대체 왜 나는 이런 경험을 다시 하고 있는 것일까?'

어떻게 경험하는가

당신이 경험하는 삶의 내용에 어떻게 접근하고 어떻게 상호작용 하는가를 알아차리는 것은 무척 어려운 일이다. 당신은 실제로 무엇을 하고 있는가? 당신은 어떤 행동을 하는가? 우리가 앞에서 언급한 것처럼 우리의 행동에 대한 생각은 때때로 실제 일어난 행동과 일치하지 않는다.

에니어그램은 우리의 오랜 생각에 도전하고 우리의 실제 행동을 밝히는 강력한 렌즈를 제공한다. 어떻게 경험하는가에 더 많은 주의를 두면 깊은 자기 인식과 이해와 치유의 문을 열 수 있다. 당신이 주로 어떤 방식으로 행동하는지 알아차리고 나면 당신은 자신을 새로운 관점으로 바라보고 진실에 더 가까이 다가갈 수 있다. 당신은 또 다른 인식 수준에서 당신 자신을 알게 될 것이다.

경험을 통한 내면 경험

'무엇'과 '어떻게'는 당신 경험의 전부가 아니다. 경험의 내용 이면에는 삶을 향한 감정과 기억, 느낌과 삶에 대한 태도가 있다.

에니어그램은 경험의 내용 이면에서 당신이 경험하는 감정들을 파악하고 확인하도록 도울 것이다. 매우 개인적인 경험처럼 보이는 그 무엇이 특정 에니어그램의 유형을 드러내는 속성으로 보일 수도 있다.

경험의 내용 이면에서 당신에게 감정적으로 무슨 일이 일어났는지 알아차리는 것은 당신의 경험에 대해서, 진정으로 일어난 일이 무엇인가에 대해서, 그리고 당신이 그 상황에서 왜 그렇게 반응했는지에 대해서 더 많은 정보를 제공한다.

내면 경험의 두 번째 영역은 당신의 삶에 원동력이 되는 내면 동기와 역동성에 초점을 맞춘다(내면 역동에 관해서는 이미 3장에서 언급하였고, 특정 동기들은 에니어그램 빙산모델에서 유형별로 언급하였다.). 이러한 역동은 '왜 나는 이런 방식으로 표현할까?' 라는 질문에 대한 답을 깨닫도록 돕는다. 당신이 이러한 역동을 인식하지 못한다면 이러한 표현 방식은 당신 삶에서 더 많은 힘을 갖고 있을 것이다. 인식의 수준을 높이고, 평생에 걸쳐 내면 역동을 주의해서 관찰하는 능력을 계발하는 것은 새로운 대안을 선택할 수 있는 과정을 지지한다.

내 관점에서 가장 중요한 내면 경험의 세 번째 영역은 당신의 몸에 집중하는 것이다. 서양 문화권에 사는 대부분의 사람들은 아프거나 통증이 있지 않는 한, 몸의 경험에 관심을 두지 않는다. 그래서 신체적인 고통과 피로, 긴장, 소화기 문제 등 여러 가지 감각의 통증이 심각해지고 나서야 관심을 갖는다. 하지만 우리 몸에는 더 많은 미묘한 신체 감각들이 존재한다. 우리 몸은 보통 그날그날의 의식수준에 따라 살아간다. 자기관찰 능력을 이러한 감각에 가져오는 것은 유익하다. 왜냐하면 자기관찰은 우리가 깊은 치유를 받기 위한 많은 유용한 정보를 제공하기 때문이다. 이 책 후반부에서 우리는 몸의 감각을 어떻게 활용할지에 대해서 다시 한 번 다룰 것이다.

그동안 당신은 에니어그램의 도움 없이도 당신을 불행하게 만들고 일이 풀리지 않게 했던 반복되는 행동으로부터 벗어나 당신의 인생에 변화를 가져왔을 수도 있다. 그러나 에니어그램은 더 나아가 무엇이 당신의 인생을 돕고, 무엇이 당신의 인생에 방해가 되는지를 분별할 수 있는 능력을 제공할 것이다.

자기 관찰의 예시

내면 대화의 상당 부분은 한 상황의 특별한 내용에 대하여 반복되는 개인적인 생각을 중심으로 이루어진다. 물론 상황에 대한 개인적인 견해는 본인의 성격을 통해 여과된다. 다시 말해 내면 이야기는 분명 사건에 대해서 말하고 있지만, 때로는 개인적인 진술한 이야기로 바뀐다.

실제로 당신은 자기관찰을 계발하기 위해서 그 상황을 보는 것으로부터 그 상황에서의 당신 자신의 행동으로 인식을 전환하는 실험을 할 수 있다. 다음 예를 살펴보자.

상황에 대한 생각
당신은 당신의 직원이 더 이상 휴가를 가지 못하게 한 의사결정이 공정하다고 생각한다. 이미 그녀가 너무 많은 휴가를 사용했기 때문이다. '그동안 휴가를 너무 많이 썼잖아. 그래서 내가 그 한도를 정한 것 뿐이라고.'

당신의 행동에 대한 관찰

당신의 주의를 당신의 행동으로 전환하게 되면, 당신은 그녀를 하대하고 심지어 꾸짖기까지 하는 자신을 볼 수 있다. 당신은 놀랍게도 심한 말을 써가며 그녀에게 차갑게 행동하는 자신을 볼 수도 있다. 당신의 감정과 동기가 무엇인지 관찰해 보자.

자신을 관찰하기 시작한 순간부터 당신은 그 관계 때문에 감정이 북받치고 버거운 느낌을 갖게 되었다. 사실 당신이 분개하고 있다는 것을 알아차렸을 것이다. 비록 그녀에게 말하지는 않았지만, 이미 그녀가 써버린 휴가들이 당신에게는 충격이었다. 당신은 그녀가 없는 동안 더 많은 일을 했지만 그것 역시 굳이 말하지 않았었다. 맞다. 당신은 화가 나 있다. 그리고 그 분노는 당신이 그녀를 꾸짖도록 재촉하고 있다.

당신 몸의 감각에 대한 관찰

당신은 어깨가 묵직하고 숨을 쉬기조차 어렵다. 결과적으로 당신이 정당하다고 해도 이것에 대해 기분이 결코 좋지 않다. 더 나은 관계를 만드는데 결코 도움이 되지 않는다.

자기관찰은 혹시 생길지도 모르는 이런 상황에 어떻게 대처할지 미리 점검해보도록 만들어 분노를 바탕으로 행동하지 않도록 돕는다. 그녀가 휴가 내는 한도를 정하는 동안에도 당신은 그녀가 없을 때 나타날 상황에 대해 다른 직원과 솔직하게 이야기하며 다른 대안을 찾을 수 있다. 당신은 그녀가 할 일을 굳이 떠맡을 필요가 없으며 그녀가 돌아올 때까지 그냥 놔 둘 수도 있었다. 혹은 이 일로 그녀를 그만두게 할 수도 있다.

결국 이 시점에서의 관찰은 계속되는 분노에 대한 익숙한 느낌을 알아차리도록 만든다. 당신에게 더 이상 적용되지 않는 성격 패턴이다. 이러한 분노를 경험하는 것은 기분 좋은 일은 아니지만 실제로 일어난 진실이다.

이럴 때 심호흡은 큰 도움이 된다. 호흡을 할 때 겉으로는 잘 드러나지 않지만 당신의 잠재적인 결정은 당신이 정확히 어떻게 행동하는지 혹은 경험하는 순간에 어떤 느낌을 갖는지에 대해 관심을 두도록 하며, 당신의 전체 경험은 미묘한 변화를 거쳐가게 된다. 당신은 물결 아래에 있는 내면에서 일어나는 일들을 인식할 뿐 아니라 당신의 행동을 직접적으로 경험할 수 있는 순간을 만들어낸다. 당신은 효과적으로 당신 자신에게 더 현존한다.

다시 말해서 내용이나 이야기는 다음이 되고, 당신의 직접적인 경험이 우선이 된다. 연습을 통해 자기관찰 능력은 쉽게 성장할 수 있다. 물론 그렇게 쉽지만은 않을 것이다. 이렇게 확장된 당신의 직접적인 경험을 관찰하는 능력은 당신에게 치유를 안겨주고 당신에게 익숙한, 의식하지 못했던 갈등마저도 해결해 줄 것이다.

이러한 과정이 익숙해지면 당신은 그동안 당신의 인생을 정의하며 많은 영역을 차지했던 습관적인 조건을 구별해내고, 내면의 경험에 맞추기 위해 노력했던 당신을 찾아낼 것이며, 실제로 당신의 내면에 무엇이 있는지 발견하게 될 것이다. 이것이 바로 현존한다는 뜻이다.

에니어그램은 패턴들을 명명하고 의식의 조건화를 알려주기에 당신은 그것을 더 쉽게 알아차릴 수 있다. 더 나아가 당신의 차분하고 중립적인 관찰자가 에고와의 내면 대화와 스토리의 동일시를 해결하는데 도움을 준다.

여기에서 탐색을 계속하고자 한다면, 당신의 탐구를 지지할 수 있는 내면 관찰자를 초대하라. 그렇게 하면 당신이 발견하는 것에 대해 내면의 평가적 해설도 알아차릴 수 있다. 물론 이런 시끄러운 자기비판은 습관적인 조건 형성의 일부분이다. 당신의 습관적 조건 형성이 작동하는 것을 볼 때마다 당신은 자신과 습관 사이에 공간을 유지하도록 천천히 심호흡을 연습하는 것이 좋다.

역설과 마주하기

제니스Janice는 평정을 잃지 않는 삶을 살아왔습니다. 그녀는 자신이 원하는 것을 알았고, 그것을 얻기 위해 노력했습니다. 그녀가 원하는 것을 직접적으로 표현하는 것은 어렵지 않았고, 그녀는 항상 마감을 잘 지키는 사람이었습니다. 그녀는 마무리를 잘 못하는 사람이나 하고 싶은 일에 확신이 없는 사람, 감정 통제가 잘 안 되는 사람하고는 함께 일하지 않는 편이었습니다. 도대체 이런 감정들은 누구를 위한 것일까요? 그녀는 시간 낭비라고 생각했습니다.

그녀는 겉으로는 자신감을 풍겼지만 속으로는 쉽지 않음을 느꼈습니다. 물론 인정 하지는 않았지만 자신에 대해 생각하면 마음이 힘들었습니다. 그녀의 영혼은 슬픔과 비통 속에 있었습니다.

에니어그램을 경험한 후에 그녀는 자신이 그동안 다른 사람들을 얼마나 밀어 붙이고, 자신으로부터는 얼마나 멀리 떠나 있었는지 깨달았습니다. 그녀는 상처 받는 것이 두려워 자신의 마음으로 다가오는 다른 사람들을 멀리하려고 애썼지만 그것이 오히려 큰 고통이 되었습니다.

그녀는 의식적으로 자신을 부드럽게 가라앉혀서 자신의 가슴을 느끼려고 노력했습니다. 비록 내면의 고통이 더 깊게 느껴졌지만 어느새 다른 사람들이 자신 안으로 들어오고 있었습니다. 다른 사람들이 자신을 멀리하지 않고 오히려 자신에게 다가오는 것을 깨달았습니다. 그들은 진심으로 관심을 가져주었습니다. 그리고 이것은 그녀의 가슴을 치유하는 중요한 열쇠였습니다.

우리 성격의 감춰진 부분을 깊숙이 살펴보면 우리는 역설을 직면하게 된다. 3장에서 언급한 것처럼 우리는 아주 오랫동안 진실로 여겼던 것이 실제로는 전혀 그렇지 않은 경우를 발견하게 된다. 깊이 경험한다는 뜻은 우리가 내면의 힘이나 영혼과 깊이 연결된다는 것이며, 이러한 경험은 우리 에고의 지향성과 모순되거나 대조되곤 한다. 인생에서 외부의 힘은 우리의 영혼의 갈망과는 반대 방향으로 끌어당긴다.

우리가 마주하는 역설은 개인적이고 사회적인 신화에 도전하는 잠재력을 갖고 있다. 이는 명백한 모순에 대한 갈등을 창의적으로 해석하려는 능력을 높여주고, 수년간 움켜쥐고 있던 비판과 수치심에서 해방시켜 줄 것이다. 에니어그램 각 유형은 자신만의 역설로 가득 차 있다. 혹시 에니어그램을 경험하면서 아직 역설을 마주하지 못했다면 당신은 아직 자신의 유형을 찾지 못했을지도 모른다.

딥 리빙을 위한 두 가지 핵심 목적-
우리는 여기서 무엇을 하는가

이제 당신은 치유와 깨어있음을 위한 변화의 여정에서 지금까지 말한 네 가지 요소들을 서서히 적용할 것이다.

- 호기심 갖기
- 연민을 연습하기
- 근본적인 정직 수용하기
- 과정을 신뢰하기

이렇게 적용한다면 당신의 자기관찰 능력은 확장되고 계발되며 중요한 변화가 생길 것이다. *이제 당신의 주의*attention*가 변하기 시작한다.*

당신의 주의가 변한다는 것은 왜 중요한가?

바로 당신이 생각하는 당신이 '누구인가'가 변화하기 시작하기 때문이다.

딥 리빙으로 가는 여정의 중요한 목적은 에고로부터 탈동일시하는 것이다. 다른 표현으로 하면 에고 구조의 끊임없는 요구로부터 단계적으로 자유롭게 되어서 당신의 참된 본성을 느끼고 경험하도록 이끄는 것이다. '당신의 방식'이 단지 인생 전체의 아주 작은 부분에 지나지 않는다는 것을 알아차릴 때 당신의 관점과 경험은 급진적으로 바뀌게 된다.

당신의 변화된 관점과 일치해서 친절해진 태도가 과거의 고통스러운 감정을 해소해 줄 것이다. 이런 깨어남과 연민으로 인해 자신과 타인을 비판하고 방어하려는 에고가 수그러들 것이다. 엄청난 에너지가 당신의 방식에 투입되기 때문에, 당신이 내려놓기만 하면 당신은 편안한 안도감을 느끼게 될 것이다.

만일 우리가 이 세상의 공동체나 가정, 직장, 관계, 혹은 개인적인 일상에서 판단(대부분 잘못된 판단)하는 것에 대한 비용을 고려한다면 우리는 엄청난 피해를 감수해야 할 것이다. 이는 실로 충격적인 것이다.

동시에 에고의 요구로부터 벗어나는 과정에서 당신은 자신에게 활용 가능한 위대한 지능과 잠재력에 다가갈 수 있다. 나는 내담자들로부터 그들이 오래된 패턴을 내려놓을 때 자신의 내재된 능력과 성장을 경험했다는 이야기를 자주 듣는다. 이는 깨달음과 확장된 본성을 추구하는 마음이 통합된 차원이다.

딥 리빙으로 가는 여정의 두 번째 목적은 우리에게 본질적으로 내재된 상호연결성의 감각 경험을 증진시키는 것이다. 나는 요세미티 국립공원 오솔길 입구에 새겨진 존 무어John Muir의 글귀를 오랫동안 좋아했다. '우리가 어떤 것이든지 그것만 떼어내려고 하면 전 우주 안에 있는 다른 모든 것이 잡아매는 것을 발견한다.' 달리 말해서 그리 자연스러운 표현은 아니지만 '분리를 느끼는 것은 에고의 망상일 뿐이다.' 라고 할 수 있다.

이전에 상호연결성에 대해서 배웠고, 만일 당신이 모든 것과 하나 되는 경험을 했다면 당신은 인생의 변화를 알고 있을 것이다. 에니어그램 유형의 내면 세계 안에 단단히 싸여있을 때 우리는 분리되었다고 느낀다. 그것은 에고 상태ego-state의 본성이다. 분리감은 의식적이든 무의식적이든 많은 다른 차원에서 경험된다. 제한된 성격과의 동일시를 더욱 깊이 이완하고, 진실한 것에 더 닿을수록 우리는 모든 것을 더 정확하게 인식하게 된다. 이런 인식을 통해 우리 모두가 공유하고 있는 조건화된 인간 경험에 도전을 위한 연민을 갖게 된다.

실제적인 수준에서 깊은 자기이해를 경험하면, 당신은 타인과 환경에 끼치는 당신의 존재와 잠재력 있는 영향력을 자연스럽게 인식하기 시작한다. 당신은 '내면의 어항'을 넘어서서 드넓은 바다에서 좀 더 자유롭게 헤엄칠 수 있다.

딥 리빙은 일상에서 현존하면서 살아가는 능력을 만들어 가는 과정에서 발견되는 깨달음을 향해 다가가는 여정이다. 에니어그램은 당신을 현존할 수 없도록 하는 역설의 패턴과 현존할 수 있을 때만 활용 가능한 확장된 특성들을 경험하는 확실한 체계와 예측을 밝히기 위한 정밀한 틀과 본성을 제공한다. 깊어진 의식과 자기관찰과 열린 영성을 가지고 익숙하지 않은 영역으로 들어가게 되면, 당신의 깊고 진실한 능력에 닿을 수 있다. 이 능력들은 당신의 본질적인 강점과 참된 우선 순위에 부합되는 결과의 창출을 지지한다. 당신의 목적은 명확해진다. 당신의 여정은 당신이 항상 활용할 수 있는 엄청난 지성을 깨어나게 하는 영적 여정을 공유하는 부분으로 경험한다. 당신은 우리 각자의 소명을 밝히는 진화론적인 전개의 필수적인 요소이다.

성격의 패턴에 동일시하면서 생기는 한계와 고통을 배운 후에는, 성격 이면에 존재하는 특별하고 고귀한 본성을 깨닫게 된다. 그것을 깨닫게 되었을 때 이런 질문이 생기는 것은 당연하다. '이제 어떻게 할까? 어떻게 하면 보다 충만한 삶을 살 수 있고, 마음의 평화를 느끼며, 스스로 편안해질 수 있을까?'

이런 질문은 우리가 어떻게 변화된 삶에 다가가는지, 변화에 대한 우리의 가정, 변화의 과정 안에 참여하는 데 초점을 두도록 한다.

2부

아홉 가지 삶의 방식

5장

빙산: 성격의 구조적 청사진

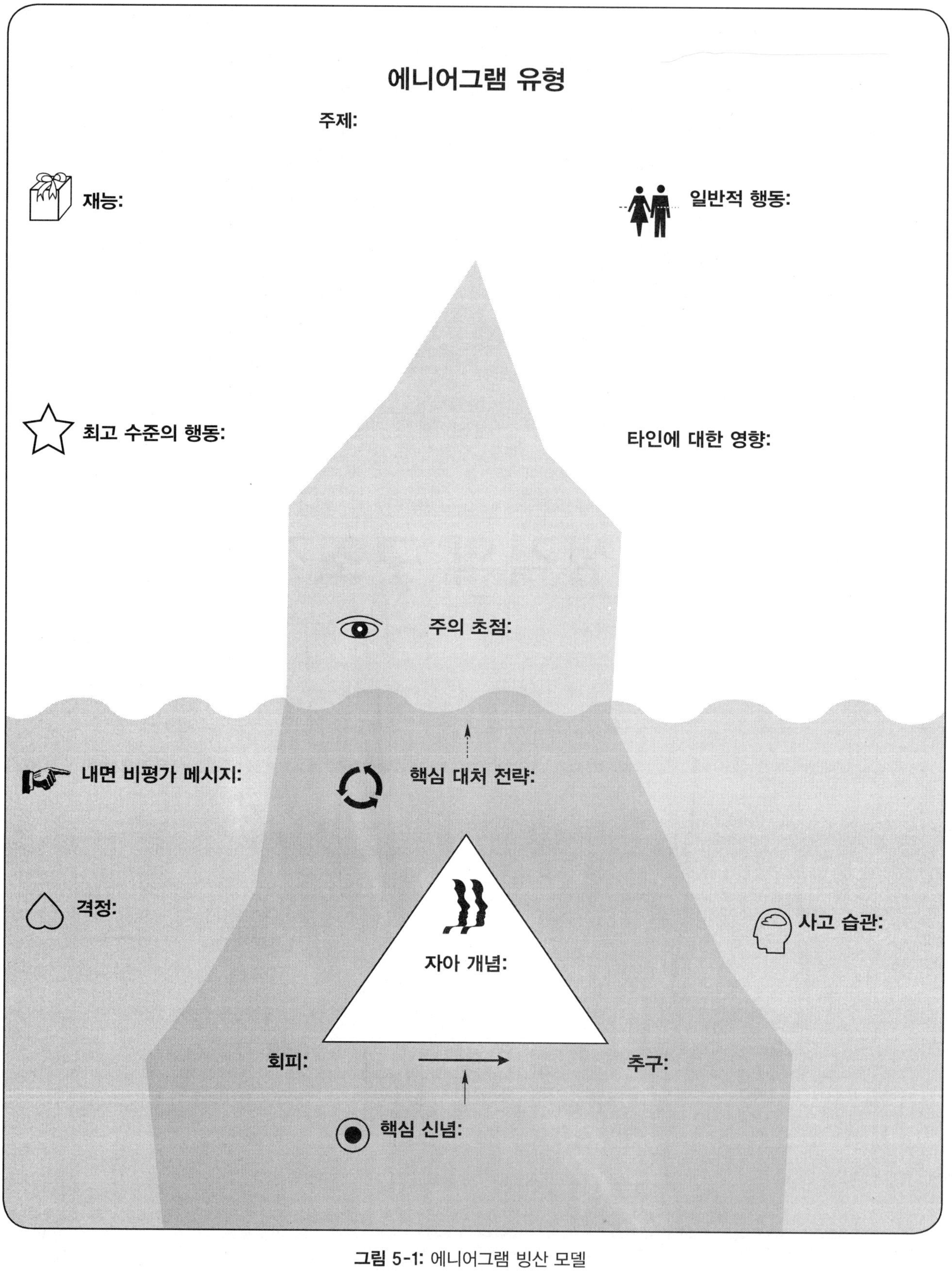

그림 5-1: 에니어그램 빙산 모델

성격은 개인이 자신을 표현하는 방법뿐만 아니라 내면의 경험을 반영하는 포괄적인 틀을 만들어내고, 그 틀을 형성하는 요소들이 서로 연관된 것으로 이해할 수 있다. 성격을 구성하는 각각의 요소는 다른 요소의 기반에 의해 형성되거나 강화된다. 이러한 요소들의 배치가 그 자체로 작동될 때, 그것은 끊임없는 폐쇄 시스템으로 존재한다.

융Jung은 인간 경험을 빙산의 구조에 비유했다. 물결 위로 보이는 부분은 우리가 의식하는 우리의 모습이다. 물론 이 모습 중 일부분은 다른 사람들도 본다. 우리가 아는 것처럼 빙산의 대부분은 물속에 잠겨있다. 인간의 성격이 바로 그렇다.

빙산의 비유는 성격을 만드는 데 있어서 여러 가지 요소가 필요하다는 것을 알려준다. 물결 위에 있는 부분은 관찰할 수 있고 느낄 수 있지만, 물결 아래 부분은 행동을 형성하는 동기 요인들이다. 우리 행동의 동기 요인이 무엇인가를 깊게 이해하고 계속적으로 변화하기 위하여, 물결 위에 있는 것과 물결 아래에 있는 것을 인식하고 작업하는 것이 중요하다. 이러한 요소들의 결합은 어떤 특정 유형이 우세한 사람의 상태 또는 경험에 대한 통찰을 준다.

5장에서 다루게 될 에니어그램의 아홉 가지 유형은 2장에서 이미 다룬 성격의 다양한 수준에 초점을 맞추어서 설명했다. 아홉 가지 유형을 빙산 모델을 통해 살펴보는 것은 당신에게 가장 우세한 유형을 찾아 주거나 적어도 두세 가지 유형으로 선택의 폭을 좁혀 줄 것이다.

에니어그램 빙산 모델

빙산의 시각적 묘사는 흔들리는 물결을 경계로 하여, 물결 위에는 각 유형별로 사람들의 태도 및 행동적 요인descriptor을 보여준다. 물결 아래에는 평균 수준에 놓여 있을 때, 즉 사람이 성격에 사로잡혀 있을 때의 행동을 형성하고 동기화하는 역동을 확인할 수 있다. 당신이 각각의 성격 요인들에 대한 설명을 읽을 때, 시각 자료를 참조하라. 당신은 빙산 모델을 통해 당신의 성격을 구성하는 요인들을 쉽게 이해할 수 있다. 이 포괄적인 틀은 아홉 가지 유형에 대한 구체적인 정보를 제공하고 있다. 6장부터 14장에서 다루게 될 이 정보를 당신이 가장 공명하는 유형을 알아차리기 시작할 것이다. 이미 당신의 유형을 알고 있다고 해도 분명히 또 다른 새로운 관점을 갖게 될 것이다.

주제

빙산 모델의 왼쪽 위에는 에니어그램 각 유형의 주제가 적혀 있다. 이것은 일종의 메타포로써, 주제는 특정 유형이 우세한 사람들에게 독특한 삶의 지향성을 반영하고 있다. 예를 들어 9유형의 주제는 '우리가 함께 잘 지낼 수는 없을까?'이다. 이것은 물론 다른 유형의 주제와는 확연히 다르다. 어떤 사람은 주제로 자신의 유형을 찾는 데 도움을 받는다.

각 유형의 주제를 보면서 당신의 가슴을 울리는 공명이 무엇인지 자신에게 직접 물어보라. 만약 울림이 느껴진다면 그 주제가 당신 자신 혹은 다른 사람들과 어떤 관계가 있는지도 살펴보라. 예를 들어 만약 당신이 '우리가 함께 잘 지낼 수는 없을까?' 라는 말에 공명했다면, 아마도 당신은 그동안에 갈등이 생길 만한 대화는 웬만하면 무시하거나 되도록이면 피해 왔을 것이다.

물결 위의 모습

재능, 일상 습관, 도전 과제

재능과 최상의 상태(당신이 가장 건강하고 확장된 상태일 때)

물결 위의 왼쪽 부분은 특정한 유형의 사람들이 건강한 상태에서 자신의 성격을 드러내는 행동과 태도를 설명해 준다. 아울러 그 유형이 우세한 사람들이 자신의 재능을 어떻게 경험하고, 무의식적인 상황에서 다른 사람들에게 그 재능을 어떻게 보여주는지도 말해 준다.

최고의 건강한 수준에서는 이러한 행동을 하기 위해 특별한 노력을 하지도 않으며 어떤 일이 일어나도록 시도하지도 않는다. 그 행동은 자연스럽고 쉽게 표현된다. 당신이 성격을 가지고 있음을 쉽게 알아차릴 수는 있지만 그 성격이 당신을 지배하지는 않는다.

가장 건강한 상태일 때 당신의 유형이 가져다 준 재능은 당신이 평소에 고마워하거나 바라는 것, 혹은 마음속에 간직하고 있는 생각과 공명할 것이다. 설령 당신의 재능이 일상 생활에서 명확하게 드러나지 않는다고 해도, 그 사실에는 변함이 없다. 당신이 최고로 건강하고 자유로운 수준일 때 아홉 가지 유형의 특성들은 바람직하고, 우세한 유형에 관련된 가장 사랑스러운 특성들로 표현된다. 건강한 수준은 평균 또는 낮은 수준에서 나타나는 강박감을 풀어주며 고통이 치유되는 곳이다.

일반적 행동(나의 성격이 나를 사로잡고 있을 때 나타나는 특성)

각 유형별로 나타나는 행동과 감정 표현, 삶의 지향성은 당신이 자신에게 친숙한 성격에 의존하는 정도에 따라 다양한 모습으로 나타난다. 빙산 모델의 오른쪽 윗부분은 당신의 성격이 당신을 사로잡고 있을 때 나타나는 모습을 설명해 준다.

당신의 성격이 당신을 사로잡고 있으면, 일상 생활에서 덜 깨어있게 하고, 성격이 더 많은 공간을 차지하게 된다. 물론 당신 자체는 덜 드러나게 된다. 당신은 어떤 문제에 대해 적절한 반응을 보이기보다는 반사하게 되며, 참신하고 열린 생각보다는 습관적이고 자동적인 방식으로 작동한다. 인생의 복잡한 문제가 훨씬 더 많아지고, 에고에 집착하는 경향도 점점 심해진다.

물결 아래에서 일어나는 역동은 더욱 강하게 활성화된다. 이러한 역동은 당신의 행동과 사고와 감정과 경험을 무의식적으로 형성하거나 제한한다. 일반적인 상태에서 나타나는 특성은 당신의 성격이 당신을 사로잡고 있을 때와 같다. 이러한 특성은 당신에게 매우 친숙하게 느껴질 것이다. 거의 모든 사람들이 대부분의 시간을 주로 이러한 상태에 머물고 있기 때문이다.

참고로 각 유형별로 가장 불건강한 수준과 관련된 특성들이 있다. 하지만 이 책에서는 깊이 다루지 않기로 한다. 불건강한 상태에서 나타나는 특성들은 건강한 상태에서 나타나는 특성과 거의 반대되는 모습을 보인다. 예를 들어 1유형의 사람들은 건강한 상태에서는 윤리 기준이 높고 공정하며 기쁨과 감사를 잘 표현하지만, 불건강한 상태에서는 자신과 타인에 대한 혹독한 비판을 서슴지 않고 비윤리적으로 행동하며 감정적, 육체적, 정신적으로 지나치게 엄격해진다. 이러한 행동은 비단 자신뿐 아니라 주변 사람에게도 엄청난 고통을 안겨준다.

주의 초점Focus of Attention(성격에 사로잡혀 있을 때 내 주의를 두는 곳)

이미 3장에서 언급한 바와 같이 주의 초점은 빙산 모델의 중심에 자리 잡고 있으며 물결 바로 윗부분이다. 여기에서는 다른 관점으로 살펴보기로 하자.

에너지는 주의를 따라간다. 습관적으로 어떤 대상에 주의 초점을 갖게 되면 인식의 범위와 관심의 영역은 좁아지기 마련이다. 그 관심 대상으로 인해 뭔가 일어나도록 만드는 개인의 사고와 감정, 행동, 그리고 모든 노력들에 얼마나 많은 에너지가 투입되는지 안다면 정말 놀랄 것이다.

다시 1유형에게 적용해 보자. 1유형 사람들의 습관적인 주의 초점은 '올바르게 하자.' 이다. 당신이 1유형이거나 1유형의 성향이 삶에서 활발하게 나타난다면 쉽게 동의할 것이다. 사실 1유형이 아닌 사람들은 일상 생활에서 이 주의 초점이 어떻게 나타나는지에 대해서 내면의 경험을 하기가 쉽지 않다. 그것은 당신이 올바르게 반응하고 있는지를 확신하기 위하여 당신의 언어적, 문자적 의사소통에 대해 모니터링을 하게 한다. 그것은 당신이 또 하나의 책임을 져야만 하는가를 결정하려는 대화 속에서 단서를 살피게 한다. 이는 늘 경각심을 갖게 하고, 매사에 방어 태세를 취하게 하며, 행동의 명분을 찾는다는 의미일 수 있다. 한편 '올바르게 하지 못하는 것' 에 대한 비판을 받는 것은 당신의 자아 개념과 온전한 삶에 엄청난 위협이 될 수 있다.

1유형의 당신은 이런 주제에 대해 특별히 예민하다. 만일 올바름에 대한 기준이 위협 받는다는 것을 알게 되면 민감하게 반응한다. 항상 당신은 옳으며, 당신을 둘러싸고 벌어지는 모든 일이 올바르게 이루어지는 것이 진리이기를 바라고 있다.

각 유형별로 만들어진 빙산 모델에는 유형별로 주의 초점이 점점 좁아지게 되는 것을 보여준다. 주의 초점이 활동하는 것이 현존의 정도에 따라 결정된다는 것은 중요하다. 현존을 하면 할수록 우리의 주의는 좁아지기보다 확장된다.

위를 가리키는 화살

빙산 모델을 보면 주의 초점 위에 화살표가 있다. 화살표의 방향은 빙산의 꼭대기를 가리킨다. 이 화살들(그리고 위아래로 설명된 진술)은 주의 초점에 의해 만들어지며 특히 물결 아래에서 일어나는 감춰진 역동에 의해 더욱 움직이며 유형의 중요한 인지-정서적 실마리cognitive-emotional thread를 나타낸다. 성격의 사로잡히는 정도에 따라 각 유형의 인지-정서적 실마리가 어떻게 확연하게 드러나거나 비효율적으로 나타나는지 살펴보게 될 것이다.

이러한 실마리는 보통 무의식적으로 드러나는 각 유형의 특정한 패턴을 이해하도록 돕는다. 궁극적으로 같은 유형의 사람들과 공통적으로 나타나는 패턴을 알려줌으로써 당신에게 우세하게 나타나는 유형을 찾아줄 것이다.

성격이 타인에게 미치는 영향

우리의 행동과 태도 그리고 일반적인 에너지 지향성은 타인과의 관계에서 중요한 결과를 가져온다. 여기서는 각 유형의 사람이 다른 사람에게 주는 긍정적인 영향과 부정적인 영향을 설명하려고 한다. 긍정적인 영향은 그 유형의 사람이 아주 건강한 상태일 때 주로 나타나며, 부정적인 영향은 효과성이나 건강 면에서 별로 좋지 못한 상태일 때 주로 나타난다. 심리적, 정서적 상태가 안 좋을수록 부정적인 영향은 더 커지기 마련이다. 사람들은 일반적인 상태에서 성격에 사로잡혀 있으면 자신이 타인에게 어떤 영향을 미치는지 잘 깨닫지 못한다. 심지어 본래 의도와 다르게 영향을 미치는 것을 안다면 깜짝 놀랄 것이다. 사실 우리가 전혀 의도하지 않은 부정적인 영향은 우리의 영혼이 추구하는 결과와는 정반대로 나타날 때가 많다.

사람들은 자신의 성격에 사로잡히게 되면 자신이 원하는 방향으로 타인을 움직이게 하려고 노력한다. 사람들은 자신의 에고가 설정한 주제를 다른 사람들이 전폭적으로 지지해 주기를 원하기 때문이다.

이러한 모습을 깨닫고 나면 우리가 그동안 전혀 의도하지 않게 주변 사람들을 힘들게 하고 있었다는 사실에 울적해지기 마련이다.

물결 아래의 모습

당신은 물결 아래에서 일어나는 성격의 여러 차원들을 보게 될 것이다. 실제로 당신은 내면 세계에서 일어나는 이런 모습들을 의식적으로 아주 가끔 알아차리기도 한다. 그러나 우리가 물결 아래의 세계에 대해서 배우고 나면 그것들을 제대로 인식하게 될 것이다. 성격 구조의 차원들이 당신을 통해 어떻게 나타나는지를 알기 위해 이미 4장에서 논의된 나를 찾는 여정을 위한 도구를 기억해 보자.

먼저 여기서는 에니어그램을 통해 나 자신을 찾는 여정 속에서 각각의 요소들이 의미하는 것을 간단하게 설명하려고 한다. 아울러 빙산 모델의 물결 아래에서 일어나는 여러 가지 것들을 살펴볼 것이다. 이제 빙산 모델의 맨 밑바닥부터 출발해 보자.

핵심 신념

각 유형의 사람들은 다른 사람들이나 세상에 대해 핵심 신념을 가지고 관계를 맺는다. 핵심 신념은 한 개인이 세상 속에서 차지하는 자신의 위치를 설명하는 기초가 되고, 삶의 다양한 단면들을 소리 없이 걸러내는 중요한 운영 원리operation principle로 작용한다.

이러한 신념은 대부분 무의식 수준에서 존재하고, 주로 유년기 초기에 형성된다. 이는 언어적, 인지적 발달이 이루어지기 전에 어린아이의 삶에 일부가 된다. 이후에는 성장 과정에서 어린 시절의 경험과 인생사를 통해 강화되기도 한다. 이것이 개인의 에고를 구성하는 핵심이다. 설령 지난 날 의문의 여지없이 핵심 신념에 지나치게 사로잡혀 있었다 할지라도, 핵심 신념이 정확할 수 없다는 사실을 깨닫는 것은 무척 중요한 일이다.

정체성 삼각형

빙산 모델에서 삼각형을 찾아보자. 이 삼각형은 빙산 모델의 물결 아래에서 성격 구조를 이루는 다양한 요소들의 상호작용을 보여주고 있다. 우리는 이 모든 요소들이 개인의 일관성 있는 내면 경험을 만들어내는 방법에 어떻게 상호작용하는지를 알 수 있다.

추구

정체성의 삼각형 오른쪽 아래를 보자. 사람의 에고 구조는 자신에게 엄청난 행복을 줄 것으로 보이는 것들을 추구하도록 만들어졌다. 성격은 어린 시절에 이미 끊어져 버린 영혼의 본질과 소중함을 다시 되찾으려고 애쓴다. 이 경험은 개념이 형성되기 전과 언어가 발달하기 이전에 나타나기에 보통 쉽게 인식할 수 없다. 에고는 얻고자 하는 것에 결코 만족할 수 없지만, 안타깝게도 그 사실을 모른다. 따라서 자신의 영혼이 진정으로 원하는 자질을 다시 쟁취하기 위해 끊임없이 애쓰게 된다. 에고가 할 수 있는 최선의 방법은 그 상태에서 에고의 만족스럽지 못한 것을 이용해서 자신이 진정으로 원하는 것을 복제 하는 것이다. 만약 이 일에 실패한다면 에고는 인생에서 단순히 더 큰 고통을 만들어 내기 위한 수고의 쳇바퀴로 들어가게 되는 것이다.

이것이 바로 우리가 직면한 역설 중에 하나이다.

회피

에니어그램의 각 유형에 기초하면, 인생에는 어떤 대가를 치루더라도 피하고 싶은 경험이 있다. 물론 이것은 에고가 추구하는 것과 정 반대편에 놓여 있다. 이 방향으로 움직일 때 에고는 도무지 이해할 수 없으며, 심지어 두려움마저 느낀다. 사실 당신이 회피하고 있는 그것은 당신을 온전하게 만드는 데 있어서 가장 중요한 요소일 수 있다. 정체성 삼각형의 왼쪽 아래를 보라.

핵심 대처 전략

각 에니어그램 유형은 특정 행동과 태도 전략의 전문가이다. 삼각형 꼭대기에 자리 잡은 핵심 대처 전략은 성격을 그대로 일관성 있게 유지시켜준다. 당신 유형의 언어가 되는 보통의 전략들은 만족을 찾도록 도울 것이고 정확히 무엇이 필요한가를 나타낸다. 특정 유형의 핵심 대처 전략은 완벽하게 의미가 있고 성격에 의해서 추구되거나 회피되는 것이 무엇인가를 실질적으로 해석해 준다. 핵심 대처 전략이 자동적으로 작동하기 때문에 상황에 관계없이 무의식적으로 사용된다. 결국 그것은 당신의 성격을 강화시키며, 당신이 건강하고 유연한 상태일 때 움직이는 방향과는 반대로 움직이게 만들어 버리고 만다.

자아 개념

정체성 삼각형 안에서 자아 개념은 각 유형의 사람들이 자신을 바라보는 특별한 방식을 설명한다. 실제로 자기 자신의 진짜 모습을 들여다 볼 여지는 거의 없다. 대부분의 사람들은 자신의 실제 모습과 다르게 자신을 부풀리거나 비하하는 왜곡된 관점을 갖고 있다. 이러한 고착화된 지각은 자기 유형에서 주의 초점이 좁아지게 하며 자기 관점을 지지하는 증거자료에 의해서 재확인된다. 결국 다른 정보를 제공하는 여타의 경험들을 무시하게 된다.

각 유형이 갖고 있는 특정한 관점은 각 유형의 사람들이 건강한 상태일 때의 특성에 대해 설명한 리소-허드슨의 견해를 기반으로 한다. 많은 사람들이 자신이 처한 현재 상황에 관계없이 자신은 비교적 건강한 상태에 있다고 생각한다는 것은 참 흥미롭다.

에고는 무엇을 추구하고 무엇을 회피할지 결정해 놓았다. 물론 각 유형과 관련된 자아 개념과 핵심 대처 전략도 반영하고 있다. 이런 사실은 끊임없는 고통과 불안을 가중시키고, 내면과 외부의 갈등을 촉발시킬 뿐이다. 이러한 역설이 또 있을까?

격정

이 격정은 성격 구조의 강력한 구성 요소로, 삶의 건강한 수준으로부터 자신을 멀어지게 만드는 충동 에너지를 만들어 낸다. 어떤 의미에서 격정은 개인을 더욱 확장시키고 열린 마음을 갖게 하는 본성과 반대 방향으로 움직이는 에너지이다. 에니어그램에서는 이것을 유형의 격정이라고 말한다. 사랑하는 사람이나 어떤 일에 쏟아 붓는 열렬한 애정이라는 일상적인 의미와 혼동해서는 안 된다. 일반 언어에서 격정, 즉 '과녁을 벗어남' where I miss the mark은 자아 정체성에서 중요한 역할을 수행하는 왜곡되고 숨겨진 정서적 충동을 말한다. 격정은 초자연적인 벽지psychic wallpaper와 같은 기능을 하는 내면 구조의 주요 요소이다. 따라서 그것은 내부로부터 쉽게 확인할 수는 없다. 이러한 성격 요소는 무척 사적인 영역이어서 깊이 알게 되면 다소 거슬릴 때도 있다. 격정을 알게 된 후에 자신을 발견했다고 말하는 사람들도 간혹 있다.

격정을 이해하는 한 가지 방법은 격정이 마음의 깊은 상처를 덮고 있으며 그 결과 마음을 보호하는 기능을 하지만, 당신의 영혼이 진심으로 사랑하는 것으로부터 당신을 멀리 떨어뜨려 놓는다는 것을 알아야 한다. 격정이 더 활성화되면 당신의 진실한 영혼의 본향home base으로부터 점점 더 멀어지게 된다. 모든 사람은 아홉 가지 유형과 관련된 격정을 어느 정도는 경험하게 된다. 아울러 인구의 약 9분의 1이 당신의 삶에서 가장 잘 인식하게 될 동일한 격정을 공유하고 있다는 사실은 그나마 작은 위안이 될 것이다.

사고 습관(성격의 고착)

각 유형에는 고착fixation이라고 부를 수 있는 일종의 습관적 사고 패턴이 있다. 이는 빙산 모델의 오른쪽 끝에 자리 잡고 있다. 이러한 사고 습관은 인생에서 문제가 생기면 에고가 의문의 여지없이 자동적으로 내놓는 해결방법이다. 주로 유년기 초기에 형성되는데, 이것은 자신이 진실한 본성과의 단절에 대한 보상심리로 만들어진 것이다. 고착에 대한 의존은 지속적으로 자신을 계발하려고 참여하는 성인들을 제한 한다. 고착이 얼마나 광범위하고 삶에 어떻게 작용하는지를 아는 것은 변형 작업transformation work에서 필수적이다.

내면 비평가 메시지(내면 비평가의 주장)

에니어그램에서 말하는 초자아 또는 내면 비평가는 어린 시절부터 접해온 규칙과 기준과 기대를 받아들이면서 내면화된 권위의 목소리로 기능한다. 내면 비평가에 대해서는 다음 장에서 보다 자세히 다루기로 하자. 지금은 빙산 모델의 물결 왼쪽 아래에 있는 내면 비평가가 성격 구조에 있어서 무척 강한 힘으로 작용하여 성격의 다른 부분들을 억제하는 것을 볼 수 있다. 이는 당신의 행동, 대화, 감정, 경험을 판단하여 옳고 그름을 알려주고, 지시를 따르지 않을 경우에 다시 혹독한 피드백을 줄 수 있다.

이 책에서 다루고 있는 각 유형별로 정리된 내면 비평가 메시지는 리소-허드슨의 에니어그램 초기 연구를 바탕으로 한다. 앞에서 언급한 여러 가지 성격 구성 요소들은 당신 스스로 생각할 수 있는 전반적인 토대를 제공한다. 핵심 신념, 격정의 정서적 충동, 사고 습관(고착), 내면 비평가 모두는 정체성 삼각형을 강화하기 위하여 무의식적으로 모의한다.

에니어그램 유형에 대한 추가 정보

여기서는 빙산 모델과 관계없이 다른 접근 방법을 통해 당신의 성격 유형을 찾을 수 있도록 돕고자 한다.

스트레스 원인

각 유형별로 특별히 문제가 되는 스트레스 원천이 있다. 이는 다른 유형의 사람들에게는 별로 문제가 되지 않을 수 있다. 특히 유형별 성격에 사로잡혀 있을 때는 특정한 상황이나 사건이 심각한 위협이 될 수 있다. 스트레스 원천은 마음을 불편하게 만들고 예측할 만한 반응을 불러오기도 한다. 하지만 성격에 사로잡혀 있지 않을 때는 특정한 스트레스 원천이라도 생명을 위협하는 상황만 아니라면 전과 달리 별 문제가 없어 보이기도 한다.

수축되거나 경직되었을 때

사람들은 대안도 없고, 삶이 절망적이며 희망이 없다고 느낄 때, 매우 제한적인 행동, 감정, 사고 패턴들이 분명해진다. 이때는 현존하기가 어려우며 당신 자신과 다른 사람에게도 큰 피해를 줄 수 있다. 이렇게 심하게 수축된 상태에 있는 사람들은 사회 속에서 기능을 하지만 가끔은 못할 수도 있다. 대부분의 사람들이 이렇게 불건강한 패턴을 느끼는 기간은 결코 길지 않다. 하지만 이런 상태가 오랜 시간 계속된다면 뭔가 적절한 조치를 취해야 한다. 이런 어려움을 겪는 사람들과 혹시 영향을 받았을 만한 사람들은 반드시 전문가의 도움을 받는 것이 필요하다.

유형 간의 역동적 움직임-*스트레스 포인트, 통합 포인트, 자아의 숨겨진 차원*

'어떻게 살 것인가' 에 관한 인식의 확장

각각의 에니어그램 유형들은 두 개의 다른 유형과 연결되어 있다. 에니어그램은 역동적인 시스템이다. 이러한 역동적인 움직임은 각 유형 안에서 일어날 뿐 아니라 오히려 유형들 간에 예측 가능하고 역동적인 이동[movement]이 발생하기도 한다. 에니어그램의 상징 자체가 바로 이러한 역동을 명확하게 보여주고 있다.

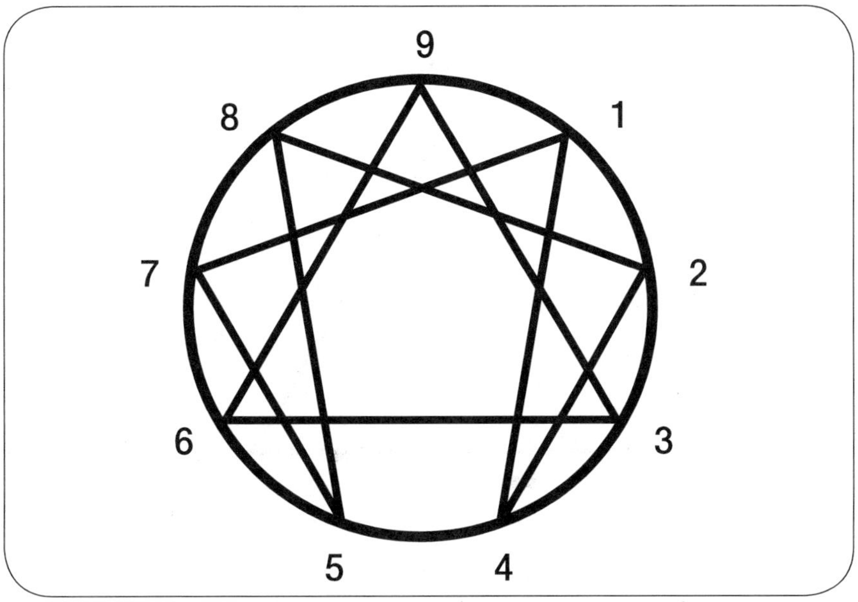

그림 5-2: 에니어그램의 상징

위의 그림에서 에니어그램의 포인트는 내부 선으로 다른 두 개의 포인트와 연결되어 있다. 따라서 내부 선들은 에니어그램의 모든 포인트들과 연결되어 있다. 에니어그램의 놀라운 측면의 하나는 이 상징 자체와 유형들이다. 유형을 나타내는 숫자들은 임의적인 것이 아니라 사람들의 삶에서 실제 나타나는 성격의 자연스러운 이동을 의미한다. 이러한 이동은 다양한 차원을 갖고 있는 인간 본성의 부산물이다. 그래서 우리는 다른 유형으로 움직이려는 생각을 할 수 없다. 결코 우리가 만든다고 될 일은 아니다. 우리가 일상에서 마주하는 기회와 요청에 단순히 자동 조종 장치처럼 반응하거나 혹은 발전이든, 의존이든 설령 어떤 변화에 관계 된다 하더라도 이는 순전히 내면의 역동에 의한 것이다. 이는 당신에게 우세한 유형이 바뀐다는 것이 아니라, 아홉 개 중에 하나의 유형과 관련된 자질이나 행동이 주로 나타난다는 것을 의미한다.

예를 들어 보자. 상징을 보면 9, 6, 3을 꼭짓점으로 원 안에 삼각형이 만들어진다. 3유형의 사람이 스트레스를 받으면, 스트레스 포인트인 9유형으로 이동한다. 3유형이 스트레스를 받으면 9유형과 같은 내면의 상태를 경험하고 행동한다는 것이다.

마찬가지로 3유형의 사람은 6유형의 사람처럼 생각하고 행동할 때가 있다. 이는 6유형이 3유형의 통합 유형이기 때문이다. 각 유형의 통합 유형과 자아의 숨겨진 차원을 보여준다(통합 지점과 숨겨진 자아의 차원에 대해 정보를 더 원하면 그림 5-3을 보라.).

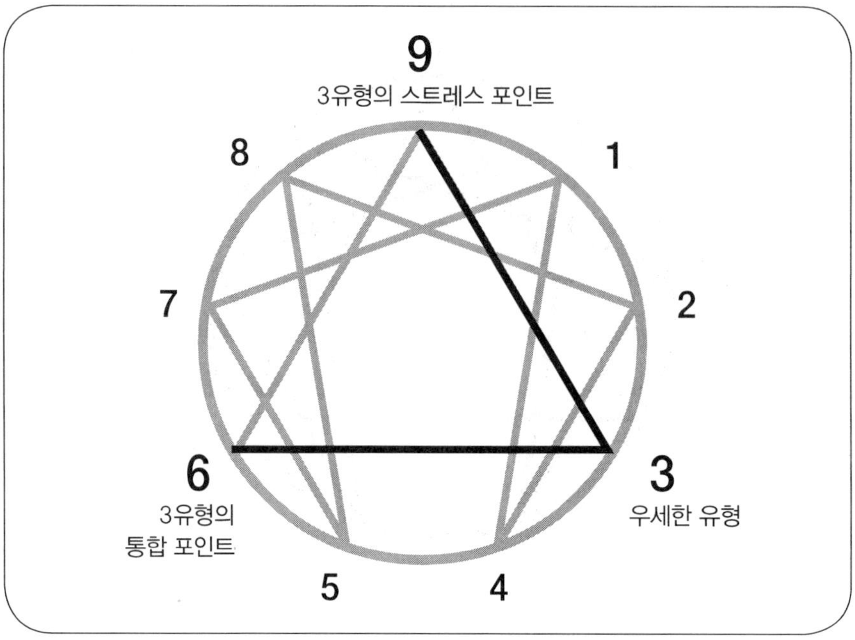

그림 5-3: 3유형의 스트레스 포인트와 통합 포인트

다른 유형을 살펴보자. 그림 5-4를 보면 특정 상황에서 1유형의 사람은 스트레스 포인트인 4유형이나 통합 포인트인 7유형과 같은 내면의 상태를 경험하고 행동한다.

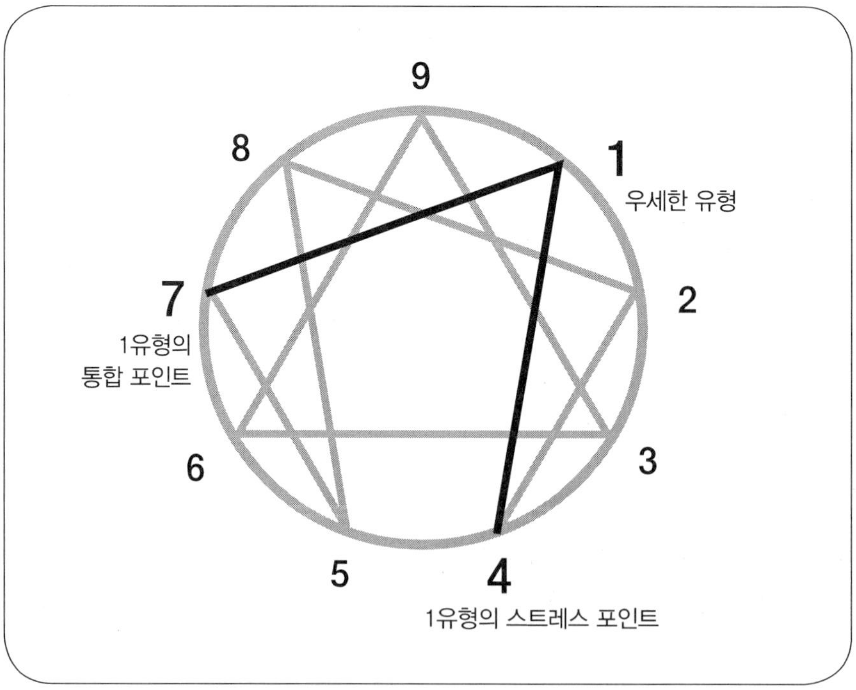

그림 5-4: 1유형의 스트레스 포인트와 통합 포인트

그렇다면 언제 이러한 변화가 생기는지 알아보자

일반적으로 심한 압박감을 느낄 때 스트레스 포인트의 양상이 나타난다. 따라서 스트레스를 많이 받을 때는 스트레스 포인트를 당신의 유형으로 착각하기 쉽다. 반면에 우세한 유형과 관련된 통합 포인트는 개인으로 하여금 위대한 완전성greater sense of wholeness으로 이동하는데 도움을 주는 자질과 특성을 포함한다. 때로는 통합 포인트의 특성들이 생소하게 느껴지기도 하고, 정반대되는 반응을 보이기도 한다. 예를 들어 8유형의 사람들은 자신의 힘에 의지하는 경향이 강하기 때문에 통합 포인트인 2유형이 갖고 있는 부드럽고 사랑스러운 특성을 거부하기도 한다.

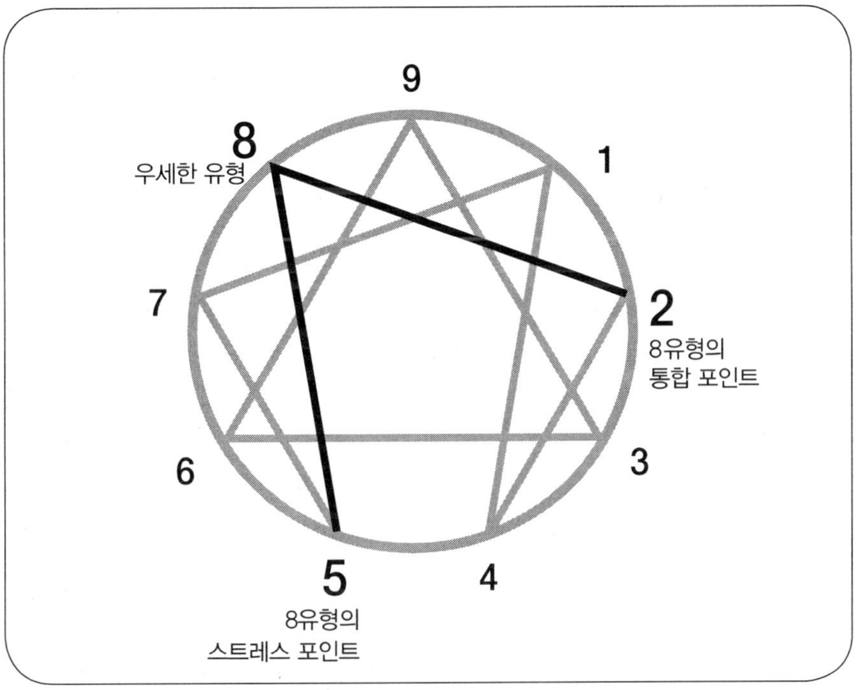

그림 5-5: 8유형의 스트레스 포인트와 통합 포인트

일반적으로 말하는 평균 수준 상태에서 당신이 성격에 사로잡혀 있을 때는 통합 포인트에서 우리를 나타내는 행동과 태도가 있는데 이를 '자아의 숨겨진 차원' Hidden Dimension of Self이라고 한다. 에니어그램은 우세한 유형의 포인트에서 통합 유형의 방향을 바라볼 때 그러한 행동과 태도를 예측할 수 있다. 이 성격의 숨겨진 차원은 안전 포인트security point나 영혼의 아이Soul Child와 같은 개념을 포함하고 있다.

자아의 숨겨진 차원을 우리 자신이 인식하기는 어렵고 고통스러운 일이다. 당신은 이러한 자질에 관해서 판단하려는 경향이 있고, 당신이 생각하는 자아 이미지와 너무 다르기 때문에 당신 자신을 부정할 수 있다. 심지어 이렇게까지 말한다. '나는 그렇게는 절대 하지 않아. 나는 이런 행동을 하는 사람들을 참을 수 없거든.' 따라서 이러한 특성은 자아의 그림자이고 우리가 볼 수 없는 부분이다. 그렇다고 사라진 것은 아니다. 단지 당신이 보지 못할 뿐이다.

예를 들어 보자. 3유형이 우세한 사람의 경우의 평균 상태에서는 할 수 있다는 강한 자신감과 일을 성취하는 놀라운 추진력을 보여 준다. 하지만 같은 사람이 무의식적으로 안정적이지 않은 상태에서는 자신감 결여와 불안을 경험할 수도 있다. 물론 이러한 태도와 행동은 3유형의 평균 상태에서는 나타나지 않는다. 이런 특성은 6유형이 평상시에 보여 주는 전형적인 특성이다. 당신도 알다시피 6유형은 3유형의 통합 포인트이다. 6유형의 특성들은 3유형에게는 너무나 생소하다. 따라서 그런 특성에 대한 거부 반응은 어쩌면 당연한 것이다. 하지만 인식이 확장되면 3유형의 사람도 통합 포인트의 특성들을 경험할 수 있다는 것을 받아들이게 된다. 이렇게 되기까지는 조심스러운 접근이 필요하다. 때로는 외부 전문가의 도움을 받아 당신의 내면에 존재하는 인간 경험의 다양한 영역을 수용하고 인식하며 치유를 받을 수 있도록 적절한 지원이 필요하기도 하다.

통합 포인트는 당신에게 도전이 될 만한 특성들을 보여준다. 이는 당신을 심리적, 정신적 차원에서 성숙하도록 도울 것이다. 때로는 당신 자신에게 친절히 물어보라. 당신이 평상시에 통합 포인트를 통해 예전에는 금기시 해왔던 특성들을 어떻게 느끼는지 알아볼 필요가 있다. 이는 점차 온전해지는 당신을 만나기 위한 영혼의 여정에서 무척 중요한 작업이다.

에니어그램은 당신에게 언제, 어디로 가라고 인도하지 않고 자연스러운 흐름을 보여줄 뿐이다. 이는 당신의 스트레스 포인트와 통합 포인트, 자아의 숨겨진 차원을 돌아다니는 내면의 자연스러운 이동이다. 당신이 당신의 유형을 알아냈다면 설령 정확히 알아내지 못했다 하더라도, 당신의 유형과 연결된 두 개의 유형들도 잘 살펴보라. 당신의 유형에 대해 확신을 갖게 할 것이다.

물론 대부분의 사람들은 아홉 가지 유형 전부의 특성을 경험할 수 있는 잠재적 가능성을 갖고 있다. 하지만 우세한 유형과 스트레스와 통합 포인트, 이 세 가지 유형이 주는 성격적인 영향은 매일의 삶에서 강하게 나타나는 아주 친숙한 특성이 될 수 있다는 것을 상기하라.

자기 지식의 탐사

에니어그램은 자신을 알고, 자기를 인식하며, 스스로 깊이 성찰할 수 있는 강력한 도구이다.

이 책을 더 읽다 보면 당신의 유형과 상관없이, 인간 개인이 경험할 수 있는 자질과 특성의 범위가 꽤 넓다는 사실에 놀랄 것이다. 우리는 누구나 건강한 상태에서 불건강한 상태까지 이어주는 연속선 위 어느 지점에서 작동하게 되어 있다. 이러한 인식은 나만의 문제도 아니고 타인만의 문제도 아니다. 우리는 다른 사람이 불건강한 상태에서 작동하는 특성들을 보고, 나 자신에게도 항상 이런 모습이 나타날 가능성이 있다는 것을 인식하는 것이 중요하다.

의식 수준의 연속선 위에서 나 자신의 모습을 가장 자주 발견할 곳에서 가장 영향력이 있는 한 가지 요소는 현존의 수준이라는 것을 기억하라. 이것에 대해서는 다음 장에서 더 자세히 다루기로 하자.

각 유형에 대해 설명할 때는 열린 호기심을 갖고, 자기를 살피면서, 섬세하게 접근하는 것이 중요하다. 솔직히 처음에는 당신의 내면에 있는 심리적 구조의 본질을 본다는 것이 무척 불편한 일일 수 있다. 당신이 알고 있는 비밀은 물론, 무의식의 세계에 있는 비밀까지 들켜버리는 것 같은 당황스러운 느낌을 갖는 것은 지극히 당연하다. 하지만 괜찮다. 이는 당신 자신을 보다 더 인식하도록 하는 경험의 일부분일 뿐이다.

앞서 말한 것을 되풀이하자면, 에니어그램은 사람들을 분류하기 위한 목적으로 만들어진 것이 아니다. 따라서 다른 사람에게 당신은 몇 유형인 것 같다고 당신의 추측을 말하는 것은 좋지 않다. 에니어그램의 가장 큰 유익은 자기 자신을 탐색하고, 인간을 탐구하며, 자신을 변형transformation하는 것에 있다. 이제 에니어그램의 아홉 가지 유형이 설명하는 인간의 조건과 의식에 대한 탐사를 시작하자.

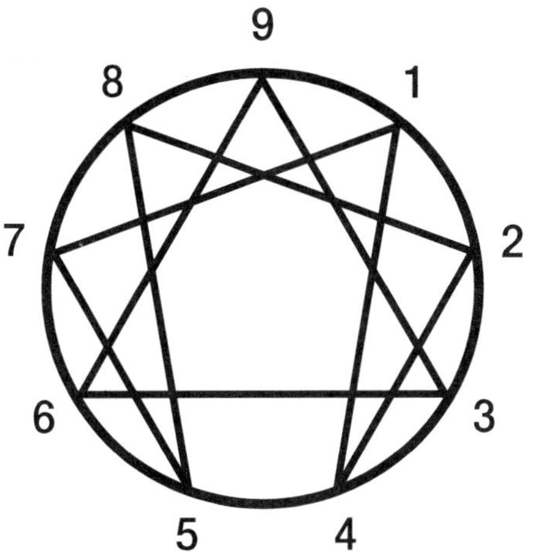

에니어그램의 아홉 가지 유형 소개

지금부터는 아홉 가지의 성격 유형이 보여주는 내면의 특성과 밖으로 나타나는 모습들을 다루고자 한다. 앞서 언급한 바와 같이 아홉 가지 유형들은 사회적 스타일 집단에 따라 세 가지로 나눌 수 있다.

각 유형이 속한 집단을 소개할 때 마다, 해당 집단에 속한 세 가지 유형이 공유하는 특성을 간단하게 설명할 것이다. 사회적 스타일 집단은 첫 번째는 사적이고 내성적인Private Introspective 유형들, 두 번째는 확신 있고 자신감을 가진Assured Confident 유형들, 세 번째는 서비스 지향적이고 책임감이 강한Service-Oriented Responsible 유형들로 나눌 수 있다.

사회적 스타일 집단 I

사적이고 내성적인 그룹-9, 4, 5유형

공통 주제

인간관계에서 발생할 수 있는 스트레스 요인을 대처하는 한 가지 전략은 사회적, 신체적, 정서적, 영적, 그리고 지적인 참여engagement로부터 위축withdrawing하는 것이다.

이러한 9, 4, 5유형의 사람들은 자신의 성격에 사로잡혀 있을 때, 바깥 세상에서 펼쳐지는 활동에 적극적으로 참여하는 것을 원하지 않는 공통적인 성격 구조를 공유한다. 그들은 너무나 당황스럽게 느껴지는 바깥 세상의 요구를 회피하기 위하여 안전한 공간과 같은 느낌을 주는 내면의 세계나 내면의 성소로 물러나서 외부와 다시 연결될 수 있도록 자신만의 여유로운 시간이 자주 필요하다.

9, 4, 5유형에 속하는 당신은 혼자 일하기를 선호할 것이다. 개인 사무실을 갖고 있을 수도 있고, 아마도 다른 사람들과 함께 일하기 전에 혼자 준비할 시간을 충분히 갖고 싶어할 것이다.

이 집단에 속한 사람들은 *자신만의 내면 세계로 사라지는* 특정한 방법을 갖고 있다. 이를테면 당신은 당신의 몸과 연결된 상태로 머물러 있는 것을 힘들어 한다. 아울러 공상이나 추상적인 생각에서 벗어나는 일도 쉽지 않다. 또한 당신의 이상과 비전의 목적을 추구하는 지속적 활동을 통해 현실로 옮기는 것을 무척 어려워 할 것이다.

당신은 스스로 어떤 공동체에서 소속감을 느끼지 못하거나, 다른 사람들과 잘 맞지 않는다고 자주 느낀다. 당신은 정서적으로나 영적으로 혹은 정신적으로 타인보다 우수한 편이라고 느끼며, 공동체 안에는 당신에게 적합한 공간은 없다고 느낀다. 9, 4, 5유형의 사람들에게는 자신이 사회가 정한 규범 밖에 있다고 느끼는 경험은 당연할 수도 있다. 공동체 울타리 밖에서 소외감을 느낀 채, 주변인으로 남아 삶에 대한 *권리를 결국 잃어버리게 된다.*

자신을 성찰할 수 있는 시간을 즐긴다는 것은 높이 평가받을 만한 건강한 속성임에 틀림없다. 하지만 위축 전략withdrawing strategy이 자동적이고 습관적으로 이루어진 패턴이라면, 결국 당신은 보이는 그대로의 실제 세상에서는 결코 살 수 없다. 세상은 당신의 참여 없이도 계속 움직인다.

당신의 성격 구조는 어떤 일에 직접 참여하는 것보다, 한 발자국 떨어져서 지켜보는 경험을 자주 한다. 당신은 경계선 바로 안쪽에서 가끔 참여할 때도 있지만, 사람들이 당신에게 지나친 관심을 보인다고 생각하면 얼른 선 밖으로 물러설 것이다. 당신은 가끔 정신적, 정서적으로 비어 있다고 느끼거나 육체에서 분리된 것 같은 느낌을 갖게 될 수도 있다. 당신에게는 몸을 쓰는 일이 무척 어색하거나 서투를 수 있다.

물론 당신이 필연적으로 조용한 사람은 아니다. 당신이 편안한 영역에서는 표현도 잘 하고 말도 많아진다. 하지만 당신에게는 만질 수도 없고, 다가갈 수도 없는 요소들이 있다.

지금 당신이 자신에 대해서 무엇인가 강하게 인식한 점이 있다면, 당신을 찾는 내면 여행에서 당신이 반드시 해야 할 일은 '더 이상 뒷걸음질 치지 말고 당신의 몸과 이 세상 속으로 힘찬 발걸음을 내딛는 것'이다.

6장

9유형의 인간적 조건과 의식: 평화주의자

제시카Jessica에게 있어서 코칭을 받는다는 것은 엄청난 결정이었습니다. 그녀는 자신의 필요나 관심을 찾아서 그에 따르는 행동을 하는 것이 결코 익숙하지 않기 때문입니다. 사실 그녀는 자신이 정말 원하는 것을 알아내는 일이 얼마나 힘든지 경험으로 잘 알고 있습니다. 솔직히 그녀는 그동안 인생이 흘러가는 대로 살아왔을 뿐입니다.

프로젝트 매니저인 그녀는 몇 달 전에 직장을 잃고 나서야, 이번이야말로 자신의 진로를 다시 생각해 볼 수 있는 좋은 기회라고 생각했습니다. 이번 기회에 자신이 진심으로 하고 싶은 것과 정말 잘할 수 있는 것을 고려해서 새로운 직장을 얻어야 한다는 것을 알게 되었습니다. 그녀가 하고 싶은 것에 대한 확실한 동기를 제공할 만한 자신감과 내적 능력을 키우고 싶었습니다.

제시카는 코칭을 받으면서, 슬픔이라는 감정과 안도하고 싶은 패턴들을 인식하게 되었습니다. 자신에게 다음과 같은 에니어그램 9유형의 특성이 많다는 것도 깨닫게 되었습니다.

- *다른 사람들과 잘 지내기 위해서 자주 그들의 관심과 시각을 수용하려고 노력하고 있음을 알게 되었습니다.*
- *자신의 삶에서 어떻게 자기 자신을 지워버리고 사는지, 그리고 자신의 생각을 중요하게 여기지 않고 무관한 것처럼 얼른 없애 버리려는 것을 알게 되었습니다.*
- *자신이 갈등을 얼마나 싫어하는지와 모든 갈등을 회피함으로써 생기는 결과를 서서히 알게 되었습니다.*
- *자신이 바라는 결과를 위한 행동을 시작하는 대신 어떠한 일이든지 우연히, 저절로 일어나기를 기다리고 있는 자신을 알아차렸습니다.*

코칭 관계를 통한 중요한 주제는 그녀의 몸과 의식적인 관계를 계발하는 것이었습니다. 그녀는 그동안 고통 외에는 신체와 관련된 어떠한 감각도 거의 인식한 적이 없다는 것을 알았습니다. 단지 걷기나 움직이는 것 같은 직접적인 경험만 인식했을 뿐이었습니다. 심지어 내 몸에 내가 실제로 살고 있다는 사실조차 생소하게 느껴졌습니다. 그녀는 지속적인 훈련을 통해 전혀 다른 새로운 관계를 만들어 나가기 시작했습니다. 결국 그녀는 자신이 원하는 것을 알게 되는 능력이 증가하고, 자신의 능력 안에서 자신감을 얻게 되어 새로운 인생 무대에 서게 되었습니다.

9유형이 경험하는 내적 일관성

당신의 참된 본성True Nature

만일 당신이 9유형이라면, 당신은 '모든 것은 하나다.' All is One라는 명제에 자연스럽게 끌릴 것이다. 이 말은 물론 어떤 사람에게는 아무 의미 없는 소리로 들릴 수 있다. 하지만 당신의 영혼은 주변에서 일어나는 일에 관계없이 이 말의 참된 의미를 알고 있다. 인생은 번잡하고 한 치 앞도 예측할 수 없으며 환경 및 인간이 만든 재앙들과 격동의 변화가 일어나지만, 당신이 아주 깊은 수준에서 참여하고 현존한다면 당신은 모든 것이 서로 연결되어 있다는 경험을 한다.

당신의 참된 본성과 닿아 있지 않으면, 아마도 당신은 당신 자신이 불굴의 힘이 있다는 것과 이곳에 존재한다는 의미를 아직 알아차리지 못할 수 있다. 당신의 현존은 온전함을 위한 것이고 반드시 필요하다.

당신의 인생 이야기: 당신의 내면이 세상과 관계 맺기

당신의 자아 개념과 당신이 세상에서 차지하는 위치는 이미 어린 시절에 일찌감치 결정되어 있다. 당신이 자신의 경험들을 어떻게 내면화했는지에 따라 자기 자신과 타인 및 당신의 존재 방식에 관계를 맺는 특정한 방법에 영향을 주었다. 만일 당신이 9유형이라면 지금부터 하는 어린 시절의 내적 경험에 관한 이야기가 무척 친숙하게 들릴 것이다.

당신은 어려서부터 품행이 단정했습니다. 누구와도 쉽게 어울렸으며, 말썽도 피우지 않았습니다. 당신은 자신이 원하는 것도 별로 없었고, 어른의 손이 많이 안 가는 착한 아이라는 것을 알고 있었습니다. 당신은 말 잘 듣는 아이로 자라나면서 인생에서 소중한 사람들과 관계를 맺고 조화를 이루는 것이 어떤 감정인지 알게 되었습니다. 말을 안 듣는다는 것은 관계의 단절을 의미했습니다.

어려서부터 당신이 무엇을 하고 싶은지 물어보는 사람은 드물었습니다. 결정은 다른 사람들이 했고, 당신은 그 결정에 순응하고 그저 따라 갔을 뿐입니다. 간혹 당신의 생각을 말하면 '어른들 말씀하시는 데 끼어 들면 안 된다.'는 이야기를 들었습니다.

가끔은 이런 말도 들었습니다. '그런 말 하면 못 쓴다. 그렇게 하려는 것은 아니지?' 또한 당신은 가족 간의 유대감이 식구들의 원하는 것과 우선순위들에 순응하는 것에 달려있다는 것을 알게 되었습니다. 가끔 이런 이야기도 들었으니까요. '만일 네가 네 자신의 꿈을 좇아간다면 아마도 다른 사람에게 나쁜 일이 생길 거야.'

결국 당신은 진심으로 원하는 것이 무엇인지 잊어버리고 말았습니다. 차라리 이렇게 말하는 것이 편했습니다. '저는 다 좋아요. 당신이 원하는 대로 하세요.' 이렇게 말하는 것이 당신의 우선순위나 의견을 따르는 것보다 훨씬 편안했습니다.

심지어 당신은 기분이 좋을 때나 다른 벅찬 감정을 표현하는 것을 불안해했습니다. 화를 내는 것은 생각도 못했고, 심지어 다른 사람들이 당신에게 화를 내는 것도 참을 수 없었습니다. 당신의 생각을 절대 말할 수 없었기 때문에 결국 당신은 자기 내면의 편안한 공간을 찾았습니다. 어느 누구도 당신이 무슨 생각을 하는지, 어떤 기분인지 알아차리지 못했습니다. 당신은 투명인간이 되었고, 누구에게도 주목받지 못했습니다.

당신은 자연스러운 분노조차 표현하는 것이 안전하다고 느끼지 못했기 때문에 이유도 모른 채 우울해지는 시간이 많아졌습니다. 당신의 존재 자체는 아무 의미도 없는 것처럼 느껴졌습니다.

당신은 당신의 힘과 의지를 보이는 것과 자기 생각을 주장하는 것이 불편해서 주변 상황에 따라 그냥 삶을 살아왔습니다. 결국 당신은 '아니오.' 라고 말하지 못하고 자신의 커다란 부분을 지워나가면서, 당신의 삶을 살았습니다.

당신은 당신의 존재가 실제로 무척 중요하다는 것을 모른 채 살아왔습니다. 심지어 당신의 목소리와 생각과 세상에 참여하는 것이 큰 변화를 가져온다는 것도 전혀 알지 못했습니다. 당신이 진정으로 몰랐던 것은 당신의 인생이 드러날 때야 비로소 다른 사람들의 삶을 변화시키고, 당신도 풍성한 삶을 누릴 수 있다는 점입니다.

당신의 중대한 상실Great Loss

당신은 어린 시절, 의식적으로 생각하고 말하는 능력이 채 생기기도 전에 엄청난 일을 겪었다. 당신의 영혼이 진심으로 사랑한 당신의 본성으로부터 분리되는 아픔을 경험한 것이다. 상실이라는 견딜 수 없는 고통과 함께 에고의 구조가 형성되기 시작하였고, 그 에고는 일찌감치 잃어버린 것들 때문에 생긴 아픔에서 당신을 보호해 주었다.

당신의 에고는 당신의 참된 본성을 따라하며 흉내를 내지만, 절대로 똑같아 질 수 없다는 것을 알고 있다. 그래서 9유형의 성격 구조는 '모든 것이 하나다.' 라는 경험을 재창조하기 위해 애쓴다. 물론 본질적인 수준에서는 맞는 말이다. 하지만 9유형 성격은 '모든 것은 하나다.' 라는 명제의 진짜 의미를 왜곡하고, 그것을 신성한 소sacred cow 또는 의심할 수 없는 요구 사항으로 규정한다. 에고가 점점 강해지면서 '모두가 잘 지내지 않으면 나는 떠나버릴 거야.' 와 같은 평화로움을 위한 조건을 내세운다. 다른 사람과 관계를 맺는 것은 자연스러운 일이다. 또한 마음 안팎의 평화를 위해 상황을 조율하는 것도 당연하다. 시끄럽고 골치 아픈 상황에서 벗어나려는 것도 자연스러운 일이다. 그렇지 않으면 내가 소외되거나 관계가 끊어지기 때문이다. 하지만 이런 두 에너지도 지나치게 사용되면 당신을 참된 본성에서 떨어져 있게 만들고, 타성에 젖은 것과 같은 존재감을 만들어낸다.

당신은 다른 것들과 하나가 되기 전에 당신의 유일한 개성을 만들고 드러낼 필요가 있다. 당신의 생각과 재능과 당신만의 경험이 알을 깨고 나와야 한다. 물론 당신이 불편해 한다는 것을 안다. 그럼에도 불구하고 당신의 관점과 의견과 통찰력을 끌어내어 높여주고 표현하는 것을 배우는 작업은 당신의 삶을 풍요롭게 만들기 위해 꼭 필요한 부분이다.

9유형이 가진 중대한 상실의 고통: 당신 존재의 중요성이나 세상에서 감당할 당신의 능력을 깨닫지 못한다면, 당신은 그저 세상의 희미한 배경에 지나지 않는다. 당신이라는 유일한 인격체는 사라져 간다. 당신의 빛이 빛나지 않았을 때 당신의 무가치감은 더 증폭될 것이다.

9유형의 내면 논리와 정체성 삼각형

9유형의 핵심 신념

핵심 신념은 에고의 신념을 지지하는 정보만을 선별해서 받아들이는 무의식적인 필터unconscious filter이다. 불행하게도 무의식적으로 작동하는 이 필터는 대안적인 시각들을 제공하는 자료들을 놓치거나 지워버린다. 이 신념은 삶에 대한 관계를 형성하는 중요한 작동 원리operating principle로 기능한다.

각각의 핵심 신념은 우리가 연민을 가지고 인식의 빛으로 나올 때까지는 진짜처럼 느껴지는 거짓이다. 그래서 친절과 진솔함으로 이 신념에 접근하는 것이 특히 중요하다.

9유형의 핵심 신념은 자신을 잊어야 한다는 것이다. 이는 자신에게 연결과 편안함을 주는 어떤 존재와 일체감을 유지하면서 그 존재와 단절되지 않도록 자신을 지키는 방법이기도 하다.

당신의 삶에서 이러한 핵심 신념은 어떻게 나타날까? 다음 문장은 9유형인 당신의 생각과 언행을 잘 설명해 줄 것이다.

- 난 정말 그 일을 할 시간이 없었을 뿐이야.
- 난 그 일을 안 해도 정말 상관없어. 별로 중요하지 않은 문제거든.
- 그 사람들 대화에 끼어드는 건 너무 불편해. 여기가 훨씬 더 편하지. 심지어 그런 여력도 없어.
- 이거 봐, 우리 다 같이 있잖아. 더 이상 소란 피우지 말자.

이러한 핵심 신념이 당신의 정체성 삼각형을 만든다. 이 삼각형은 당신이 어떻게 살고 있는가에 대한 간략한 예시를 제시할 것이다. 지금부터 하는 설명이 당신의 경험과 얼마나 잘 맞는지 생각해 보기 바란다.

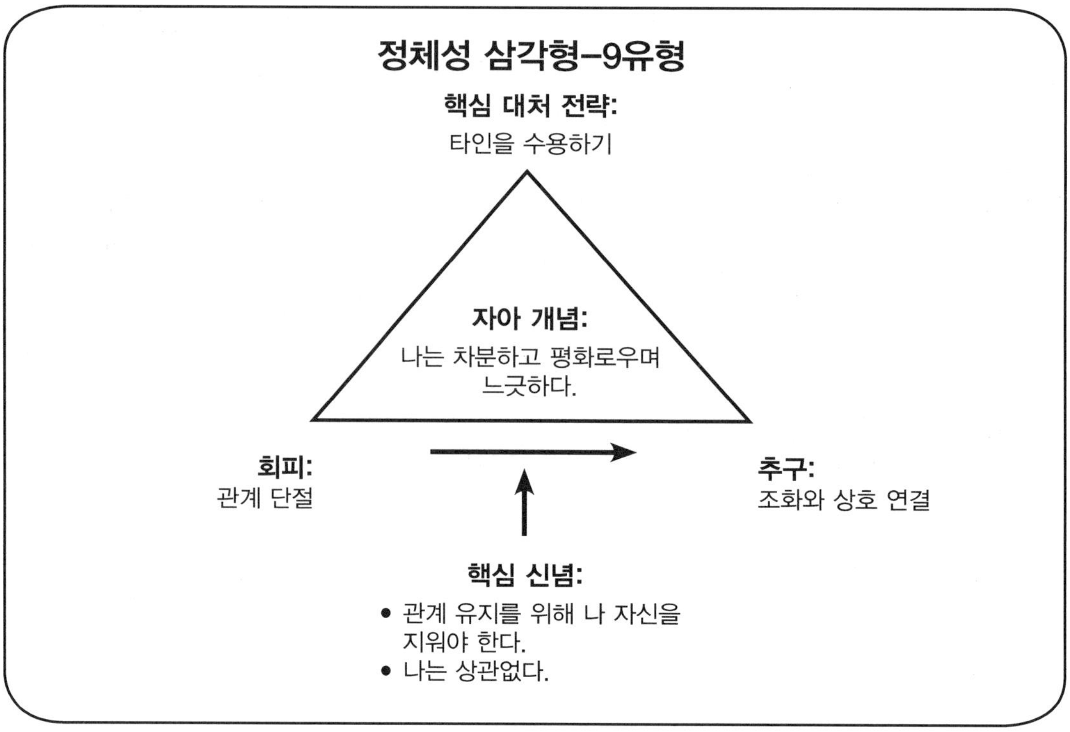

그림 6-1: 9유형의 정체성 삼각형

그림 6-1은 9유형의 성격 구조를 가진 사람이 내면 논리를 어떻게 인식하고 있는지를 보여준다.

나는 내 자신 및 내 세계에서의 조화로운 상호연결성을 추구합니다. 나는 다른 사람의 에너지에 민감해서, 내 주변의 사람들에게 편안한 느낌과 평화를 주기 위해서라면 내 자신이 뒤로 물러납니다. 그들이 편안해 보일 때 비로소 내게 평화가 찾아옵니다.

나는 내게 중요한 사람들과 관계가 단절되는 경험을 회피할 수 있다면 무엇이든 할 수 있습니다. 만일 내가 다른 의견을 가지거나 동의를 하지 않거나 누군가와 의견 차이로 논쟁이 불거지면, 혹여 그들이 나를 무시하거나 떠나버리거나 심지어 의절할 것 같다고 느낍니다. 타인에게 화를 내거나 갈등을 드러내는 것은 확실히 인생에서 가장 어려운 일입니다.

다른 사람들이 원하는 것, 그들의 의견과 지시도 선뜻 부응하는 것이 나의 대처 방식입니다. 나는 내가 원하는 것을 간접적으로 표현합니다. 내가 굳이 말하지 않아도 다른 사람들이 내가 원하는 바를 알아차려야 한다고 생각합니다. 만약 그렇지 못하면, 나는 가끔 간접적으로 의사를 전달해 괴롭힐 수 있고 수동적 공격을 할 때도 있습니다.

이러한 대처 방식을 통해 나는 정서적으로 편안하며 평화롭고 조화로운 것들을 유지하는 삶을 살아왔습니다. 단지 부정적인 감정과 거리를 두고 조용한 환경을 지켜낼 수만 있다면, 나는 적어도 그 순간만큼은 마음속으로 평화를 느낄 수 있습니다.

결국 이 모든 것은 나 자신을 차분하며 평화롭고 느긋한 사람으로 보게 했습니다. 하지만 이러한 자아 개념은 결국 한계를 가지게 합니다. 이는 내가 경험하는 수많은 것들을 인정하고 감사하는 것으로부터 나 자신을 멀어지게 만듭니다.

9유형이 깨어났을 때의 능력: 나를 드러내기 및 지금 여기에 현존하기

지금 이 자리에 현존하면서 자신의 신체적 에너지와 닿아있는 것, 현존하면서 자신을 구성하고 있는 물질과 현존하면서 그라운딩하고groundedness, 현존하면서 신체적 공간을 느끼는 것 등등 이 모든 것은 무슨 일이 일어나는 것과는 상관없이 당신으로 하여금 삶에 참여하여 상호작용하고 자신을 드러내도록 허용한다. 기본적으로 자신을 드러낸다는 것은 마음을 여는 첫 단추이다.

당신이 신체적 본성physical nature과 직접적으로 닿아있는 **당신의 타고난 능력과 접촉을 잊어버리고 상실 했을 때,** 당신의 안전 지대에서 자신을 끌어내는 경험을 내면적으로 제거하고 지워버리게 된다. 당신은 의견 충돌이나 갈등이 불편하기 때문에 이상과 공통성에 초점을 두거나 분노를 일으키거나 부정적인 감정의 원인을 최소화하려고 노력한다.

역설적이기는 하지만 그들이 불편하더라도 상황에 머무르면서 참여 한다면, 오히려 보다 더 자유로운 삶으로 가는 문을 열고 나갈 수 있다.

그림 6-2에 나타난 9유형의 빙산 모델은 이러한 특징을 잘 보여준다.

이 모델은 그 유형이 우세한 사람들이 갖고 있는 타고난 재능들의 확장된 특성들로 시작한다. 우리가 자신을 더욱 제한적으로 정의한 것을 알아차리고 이에 대한 집착을 놓으면 이러한 특성들은 자연스럽게 나타나고 점점 더 많이 경험되어진다. 이 모델은 9유형의 사람들이 물결 위에서 보여주는 모습들을 이해하도록 돕고, 물결 아래에서 성격에 사로잡혀 있을 때 나타나는 행동이 어떻게 만들어지고 왜 나타나는지에 관한 내면의 역동도 쉽게 설명해 준다. 빙산 모델의 특성에 대해서는 앞서 5장에서 설명한 바 있다.

9유형의 성격 구조 해독

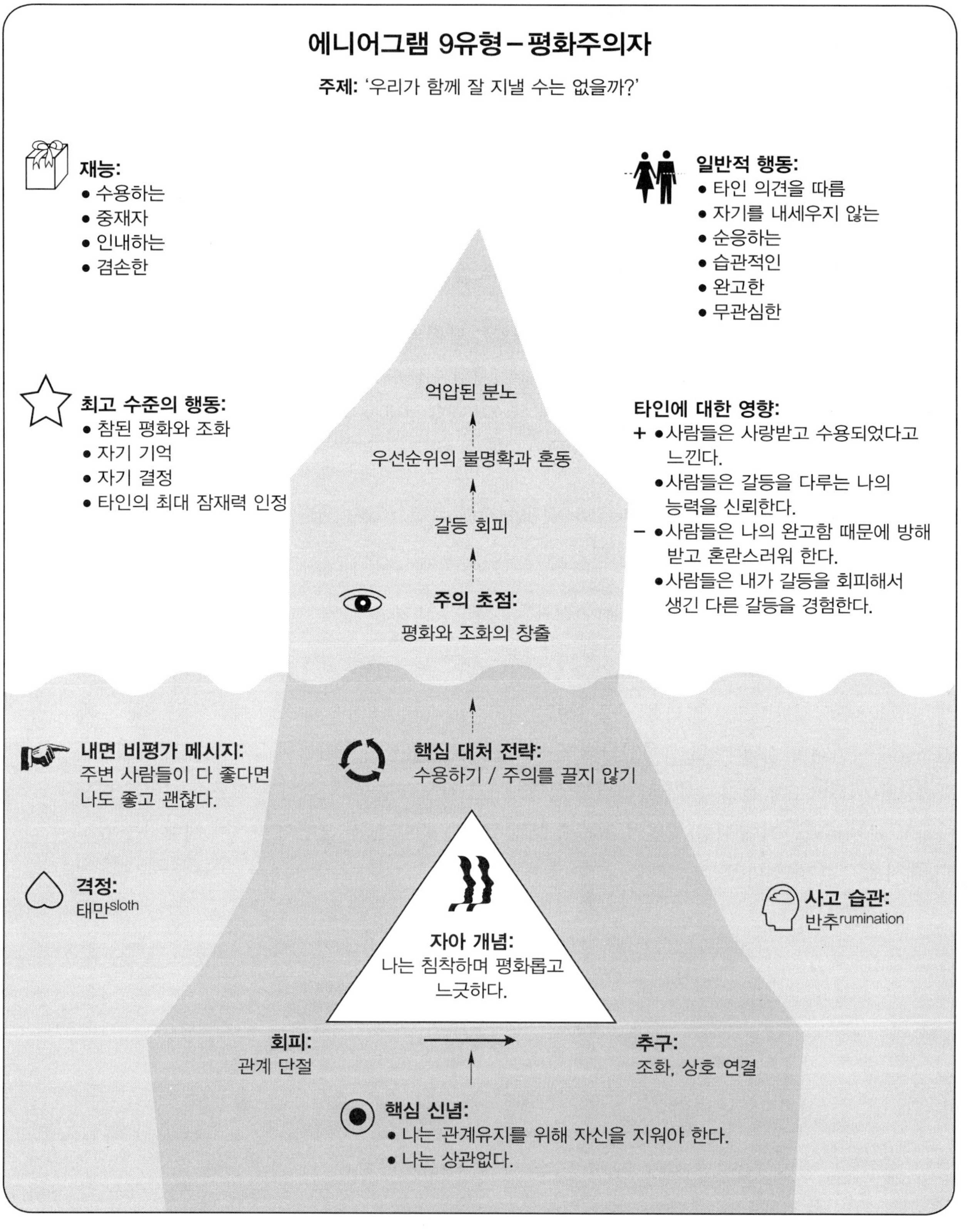

그림 6-2: 9유형의 빙산 모델

9유형의 주제

'우리가 함께 잘 지낼 수는 없을까?' 는 9유형 성격 구조의 주제이다.

물결 위의 모습

9유형의 재능, 일상 습관, 도전 과제

재능과 최고 수준의 행동(당신이 가장 건강하고 확장되었을 때)

나는 수용적이고 타인의 바람과 잘 사는 것에 열려 있다.
나는 타인을 그 모습 그대로, 어디에 있든지 받아들일 수 있다.

나는 중재자이다. 나는 다른 사람의 이야기를 잘 듣고, 서로 다른 관점을 이해하며, 사람들을 잘 어울리게 하는 공통의 요소를 알고 있다.

나는 인내심이 있다. 나는 어떤 성과를 얻기 위해 기다려야 하는 자연스러운 흐름을 인식하고 신뢰한다. 나는 시간 내에 목표를 달성하기 위해 몰아붙이지는 않는다.

나는 겸손하다. 당신이 보는 그대로가 내 모습이다. 나는 진솔하다.

내가 가는 곳마다 참된 평화와 조화가 있다. 사람들은 나를 편안해 한다.

나는 자기 기억을 한다. 나는 일상 생활에서 우선순위를 자연스럽게 고려한다.

나는 스스로 결정한다. 나는 심오한 의미와 목적을 반영하는 행동을 솔선수범한다. 나는 일을 하는 데 불일치가 있더라도 나의 길을 간다. 이것이 나의 진정한 내면의 평화를 감소시키지 않는다는 것을 안다.

나는 타인의 잠재력을 알아보고 그들을 위해 무엇이 가능한지 볼 수 있다. 나는 사람들 사이에서 공통점을 찾는다.

일반적 행동(성격에 사로잡혀 있을 때 나타나는 특징)

나는 소동을 일으키기 않기 위해 타인의 의견을 따르는 편이다. 그렇게 하는 것이 훨씬 편하다.

나는 스스로 나서지 않는다. 내가 한 기여를 스스로 과소평가하고 지나친 관심을 끌지 않도록 저자세를 유지한다.

나는 타인의 뜻을 수용한다. 혹시 생길지 모르는 정서적 불편을 회피한다.

나는 습관적으로 살고, 같은 말을 반복하는 편이다. 자동적auto-pilot으로 행동하고, 순간적인 주의를 끄는 것이 무엇이든 그곳에 신경을 쓴다. 그러다보니 나에게 중요한 것들을 제대로 하지 못한다.

나는 고집이 있다. 다른 사람에게 동의하는 것처럼 보이지만 결국 따라하지 않을 때도 있다. 사실 나는 제안을 받고 망설이는 것처럼 보이지만 그들의 방식을 거부하는 것이다.

나는 겉으로는 상냥한 사람처럼 보인다. 하지만 누군가 내 속마음을 알고 너무 가까워지는 것을 허락하지 않는다.

나는 무관심하고 매사에 냉담하며 둔감하다. 나는 기본적으로 행동하지 않는다.

주의 초점(성격에 사로잡혀 있을 때 내 주의가 머무는 곳)

노트: 여기에서는 9유형에 사람들의 주의 초점이 계속 좁아질 때 나타나는 특징을 간단하게 설명하고 있다. 주의 초점이 얼마나 활성화되느냐는 우리의 현존 정도에 달려 있음을 알아차리는 것이 중요하다. 우리가 현존하면 할수록 주의 초점은 좁아지기보다는 확장된다.

나는 성격에 사로잡히게 되면, 적어도 겉으로 보기에는 평화와 조화를 만드는데 초점을 둔다. 이것은 갈등이 유발되거나 다른 어려움이 생기는 잠재적인 상황을 무시하거나 경시하거나 강조하기 위하여 그 상황에서 긍정적인 면을 찾는다는 것이다.

나는 편안하고 평화로운 분위기를 만들기 위해 애쓴다. 하지만 그 노력이 실패하면 화가 나고 논쟁과 충돌이 생기며, 그 상황에서 한 걸음 물러선다. 심지어 조용해지고, 감정적으로 불편해지거나 자리를 뜬다. 그렇게 되면 내게 중요한 것이 무엇인지 쉽게 잊어버린다. 나는 멍해지고 혼란스러워지며 무엇인가 하고 싶은 의욕을 잃게 된다.

나는 정말 힘든 상황에 빠지거나 나의 심정적 불화를 표현하면 죽는 것처럼 느낄 수 있다. 결국 분노를 참을 수 없게 되면, 주변 사람들이 깜짝 놀랄 만큼 순간적으로 폭발한다.

+– 타인에 대한 영향

+ 긍정적인 영향

- 다른 사람들은 사랑스럽고 수용되며 가치 있다고 느낀다.
- 다른 사람들은 나의 그라운딩grounding과 현존의 느낌을 경험한다.

– 부정적인 영향

- 다른 사람들은 겉으로 보이는 나의 친절과 내적인 고집과 반발심 때문에 혼란스러워 하거나 좌절당하기도 한다.
- 다른 사람들은 갈등을 자꾸 피하려는 나로 인해 다른 갈등을 경험한다.

물결 아래의 모습

9유형 사람들이 경험하는 내면의 역동을 이해하기 위해서는 물결 아래에 있는 모습에 주의를 돌려야 한다. 밑바닥에서부터 시작하여 위로 올라오면서 살펴보자.

9유형의 핵심 신념

이 핵심 작동 원칙들은 눈에 보이거나, 보이지 않는 방식으로 인생의 많은 면들을 걸러낸다.

나는 타인과의 관계 유지를 위해서라면 나 자신은 잊어버려야 한다고 믿는다. 만일 내가 내 관점을 말하면, 나는 다른 사람들과 정신적, 감정적 연결이 끊어질 것이라고 믿는다. 그것은 죽을 것 같은 느낌이기에 내 자신과 내 입장과 내 생각은 잊어야만 한다.

나는 내 존재가 그다지 중요하지 않다고 믿는다. 나는 특별한 사람이 아니기 때문에 내 관점이나 적극적인 행동은 큰 의미가 없다. 내가 동참한다고 해서 별다른 차이를 만들지 못하기 때문이다.

정체성 삼각형

추구

나는 조화로운 상호연결을 추구한다.

나는 안팎으로 차분한 상태를 유지하고 싶다.

나는 일을 망치는 것을 원하지 않는다. 내가 정의하는 평화로운 상태는 나 자신이 차분하게 아무 영향도 받지 않고 잘 지낸다는 것을 의미한다.

회피

나는 타인과의 연결을 잠재적으로 끊을 수 있는 어떤 것도 회피한다.

나는 내가 진심으로 원하는 것을 말하면, 관계가 끊어지거나 남겨질 것 같은 신념이 있다. 내 자신을 솔직하게 표현하는 것은 큰 도박처럼 느껴진다. 내가 두려워하는 것은 타인의 마음의 평안을 방해하는 것이다. 나는 드물게 실제로 나의 우선순위를 잊어버리면서 내가 생각하기에 중요하다는 것을 내세운다.

핵심 대처 전략

나의 핵심 대처 전략은 갈등이 생길법한 상황에서는 무조건 받아들이는 것이다. 나는 매사에 평지풍파를 일으키지 않으려고 조심하면서 합의점을 찾으려고 노력한다. 기본적으로 나는 내 자신을 주장하거나 내 삶의 우선순위를 지키기 위해 에너지를 사용하는 것을 피한다. 나는 그저 투명인간이고 싶다.

자아 개념

나는 차분하며 평화롭고 느긋한 사람이라고 생각한다. 나는 비교적 괜찮은 사람이라고 여긴다. 다른 사람들이 나를 평화로워 보이고 편한 사람으로 봐 주기를 원한다. 그래야 내가 다른 사람들과 연결을 유지하도록 돕는다고 믿는다.

격정

나는 내 인생을 만들어가는 일에 온전히 참여하지 않는다. 나는 활동이나 공동체나 행사에 온전히 관여하는 것보다 주변을 서성이는 편이다. 그림 안에 있는 것보다 그림의 액자가 되는 것이 더 좋다. 나는 갈등과 의견이 포함된 상황으로부터 분리되어 있는 것이 자랑스럽다. 나는 비교적 사소해 보이는 일에는 열심이지만, 입장을 정리하고 결정을 내리며 실천하는 일에는 게으른 편이다. 이 에너지 충동이 바로 태만sloth이다.

상기할 점: 당신에게 우세한 유형이 무엇이든 상관없이 격정은 성격의 일부분이고 정서적 삶을 움직이는 동기이다. 격정은 마음의 상처를 덮어 감추고 삶을 대하는 감정적 반응을 만들어내는데, 그 결과 당신의 영혼이 사랑하는 것으로부터 멀어지게 한다. 이는 모든 성격 유형에 있어서 그러하다.

사고 습관

이러한 정신적 습관은 당신이 삶에서 직면하는 문제들을 해결하는 에고의 자동적이고 분명한 방법이다. 9유형의 정신적 습관은 반추rumination이다. 반추는 의견이나 생각을 반복적으로 살펴봄으로써 자기 자신을 달래는 과정이다. 반추 활동은 9유형의 사람들로 하여금 평화의 모호하고 흐릿한 형태를 경험하도록 내버려 둠으로써 자기 표현에 대한 책임과 자신의 목적을 향한 행동을 하는 것을 대신한다.

여기에 9유형의 전형적인 모습의 예가 있다.

나는 주로 머릿속에서 반복적으로 같은 것을 생각하고 또 생각하고 재탕한다. 이것이 삶에서 나의 우선순위를 기억하는 것을 방해한다. 이 정신 상태는 안개처럼 뿌옇다.

상기할 점: 당신의 우세한 유형이 무엇이든 상관없이 고착은 성격의 일부분이다. 이것은 자신과 세상에 대해 고착화된 사고와 행동의 동기 요인이다. 고착은 현실에 대한 잘못된 감각을 강화시킨다. 에고가 삶의 문제들을 자동적으로 분명하게 해결하도록 함으로써 당신을 참된 자아로부터 멀어지게 만든다. 이것은 모든 성격 유형에 동일하게 나타난다.

내면 비평가 메시지

내가 괜찮기 위해서는 다른 사람들의 기분이 좋아야만 한다고 내면 비평가가 주장한다. 만일 다른 사람들이 고통을 느끼거나 불편하다면 나는 결코 좋을 수도 행복할 수도, 편안할 수도 없다고 주장한다. 내가 내면 비평가의 그물에 걸려 있는 한, 내 우선순위를 희생하는 대가를 치르면서라도 나는 모든 사람을 편안하게 만드는 불가능한 임무를 수행하려고 노력할 것이다.

위에 언급한 각각의 요소들이 내가 나 자신이라고 생각하는 전체 경험을 만들어낸다. 핵심 신념, 격정의 감정적 충동, 고착이라는 사고 습관, 그리고 내면 비평가 모두 무의식적으로 공모해서 정체성 삼각형을 강화시킨다.

9유형에 대한 추가 정보

스트레스의 원인

갈등은 나의 가장 큰 스트레스 원인이다. 나는 갈등을 해결할 수 있는 능력이 없다. 나는 흐릿해지면서 말하고자 하는 바를 기억할 수 없다.

이는 무척 고통스럽기 때문에 어떤 대가를 치르더라도 반드시 피하고 싶다.

의사결정 또한 스트레스의 원인이다. 내가 진정으로 원하는 것을 모르면서도 무언가 선택해야 할 때, 나는 그 문제의 모든 측면을 살펴볼 수 있다. 나는 가끔 그들의 결정이 마음에 안 들어도 다른 사람에게 결정권을 넘기는 것을 선호한다.

가장 수축되거나 경직될 때 나타나는 반응

나는 불편함의 원인이 되는 어떤 것도 부정하고 무시한다. 나는 문제가 내 손을 떠났을 때조차 알아차리지 못한다.

나는 잘 움직이지 않는다. 심지어 꼼짝도 하지 않는다.

나는 혼란스럽고 갈피를 못 잡는다.

나는 내 자신을 무기력하다고 느끼고 하찮게 생각한다.

나는 사라져버린다.

9유형과 관련된 다른 성격 유형

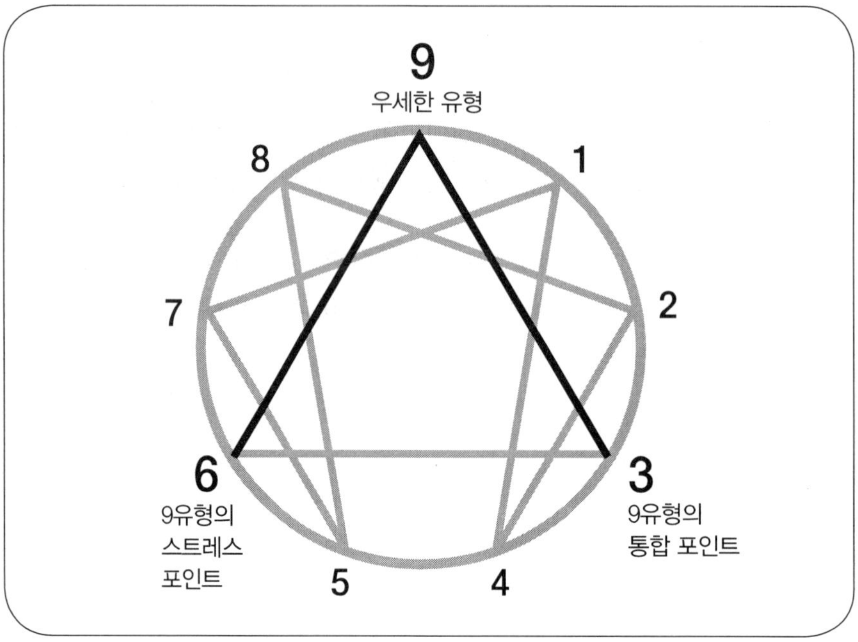

그림 6-3: 9유형의 스트레스 포인트와 통합 포인트

9유형 사람들은 스트레스를 받으면 6유형의 특성이 나타난다. 6유형은 9유형의 스트레스 포인트이다. 6유형에 대한 자세한 정보는 14장에 나와 있다. 특히 6유형의 일반적 행동과 '패턴에 대한 주목과 관찰'을 주의 깊게 읽어보면 좋다.

자아의 숨겨진 차원을 포함하여 9유형의 통합 포인트는 3유형에서 설명하고 있다. 3유형에 대한 자세한 정보는 9장에서 다루고 있다. 9유형의 통합 포인트를 이해하려면 특히 3유형의 '재능'과 '최고 수준의 행동' 부분을 자세히 살펴보면 좋다. 9유형의 자아의 숨겨진 차원은 9장에서 언급한 3유형의 일반적 행동을 검토해보라.

에니어그램은 또한 반대 방향으로도 작용하기에 자신의 우세한 유형을 찾을 때 고려하기 바란다. 9유형은 3유형에게 스트레스 포인트이고, 6유형에게는 통합 포인트이다.

여정을 방해하는 패턴 알아차리기

패턴에 대한 주목과 관찰

여기에서는 9유형의 성격 구조에 나타나는 패턴을 살펴보고자 한다. 이 패턴들은 당신이 나쁘거나 잘못했다고 평가하기 위한 것이 아니고 유용한 정보를 제공하며 당신을 일깨우는 여정에서 이정표가 될 것이다. 아울러 이 패턴들은 확실하고 직접적인 방법으로 당신이 경험하는 핵심을 의식하고 핵심에 닿을 수 있도록 도와준다. 그 결과 당신은 특정하고 습관적이며 힘들게 하는 전략들을 이완시킬 수 있고, 이는 당신을 더욱 현존하고 열려있으며 자유롭게 할 것이다.

1. 자신을 평가절하 하는 패턴

9유형 사람은 성격에 사로잡혀 있을 때 자신을 깎아내리는 경향이 있다.

이러한 평가절하 경향은 다양한 행동으로 드러난다.

- 예를 들어 당신은 다른 사람에게 동조하는 경우를 알아차린 적이 있는가? 상대방을 실망시키기도 싫고, 화도 내고 싶지 않아서 자기 의견을 내놓는 것보다 묵인하는 것이 편하다. 마치 실제로 당신은 아무 의견이 없는 것처럼 생각한다. 혹시 의견이 있다 해도 의견의 폭이 넓어서 웬만하면 맞춰 줄 수 있다고 생각한다. 분명히 당신은 당신 자신이 무엇을 원하는지 정말 모른다.
- 당신은 자신의 의제를 잊어버린다. 예를 들어 다른 사람과 만나고 나면, 주로 상대방이 말을 했다는 것을 깨닫곤 한다. 당신은 주로 들었고, 그 결과 상대에 대해서 어떤 것이라도 알게 된다. 하지만 상대방은 당신에 대하여 거의 알지 못한다. 그 대화에서 당신이 배운 것은 무엇일까? 당신은 아마도 대화의 주도권을 잡는 것은 상대에게 실례라고 여기기 때문에 단지 물어볼 때까지 기다린 것뿐이다.
- 당신은 여럿이 만날 때도 분명히 할 말이 있지만, 다른 사람들 앞에서 거리낌 없이 말는 것을 어색해 한다. 당신이 말을 하면 사람들에게 주목받기 때문에 해야 할 말이 굳이 중요하지 않다고 스스로에게 말한다. 하지만 누군가 당신이 하려고 했던 말을 한 후에, 사람들이 그 말에 좋은 반응을 보이면 당신은 괜히 속상해진다.
- 솔직히 말해서 당신은 무엇이 중요한지 우선순위가 무엇인지 쉽게 잊는다. 당신의 생각은 뒷전으로 밀어놓은 채 당신은 멍해진다.

2. 실시간의 참여로부터 물러나는 패턴

9유형 사람은 성격에 사로잡혀 있을 때 현장에서 바로 개입하거나 참여하지 않고 뒤로 물러서는 경향이 있다.

이러한 패턴이 당신에게 자주 나타난다면 다음과 같은 경향을 알아차릴 수 있다.

- 사람들 사이에 갈등이 일어날 만한 상황이나 감정적으로 부딪힐 만한 상황, 심지어 사소한 의견 차이라도 생길 것 같으면 당신은 무조건 피한다.
- 당신은 타인이나 상황에서 이상화된 관계를 형성하기 위하여 그 순간에 실제로 일어나는 것에 머물지 않고 이탈한다. 이상화idealizing는 상상의 관계에서 발생하는 것에 바탕을 둔 내적인 공상internal reverie으로써 경험된다. 이것은 당신이 해결해야 할 실제 문제들을 무시하는 결과를 가져온다.

3. 분노를 부인하는 패턴

'화? 왜 화를 내요?' 당신은 항상 이렇게 생각한다. 하지만 당신이 9유형이라면 이렇게 조언하고 싶다.

- 화를 내는 것을 편안하게 생각하라. 먼저 당신이 화내는 것에 대해서 어떻게 생각하는지 스스로 평가해 보라. 전형적인 9유형은 분노를 부정적인 표현이라고 생각한다. 어떤 대가를 치르더라도 분노는 피해야 하고, 화를 내지도 말고 다른 사람들로부터 듣지도 말아야 한다고 생각한다. 분노를 매우 두렵게 느낄 수 있다.
- 당신의 에고는 분노가 어떤 방식이든 간에 잘못된 것이라고 주장한다는 것을 알아 차려라. 아마도 분노를 누르기 위해서 당신이 얼마나 많은 감정적, 신체적 에너지를 소모하는지 상상도 못할 것이다. 사실 그 분노는 인간이 자연스럽게 경험하는 감정이다. 물론 지나친 분노도 문제이지만, 표현되지 못하는 분노도 부정적인 영향을 끼칠 수 있다. 그러나 건강한 분노는 에너지를 명확하게 하고 활성화 시킨다. 건강한 분노는 혼동과 애매함에 대해 균형을 잡는 놀라움과 힘을 제공한다.
- 당신이 겉으로는 좋게 보여도 타인과 소통할 때 제동을 건다는 것을 알아차려라. 당신 몸 안에는 저항이 자리를 잡고 있다. 당신이 이 저항에 대해 호기심을 가질 때 그다지 깊지 않은 곳에 숨어있는 분노를 찾아낼 것이다.

당신의 능력을 키워줄 효과적인 훈련 방법

아래의 능력 키우기 연습들은 당신이 참된 본성으로 돌아가도록 도울 것이다.

1. 당신이 필요하고 원하는 것을 스스로에게 물어보라.

당신에게 진정으로 중요한 것이 무엇인지 알아내는 데는 시간이 꽤 걸릴 것이다. 그동안 당신은 주변 사람들을 먼저 편안하게 해주기 위해 당신의 우선순위를 뒤로 밀어왔다. 어린 시절부터 당신이 정말로 하고 싶었던 일이 무엇인지 하나하나 적어보자. 당신의 마음과 말하는 것에 대해 의식적으로 주의를 기울여라.

2. 당신의 몸과의 관계를 계발하라.

9유형 사람들은 공간에서 차지하고 있는 위치나 신체적으로 닿아있는 것이 다소 도전적일 수 있다. 따라서 자신의 몸에 주의를 기울이도록 돕는 몸 중심의 전략을 활용하는 것이 중요하다. 여기에 몇 가지 예를 제시한다.

- 당신이 걷기를 좋아한다면, 움직일 때마다 발이 땅에 닿는 감촉을 느끼고 몸의 움직임에 대해 알아차리도록 실습을 하라.
- 하루 중 몇 번이고 복식호흡이나 심호흡을 실습하라.
- 마사지를 받거나 당신의 몸을 경험하도록 돕는 다른 종류의 신체 작업body work을 자주 하라.
- 당신의 에너지를 활성화 시키는 요가의 동작을 찾아라.
- 다른 사람과 신체적으로 함께 할 때 당신의 현존과 땅에 닿아있기 위하여 무술을 배우라.

3. 우선순위에 따라 의도적으로 행동을 집중하라.

강력하고 목적지향적인 행동을 취하라. 당신의 관심과 필요를 채워줄 만한 세미나, 워크숍, 수련회를 찾아보는 것도 좋다. 당신의 인생에서 중요한 부분을 차지하는 사람에 대해 간혹 반발심이 생기더라도, 뒤로 물러서려는 유혹을 알아차려라. 이것은 당신을 위한 것임을 기억하라.

매일 아침마다 오늘 집중해야 할 가장 중요한 우선순위가 무엇인지 조용히 자신에게 물어 보라. 그리고 오늘의 우선순위 중 몇 개는 완수하도록 초점을 두라.

4. 당신의 분노에 대해 배우라.

9유형 사람에게 분노는 매우 위협적인 감정이다. 따라서 당신이 마음 편히 화를 내는 연습을 할 만한 안전한 공간을 제공해 줄 누군가가 필요하다.

화를 낸다는 것은 단순히 주변 사람들에게 소리 지르는 것을 뜻하지는 않는다. 이는 당신의 몸 전체를 통해 움직이는 분노의 에너지를 느끼도록 허락하는 것을 의미한다. 분노의 표현은 당신이 더 건강해지고, 보다 창의적으로 생각하며, 진정한 자유를 느낄 수 있도록 만드는 본능적 에너지와 깊이 연결되어 있다는 뜻이다.

5. 크게 말하라.

일대일 대화 또는 그룹에서 당신의 마음에 떠오르는 것을 말로 표현하라.

치유와 진화의 길

이 책의 주요 주제는 에니어그램으로 작업을 하면서 당신의 참된 본성을 깨우도록 돕는 것이다. 에니어그램은 당신을 치유와 진정한 변형의 여정으로 초대한다. 우리 중 대부분은 깨어나는 여정에 인내와 신뢰와 믿음과 함께 오랜 시간이 걸리고, 이것은 가능한 한 현존에 머무름으로써 이루어진다. 3부에서는 유형에 관계없이 모두를 위해 유익하고 지원하는 과정을 소개할 것이다.

물론, 각 유형의 사람에게 필수적인 특정한 과정들이 있다.

만약 당신에게 9유형이 우세하다면, 치유와 진화의 여정은 다음과 같은 내용을 포함한다.

당신의 신체적, 인간적 경험을 온전히 수용하라. 당신의 신체적 존재와 재연결하라. 당신이 세상을 통해 움직이고 당신의 개별성을 주장함으로써 당신의 신체에 의식적으로 머물러라.

집중을 위해 당신의 숨겨진 욕구를 알아차려라. 그렇다. 당신은 그동안 기본적인 인간의 필요를 잊었을지도 모르겠지만 욕구를 인식하고 포용하는 것이 당신의 계발을 지원해 줄 것이다. 그것은 자아의 숨겨진 차원의 발견이지만 축하할 만한 것은 아니다. 그러나 당신이 이런 속성을 인정한다면, 그것은 당신의 내면의 힘을 인식하는데 도움이 될 것이다. 이러한 힘의 동기로부터, 당신은 세상 속에서의 참여가 중요하다는 것을 경험할 수 있다. 당신의 영혼은 이것을 열망한다.

상기할 점: 자아의 숨겨진 차원은 주로 통합 포인트의 일반적 행동이나 힘들 때 나타나는 특성에서 찾을 수 있다.

분노를 자연스러운 감정으로 인정하라. 이것은 행동으로 나타내라는 뜻이 아니다. 다른 사람과 솔직하게 당신의 경험을 나누는 것이 중요할 때가 있을 것이다. 때로는 당신이 할 수 있는 최선은 당신이 품고 있는 분노의 에너지를 느끼는 것이다. 당신은 이러한 감정이 삶의 에너지가 되고, 진정 살아있다는 느낌으로 이끈다는 것을 알아차릴 것이다.

삶이 가져다주는 영향을 그대로 받아들여라. 당신의 내면 세계는 언제든지 방해받을 수 있고 당신의 마음도 늘 상처받을 수 있다. 인생을 있는 그대로 받아들여라. 엄청난 내면의 평화는 당신이 직접 참여하고, 현존으로부터 얻어진다는 것을 알아차릴 것이다.

7장
4유형의 인간적 조건과 의식: 개인주의자

데니즈Denise는 다른 사람들의 고통을 치유하기 위한 통찰, 직감, 감정적 민감성, 창의적 표현과 같은 그녀의 독특한 재능을 사용하고자 하는 강렬한 열망 때문에 코칭을 받게 되었습니다. 다른 사람들의 삶에 긍정적인 영향을 끼치는 숭고한 이상을 실천하고 싶지만, 실제로 삶의 현장에서 세부적이고 지속적으로 적용한다는 것이 얼마나 어려운지 발견했습니다.

재능을 갖춘 숙련된 전문가인 그녀는 규칙적인 체계를 세운다거나 자신의 사업을 만드는 것과 관련된 일상적인 활동을 통해 실제적인 단계를 밟아가려고 시도할 때 답답함을 느꼈습니다. 그러나 지금은 자신의 꿈을 현실로 이루거나 성과를 내고자 하는 갈망을 표현하는 일에 더 끌리고 있습니다.

처음에 데니즈는 에니어그램이 자신을 위해 무엇을 해 줄 수 있을지 확신이 서 있지 않았습니다. 오히려 자신이 어떤 하나의 '유형' 이라는 상자에 갇히는 것을 걱정했습니다. 하지만 에니어그램으로 작업을 하면서, 그녀는 자신의 많은 생각과 감정이 자기만의 고유한 것이 아니라 4유형이 우세한 개인들에게 공통적으로 나타난다는 것과 이것이 그녀를 성장하게 만드는 토대가 된다는 사실을 알게 되었습니다.

- *그녀는 자신의 사업 구상에 대해 자주 공상의 영역 속에만 머물러 있어서 일상적인 세상에서 검증 받을 기회가 없다는 것을 알게 되었습니다. 사업을 위해 차근차근 단계적으로 진행해야 하는 일들이 그녀의 흥미를 끌기에는 너무 평범하기에 그녀는 사업을 구상하는데 어려움을 겪었습니다.*
- *그녀는 사람들에게 무엇인가 제공하고 싶은 것과 대조적으로 자신이 얼마나 자주 우울해지고, 자신을 얼마나 부정적으로 생각하는지 알게 되었습니다.*
- *그녀는 자신이 몰두하는 삶 속의 사건들 가운데 상당히 일관적인 감정적 드라마가 있음을 보게 되었습니다.*
- *그녀는 다른 사람들의 적절한 관심과 섬세한 피드백이 없으면 자신에 대한 부정적인 생각으로 시간을 보낸다는 것을 알게 되었습니다.*

데니즈를 위한 코칭의 첫 번째 주안점은 그녀가 자신의 몸으로 돌아가는 방법을 발견하도록 돕는 것이었습니다.

한 여자로서 감정적이고 자극적인 세상 속에서 살아왔기에, 그녀는 자신의 몸이 어떤 놀라움의 근원이라는 것을 발견했습니다. 그녀는 몇 년 전에 생명이 위태로울 정도로 심한 병에 걸렸다가 살아난 이후로 자신의 몸을 진정으로 신뢰하지 않았음을 알게 되었습니다.

감각들을 알아차리기 위해 의식적으로 걷기, 춤추기, 의도적인 움직임 등의 다른 형태들이 그녀가 땅에 닿아 있다고 느끼도록 도와주었으며, 결국에는 새로운 사업을 만드는 일상적인 활동들에 더 초점을 맞출 수 있었습니다. 그녀의 몸과 더 연결됨으로써 자신의 풍부한 상상력에 덜 의존하고, 그녀가 하기 싫다고 느낄 때조차 필요한 전화 업무를 하거나 법적인 문제를 해결하는 것과 같은 활

동들에 더 집중할 수 있었습니다. 그녀가 전에 평범하다고 여겼던 행동들이 성공적으로 계발되어서 지금은 치유 전문가로서의 꿈이 분명해졌습니다. 더욱 중요한 것은 그녀가 진정으로 소중하다고 여기는 것을 이루어 낼 수 있는 자신의 능력을 발견했다는 점이었습니다.

그녀의 일이 이제 그것을 증명하고 있습니다. 사람들의 경험 깊숙한 곳까지 들어가는 데니즈의 창의적 접근과 능력은 그녀의 삶의 목적을 아름답게 드러내고 있습니다.

4유형이 경험하는 내적 일관성

당신의 참된 본성

만일 당신이 4유형이라면, 당신은 인생의 깊이depth와 의미meaning를 꿰뚫는 경험에 자연스럽게 끌릴 것이다. 당신은 어디에라도 존재하는 고유한 아름다움을 사랑하며, 독특하고 심층적인 방법으로 고유의 아름다움을 드러내는 창의적인 힘을 통합하여 표현할 수 있는 사람으로 자신을 인식한다.

당신의 참된 본성과 닿아 있지 않으면, 아마도 당신은 자신의 삶에서 잃어버린 것이 아무것도 없다는 사실을 아직 알아차리지 못할 수 있다. 당신은 삶을 독창적으로 표현하기 위해 필요한 모든 것을 가지고 있다. 소위 평범한 경험이라고 불리는 것마저도 그것은 아름다움과 의미가 복잡하게 얽힌 삶의 일부분이다.

당신의 인생 이야기: 당신의 내면이 세상과 관계 맺기

당신의 자아 개념과 당신이 세상에서 차지하는 위치는 이미 어린 시절에 일찌감치 결정되어 있다. 당신이 자신의 경험들을 어떻게 내면화했는지에 따라 자기 자신과 타인 및 당신의 존재 방식에 관계를 맺는 특정한 방법에 영향을 주었다. 만일 당신이 4유형이라면 지금부터 하는 어린 시절의 내적 경험에 관한 이야기가 무척 친숙하게 들릴 것이다.

> *아주 어렸을 때에도 당신은 부모님과 매우 다르다고 느꼈습니다. 당신이 어떻게 이 사람들과 가족이 되었는지 의아했을 정도입니다. 당신은 거의 처음부터 눈에 띄지 않고 오해 받는다고 느꼈습니다. 당신은 감정적으로 버림받았거나 내버려졌다고 느꼈습니다.*
>
> *식구들과 다르다고 느끼는 감정 때문에 당신은 뭔가 잘못돼도 단단히 잘못됐다는 느낌을 가지게 되었습니다. 다른 사람들은 다 갖고 있는 어떤 특별한 요소를 당신만 잃어버렸다고 느꼈습니다. 결국 당신은 다른 사람과 비교하고 그들을 질투하는 일에 많은 에너지를 낭비했습니다. 그러다보니 자주 좌절하기도 했습니다.*
>
> *당신이 기억하는 한, 당신은 자신이 누구이고 삶에 어떻게 적응해야 하는지 알아내려고 애쓰며 더 심오한 자아 개념을 찾았습니다. 심지어 당신 내면의 독특한 경험을 반영할 수 있는 당*

신만의 사적인 환경을 만들려고 노력했습니다.

그 후로 당신은 감정적으로 충분한 깊이가 있는 사람에게 끌리게 됩니다. 그들이 당신의 깊은 속을 봐 주기를 갈망하면서도 동시에 그들이 당신을 떠날까봐 두려워합니다. 결국 당신은 당신의 고통의 정도와 당신이 얼마나 고군분투 하는지를 헤아려 주지 않거나 충분히 살펴주지 않으면 사람들에게 실망하거나 화를 내게 됩니다. 어떻게 그들은 그것을 모를 수가 있을까요?

버림받는 것과 당신의 감정을 다른 사람들이 알아주기를 바라는 갈망 사이에서 당신은 그들로부터 물러나면서 자신을 숨기기도 하고, 자신의 감정을 드러내기도 하면서 왔다 갔다 했습니다. 어느 쪽이든 당신은 감정적으로 강렬할 때, 그것이 가장 진실하고 가장 당신답다고 느꼈습니다.

당신은 중요한 무엇인가를 잃어버렸다는 느낌으로 삶을 구조화하게 되었습니다. 시시각각으로 변하는 강렬한 감정 경험이 당신의 자아 개념의 토대가 된 반면에 행복감은 진실한 것으로 느껴지지 않았습니다.

당신이 보지 못했던 것은 당신은 그 모습 그대로 괜찮으며, 인생에서 잃어버린 것이 아무 것도 없다는 것입니다. 당신이 알지 못한 것은 당신은 필요한 모든 것을 가졌고, 깊이와 아름다움에 대한 당신의 본성적인 사랑은 엄청난 축복이라는 점입니다. 당신이 깨닫지 못했던 것은 자신이 본성적으로 신성과 연결된 평범한 아름다운 인간으로서 스스로 수용하는 것을 기꺼이 받아들일 때 당신의 재능과 고유한 본성이 빛난다는 것입니다.

당신의 중대한 상실

당신은 어린 시절, 의식적으로 생각하고 말하는 능력이 채 생기기도 전에 엄청난 일을 겪었다. 당신의 영혼이 진심으로 사랑한 당신의 본성으로부터 분리되는 아픔을 경험한 것이다. 상실이라는 견딜 수 없는 고통과 함께 에고의 구조가 형성되기 시작하였고, 그 에고는 일찌감치 잃어버린 것들 때문에 생긴 아픔에서 당신을 보호해 주었다.

당신의 에고는 당신의 참된 본성을 따라하며 흉내를 내지만, 절대로 똑같아 질수 없다는 것을 알고 있다. 그래서 4유형의 성격 구조는 '의미' 와 '깊이' 라는 정체성을 갖는 경험을 재창조하기 위해 애쓴다. 물론 본질적인 수준에서는 맞는 말이다. 하지만 4유형 성격은 '깊이와 의미라는 정체성' 이라는 명제의 참 의미를 왜곡하고, 그것을 신성한 소sacred cow 또는 의심할 수 없는 요구 사항으로 규정한다. 에고가 점점 강해지면서 '당신이 내 영혼의 깊은 곳을 이해한다는 것을 보여줘. 그렇지 않으면 나는 실망하고 좌절할거야.' 와 같은 독특한 정체성을 갖기 위한 특정한 조건들을 요구한다. 쉽고 자연스럽게 나타나는 강렬한 감정들은 당신의 예민하고 깊은 본성의 토대가 된다. 그 후 당신은 그것을 알아봐 줄 다른 사람들을 찾는다. 만약 다른 사람들이 당신이 원하는 방식으로 반응하지 않으면 자연스럽게 오해받았다고 느낀다. 그럴 때 당신은 아무도 닿을 수 없는 절망의 깊은 골짜기에서 실망과 좌절의 깊은 늪에 빠지기 쉽다.

당신의 진정한 깊이와 독창적인 본성을 경험하기 전에, 일상을 살아가기 위한 당신의 능력과 외견상 평범하게 보이는 세상 속에서 살아갈 필요가 있다. 처음에는 그러한 행동이 진짜가 아니라고 느껴질 수도 있지만, 그렇게 하고 싶지 않은 때에도 의도적인 행동을 하게 되면 오직 당신만이 할 수 있는 독특한 기여로 당신을 이끌 것이다.

4유형이 가진 중대한 상실의 고통: 당신 안에 있는 무언가가 본질적으로 잘못되었다고 느끼게 되면, 당신은 자신을 인식할 수 없고 다른 사람들에게 오해받는다고 느낀다. 그것은 아무도, 심지어 하나님조차도 당신을 진정으로 보지 못한다고 여겨진다. 결국 당신의 인생에서 가져야 할 것을 갖지 못했다고 느끼는 상태에서 당신의 깊고 독특한 정체성을 다른 사람들에게 입증하기 위한 딜레마에 빠지게 된다.

4유형의 내면 논리와 정체성 삼각형

4유형의 핵심 신념

핵심 신념은 에고의 신념을 지지하는 정보만을 선별해서 받아들이는 무의식적인 필터이다. 불행하게도 무의식적으로 작동하는 이 필터는 대안적인 시각들을 제공하는 자료들을 놓치거나 지워버린다. 이 신념은 삶에 대한 관계를 형성하는 중요한 작동 원리로 기능한다.

각각의 핵심 신념은 우리가 연민을 가지고 인식의 빛으로 나올 때까지는 진짜처럼 느껴지는 거짓이다. 그래서 친절과 진솔함으로 이 신념에 접근하는 것이 특히 중요하다.

4유형의 핵심 신념은 당신 안에 필수적인 무언가를 잃어버렸다고 깊게 느끼는 것이다. 이 신비한 요소가 무엇이든, 그것은 당신의 삶을 독특하게 표현할 수 있게 한다. 이 요소가 없다면, 당신은 본질적인 결함이 있다고 느끼며, 이러한 결핍감은 당신의 자아 개념의 기초가 된다.

당신의 삶에서 이러한 핵심 신념은 어떻게 나타날까? 다음 문장은 4유형인 당신의 생각과 언행을 잘 설명해 줄 것이다.

- 나는 사람들에게 보이지 않는 사람 같아. 심지어 나도 나 자신을 볼 수 없어.
- 나를 진심으로 이해하는 사람은 정말 아무도 없을까?
- 나는 일상적인 일이나 뒤치다꺼리를 하지 않아도 돼. 그런 일들은 다른 사람들이나 하라고 해. 내가 할 일은 아냐.
- 나는 왜 다른 사람들이 갖고 있는 경이로운 것들을 가지지 못할까? 하지만 실제로 난 그들의 삶 따위는 원하지 않아.

이러한 핵심 신념이 당신의 정체성 삼각형을 만든다. 이 삼각형은 당신이 어떻게 살고 있는가에 대한 간략한 예시를 제시할 것이다. 지금부터 하는 설명이 당신의 경험과 얼마나 잘 맞는지 생각해 보기 바란다.

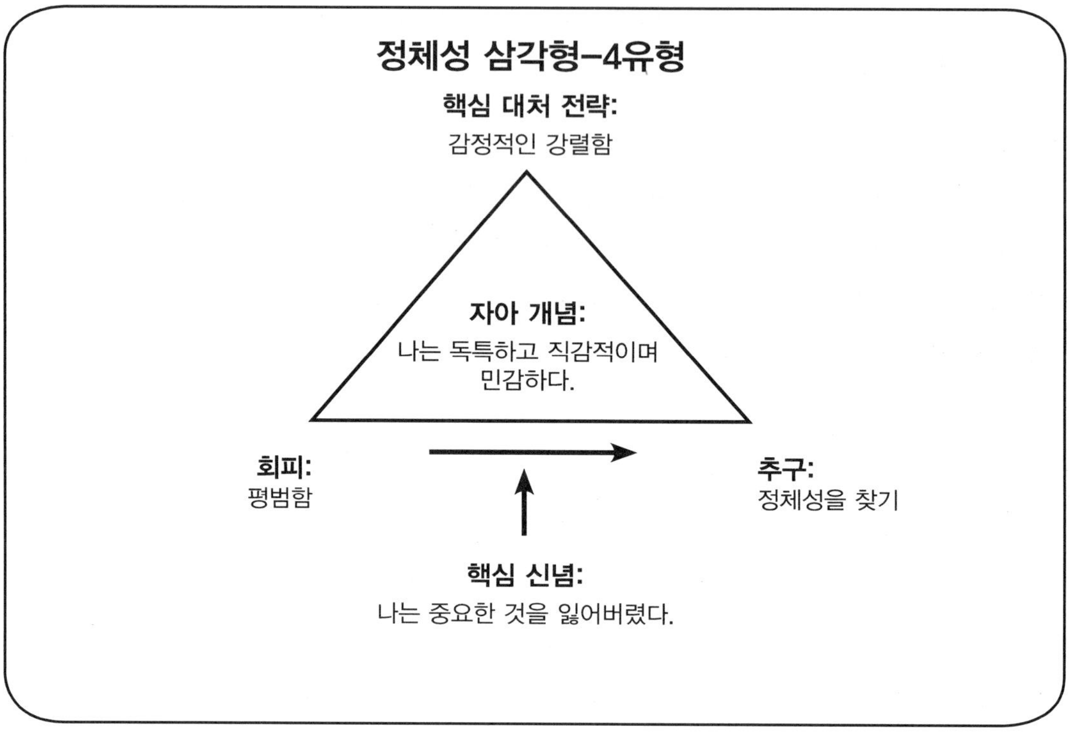

그림 7-1: 4유형의 정체성 삼각형

그림 7-1은 4유형의 성격 구조를 가진 사람이 내면 논리를 어떻게 인식하고 있는지를 보여준다.

나는 나만의 독특한 자아 개념을 알기 원하고 표현하는 것을 추구합니다. 나는 끊임없이 나의 삶이 내가 생각하는 다른 사람의 인생과 비슷한지 비교하고 나 자신은 그들과 그저 다르다고 여깁니다. 예를 들어, 나는 다른 사람들에 비해 충분히 의미있다고 느끼는 일을 찾는 것이 어려울 수도 있고, 나를 두드러지게 하는 신체적 조건을 가지려고 하거나 나를 돋보일 수 있도록 독특한 방식으로 제작된 드레스를 입습니다.

나는 평범한 경험을 회피합니다. 평범함은 죽은 것과 같습니다. 나는 다른 사람이 가진 것을 시기하면서도 동전의 다른 면처럼 그들의 일상을 피상적이고 의미가 결여되었다고 치부합니다. 삶을 산다는 것이 다른 사람들에게는 평범하겠지만, 관습적인 기준을 따르도록 나에게 요구하는 것은 가장 힘든 일 중에 하나입니다. 이것이 계속 진행 중인 내면 갈등입니다.

세밀한 관심을 기울이고 과장하며 나의 감정적인 경험이 나의 대처 방식입니다. 이러한 대처 방식은 나에게 깊이와 진실의 느낌을 줍니다. 감정의 폭이 더 커지고 드라마틱해질수록 나는

더 깊은 정체성을 갖습니다. 다르게 표현하면 어떤 순간에 부족함, 우울함, 흔히 말하는 부정적인 감정들과 같은 나의 감정 상태는 나의 정체성의 바탕이 됩니다. 이런 어두운 상태는 내게 결코 낯설지 않습니다.

이러한 대처 방식을 통해 나는 내 인생이 고통과 심연, 삶의 오묘함에 예민하게 반응해 왔다는 것을 알 수 있었습니다. 아울러 나의 독창성을 다른 사람들이 알아주기를 바랐습니다. 그럴 때 비로소 내 삶이 내 기대를 충족시켰다고 느낄 것입니다. 나는 평범한 삶을 살기 위한 나의 필요는 최소화시킨 채로, 마음의 눈으로 상상의 나래를 펼칩니다. 만약 다른 사람들이 나의 개성을 돌아봐 준다면, 나는 적어도 그 순간만큼은 내면에서 정체성을 경험할 수 있습니다.

결국 이 모든 것은 나 자신을 독특하고 직감적이며 민감한 사람으로 보게 했습니다. 하지만 이러한 자아 개념은 결국 한계를 가지게 합니다. 이는 내가 경험하는 수많은 것들을 인정하고 감사하는 것으로부터 나 자신을 멀어지게 만듭니다.

4유형이 깨어났을 때의 능력: 감정적 균형과 평정

당신의 가슴과 진정으로 접촉하는 것은 당신을 아름다움, 심오한 깊이, 그리고 인생의 신비에 대해 열려 있게 한다. 가슴에 닿아있다는 것은 당신의 감정 상태에 동일시하는 것과는 다르다. 감정은 왔다 갔다 하지만, 당신의 가슴 속의 실제 감각에 닿는 것은 새로운 관점으로 당신을 경험하게 하고 자신이 기대하지 못한 것을 알게 되는 경험으로 이끈다.

당신이 삶의 전체의 부분인 진정한 깊이[real depth]와 아름다움[beauty]이라는 **당신의 타고난 능력과 접촉을 잊어버리고 상실했을 때,** 당신은 타인과의 자기 비교가 더 증가하게 되고, 그들이 가진 것처럼 보이는 무언가를 질투하게 된다.

당신은 자유로운 삶으로 들어가는 문을 여는 열쇠가 되는 평범한 경험 속에 풍요로움과 깊이가 있다는 사실을 잊어버렸다. 이런 자유로운 삶을 살 때, 당신은 인생이 주는 아름다움과 의미와 진정으로 독특한 표현을 경험할 수 있다.

그림 7-2에 나타난 4유형의 빙산 모델은 이러한 특징을 잘 보여준다.

이 모델은 그 유형이 우세한 사람들이 갖고 있는 타고난 재능들의 확장된 특성들로 시작한다. 우리가 자신을 더욱 제한적으로 정의한 것을 알아차리고 이에 대한 집착을 놓으면 이러한 특성들은 자연스럽게 나타나고 점점 더 경험되어진다. 이 모델은 4유형의 사람들이 물결 위에서 보여주는 모습들을 이해하도록 돕고, 물결 아래에서 성격에 사로잡혀 있을 때 나타나는 행동이 어떻게 만들어지고 왜 나타나는지에 관한 내면의 역동도 쉽게 설명해 준다. 빙산 모델의 특성에 대해서는 앞서 5장에서 설명한 바 있다.

4유형의 성격 구조 해독

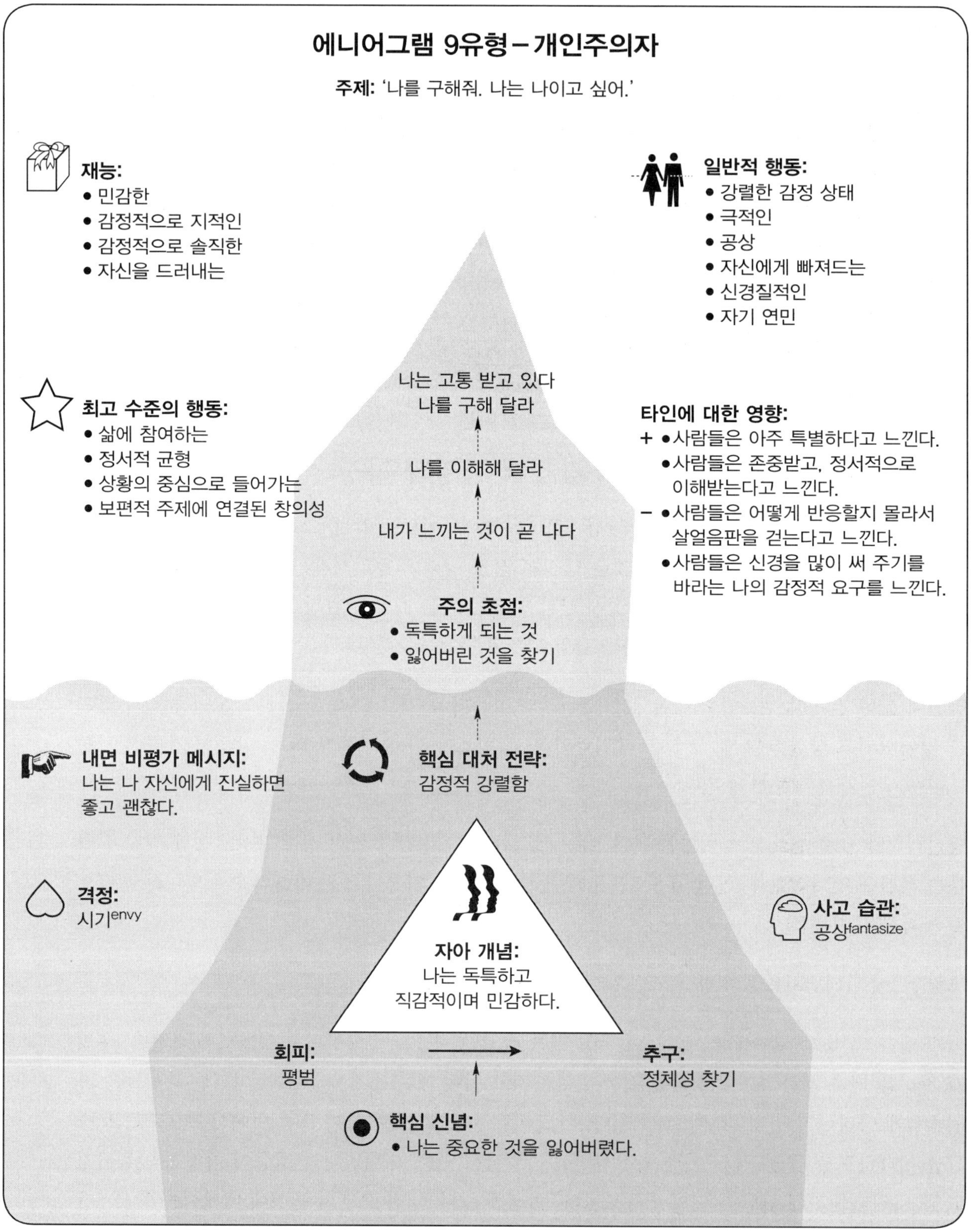

그림 7-2: 4유형의 빙산 모델

4유형의 주제

'나를 구해줘. 나는 나이고 싶어.' 는 4유형 성격 구조의 주제이다.

물결 위의 모습

4유형의 재능, 일상 습관, 도전 과제

재능과 최고 수준의 행동(당신이 가장 건강하고 확장되었을 때)
나는 감정적인 환경과 다른 사람의 경험에 대해 민감하고, 나는 이해와 돌봄으로 그들에게 다가갈 수 있다.

나는 감정적으로 지적이다. 나는 나와 다른 사람들의 감정을 잘 알아차린다. 나 자신과 그들의 치유의 수준을 높이도록 나는 감정적 경험과 상호작용으로 작업을 한다.

나는 감정적으로 솔직하다. 나는 나의 감정 이면에 있는 동기를 이해하려고 시간을 가지며, 그 감정들을 부정하지도 과장하지도 않는다. 나의 감정을 이해함으로써 얻는 통찰을 기대한다.

나는 독창적이고 창의적인 방법으로 나의 깊은 감정을 표현할 수 있다.

나는 삶에 참여하고 다른 사람들과 함께 있으며 깊게 연결되어 있다고 느낀다.

나의 감정은 균형 잡혀있다. 물론 나는 나의 감정 상태의 변화를 알아차리고 감사해하지만, 그 어떤 감정에도 쉽게 사로잡히지는 않는다.

나는 문제의 핵심을 파고들 수 있고, 특정 상황에 필요한 정서적 사고와 행동을 할 수 있다. 나는 감정적으로 불편한 질문도 할 수 있고, 고통에 빠진 사람들과 깊이 함께 할 수 있는 능력도 있다. 어두운 감정도 두렵지 않다.

나의 개인적인 창의성은 보편적인 주제에도 적용된다. 이것은 사람들이 스스로 인생의 깊이를 배울 수 있도록 도와줄 수 있다.

일반적 행동(성격에 사로잡혀 있을 때 나타나는 특징)
나는 상상을 통해 강렬한 감정을 만들어낸다.

나는 극적일 수 있다. 심지어 가장 일상적인 상황과 관련된 감정들을 지나치게 격렬하게 경험하고 표현할 수 있다.

나는 일상의 삶보다 훨씬 더 흥미롭게 느끼는 폭넓은 공상의 세계 속에 살고 있다. 평범한 삶은 너무 피상적이거나 일상적이라서 내 기분을 바닥으로 가라앉게 한다.

나는 나 자신과 내 감정에 깊숙이 빠져든다. 나는 삶과 감정 사이를 잘 구별하지 못한다. 감정은 내 인생의 토대이며, 내 감정은 바로 나이다.

나는 감정 기복이 심해서 신경질적일 수 있다. 사람들은 내가 어떤 기대를 할지 전혀 알지 못한다. 나는 좋을 때는 좋다가도, 나쁠 때는 금세 나빠진다. 당연히 나쁠 때가 좋을 때보다 더 많다.

나는 자기 연민에 빠지고, 스스로 측은히 여기며, 사람들에게 동정 어린 이해를 구하기도 한다. 동정 받지 못할 때, 나는 외로움에 몸서리치고 또 다시 오해받았다고 느낀다.

주의 초점(성격에 사로잡혀 있을 때 내 주의가 머무는 곳)

노트: *여기에서는 4유형 사람들의 주의 초점이 계속 좁아질 때 나타나는 특징을 간단하게 설명하고 있다. 주의 초점이 얼마나 활성화 되느냐는 우리의 현존 정도에 달려 있음을 알아차리는 것이 중요하다. 우리가 현존하면 할수록 주의 초점은 좁아지기보다는 확장된다.*

나는 특별하고 독특한 감정에 초점을 둔다. 나의 독특함의 근본은 사람들로부터 나를 분리시키는 타고난 결함에 근거한다. 나는 다른 사람들이 갖고 있는 무언가를 잃어 버렸다.

나는 무의식적으로 나의 폭넓은 감정에 예민함과 독특한 심오함을 나타내는 상황을 만들려고 애쓴다. 나는 나의 감정과 거의 동일시한다. 나의 감정이 바로 나의 진실이다.

동시에 나는 사람들이 어떻게 반응하는지 모니터한다. 나는 다른 사람들이 나를 진심으로 이해해 주기를 바라고 내 인생에서 뭔가 잃어버렸다는 타고난 느낌도 이해받기 원하는 반면, 그것이 불가능하다는 숨겨진 느낌도 있다.

만일 내가 특별히 찾고 있는 것을 이해받는데 실패한다면, 무척 과민해 질 수 있고 내 기분은 실제 벌어지고 있는 것 즉 일이나 상호작용보다 훨씬 심각하게 앞서 나간다. 예를 들어 특히 과거에 고통스러웠던 아픈 감정이 나의 삶에서 강력하게 유발되고, 그 감정들을 이용하여 나의 과거를 재경험하며 현재의 나를 정의한다.

이런 일이 일어나면, 나의 독특한 감정은 고통 속으로 젖어든다. 이때 나는 고통으로부터 나를 구해 줄 누군가나 무엇을 찾는다.

± 타인에 대한 영향

+ *긍정적인 영향:*
- 다른 사람들은 깊이 이해받고 존중받는다고 느낀다.
- 다른 사람들은 나의 진실한 표현의 깊이와 독창성에 의해 영감을 받는다.

– ***부정적인 영향:***

- 다른 사람들은 내가 어떤 기분인지 알 수 없어서 살얼음판을 걷는다.
- 다른 사람들은 나의 감정적 요구와 주목받고 싶은 욕구로 인해 지칠 수 있다. 그들은 나를 세심한 관리가 필요한 사람으로 보고 한걸음 뒤로 물러선다.

물결 아래의 모습

4유형 사람들이 경험하는 내면의 역동을 이해하기 위해서는 물결 아래에 있는 모습에 주의를 돌려야 한다. 밑바닥에서부터 시작하여 위로 올라오면서 살펴보자.

4유형의 핵심 신념

이 핵심 작동 원칙들은 눈에 보이거나, 보이지 않는 방식으로 인생의 많은 면들을 걸러낸다.

나는 나를 온전하게 만들어 줄 중요한 무언가를 잃어버렸다고 믿는다. 나는 중요한 무엇인가를 잃어버렸기 때문에, 나는 다른 사람들과 너무도 달라서 아무도 나를 이해할 수 없거나 도와줄 수 없다고 확신한다. 나의 독특함으로 인해 나는 다른 사람들의 기대로부터 제외된다. 삶의 일상적인 규칙까지도 나에게는 적용되지 않는다.

정체성 삼각형

추구

나는 내가 누구인지 알기를 원하는 것과 특별하고 심오한 정체성을 갖는 것을 추구한다.

나는 끊임없이 나의 삶과 내가 생각하는 다른 사람의 삶을 비교한다. 다른 사람들이 그들의 삶 속에서 가질 수 있는 물건들이나 가까운 사람들을 나는 왜 가질 수 없는지 이해할 수 없다. 이것은 나의 독특함을 강화한다. 스스로 정의하는 나의 정체성은 깊이 느끼는 감정 상태를 요구한다.

회피

나는 평범함을 회피한다. 사람들이 사는 일상의 경험은 내 기준을 만족시키지 못한다. 나는 사람들이 가진 것을 시기할 때도 있지만, 한편으로는 그들의 일상이 매우 피상적이고, 의미도 부족해 보인다. 평범한 경험이나 평범함은 나를 다른 사람들과 구분이 되지 않게 하고 마치 사형선고를 받은 것처럼 느끼게 한다.

나의 핵심 대처 전략

나의 감정에서 비롯된 것이 나의 경험이 된다. 감정이 확연하게 드러날수록, 나는 더 예민하고 깊이 느낀다. 나는 내면에서 내가 잃어버렸다고 느끼는 것을 찾아줄 이상형의 인물이나 바람직한 상황을 찾고 있다. 아울러 사람들의 관심과 이해를 구한다. 이는 나의 인간관계에서 거리와 긴장을 만들고, 반대로 나에게만큼은 진실한 것처럼 느낀다.

자아 개념

나는 나 자신을 독특하고 직감적이며 민감한 존재로 본다. 내 안의 이런 자질들을 사람들이 봐주길 원하며 그것이 나의 정체성을 강화한다.

격정

나는 다른 사람들을 시기할 때 격정이 올라온다. 나는 끊임없이 나의 삶과 내가 생각하는 그들의 삶을 비교하고 그들의 인생이 내 인생보다 훨씬 수월하다고 확신한다. 나는 그들이 나보다 훨씬 적응을 잘한다고 느끼며, 기본적으로 나는 아웃사이더라고 믿는다.

상기할 점: 당신의 우세한 유형이 무엇이든 상관없이 격정은 성격의 일부분이고 정서적 삶을 움직이는 동기이다. 격정은 마음의 상처를 덮어 감추고 삶을 대하는 감정적 반응을 만들어내는데, 그 결과 당신의 영혼이 사랑하는 것으로부터 멀어지게 한다. 이는 모든 성격 유형에 있어서 그러하다.

사고 습관

나는 '그럴 수 있었다면'과 '그렇게 되었다면'에 대해 공상한다. 나의 공상은 그 자체로 삶이 되고 외부 현실보다 더 사실적이 된다. 나는 내가 보이고 싶어하는 삶을 구현하는데 많은 시간과 에너지를 쏟는다. 나의 풍부한 공상은 점점 증폭되고, 쉽게 내 삶의 초점이 될 수 있다. 하지만 공상이 더 커질수록, 현실과 공상의 격차가 커지기 때문에 공상을 실현하기 위한 어떤 행동을 할 가능성은 현저하게 더 적어진다. 결국 나는 보다 나은 삶을 위한 어떤 행동도 취하기가 매우 어려울 수 있다.

상기할 점: 당신의 우세한 유형이 무엇이든 상관없이 고착은 성격의 일부분이다. 이것은 자신과 세상에 대해 고착화된 사고와 행동의 동기 요인이다. 고착은 현실에 대한 잘못된 인식을 강화시킨다. 에고가 삶의 문제들을 자동적으로 분명하게 해결하도록 함으로써 당신을 참된 자아로부터 멀어지게 만든다. 이것은 모든 성격 유형에 동일하게 나타난다.

내면 비평가 메시지

내가 괜찮기 위해서는 나 자신에게 진실해야 한다. 그것은 내 감정에 따라야 한다는 것을 의미하며, 적어도 내게는 그 감정이 진실이다. 만일 내가 슬프면 슬프게 행동해야 하고 심지어 과장된 슬픔을 표현하기도 한다. 이것이 바로 나 자신에게 진실하다는 것이며, 내면 비평가에 의해 보상을 받을 수도 있다. 내가 내면 비평가의 그물에 걸려 있는 한, 이 세상에서 평온한 삶을 사는 것 대신 감정의 혼란 속에서 계속 허덕이게 될 것이다.

위에 언급한 각각의 요소들이 내가 나 자신이라고 생각하는 전체 경험을 만들어낸다. 핵심 신념, 격정의 감정적 충동, 고착이라는 사고 습관, 그리고 내면 비평가 모두 무의식적으로 공모해서 정체성 삼각형을 강화시킨다.

4유형에 대한 추가 정보

스트레스 원인

나의 가장 큰 스트레스 원인은 사람들이 나를 과소평가하거나 오해하는 것이다. 사람들이 내 감정적 기대를 충족시키지 못하거나, 나를 실망시키거나 심지어 떠나버리면 나의 스트레스는 극적으로 증가한다. 버림받았다는 느낌은 내 안에 중요한 무엇인가를 잃어버렸다는 나의 선천적 감각을 강화한다.

가장 수축되거나 경직될 때 나타나는 반응

나는 정서적으로 마비되고 우울해진다.

나는 사람들과 내 자신으로부터 완전히 소외당한다고 느낀다.

나는 내 자신을 혐오하고 망상으로 고통 받는다.

나는 절망감을 느끼고 자기 파괴적이 된다.

4유형과 관련된 다른 성격 유형

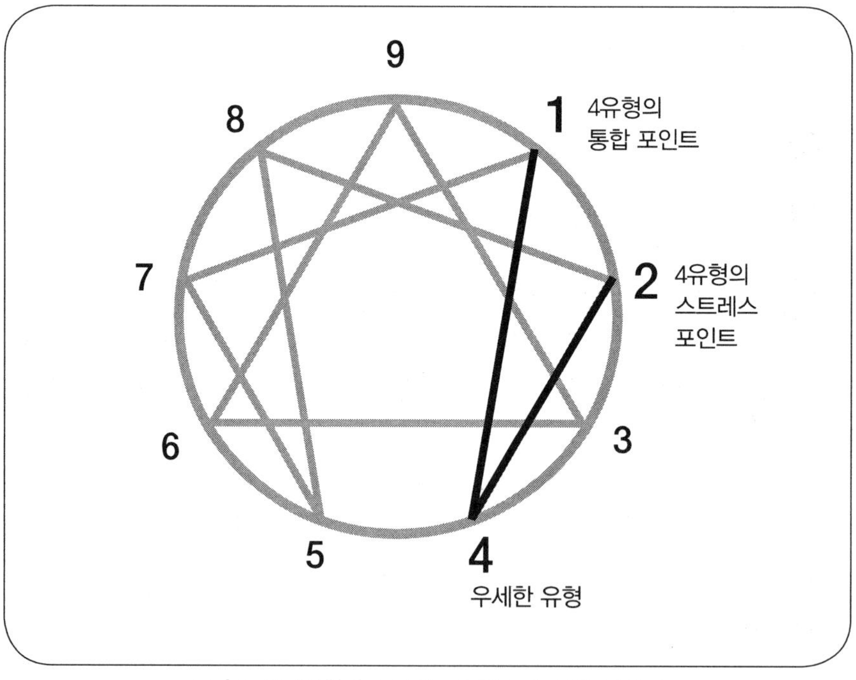

그림 7-3: 4유형의 스트레스 포인트와 통합 포인트

4유형 사람들은 스트레스를 받으면 2유형의 특성이 나타난다. 2유형은 4유형의 스트레스 포인트이다. 2유형에 대한 자세한 정보는 13장에 나와 있다. 특히 2유형의 일반적 행동과 '패턴에 대한 주목과 관찰'을 주의 깊게 읽어보면 좋다.

자아의 숨겨진 차원을 포함하여 4유형의 통합 포인트는 1유형에서 설명하고 있다. 1유형에 대한 자세한 정보는 12장에서 다루고 있다. 4유형의 통합 포인트를 이해하려면 특히 1유형의 '재능'과 '최고 수준의 행동' 부분을 자세히 살펴보면 좋다. 4유형의 자아의 숨겨진 차원은 12장에서 언급한 1유형의 일반적 행동을 검토해보라.

에니어그램은 또한 반대 방향으로도 작용하기에 자신의 우세한 유형을 찾을 때 고려하기 바란다. 4유형은 1유형에게 스트레스 포인트이고, 2유형에게는 통합 포인트이다.

여정을 방해하는 패턴 알아차리기

패턴에 대한 주목과 관찰

여기에서는 4유형의 성격 구조에 나타나는 패턴을 살펴보고자 한다. 이 패턴들은 당신이 나쁘거나 잘못했다고 평가하기 위한 것이 아니고 유용한 정보를 제공하며 당신을 일깨우는 여정에서 이정표가 될 것이다. 아울러 이 패턴들은 확실하고 직접적인 방법으로 당신이 경험하는 핵심을 의식하고 핵심에 닿을 수 있도록 도와준다. 그 결과 당신은 특정하고 습관적이며 힘들게 하는 전략들을 이완시킬 수 있고, 이는 당신을 더욱 현존하고 열려있으며 자유롭게 할 것이다.

1. 당신의 감정이 삶을 통제하는 패턴

- 당신의 감정적인 상태가 그 순간은 물론 온종일 전반적인 삶에 걸쳐 영향을 끼치는 것을 알아차려라. 이것은 특히 울적하거나 우울해질 때 일어나는 편이다.
- 누군가에게 감정의 기복이 있다는 이야기를 들은 적이 있는가? 당신이 특정한 방식으로 감정을 느낄 때, 다른 사람들이 당신이 그렇게 느끼는 방식을 알 수 있도록 밖으로 그 감정을 표현하는가?
- 당신은 당신의 감정 상태에 대해 과장할 때를 알아차려라. 당신이 사람들에게 자신의 이야기를 반복해서 말하거나, 감정을 재경험하려고 계속적으로 초점을 맞출 때 이런 일이 생기는 것을 볼 수 있다. 이것이 다르게 보이고 싶어 하는 갈망이나 동경의 형태로 나타날 수 있다.

2. 당신의 기분을 유지하도록 돕거나 지지하는 환경을 만드는 패턴

- 이는 힘든 문제와 씨름하기에 적합한 날이 따로 있다는 뜻이다. 마치 이것은 마음에 드는 색깔에 딱 맞는 의자가 필요한 것과 같다. 당신의 기분을 강화하기 위해 이국적이거나 색다른 것에 끌리기도 한다.
- 당신은 자신의 기분을 더 강화하는 방식으로 음식, 성, 마약 같은 것에 지나치게 탐닉하는 경향을 알아차릴 수도 있다. 혹시 당신이 다른 사람들의 행동에는 적용되는 소위 규칙으로부터 어떻게든 면제받았다고 느끼고 있는 것은 아닌지를 알아차리라.

3. 당신을 현실로부터 멀어지게 하는 공상 패턴

- 4유형의 사람들은 그들이 바라는 인생, 이상형 배우자, 이상적인 상황에 대해 공상을 하면서 많은 시간을 보낼 수 있다. 예를 들어 이상적인 몸매, 세심한 파트너, 연봉이 높은 직업, 혹은 특정한 기술의 재능에 대해 공상할 수 있다. 아마도 당신은 당신의 이상에 맞지 않으면 어떤 것이든 거부하는 경향을 알아차릴 수 있다. 당신은 때때로 당신 이면의 사용할 수 있는 것에 대해 생각하는가?

4. 관계에서 드라마 만들기 패턴

- 당신이 인간관계에 거는 기대치를 생각해 보라. 만약 다른 사람이 당신보다 더 나은 것을 가졌다고 생각하면, 당신은 바로 질투하면서 행동하는 경향이 있을 수 있다. 또는 당신은 친구에게 고통을 떠넘기고 그들이 당신을 불행에서 구해줄 거라고 기대하는 경향도 있을 수 있다. 당신은 그들이 당신을 돌봐주고, 당신의 문제를 해결해 줄 것이라고 기대하는가?
- 드라마는 상대방이 애정이나 정보를 받지 않거나 한 걸음 물러났을 때 만들어질 수 있다. 4유형들은 종종 관계 안에서 위기를 조성한 후에, 감정적인 화해를 하는 경향이 있다.

5. 비교와 시기의 패턴

- 사람들이 당신보다 더 수월하게 가지거나, 당신의 삶이 사람들에 비해 형편없어 보인다고 생각하는가? 4유형들은 자신을 다른 사람과 부정적으로 비교하고, 그 부정적인 비교를 삶의 전반으로 일반화시키는 경향이 있다.
- 당신은 자신에게 좌절하거나 짜증내는 것을 발견하는가? 이런 감정은 종종 당신이 현재 상황을 공상적이거나 이상적인 상황에 비교하는 것의 결과이다. 이런 공상들에 반하는 당신의 상황을 평가하는 과정이 어떻게 당신의 에너지와 의지로 목적이 있는 행동을 취하려는데 영향을 주는지 알아차리라.

당신의 능력을 키워줄 효과적인 훈련 방법

아래의 능력 키우기 연습들은 당신이 참된 본성으로 돌아가도록 도울 것이다.

1. 당신의 몸과의 관계를 계발하라.

4유형들은 보통 자신의 몸과 분리되어 있다. 그래서 알아차림을 기반으로 하는 몸을 움직이는 규칙적인 연습이 매우 유용하다. 요가나 다른 형태의 의식적인 신체 활동은 당신의 경험을 구체화하는 데 도움을 준다.

승마, 춤, 합기도 그리고 다른 상호작용 형태의 운동은 당신이 당신의 몸을 느끼고, 신체적인 상태로부터 감각과 균형, 그리고 살아있는 다른 존재와의 관계를 경험하도록 지원해 줄 수 있다.

2. 당신의 실제 재능과 소질을 인정하라.

4유형들은 자신의 실제 재능을 확인하고 주장하는 데 어려움이 있다.

당신이 가진 재능을 깎아내리려는 혼잣말을 줄이는 데 집중하라. 그 대신 의미 있는 행동을 취해 세상에서 당신의 재능을 사용하라.

3. 평범함에서 비범함을 발견하라.

4유형들은 색다른 것에 끌리는 경향이 있고, 자신이 가진 경이로운 특성을 평범한 것으로 간과하는 경향이 있다. 바로 지금 이 순간의 선물인 작은 것들에 감사하라. 당신이 이미 갖고 있는 것을 누려라.

4. 사람들에게 관심을 갖고 관계를 맺으라.

사람들을 돕고 의미 있는 행동을 취할 수 있는 방법을 찾아보라. 이러한 것은 자기 몰입으로부터 균형 잡힌 상호작용으로 당신의 주의를 바꾸도록 돕는다. 많은 4유형들은 그들에게 의미가 있는 기관에서 자원봉사를 하는 것이 유익한 결과를 가져 온다는 것을 알게되었다.

5. 감정을 있는 그대로 인정하라.

우리가 의식적이든 무의식적이든 꽉 붙들고 있지 않는 한, 감정은 오고 가는 것이다. 감정은 우리에게 유용한 정보를 제공하지만, 우리가 누구인가를 정의하지도 않고, 현실을 반영하지도 않는다. 사람들은 상황에 대해 당신과 전혀 다르게 반응할 수 있다는 것을 기억하라.

치유와 진화의 길

이 책의 주요 주제는 에니어그램으로 작업을 하면서 당신의 참된 본성을 깨우도록 돕는 것이다. 에니어그램은 당신을 치유와 진정한 변형의 여정으로 초대한다. 우리 중 대부분은 깨어나는 여정에 인내와 신뢰와 믿음과 함께 오랜 시간이 걸리고, 이것은 가능한 한 현존에 머무름으로써 이루어진다. 3부에서는 유형에 관계없이 모든 유형을 유익하게 지지하는 과정을 소개할 것이다.

물론, 각 유형의 사람에게 필수적인 특정한 과정들이 있다.

만약 당신에게 4유형이 우세하다면, 치유와 진화의 여정은 다음과 같은 내용을 포함한다.

감정적 드라마를 행동으로 나타내지 않도록 연습하라. 그리고 인생의 경험에 성공적으로 대처하는 당신의 능력을 인정하라. 사람들이 당신을 결함 있는 것처럼 본다는 생각에서 벗어나면, 당신은 결코 구조 받을 필요가 없는 사람이라는 것을 깨닫게 될 것이다.

당신은 1유형의 일반적인 수준의 특성, 즉 판단하고 완벽주의적일 수 있음을 알아차려라. 그렇다. 당신은 사람들이 당신을 공격한다고 생각하지만 당신이 그들을 힘들게 한다는 것을 인식하라. 솔직히 이런 뜻밖의 사실로서 자신의 숨겨진 차원을 받아들이기는 어렵다. 하지만 이러한 특성을 인정한다면, 이 특성들이 당신을 희생양이라는 감정에서 벗어나 내적 권위의 건강한 부분을 가질 수 있도록 도울 것이다. 바로 이러한 자질들이 당신이 그토록 사랑하는 인생의 신비를 더 경험하도록 허락할 것이다.

상기할 점: 자아의 숨겨진 차원은 주로 통합 포인트의 일반적 행동이나 힘들 때 나타나는 특성에서 찾을 수 있다.

가장 평범한 것 속에도 아름다움이 있다는 것을 인식하라. 모든 인간은 독특한 존재이다. 아울러 그들 모두는 평범한 삶에서의 공통점을 갖고 있다.

당신의 본질적 속성, 즉 평온equanimity과 용서forgiveness를 주장하라.

당신의 가슴을 삶의 모든 부분에 깊이 닿아있게 하라. 당신은 정체성의 참된 경험이 당신이 상상했던 어느 것보다 훨씬 더 확장될 것임을 발견할 것이다.

8장

5유형의 인간적 조건과 의식:
탐구가

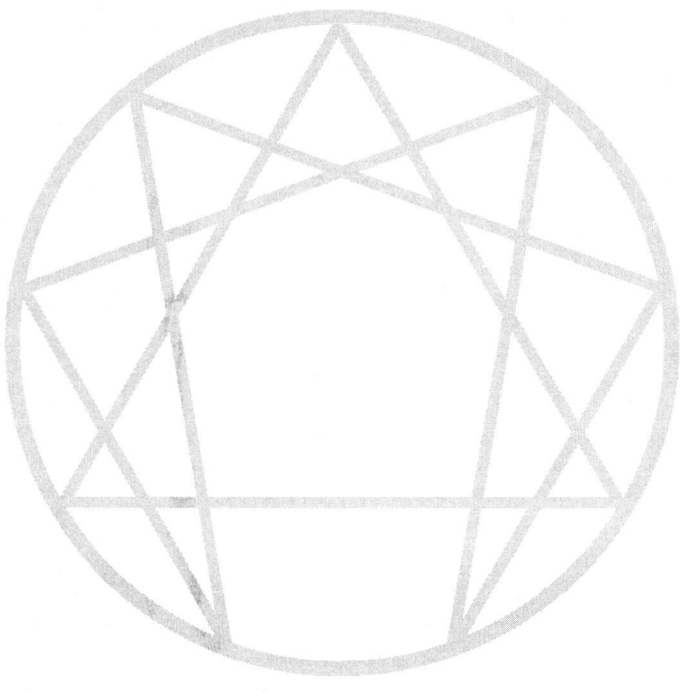

다니엘Daniel은 첨단기술 회사에서 창업 초기부터 일해 온 확고한 경영철학을 가진 엔지니어입니다. 회사가 본격적인 성장기로 접어들면서 신입사원들을 뽑던 시기에, 그는 회사에서 리더를 맡을 때가 되었다는 생각에 코칭을 받기로 결정했습니다. 기술력을 바탕으로 사업의 토대를 다지기 위해 그동안 열정적으로 일해 왔지만, 조직이 확장되면서 새로운 제품의 설계 업무 외에 자신이 어떤 일을 할 수 있을지는 생각해본 적이 별로 없었습니다. 그는 사람들과 긴밀한 관계 속에서 일을 해야 한다고 생각하면 왠지 주눅이 들곤 했습니다.

그는 사무실에서 흔히 벌어지는 드라마와 같은 상황에 휘말리지 않고 사람들과 잘 지낼 수 있는 방법을 하루 빨리 찾고 싶었습니다. 그래서 그는 가장 중요한 일, 즉 시장에서 성공할 만한 최첨단 제품을 만들어내는 일에 집중하기를 원했습니다.

그는 멘토를 통해 에니어그램을 알게 되었습니다. 에니어그램이 갖고 있는 강력한 지적 토대가 그의 지적 호기심을 자극했지만, 정작 그의 관심을 끈 것은 에니어그램이 갖고 있는 심오한 영적 뿌리였습니다. 그는 에니어그램에 대해 더 알고 싶었습니다.

다니엘은 코칭을 받는 동안 5유형의 성격 구조의 패턴에 대해 깊은 통찰과 자각을 하게 되었습니다. 특별히 그는 다음과 같은 사실을 깨달았습니다.

- *자신이 특히 대화를 풀어가는 과정 속에 있는 것을 얼마나 힘들어 하는지 깨달았습니다. 그는 사적이고 개인적인 공간을 확보하기 위해 관계로부터 신체적으로 물러나는 것을 알아차렸습니다. 그는 사람들과 함께 있으면 그들의 감정에 압도당하는 기분을 느낄 때가 많습니다.*
- *그는 회의를 준비하거나 회의에서 의견일치를 보는데 시간이 많이 걸린다는 것을 깨달았습니다. 그는 동료의 질문에 허를 찔리는 일이 없도록 철저하게 준비하고 싶었습니다.*
- *새로운 아이디어의 실마리가 잡히면 자신이 흥분하고, 그 후에는 자신이 흥미를 느낀 아이디어에 얼마나 집중하는지와 삶의 다른 측면을 얼마나 소홀히 하는지도 알게 되었습니다.*
- *자신의 개인적인 시간이 방해받거나 누군가 중요하지 않은 일을 도와달라고 요청하면 짜증내고 불안해 한다는 것을 깨달았습니다.*

다니엘은 감정적인 접촉이나 사회적 관계가 필요한 상황에서 이런 저런 이유를 대며 물러서려는 자신을 보기 시작했습니다. 분명히 이런 사실이 변화하는 조직 환경뿐만 아니라 삶의 다른 영역에서도 좋지 않은 영향을 끼쳤습니다.

다니엘을 위한 코칭의 주안점은 자신의 몸과 다시 연결되는 것이었습니다. 그는 운동을 거의 하지 않았고 자기 몸에 대한 인식도 부족했습니다. 그는 마사지를 받는 것이 실제로 몸을 느끼는데 큰 도움이 된다는 사실을 처음 알게 되었습니다. 그리고 몸을 기반으로 하는 명상도 실험해 보았습니다. 이런 전략들은 다니엘이 현실에 기반을 두는 삶을 살게 했고, 사람들과 관계하는 새로운 방식

들을 시도할 수 있게 했습니다. 그는 근무시간에 동료들이 쉽게 다가올 수 있도록 방문을 열어두었고, 보고를 받을 때도 알기 쉬운 말로 대답했습니다. 시간이 지나면서 그의 사회적 어색함이 줄어들고, 자신에게는 물론 사람들에게도 마음을 열기 시작했습니다. 그는 기술 전문가로서 충분히 기여하고 있으며 동료들 또한 가치 있는 사람들이고, 어느 누구도 타인을 배척할 수 없다는 것을 깨달았습니다.

5유형이 경험하는 내적 일관성

당신의 참된 본성

만일 당신이 5유형이라면, 당신은 명료함clarity에 대한 사랑과 광활하며 고요한 마음quiet mind을 만드는 깊은 내면의 앎knowing에 자연스럽게 끌릴 것이다. 평소에는 삶의 이면에 존재하는 근본적인 구조나 작동하는 역학을 눈으로 볼 수 없고 알지 못하지만, 그것이 빛 아래로 드러나면 당신은 새로운 통찰력을 갖게 된다. 당신 마음의 깊은 고요stillness가 그 순간의 발견을 위해 이용할 수 있는 것이 무엇인지를 당신은 명료하게 보고 이해할 수 있게 된다.

당신의 참된 본성과 닿아 있지 않으면, 아마도 당신은 내면의 앎 너머에 있는 당신의 부드러운 마음이 사람들과 더 깊게 연결되도록 당신을 부르고 있다는 사실을 아직 알아차리지 못할 수 있다. 당신의 인생에는 분명 당신을 위한 자리가 있음과 당신의 가치 있는 기여는 정신적 앎을 포함하기도 하고 초월하기도 함을 경험한다. 당신에게는 깊이 감동 시키고 깊이 감동 받을 수 있는 능력과 함께 부드럽고 다정한 가슴heart이 있다.

당신의 인생 이야기: 당신의 내면이 세상과 관계 맺기

당신의 자아 개념과 당신이 세상에서 차지하는 위치는 이미 어린 시절에 일찌감치 결정되어 있다. 당신이 자신의 경험들을 어떻게 내면화했는지에 따라 자기 자신과 타인 및 당신의 존재 방식에 관계 맺는 특정한 방법에 영향을 주었다. 만일 당신이 5유형이라면 지금부터 하는 어린 시절의 내적 경험에 관한 이야기가 무척 친숙하게 들릴 것이다.

당신은 어려서부터 유달리 호기심이 많았습니다. 어떤 물건에 관심을 가지면, 그것이 어떻게 작동하는지 알아내려고 애쓰면서 몇 시간씩 끙끙거리곤 했습니다. 당신은 다른 사람의 에너지에 민감했고, 집 주변 환경에서 일어나는 활동과 대화와 감정적 에너지로 인해 압도당하는 느낌을 받곤 했습니다. 당신은 식구들과 어떻게 어울려야 하는지, 때로는 혼란 속에서 어떻게 안정감을 찾아야 하는지 알기가 어려웠습니다.

안정감을 느끼는 유일한 곳은 당신의 마음mind뿐이었습니다. 마음에서는 알아내고, 이해할 것

이 너무 많았으며, 그것을 하기에는 시간이 늘 부족했습니다. 그러다보니 당신의 정신 세계는 자연스럽게 언제든지 놀러 갈 수 있는 안전하고 재미있는 안식처였습니다. 여기에서는 한 번도 당신을 거부하지 않았습니다.

아주 어렸을 때조차 가정에서도 당신을 위한 공간은 없었다고 느꼈습니다. 이미 모든 자리는 누군가 차지하고 있었습니다. 그래서 당신은 계속해서 정신 세계 속에서 안정감과 위로를 얻었습니다. 주변 상황이 감정적으로 복잡해질수록 당신은 더 자신의 감정의 경험과 개인적인 욕구로부터 뒤로 한 발 물러났습니다.

아마도 당신은 부모님이 당신에게 무언가를 더 원하시는 것을 느꼈습니다. 부모님은 '새 친구들을 사귀어 보지 않겠니?' 혹은 '친구들과 함께 밖에 나가서 놀아라. 사교적이고 적극적인 아이가 됐으면 좋겠다.' 라는 말을 자주 하셨을 것입니다. 당신은 부모님께 사랑받고 싶어 하면서도 상황을 분석하기 위해 혼자 있고 싶어 했습니다. 하지만 그것은 수용되지 않았습니다.

당신이 사람들의 기대를 모두 충족시키기에는 에너지가 부족하다고 생각했기에 당신은 에너지를 모아 두게 되었습니다. 그래서 당신은 참여하기보다는 그저 관찰하게 되었습니다.

당신의 엄청난 상상력은 당신 자신과 세상에 대해 장차 발생할 수도 있는 어두운 시나리오로 강렬한 불안을 만들어 내었습니다.

당신은 혼자 있는 것을 제외하고는 사람들에게 바라는 것이 거의 없습니다. 당신은 이렇게 생각합니다. '나는 당신에게 바라는 게 없으니, 당신도 내게 요구하지 않았으면 좋겠어.' 이러한 생각 때문에 당신은 사람들과 감정적으로 친밀해지거나 양육을 받을 수 있는 기회를 멀어지게 합니다.

당신은 안전하게 되는 유일한 방법이 자신의 머릿속에 스마트하게 존재하는 것이라는 생각으로 자신의 삶을 구조화하게 되었습니다. 당신의 '정신 세계'가 자신감의 바탕이었습니다.

당신은 당신이 목표 달성에 필요한 행동을 취할 수 있고 당신만이 할 수 있는 기여를 하며 세상 속에서 살아갈 능력을 가지고 있다는 사실을 보지 못했습니다. 당신에게는 당신 가슴에 굉장한 달콤함amazing sweetness과 삶의 충만함을 경험하고 참여할 수 있는 충분한 에너지와 자원을 가지고 있다는 사실을 볼 수 없었습니다.

당신의 중대한 상실

당신은 어린 시절, 의식적으로 생각하고 말하는 능력이 채 생기기도 전에 엄청난 일을 겪었다. 당신의 영혼이 진심으로 사랑한 당신과 아주 잘 맞는 당신의 본성으로부터 분리되는 아픔을 경험한 것이다. 상실이라는 견딜 수 없는 고통과 함께 에고의 구조가 형성되기 시작하였고, 그 에고는 일찌감치 잃어버린 것들 때문에 생긴 아픔에서 당신을 보호해 주었다.

당신의 에고는 당신의 참된 본성을 따라하며 흉내를 내지만, 절대로 똑같아 질 수 없다는 것을 알고 있다. 그래서 5유형의 성격 구조는 '명료함' clarity과 '깊은 이해' deep understanding의 경험을 재창조하기 위해 애쓴다. 물론 본질적인 수준에서는 맞는 말이다. 하지만 5유형 성격은 '명료하고 깊은 이해' 라는 명제의 참 의미를 왜곡하고, 그것을 신성한 소sacred cow 또는 의심할 수 없는 요구 사항으로 규정한다. 당신의 에고는 점점 강해지면서 에고는 정보와 씨름하고, 정보를 분석하며, 정보를 기억하고, 정보를 저장함으로써 세상을 이해하라고 요구한다. 그러다보면 당신이 느끼는 마음의 안전지대로부터 벗어나게 만드는 상황과는 자연스럽게 거리를 두게 된다. 그것은 생각 속에 사로잡히는 특성으로 자리를 잡게 된다. 적극적으로 참여하지 않는 것과 지나치게 분석만 하는 두 가지의 에너지를 과도하게 사용하면, 당신의 참된 본성으로부터 멀어지게 된다.

당신의 몸은 지성의 원천이고 이를 통해 당신에게 중심이 잡혀있다는 느낌을 주며 실체를 갖게 해준다. 하지만 생각에 너무 많은 에너지가 소용돌이치기에 몸과의 연결을 잃어버리기 쉽다. 아울러 당신의 선천적인 부드러움의 원천인 가슴과의 연결도 잃어버리게 된다.

5유형의 중대한 상실에 대한 고통: 당신이 참된 앎의 원천으로부터 단절될 때, 당신은 엄청난 미지의 세계에 홀로 던져진 느낌을 받게 된다. 거기에는 당신의 자리를 찾는 이정표도 보이지 않고, 마치 세상이 당신을 삼켜버릴 것 같은 느낌이 든다. 인생의 암울한 혼돈 속에서 길을 잃은 경험이 당신 앞에 나타난 것은 극심한 공포이다.

5유형의 내면 논리와 정체성 삼각형

5유형의 핵심 신념

핵심 신념은 에고의 신념을 지지하는 정보만을 선별해서 받아들이는 무의식적인 필터이다. 불행하게도 무의식적으로 작동하는 이 필터는 대안적인 시각들을 제공하는 자료들을 놓치거나 삭제한다. 이 신념은 삶에 대한 관계를 형성하는 중요한 작동 원리로 기능한다.

각각의 핵심 신념은 우리가 연민을 가지고 인식의 빛으로 나올 때까지는 진짜처럼 느껴지는 거짓이다. 그래서 친절과 진솔함으로 이 신념에 접근하는 것이 특히 중요하다.

5유형의 핵심 신념은 환영받지 못하고 낯선 세상 속에서 당신을 위한 자리는 없으며 당신은 혼자라는 것이다. 누군가 당신에게 무슨 일이 일어나고 있는지 설명을 해줘도 당신은 믿을 수가 없다. 당신은 그동안의 경험을 바탕으로 당신의 '생각'을 통해서만 어떤 상황을 이해하려고 한다. 주변의 모든 것이 너무 혼란스럽게 느껴지기 때문에 당신은 강렬한 두려움에 사로잡힌다.

당신의 삶에서 이러한 핵심 신념은 어떻게 나타날까? 다음 문장은 5유형인 당신의 생각과 언행을 잘 설명해 줄 것이다.

- 나는 이 문제를 혼자 힘으로 풀어야만 해. 아무도 이것을 알아낼 수 없어.
- 나는 사람들이 나한테 기대를 안 했으면 좋겠어. 다들 모여서 하찮은 문제를 놓고 떠들면서, 내 느낌을 말하는 게 왜 그렇게 중요하지? 난 이런 대화는 딱 질색이야. 혹시 내가 외계인인가?
- 나는 사람들과 상호작용하는 게 무서워. 나는 사람들과 관계를 어떻게 맺는지 몰라. 멀리서 보기만 하는 건 괜찮아. 차라리 그냥 혼자 있는 게 좋아.
- 나는 이것을 풀어 낼 수 없을까봐 걱정 되네. 나한테 해결할 수 있는 시간을 더 줄래?

이러한 핵심 신념이 당신의 정체성 삼각형을 만든다. 이 삼각형은 당신이 어떻게 살고 있는가에 대한 간략한 예시를 제시할 것이다. 지금부터 하는 설명이 당신의 경험과 얼마나 잘 맞는지 생각해 보기 바란다.

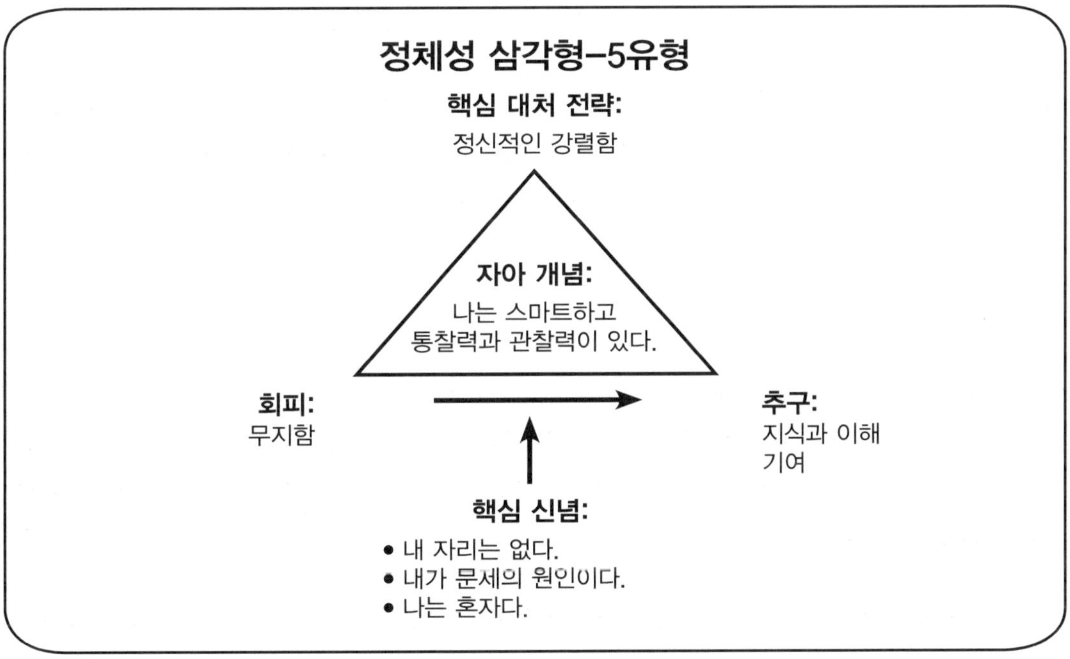

그림 8-1: 5유형의 정체성 삼각형

그림 8-1은 5유형의 성격 구조를 가진 사람이 내면 논리를 어떻게 인식하고 있는지를 보여준다.

> *나는 다른 사람보다 어떤 주제에 대해 더 많이 알고 있는 사람으로, 더 많이 아는 것을 추구합니다. 나는 보통 사람들은 관심을 갖지 않는 난해한 주제를 연구하고 이해하는 것에 끌립니다. 주제가 복잡하고 세밀한 지식을 찾는 것은 능숙하고 거장다움을 느끼도록 하는 한 방식입니*

다. 나는 이런 지식으로 다른 사람들에게 기여할 수 있습니다.

나는 일이 어떻게 돌아가는지 이해가 안된 채로 있는 것과 무지하다는 느낌을 회피합니다. 내가 이해할 수 없는 활동이나 관계에 내가 왜 참여해야 합니까? 괜히 내 에너지만 감소시키고 나를 초라하고 불안하게 만들 뿐입니다.

'머리' 속으로 들어가 배우고 분석하며 이해하고 암기하는 것이 나의 대처 방식입니다. 나는 사람들에게 내가 아는 주제에 대해 얘기해 주면서 인간관계를 맺습니다. 나는 감정적 욕구를 최소화하고 그들에게 바라는 것도 없습니다. 괜히 그들이 대가를 원할까 봐 요구를 하지 않습니다. 솔직히 나는 내 에너지가 감소될 것 같아서 다른 사람들에게 줄 수 있는 여력이 없습니다. 나는 '생각'에 집중함으로써 모든 상황에 대처합니다.

대처하는 방식의 확장으로 나는 문제를 해결하며 분석하고 내 생각에 몰두하며 인생을 살아왔습니다. 만일 내가 특정하게 일하는 방식을 이해하는 전문가가 된다면 내 삶은 훨씬 수월해질 것입니다. 나는 결과를 확신하기 전에는 생각을 행동으로 옮기지 않습니다. 물론 그래서 그다지 실행할 기회가 없었습니다. 내가 이해 못하는 활동들은 하지 않고, 내가 원하는 지식으로만 채울 수 있다면 나는 그 순간만큼은 안전한 기분이 들 것입니다.

결국 이 모든 것은 나 자신을 스마트하며 통찰력 있고, 관찰력 있는 사람으로 보게 했습니다. 하지만 이러한 자아 개념은 결국 한계를 가지게 합니다. 이는 내가 경험하는 수많은 것들을 인정하고 감사하는 것으로부터 나 자신을 멀어지게 만듭니다.

5유형이 깨어났을 때의 능력: 초연

현실에 기반을 둔 몸, 그리고 마음과 진정으로 연결되면 정신 활동이 고요해지고, 알아야 하거나 이해해야 하는 정보들이 필요한 때가 되면 얻어지리라는 믿음이 생기기 시작한다. 모든 지식을 저장해야 한다는 집착에서 벗어날 수 있는 것이다. 당신은 단순한 관찰자가 아니라 세상의 구성원으로서 삶을 누릴 수 있다.

당신의 타고난 능력과 접촉을 잃어버리고 상실했을 때, 당신은 내면의 자원에만 얽매이게 되고 다른 사람들과 절대 나누지 않게 된다.

감정적 거리를 유지하고 당신의 정신적 전문성에만 의존하는 것은 당신이 세상의 외톨이라는 감정을 점점 더 강화시킨다. 그러나 당신이 '생각'을 뛰어넘는 그 무엇이 있음을 이해하고 당신의 몸과도 깊은 관계를 맺도록 발전시켜 나간다면, 보다 더 자유로운 삶으로 가는 문을 열어줄 열쇠를 얻게 될 것이다.

그림 8-2에 나타난 5유형을 위한 빙산 모델은 이러한 특징을 잘 보여준다.

이 모델은 그 유형이 우세한 사람들이 갖고 있는 타고난 재능들의 확장된 특성들로 시작한다. 우리가 자신을 더욱 제한적으로 정의한 것을 알아차리고 이에 대한 집착을 놓으면 이러한 특성들은 자연스럽게 나타나고 점점 더 경험되어진다. 이 모델은 5유형의 사람들이 물결 위에서 보여주는 모습들을 이해하도록 돕고, 물결 아래에서 성격에 사로잡혀 있을 때 나타나는 행동이 어떻게 만들어지고 왜 나타나는지에 관한 내면의 역동도 쉽게 설명해 준다. 빙산 모델의 특성에 대해서는 앞서 5장에서 설명한 바 있다.

5유형의 성격 구조 해독

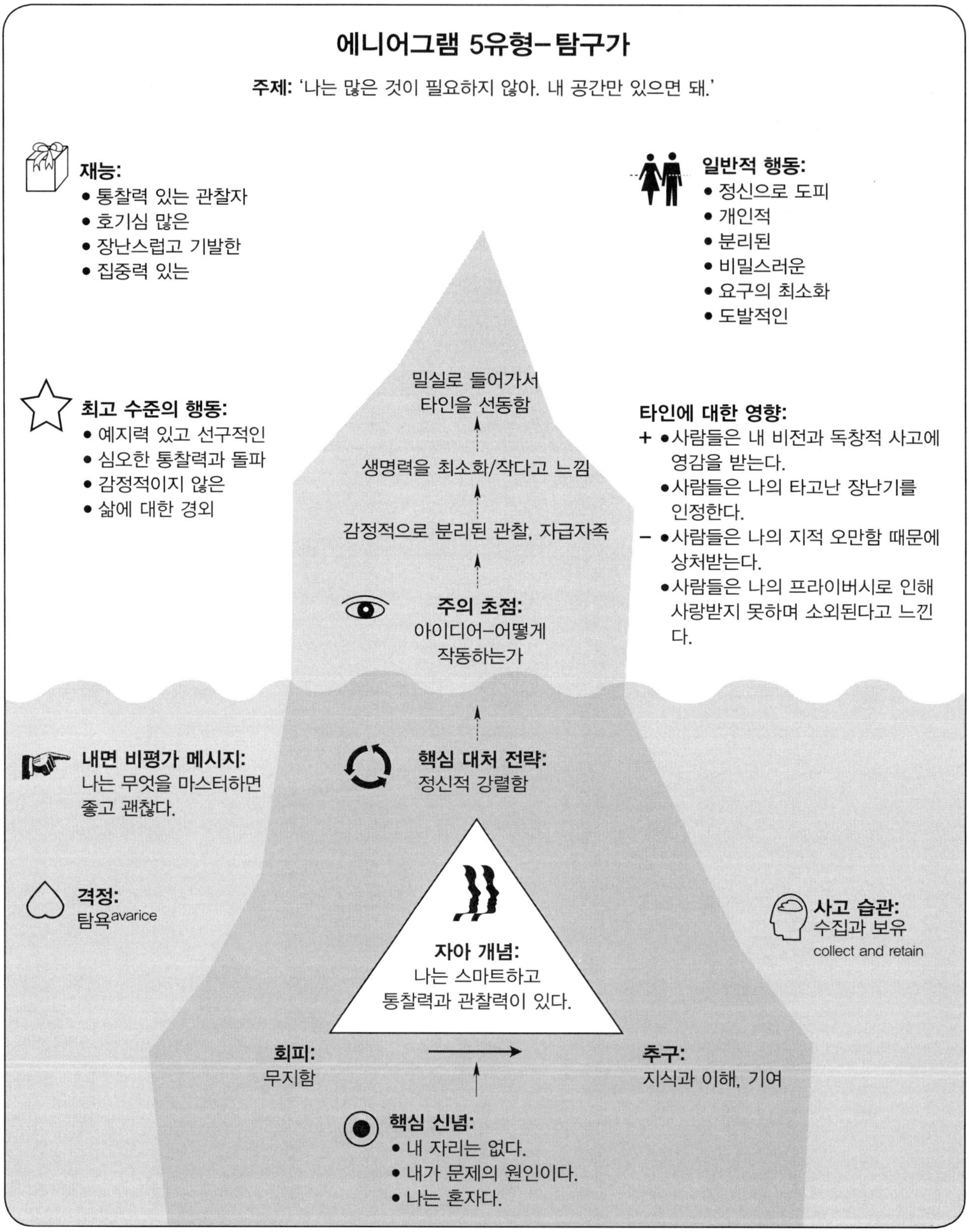

그림 8-2: 5유형의 빙산 모델

5유형의 주제

'나는 많은 것이 필요하지 않아. 내 공간만 있으면 돼.' 는 5유형 성격 구조의 주제이다.

물결 위의 모습

5유형의 재능, 일상 습관, 도전 과제

재능과 최고 수준의 행동(당신이 가장 건강하고 확장되었을 때)

나는 지각력이 있다. 나는 명료하고 객관적인 마음의 관찰자이다.

나는 매사에 호기심이 많다. 새로운 정보를 배우고, 삶이 어떻게 돌아가는지 이해하는 일은 나에게 매력적이다.

나는 장난스럽고 기발한 편이다. 짓궂을 때도 있지만 어렵거나 위협이 되는 아이디어에 유머를 할 줄도 안다.

나는 집중력이 있고 프로젝트의 목적을 알 수 있다.

나는 선견지명을 가진 선구자이다. 새로운 방법으로 이해하고, 새로운 아이디어들도 자연스럽게 떠오르는 편이다.

나의 관찰은 예상을 뛰어넘는 돌파와 이해 수준의 변화, 실질적인 문제 해결로 이어진다.

나는 비감성적이다. 나는 감정적인 반응 없이 삶을 객관적으로 관조한다.

나는 삶의 신비, 삶의 장엄함, 삶의 방식 등 삶에 대한 경외심을 갖고 있다.

일반적 행동(성격에 사로잡혀 있을 때 나타나는 특징)

나는 생각 속에 살면서 한 주제에 관해 수집한 모든 정보를 분석한다.

나는 개인적이다. 폐쇄된 방에서 혼자 일하는 것을 좋아한다. 사람들에게 방해받는 것을 좋아하지 않는다.

나는 외부 활동과 내 감정으로부터 나 자신을 멀리한다. 나는 내 생각에 사로잡히고 정신적으로 강렬하다. 나는 분리되어 간다.

나는 신체적, 감정적 욕구를 최소화하는 편이다. 예를 들어 내 외모나 몸을 가꾸는 데 시간을 보내지 않는다. 신체적, 감정적 에너지를 최소화 하다 보니 굳이 남에게 부탁할 일이 거의 없다.

나는 비밀스럽다. 내 생각과 아이디어를 좀처럼 말하지 않는다.

나는 도발적일 때도 있다. 특히 인생의 부정적인 면을 보게 되면 다른 사람들도 그 문제에 직면하도록 압박한다. 다른 사람들이 불편해 하는 것은 그다지 염두에 두지 않는다.

주의 초점(성격에 사로잡혀 있을 때 내 주의가 머무는 곳)

***노트**: 여기에서는 5유형 사람들의 주의 초점이 계속 좁아질 때 나타나는 특징을 간단하게 설명하고 있다. 주의 초점이 얼마나 활성화 되느냐는 우리의 현존 정도에 달려 있음을 알아차리는 것이 중요하다. 우리가 현존하면 할수록 주의 초점은 좁아지기보다는 확장된다.*

나는 성격에 사로잡혀 있을 때, 내면 세상의 아이디어 및 사물이나 상황이 어떻게 돌아가는지에 주의를 기울인다. 나는 특정 주제에 대해 가능한 많이 알아서 통달하고 싶으며 숙달할 수 있다. 실제로 나는 어떤 주제이든지 다른 사람보다 많이 안다고 생각하면 안전한 기분이 든다.

정신적 강도가 증가할수록 현실에서 활동하는 에너지는 현저히 줄어든다. 생각에만 집중할 뿐 몸과 가슴에는 주의를 덜 준다. 나는 사람들로부터 한 걸음 떨어져 있는 편이며, 어울리는 것보다 관찰하는 것을 훨씬 좋아한다.

나는 사람들의 감정이나 생활 환경, 많은 요구들에 쉽게 압도당하기 때문에 나를 점점 분리시키고, 자급자족한다. 나의 나머지 부분에 주의를 적게 두면 내 세상은 작게 느껴질 수 있다. 아울러 나는 세상의 관계에서 작게 느껴진다.

나의 세상은 암울해질 수 있다. 나는 다른 사람들이 인식하지 못하는 것을 보기 시작한다. 내가 사람들을 무시하는 태도로 자극하고 도발할수록, 나는 점점 더 혼자가 된다.

타인에 대한 영향

+ 긍정적인 영향

- 다른 사람들은 새로운 가능성을 만드는 나의 비전과 독창적인 사고 능력에 영감을 받는다.
- 다른 사람들은 나의 타고난 장난기와 삶에 대한 경외를 감사해 한다.

– 부정적인 영향

- 다른 사람들은 나의 지적 우월감 때문에 모욕감을 느끼거나 심지어 내가 자신들을 경멸한다고 생각한다.
- 다른 사람들은 나의 프라이버시로 인해 사랑받지 못하고 소외된다고 느낀다.

물결 아래의 모습

5유형 사람들이 경험하는 내면의 역동을 이해하기 위해서는 물결 아래에 있는 모습에 주의를 돌려야 한다. 밑바닥에서부터 시작하여 위로 올라오면서 살펴보자.

5유형의 핵심 신념

이 핵심 작동 원칙들은 눈에 보이거나, 보이지 않는 방식으로 인생의 많은 면들을 걸러낸다.

나는 바깥 세상에는 내 자리가 없다고 믿는다. 이미 모든 자리가 꽉 차있는 것처럼 보인다. 아울러 아무도 나를 지지해 주지 않기 때문에 나는 그저 혼자일 뿐이다. 내 인생에는 자원이 결핍되어 있다. 내가 문제의 원인이라고 믿기에 내가 참여하지 않는 것이 더 나을 것이다.

정체성 삼각형

추구

나는 어떤 주제에 대해서 누구보다도 많이 알고 있는 사람이고, 더 많이 아는 것을 추구한다. 나는 스마트해지기 위해서 필요한 최대한의 정보를 확보하기 위해서라면 무슨 일이든 할 수 있다. 나의 지식을 공유하는 것이야말로 세상 속에서 내 자리를 만들고 세상에 기여하는 것이다.

회피

나는 일이 어떻게 돌아가는지 이해되지 않는 경험과 내가 무시당하는 상황을 회피한다. 이런 상황에서 삶의 혼돈이 나를 갉아먹는다. 내놓을만한 지식이 없다는 것은 일종의 공포이다. 준비되지 않은 상태에서 사람들과 적극적으로 어울리는 것은 분명 인생의 최대 난제이다.

핵심 대처 전략

나는 상황을 분석하며 이해하려고 '머리' 속으로 깊이 들어감으로써 문제에 대처한다. 상황이나 주제를 분석하는 것이 나의 대처에 도움을 준다. 내가 공부한 것을 사람들에게 이야기 해주는 것이 내가 관계를 맺는 방법이다. 그 주제들이 다른 사람들에게는 관심이 없거나 난해한 것처럼 보인다. 나는 혼자 알아서 처리하고, 감정적 필요를 최소화하며 다른 사람들이 나에게 무엇인가를 원할까봐 어떤 것도 요구하지 않는다. 나는 내 에너지가 떨어질 것 같아서 사람들에게 줄 수 있는 여력이 없다고 느낀다.

자아 개념

나는 스스로를 스마트하고 통찰력과 관찰력이 뛰어나다고 생각한다. 그래서 나는 사람들에게 색다른 통찰력을 제공할 수 있다. 나는 필요한 만큼 충분히 준비하거나 통찰력을 얻기 위해 '머리'에 의존한다. 나는 실행에 옮기기 전에 정신적으로 충분히 준비가 되어 있어야 하기에 서둘러 섣부른 행동은 하고 싶지 않다.

격정

내 에너지를 비롯해 내가 가진 자원은 한계가 있기 때문에 나는 내가 갖고 있는 몇 안 되는 것들을 잘 지켜야 한다. 하루 동안 얼마나 많은 에너지가 소모될지 모르기 때문에 나는 내 자신이 공허한 상태가 되지 않도록 사람들에게 너무 많은 감정을 소모하지 않는다. 나는 안전한 구조를 얻기 위해서 내 정신에 의존해야 한다. 따라서 나의 분석을 고수하고 나의 이해로부터 나온 결과물을 예상한다. 나는 사람들에게 내 감정을 들키지 않도록 조심한다. 실은 나 자신조차도 확신할 수 없다. 결국 나는 감정이나 에너지 면에서 타인으로부터 거리를 둔다. 이러한 격정을 탐욕avarice이라 부른다.

상기할 점: 당신에게 우세한 유형이 무엇이든 상관없이 격정은 성격의 일부분이고 정서적 삶을 움직이는 동기이다. 격정은 마음의 상처를 덮어 감추고 삶을 대하는 감정적 반응을 만들어내는데, 그 결과 당신의 영혼이 사랑하는 것으로부터 멀어지게 한다. 이는 모든 성격 유형에 있어서 그러하다.

사고 습관

나는 '머리' 속에서 살고 있으며 머리의 활동들을 보유한다.

나는 삶에 참여하기보다는 관찰한다. 내게는 세상만사가 어떻게 돌아가는지 생각하는 것이 세상 속에서 열심히 사는 것과 같다. 나는 내가 필요한 정보를 머릿속에서 언제든지 불러올 수 있도록 각종 지식을 찾기 쉽게 정리해 놓는다. 내가 인용하는 말에는 권위가 있기 때문에, 내가 말하는 동안 사람들은 내 생각 속으로 서서히 빠져들게 된다.

상기할 점: 당신의 우세한 유형이 무엇이든 상관없이 고착은 성격의 일부분이다. 이것은 자신과 세상에 대해 고착화된 사고와 행동의 동기 요인이다. 고착은 현실에 대한 잘못된 감각을 강화시킨다. 에고가 삶의 문제들을 자동적으로 분명하게 해결하도록 함으로써 당신을 참된 자아로부터 멀어지게 만든다. 이것은 모든 성격 유형에 동일하게 나타난다.

내면 비평가 메시지

내가 괜찮기 위해서는 특정 주제에 대하여 정보, 이해, 아이디어, 그리고 모든 지식을 마스터해야 한다고 내면 비평가가 주장한다. 어떤 분야에 정통하다는 것은 철저히 내 생각에 바탕을 두고, 어떤 주제든지 적어도 다른 사람들보다는 많이 알아야 한다는 것이다. 따라서 내가 내면 비평가의 그물에 걸려 있는 한, 실제 삶을 나의 '머리'로 계속해서 대처할 것이다. 하지만 진정한 삶은 몸에 기반을 두고 가슴을 열어야 하며, 호기심을 갖고 사람들과 적절하게 어울리는 것이다.

위에 언급한 각각의 요소들이 내가 나 자신이라고 생각하는 전체 경험을 만들어낸다. 핵심 신념, 격정의 감정적 충동, 고착이라는 사고 습관, 그리고 내면 비평가 모두 무의식적으로 공모해서 정체성 삼각형을 강화시킨다.

5유형에 대한 추가 정보

스트레스 원인

나의 가장 큰 스트레스 원인은 다른 사람들의 감정적 요구이다. 특히 내 시간과 힘을 많이 빼앗길수록 스트레스는 커진다. 나는 원래 내가 쓸 만큼만 힘을 비축해 놓기 때문에, 다른 사람들에게 너무 많이 써 버리면 금세 에너지가 떨어질 것이다.

가장 수축되거나 경직될 때 나타나는 반응

모든 것이 나에겐 의미가 없다.

나는 모든 것으로부터 나 자신을 단절시킨다.

나는 인생의 어두운 면에 관심을 갖는다. 때로는 다른 사람들에게도 그렇게 하라고 다그친다.

5유형과 관련된 다른 성격 유형

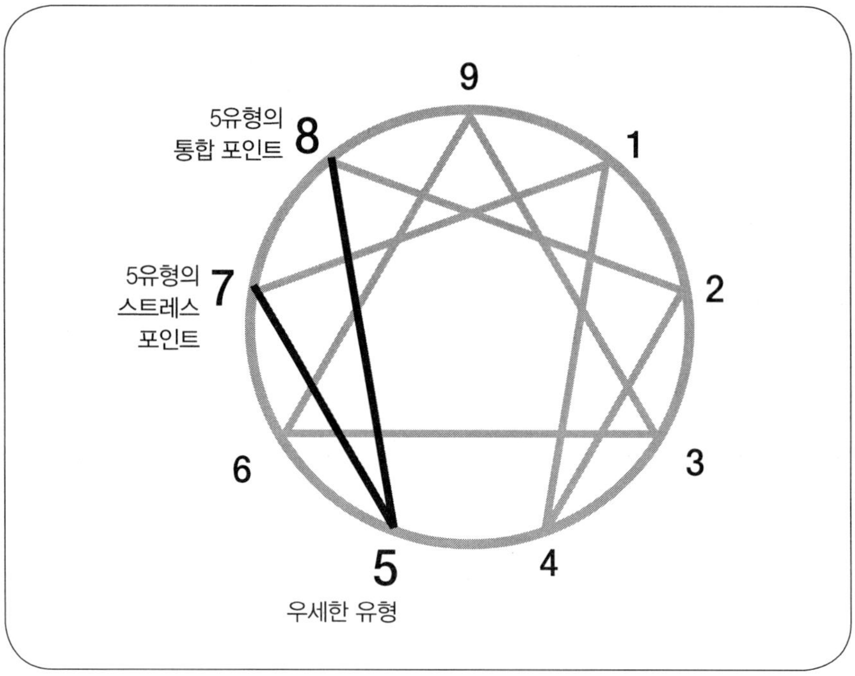

모델 8-3: 5유형의 스트레스 포인트와 통합 포인트

5유형 사람들은 스트레스를 받으면 7유형의 특성이 나타난다. 7유형은 5유형의 스트레스 포인트이다. 7유형에 대한 자세한 정보는 10장에 나와 있다. 특히 7유형의 일반적 행동과 '패턴에 대한 주목과 관찰'을 주의 깊게 읽어보면 좋다.

자아의 숨겨진 차원을 포함하여 5유형의 통합 포인트는 8유형에서 설명하고 있다. 8유형에 대한 자세한 정보는 11장에서 다루고 있다. 5유형의 통합 포인트를 이해하려면 특히 8유형의 '재능'과 '최고 수준의 행동' 부분을 자세히 살펴보면 좋다. 5유형의 자아의 숨겨진 차원은 11장에서 언급한 8유형의 일반적 행동을 검토해보라.

에니어그램은 또한 반대 방향으로도 작용하기에 자신의 우세한 유형을 찾을 때 고려하기 바란다. 5유형은 8유형에게 스트레스 포인트이고, 7유형에게는 통합 포인트이다.

여정을 방해하는 패턴 알아차리기

패턴에 대한 주목과 관찰

여기에서는 5유형 성격 구조에 나타나는 패턴을 살펴보고자 한다. 이 패턴들은 당신이 나쁘거나 잘못했다고 평가하기 위한 것이 아니고 유용한 정보를 제공하며 당신을 일깨우는 여정에서 이정표가 될 것이다. 아울러 이 패턴들은 확실하고 직접적인 방법으로 당신이 경험하는 핵심을 의식하고 핵심에 닿을 수 있도록 도와준다. 그 결과 당신은 특정하고 습관적이며 힘들게 하는 전략들을 이완시킬 수 있고, 이는 당신을 더욱 현존하고 열려있으며 자유롭게 할 것이다.

1. 내면 세계의 아이디어에 초점을 맞추는 패턴

자신의 '정신 세계' 속으로 빠져드는 당신의 패턴을 살펴보라.

5유형 사람들은 외부 상황이나 자기 자신과 직접적인 관계를 맺는 것으로부터 벗어나고 싶어 하는 경향이 있다. 그들은 현실에 참여하는 대신에 분석하고 비교하며 평가하고 모델링하여 정신적 해석으로 대체한다. 따라서 그들은 자신의 머릿속에 만들어 놓은 세상의 모델과 정신 세계 밖에서 사는 것을 혼동하기 쉽다.

혹시 내면 세계의 아이디어에 푹 빠져서 바깥 세상에서 어울리며 인생을 사는 것보다 더 많은 시간과 에너지를 쏟고 있는 것은 아닌지 잘 살펴보라.

2. 준비된 사람이 되기 위해 준비하는 패턴

당신이 기반의 전부를 알고 있다는 확신이 들지 않아서 업무나 프로젝트를 제대로 마무리하기 어렵다는 것을 당신은 알아차릴 수 있다. 다른 사람들이 프로젝트를 이제 마무리하라고 요구하는 순간마저도 당신은 보다 더 연구하거나 읽고 싶어 한다. 심지어 그들의 당연한 요구가 압박처럼 느껴진다.

당신은 그렇게 많은 연습에 연습을 하고도 최종 발표에 나서는 것을 주저하는 자신을 발견할 수 있다. 아마도 당신은 이미 완성한 그림에 덧칠을 하거나 원고를 한 번 더 수정하는 자신을 발견할 수 있을 것이다. 5유형 사람들은 충분히 준비되었다고 생각하기 힘들다. 당신이 5유형이라면 스스로 이렇게 질문하라. '도대체 언제 충분할까?'

3. 최소화가 최선이라고 하는 패턴

모든 욕구를 최소화 시키고 있는 당신의 패턴을 살펴보라.

혹시 식사 때를 놓친 적이 있는가? 잠잘 때나 화장실 갈 때는? 당신은 일상적인 활동에 관심을 두는가? 당신이 바깥 세상에서는 거의 잊혀진 특별한 주제의 작업을 위해 정신적 설명을 만드는

데 몰두하고 있을 때를 알아차려라. 어쩌면 당신은 당신의 몸이 현실에 존재하지 않는 줄 알거나 짐처럼 볼 수 있다.

당신은 자기의 정신 세계에만 집중하는 에너지를 더 사용하면 할수록 더 강렬해지고 더 불안한 기분을 느낄 수도 있다.

만약 이러한 패턴이 당신에게 두드러지게 나타난다면 다음과 같은 패턴이 나타나는지 살펴보라.

- 사람들과 있으면 마음이 더 불안해지거나 사람들을 선동하고 싶어진다.
- 당신의 시간과 에너지를 나누는데 인색하고 다른 사람들과 나누는 것을 꺼려한다.

4. 전문가 역할을 맡고 싶어하는 패턴

주어진 주제에 대한 전문가가 되고 싶은 마음은 5유형의 사람들이 사회적 상황에서 느끼는 어색함에 대한 일종의 보상이다. 5유형 사람에게는 전문가가 사회적 정체성이고, 인간관계의 바탕이다.

물론 다른 유형의 사람들도 전문가가 될 수 있다. 하지만 5유형의 사람들은 다른 사람보다 더 많이 알아야 하고, 자신이 알고 있는 것을 다른 사람에게 알려줘야 한다는 부담감을 느낄 때를 알아차리는 것이 유익하다. 한 주제에 대해 통달한 것을 보여주는 것은 당신의 취약한 부분을 덮어 주는 일종의 가면이기도 하다.

회의나 사회적 모임에서 주로 말하고 설명하는 사람이 당신이고, 타인의 관점에는 별다른 주의를 기울이지 않는 모습을 발견할 수 있다. 당신은 다른 사람과 당신의 전문 분야에 대한 이야기를 할 경우에 논쟁을 벌이거나 그들의 의견을 일축하거나 폄하할 수도 있다.

노트: *특히 5유형들은 주목noticing한다는 것이 정신적 실습이 아니라는 것을 기억할 필요가 있다. 정신적 실습은 알아차림을 극대화하는 구체화된 실습이다. 즉 신체에 대한 인식, 감정적 경험에 대한 인식, 정신을 사용하는 패턴에 대한 인식 등이 그것이다. 특히 주의할 점은 '관찰' 자체에 대해서만 생각하지 말고, 당신의 '생각'과 약간 거리감을 유지한 채, 연민의 마음을 담아 객관성이라는 새로운 차원으로 대상을 바라보는 것이다.*

당신의 능력을 키워줄 효과적인 훈련 방법

아래의 능력 키우기 연습들은 당신이 참된 본성으로 돌아가도록 도울 것이다

1. 호흡법/명상/마음 챙김mindfulness을 통해 마음mind을 고요하게 하라.

정신적 활동하기가 언제 일어나는지 살펴보라. 당신이 계속되는 번잡한 정신적 소음을 알아차릴 때 호흡으로 돌아오라. 들숨과 날숨을 통해 몸 안에 만들어지는 감각의 변화를 느껴보라. 물론 처음에는 어색하고 조금 불안한 느낌도 있다. 하지만 반복해서 몸의 감각을 직접적으로 느끼다보면, 곧 정신적 활동을 상쇄시킬 수 있을 것이다.

2. 몸을 발견하라. 움직임을 통해 몸을 깨워라.

합기도, 기공체조와 같은 의식적인 움직임이 있는 운동은 정신과 신체 사이의 내재된 연결에 집중하도록 도울 것이다. 당신에게는 처음 해보는 일이기 때문에 몸과 연결된다는 사실이 낯설고 심지어 두려울 수도 있다.

이 방법은 당신이 실천할 수 있는 가장 심오한 훈련이다. 당신의 몸과 강한 유대감을 계발하라. 당신의 신체를 인식하는 것은 진정한 자유의 초석이 될 것이다.

당신의 몸은 엄청난 지성의 원천이다. 감각을 통해 몸의 언어를 경험하는 것을 배움으로써 당신은 당신의 레퍼토리에 눈부신 차원의 지성을 추가한다.

3. 당신이 세상과 분리되어 있다는 믿음에 수긍하려는 경향을 '공정한 목격자'로서 판단 없이 관찰해 보라.

당신이 가지고 있는 호기심으로 당신이 확신하고 있는 것에 의문을 제기해 보라.

당신의 신념을 점검하는 과정에서 공정한 목격자로서 중립적으로 관찰하려고 노력해 보자. 몸에서 일어나는 감각과 마음에서 올라오는 감정에 관심을 기울여보자.

당신의 호기심은 당신 자신을 이해하는 여정에서 엄청난 선물이다.

혹시 자신을 탐구하는 여정에서 답을 얻지 못한다고 해도 그 상황을 기꺼이 받아들일 수 있겠는가?

4. 당신이 삶에서 무엇을 간과했는지 살펴보라.

당신은 삶의 어떤 영역과 단절되어 있는가? 친구? 돈? 자신을 돌보는 일? 집안을 살피는 일? 분명히 당신이 간과한 부분이 있을 것이다.

한 번에 한 영역씩 찾아서 자신의 그 부분을 다시 계발하기 위해 작은 발걸음을 떼어 보기 위해서 에너지를 집중시켜보라.

어떤 부분은 무척 낯설게 느껴질 것이다. 그럴 때는 위험을 감수하고라도 도움을 받을 만한 다른 자원이 있는지 찾아보라. 물론 도움을 받을 만한 전문가들이 많겠지만, 믿을만한 친구에게 도움을 청해보는 것도 좋은 방법이다.

고맙게도 당신을 도와줄 수 있는 사람은 생각보다 훨씬 많다는 것을 발견할 수 있다.

5. 정신적 지식을 갖는 것보다 당신의 내면을 알아가는 경험을 즐겨 보라.

당신이 보다 더 중심이 잡혀 있으면, 당신의 '정신적 구성', 즉 지식을 넘어서는 다른 형태의 '앎'을 접하게 될 것이다. 당신이 엄청난 인류 공동체의 일원이라는 믿음이 강해지면서, 당신은 직관적인 앎으로부터 나오는 지혜가 점점 더 깊어질 것이다.

치유와 진화의 길

이 책의 주요 주제는 에니어그램으로 작업을 하면서 당신의 참된 본성을 깨우도록 돕는 것이다. 에니어그램은 당신을 치유와 진정한 변형의 여정으로 초대한다. 우리 중 대부분은 깨어나는 여정에 인내와 신뢰와 믿음과 함께 오랜 시간이 걸리고, 이것은 가능한 한 현존에 머무름으로써 이루어진다. 3부에서는 유형에 관계없이 모두를 위해 유익하고 지원하는 과정을 소개할 것이다.

물론, 각 유형의 사람에게 필수적인 특정한 과정들이 있다.

만약 당신에게 5유형이 우세하다면, 치유와 진화의 여정은 다음과 같은 내용을 포함한다.

삶을 관찰만 하지 말고 직접 체험하라. 당신의 몸과 직접 접촉하라. 몸으로 직접 체험하며 얻는 지식이 당신을 확장하며 깨닫게 하도록 허용하라. 결코 당신의 앎의 감각sense of knowing은 줄어들지 않는다. 오히려 지식의 더 많은 자원에 접근하게 될 것이다.

당신이 많이 요구할 수 있으며, 어렵고 격식을 차리는 사람이 될 수 있다는 것을 알아차려라. 당신은 언제든지 마치 8유형의 성격에 사로잡힌 것 같은 모습을 보일 수 있다. 틀림없는 사실이다. 당신은 자신이 세상에서 많은 자리를 차지하지 않는다고 생각하겠지만, 실제로 당신은 타인에게 침범할 때가 분명히 있다. 솔직히 이런 뜻밖의 사실을 받아들이기는 쉽지 않다. 당신의 숨겨진 자아의 차원에 대한 발견이기도 하다. 그러나 계속적으로 받아들인다면 당신은 내면의 힘을 알아차리도록 도울 것이다. 이러한 힘의 원천으로부터 당신은 권위와 실체substance로 이 세상 안에서 여기에 존재할 수 있다.

> **상기할 점:** 자아의 숨겨진 차원은 주로 통합 포인트의 일반적 행동이나 힘들 때 나타나는 특성에서 찾을 수 있다.

당신이 몸과 더 깊이 닿게 되면, **당신 가슴의 부드러움을 신뢰하기 시작할 것이다.** 다른 사람과 가슴을 통해 진정한 연결을 할 수 있는 능력은 당신의 인생과 관계를 더욱 달콤하게 할 것이다. 인류 공동체의 확실한 일원으로서, 당신의 진정한 참여에 대해 다른 사람들은 분명히 존중과 감사의 마음을 보낼 것이다.

당신은 지금 이 순간에 더 현존하고 굳이 모든 **상황을 이해할 필요는 없음을 알아차리게 된다.** 당신의 직관적인 앎과 연결되면, 당신은 필요한 때에 당신이 필요한 지식에 접근할 수 있다. 당신의 직관적인 본성에 대한 신뢰와 신성한 앎으로 연결된 능력에 대한 신뢰는 커질 것이고, 그 신뢰는 당신을 지지한다.

지금 여기에 당신을 둘러싸고 있는 모든 것이 얼마나 위대하고 경이로운지 당신은 알게 된다.

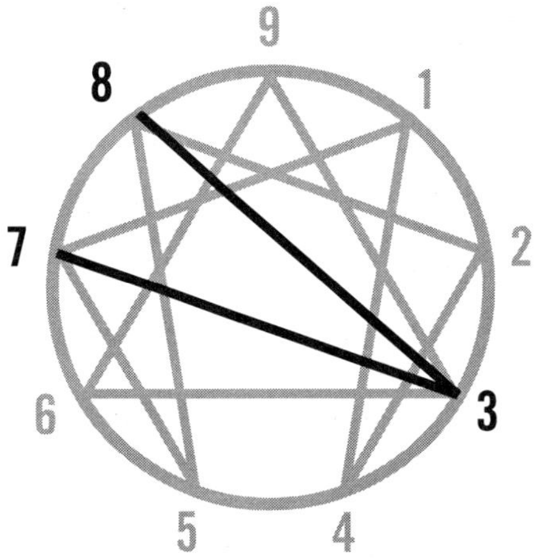

사회적 스타일 집단 Ⅱ

확신하고 자신감 있는 그룹-3, 7, 8유형

공통 주제

인간관계에서 발생할 수 있는 스트레스 요인을 대처하는 한 가지 전략은 관계와 소통, 갈등 혹은 의사결정 상황에서 자신의 파워와 영향을 행사하고 주장하는asserting 것이다.

주장하는 3, 7, 8유형의 사람들은 자신의 성격에 사로잡혀 있을 때, 외부 지향적이고 확장하는 에너지를 가진 공통적인 성격 구조를 공유한다. 이들은 보통 직접적으로, 때로는 강력하게 소통을 한다. 그들은 자신이 원하는 것을 추구하고, 그것을 얻을 때까지 주장한다. 사람들은 어떤 공간에서도 가장 자신감 있는 유형assured-type이 누군지 쉽게 파악한다. 그들의 목소리와 웃는 소리가 커지는 경향이 있고, 자신감과 확신을 가지고 움직이며 개인적인 영향을 드러낸다.

> **노트:** *일상적인 대화에서 이런 자신감은 때로는 현존하는 것처럼 보이지만, 이것이 우리가 의미하는 현존은 아니다. 현존은 개인의 습관적인 패턴에 매이지 않는 것을 말한다. 자신감 있게 주장을 펼치는 것 또한 자동적인 패턴일 수 있다.*

만일 당신이 3, 7, 8유형이라면, 사람들에게 주목받을 때 편안하게 보이지만 다른 사람들과는 정서적으로 거리를 둔다. 감정은 복잡하고 통제할 수 없기에 가슴을 열어두는 것이 어려우며 그것은 반갑지 않은 취약한 느낌을 준다. 자신감 있는 유형들은 종종 자신들이 존재할 때에만 중요한 일이 생긴다고 속으로 느끼기에, 어떤 일이 일어나게 한 것에 대한 책임을 느낄 수도 있다.

직접적이고 자신감 있으며 명료한 의사소통 능력은 그들이 가진 건강한 특성이다. 그러나 주장 전략assertive strategy이 자동적이고 습관적인 패턴일 때, 원하는 것은 가질 수 있을지라도 감정적인 비용이 너무 크다. 이런 전략은 다른 사람들뿐만 아니라 자기 자신과도 거리감을 두게 한다. 이러한 외부지향 전략은 자신의 내면의 삶을 인식하기 어렵게 한다.

일반적으로 다른 사람들은 이러한 성격 구조가 우세한 사람들이 엄청난 에너지를 가지고 추진하며 밀어붙인다고 생각한다. 호나이Horney는 이러한 전략을 '상대를 밀어붙이기' pushing against others라고 부른다. 이 에너지의 강렬함은 상처를 받는 것으로부터 보호하고 세상에서 자신이 원하는 것을 자유롭게 행할 수 있도록 이끈다.

만약 당신이 이런 유형 중에 하나라면 양날의 칼 딜레마double-edged dilemma를 갖게 된다. 많은 문화권에서 이런 에너지는 특권이나 지위, 혹은 경제적 부로 보상받는다. 따라서 주장하는 에너지는 성격과 문화라는 두 가지 요소로 인해 강화되고, 그것에 대해 문제를 제기하는 것조차도 반직관적으로 보인다.

3, 7, 8유형의 사람들에게 자신을 찾는 내면 여행에서 중요한 부분은 '앞으로 전진하고 그것을 가지려고 하는 것' 에서 벗어나 '자신의 소중한 가슴을 여는 것' 으로 나아가는 것이다.

9장

3유형의 인간적 조건과 의식: 성취가

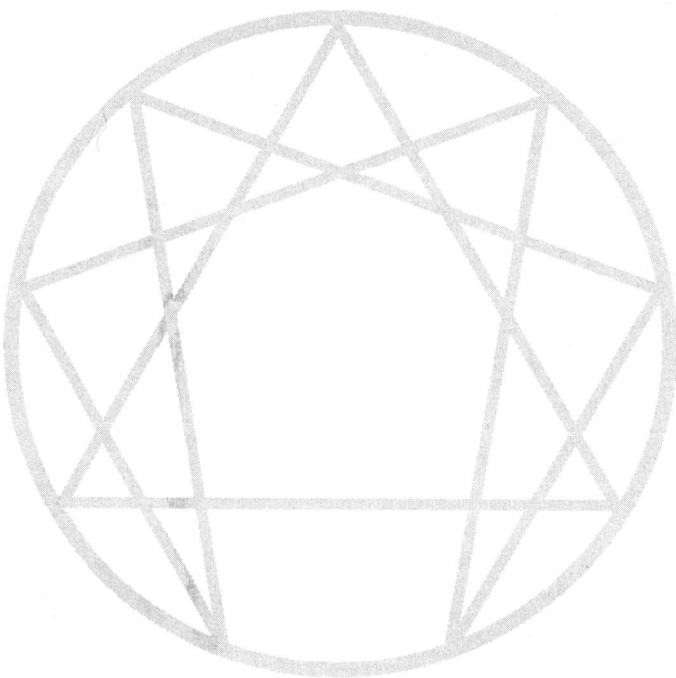

자기계발과 평생학습의 중요성을 잘 알고 있는 디앤DeeAnn은 코칭을 받으러 왔습니다. 에니어그램을 자기 성장과 자신의 업무인 국제 컨설팅 비즈니스에 적용하고 싶었기 때문입니다. 그녀의 끊임없이 하는 일과 높은 기준은 고객들을 만족시켰고, 그녀의 가족을 부양하고 편안한 삶을 누리는 데에 충분한 수입이 되었습니다. 그녀는 지금에서야 자신이 강하게 밀어붙이는 스타일이라는 것을 알았습니다. 게다가 자녀들에게는 잦은 출장으로 인해 그녀가 줄 수 있는 것보다 더 큰 관심이 필요했습니다.

코칭을 받으면서 디앤은 다음과 같은 사실을 알게 되었습니다.

- 자신이 모든 분야에서 얼마나 경쟁적인지 알게 되었습니다. 그녀는 인생에서 어떤 일이든 보통 수준으로는 만족한 적이 없었다는 것을 기억했습니다.
- 사람들에게 자신의 성공을 인정받는 것이 얼마나 중요한지 알게 되었습니다. 그녀는 축하와 보상을 받는 순간에도 만족감은 곧 사라지고, 또 다시 확실하게 인정받을 다른 것이 필요했습니다.
- 사람들이 자신에게 기대하는 것에는 무엇이든 빠르게 적응하는 능력이 있다는 것을 알게 되었습니다. 최고의 엄마, 최고의 컨설턴트, 최고의 고객, 최고의 요가 학생으로.
- 그녀가 자기 자신에게 얼마나 힘들게 하는지 알게 되었습니다. 그녀는 자신에게 쉬는 시간을 준 적이 한 번도 없었습니다.

그녀는 자기관찰 능력을 갖게 되면서부터 항상 최고로 인정받기 위해 얼마나 힘들게 일했는지 보기 시작했습니다. 그녀의 인생 전체가 그러했습니다. 지금까지 무의식적으로 자신을 힘들게 몰아붙였다는 것을 깨닫는 순간 엄청난 슬픔이 밀려 왔습니다.

디앤을 위한 코칭의 주안점은 그녀의 가슴과 새로운 관계를 계발하는 데 초점이 맞추어져 있었습니다. 그녀는 외부 목표를 설정하고 달성하는 데 익숙해져서, 처음에는 자신의 기쁨과 즐거움을 추구하는 것이 남의 일처럼 멀게만 느껴졌습니다. 그녀의 첫 번째 단계는 자발적으로 자녀들과 즐거운 시간을 더 갖기 위해 삶의 속도를 늦추는 것이었습니다. 그녀가 어렸을 때 악기를 연주하는 것을 얼마나 좋아했는지 기억해내고 오랫동안 잃어버린 즐거움을 되찾기 위해 플루트 수업에 등록했습니다. 누군가에게 보여주기 위한 것이 아니라 온전히 그녀 자신의 즐거움을 위한 것이었습니다.

3유형이 경험하는 내적 일관성

당신의 참된 본성

만일 당신이 3유형이라면, 당신의 영혼은 당신의 삶, 다른 사람의 삶, 그리고 모든 것에 존재하는 귀중함preciousness에 자연스럽게 끌릴 것이다. 당신은 만물의 본성에 내재하는 반짝이는 광채sparkling radiance를 인식하고, 당신의 참된 본성의 영광glory과 빛 안에서 기쁨을 누릴 것이다. 당신의 가슴은 달콤함sweetness과 공명하고, 당신의 가치는 단지 존재 그 자체에 내재되어 있다는 것을 깨닫는다.

당신의 참된 본성과 닿아 있지 않으면, 아마도 당신은 인생의 귀중함과 가치를 경험하기 위해서 아무 것도 하지 않아도 된다는 사실을 아직 알아차리지 못할 수 있다. 당신의 가슴은 참된 아름다움magnificent과 진정한 자신으로 인도할 것이다. 당신은 진정으로 기분 좋은delicious 존재가 되기 위해 사람들에게 무엇인가를 행하며 감탄과 인정을 받지 않아도 된다.

당신의 인생 이야기: 당신의 내면이 세상과 관계 맺기

당신의 자아 개념과 당신이 세상에서 차지하는 위치는 이미 어린 시절에 일찌감치 결정되어 있다. 당신이 자신의 경험들을 어떻게 내면화했는지에 따라 자기 자신과 타인 및 당신의 존재 방식에 관계 맺는 특정한 방법에 영향을 주었다. 만일 당신이 3유형이라면 지금부터 하는 어린 시절의 내적 경험에 관한 이야기가 무척 친숙하게 들릴 것이다.

> *당신은 어린 시절부터 사람들의 기분을 잘 맞췄습니다. 당신은 직관적으로 부모, 특히 당신을 주로 키워 준 사람으로부터 채워지지 않은 욕구로 인해 실망했습니다. 당신은 그분과 깊은 유대 관계가 있어서 자기 스스로 적응하려고 무엇이든지 했습니다. 그래서 그분을 기쁘게 해주고, 연결된 상태로 있었습니다.*
>
> *당신의 부모는 당신이 할 수 없는 것은 아무것도 없다는 확신을 심어주었습니다. 당신은 '우리는 전폭적으로 너를 지지한다. 너는 훌륭하게 될 거야. 너는 우리의 스타거든.' 이라는 말을 들어왔습니다. 곧바로 당신은 무엇이든 시도만 하면 높은 수준을 성취하고 성공해야 한다고 믿기 시작했습니다. 사실, 당신은 최고여야 했습니다. 만약 학교나 다른 대중적인 행사에서 최고가 되지 못하거나 성공할 수 없다고 느꼈을 때, 당신은 그냥 집에 있었음을 아마도 기억할 것입니다.*
>
> *사랑받는 느낌은 이런 기대들에 부응하는 것에 달려있었습니다. 당신은 무언가 아주 잘했을 때 당신의 존재와 행동이 가치가 있다는 것을 경험했습니다. 하지만 무엇인가를 잃어버렸습니다. 그것은 당신이 누구인가와 상관없이 성공한 당신만이 가치 있다고 자연스럽게 믿는 것이었습니다.*

당신은 가족의 영웅이었고 '내가 잘 하지 않으면 안 된다.' 라는 메시지가 내면화되었습니다. 당신은 식구들을 실망시키지 않으려고 '모든 것을 다 갖고 있는' 것처럼 보이기 위해 무엇이든 했습니다.

하지만 당신이 왜 그런 특정한 행동 방침을 정하였는지 확신하지 못했습니다. 당신이 자신을 위해 진정으로 원하는 것이 무엇인지 알기가 힘들었습니다. 사실 지금까지도 정말로 어려운 질문일 수 있습니다.

당신은 다른 사람들이 당신에게 원하는 것을 맞춰야 한다는 생각에 사로잡혀서 인생을 살아왔습니다. 깊은 감정을 느끼거나 마음을 따라가는 것이 괜찮다고 느낀 적은 결코 없었습니다. 이런 이면의 고통은 당신이 자신의 존재만으로는 결코 사랑받은 적이 없다고 느끼는 것입니다.

당신이 보지 못했던 것은 당신의 가슴이 스스로 알고 싶어서 갈망한다는 사실입니다. 당신은 존재만으로도 가치 있다는 것과 사랑받고 가치 있기 위해서 최고일 필요는 없다는 사실을 볼 수 없었습니다. 당신은 달콤하고 부드러우며, 당신을 위해 갈망하는 사랑스러운 마음을 이미 갖고 있습니다.

당신의 중대한 상실

당신은 어린 시절, 의식적으로 생각하고 말하는 능력이 채 생기기도 전에 엄청난 일을 겪었다. 당신의 영혼이 진심으로 사랑한, 당신의 본성으로부터 분리되는 아픔을 경험한 것이다. 상실이라는 견딜 수 없는 고통과 함께 에고의 구조가 형성되기 시작하였고, 그 에고는 일찌감치 잃어버린 것들 때문에 생긴 아픔에서 당신을 보호해 주었다.

당신의 에고는 당신의 참된 본성을 따라하며 흉내를 내지만, 절대로 똑같아 질 수 없다는 것을 알고 있다. 그래서 3유형의 성격 구조는 '가치를 창출' 하고 '탁월함을 위한 능력' 을 재창조하려고 애쓴다. 에고는 탁월한 것이고, 당신의 인생에서 역할이나 기능이 무엇이든 정점에 도달하려고 자신을 끊임없이 몰아붙이면서 당신의 가치를 높이도록 애쓰는 일을 생각한다. 물론 에고의 가치는 많은 문화 및 기업, 환경에 의해 강화되면서, 에고가 제대로 올바른 일을 하고 있다는 느낌을 확대시킨다. 에고가 이렇게 진정으로 중요하다고 느껴질 때, 당신은 가슴으로부터 나오는 진실성 authenticity과의 접촉을 잃어버린다.

3유형이 가진 중대한 상실의 고통: 자신 안에 내재된 가치의 결핍감이다. 당신 자신이 아름다운 가슴에서 단절되었기에 당신의 가슴에는 아무것도 없다는 느낌이 든다. 그곳에는 단지 공허만이 존재한다. 당신이 마치 가짜인 것처럼 쉽게 느껴질 수 있다.

3유형의 내면 논리와 정체성 삼각형

3유형의 핵심 신념

핵심 신념은 에고의 신념을 지지하는 정보만을 선별해서 받아들이는 무의식적인 필터이다. 불행하게도 무의식적으로 작동하는 이 필터는 대안적인 시각들을 제공하는 자료들을 놓치거나 지워버린다. 이 신념은 삶의 개인적인 관계를 형성하는 중요한 작동 원리로 기능한다.

각각의 핵심 신념은 우리가 연민을 가지고 인식의 빛으로 나올 때까지는 진짜처럼 느껴지는 거짓이다. 그래서 친절과 진솔함으로 이 신념에 접근하는 것이 매우 중요하다.

3유형의 핵심 신념은 당신의 가치는 성취로부터 온다는 것이다. 당신은 단지 몇몇 분야뿐 아니라 대외적으로 보이는 모든 부분에서 탁월해야만 한다고 생각한다.

당신은 당신의 성과에 의해 사랑받는다고 믿는다. 당신 스스로의 존재만으로는 결코 만족할 수 없다는 생각에 당신은 하나의 목표 달성 후에 다른 것을 성취하려는 방향으로 끊임없이 움직인다.

인생을 일종의 콘테스트로 생각하고, 자신이 가장 많은 보상을 받아야 하며, 이겨야 하고, 정상에 오르려고 분투한다.

당신의 삶에서 이러한 핵심 신념은 어떻게 나타날까? 다음 문장은 3유형인 당신의 생각과 언행을 잘 설명해 줄 것이다.

- 나의 다음 목표는 무엇인가? 목표가 없다면 나는 실패자이고, 어떤 진정한 가치도 없다.
- 좋아, 훌륭하게 해내자. 나는 사람들에게 내가 힘들어 하는 모습 또는 잘 해내지 못하는 모습을 보여 줄 수 없다.
- 나는 팀의 리더가 되거나 수업(피아노, 수영, 판매원, 대표)에서 최고로 인식되기 위해서는 무엇이든 한다. 내 역할이 무엇이든 최고가 되지 않을 이유는 없어.
- 오늘 밤에는 쓰러져도 내일은 다시 일어날 거야.

이러한 핵심 신념이 당신의 정체성 삼각형을 만든다. 이 삼각형은 당신이 어떻게 살고 있는가에 대한 간략한 예시를 제시할 것이다. 지금부터 하는 설명이 당신의 경험과 얼마나 잘 맞는지 생각해 보기 바란다.

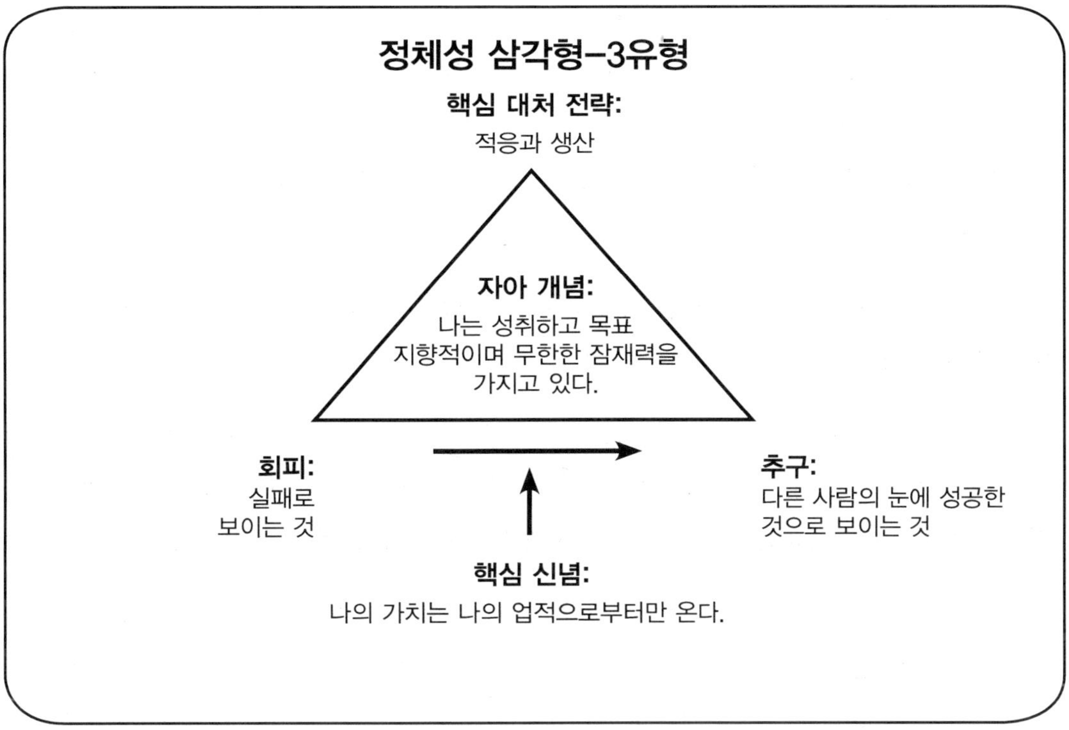

그림 9-1: 3유형의 정체성 삼각형

그림 9-1은 3유형의 성격 구조를 가진 사람이 내면 논리를 어떻게 인식하고 있는지를 보여준다.

나는 다른 사람들 눈에 성공한 것으로 보이는 것을 추구합니다. 나는 내가 가치가 있다고 여기는 사람들의 눈에 높은 평가를 받는 것을 목표로 정합니다. 내가 성공적으로 완수해야 할 목표가 너무 많아서 끝이 없는 것처럼 보입니다. 내가 얼마나 많이 성취한 것과 상관없이 항상 더 많은 목표를 향해 좇아갑니다. 심지어 인정받는 순간에도 만족은 오래 가지 않으며, 곧바로 내가 가치가 있다는 느낌을 강화하기 위해 더 많은 인정을 필요로 합니다.

나는 실패로 여기는 것, 즉 사람들이 가치 있다고 여기는 목표에 도달하지 못하는 것을 회피합니다. 실패는 나의 존재만으로는 아무런 가치가 없다는 깊은 신념을 강화하고 경험하게 합니다. 내가 성공할 좋은 기회가 없다면 그 상황 자체를 회피합니다. 합격할 수 없을 것 같으면 학교 공연 오디션에 참여하지 않고, 1등을 못할 것 같으면 육상 대회에 나가지 않거나 합격할 수 없을 것 같으면 내가 좋아하는 일자리에도 지원하지 않습니다. 실패를 처리하는 것은 인생에서 가장 어려운 부분입니다.

어떤 환경에 있든 잘 적응하여 결과를 만들어내는 방식이 나의 대처 방식입니다. 나는 스스로 상황에 맞게 나의 다른 모습을 보여줍니다. 내가 속한 팀의 생산성이 높은 구성원으로, 가장 유연하고 완성도가 높은 요가 학생으로, 다시 자애롭고 영감이 있는 여주인으로 재빠르게 변신할 수 있습니다.

이러한 대처 방식을 통해 나는 나의 취약함이 드러나는 상황은 회피하고 나의 성공을 인정하는 상태를 만들도록 구조화하면서 살아왔습니다. 인정받는다는 것은 나를 행복하게 만드는 것처럼 보이지만 결코 오래 지속되지는 않습니다. 나는 나 자신을 위해 목표를 설정하고 탁월한 방법으로 목표를 달성하기 위해 무엇이든 하며 한 번 달성하면 바로 다른 목표를 세웁니다. 내가 원하는 사람들이 나를 좋게 봐주기 바라는 마음에 때로는 과장하기도 합니다.

만약 내가 유능하고 성공적인 사람으로 보일 수만 있다면, 적어도 그 순간에는 나에게서 가치를 느낄 수 있습니다.

결국 이 모든 것은 나 자신을 능력 있고 목표 지향적이며 무한한 잠재력을 가진 사람으로 보게 했습니다. 하지만 이러한 자아 개념은 결국 한계를 갖게 합니다. 이는 내가 경험하는 수많은 것들을 인정하고 감사하는 것으로부터 나 자신을 멀어지게 만듭니다.

목표를 정하고 이루는 것은 나의 긍정적인 특성이지만 지나치게 사용하면, 그것은 가슴의 깊은 욕구를 알아차리고 삶을 거대한 그물의 부분으로 느낄 수 있는 나의 능력을 제한합니다. 인생의 모든 에너지를 성공에만 지속적으로 쏟아 붓는다면, 나는 진정으로 충만한 삶을 살지 못하게 됩니다.

3유형이 깨어났을 때의 능력: 진정성과 진실한 마음

당신의 가슴과 진정으로 닿아 있으면 당신은 자신과 타인의 부드러움과 달콤함, 그리고 자기 내면의 귀중함을 경험하게 된다. 삶의 속도를 늦추고, 당신의 내면 감정들을 표면으로 드러내며, 당신 가슴의 욕구에 맞추어져 있을 때, 당신 자신의 진실과 진정성을 직접 경험하게 된다. 당신의 가슴 에너지와 계속 닿아있는 것은 결국 당신의 내재된 가치를 인정하도록 한다. 당신의 가슴과 진정으로 닿아있다고 당신의 탁월한 능력이 없어지는 것은 아니다. 당신 자신을 끊임없이 몰아붙이던 충동만이 사라질 뿐이다.

당신의 타고난 능력과 접촉을 잊어버리고 상실했을 때, 당신은 다람쥐처럼 쳇바퀴 생활을 하고, 당신이 받을 칭찬도 아닌데 그 칭찬을 요구하기 시작한다. 당신은 다른 사람이 기여한 사실들을 무시한 채, 당신의 성공이 오로지 당신 능력 덕분이라고 생각한다. 이렇게 외부에만 초점을 두는 것은 당신의 가슴이 원하는 것을 잊어버리도록 한다.

그러나 당신의 가슴과 닿아있는 것이 단순히 또 다른 목표가 되지 않도록 조심하라. 역설적이게도 당신의 가슴과 깊게 연결되어 머무르는 것은 오히려 보다 더 자유로운 삶으로 가는 문을 여는 첫 번째 열쇠이다.

그림 9-2에 나타난 3유형의 빙산 모델은 이러한 특징을 잘 보여준다.

이 모델은 그 유형이 우세한 사람들이 갖고 있는 타고난 재능들의 확장된 특성들로 시작한다. 우리가 자신을 더욱 제한적으로 정의한 것을 알아차리고 이에 대한 집착을 놓으면 이러한 특성들은 자연스럽게 나타나고 점점 더 경험되어진다. 이 모델은 3유형의 사람들이 물결 위에서 보여주는 모습들을 이해하도록 돕고, 물결 아래에서 성격에 사로잡혀 있을 때 나타나는 행동이 어떻게 만들어지고 왜 나타나는지에 관한 내면의 역동도 쉽게 설명해 준다. 빙산 모델의 특성에 대해서는 앞서 5장에서 설명한 바 있다.

3유형의 성격 구조 해독

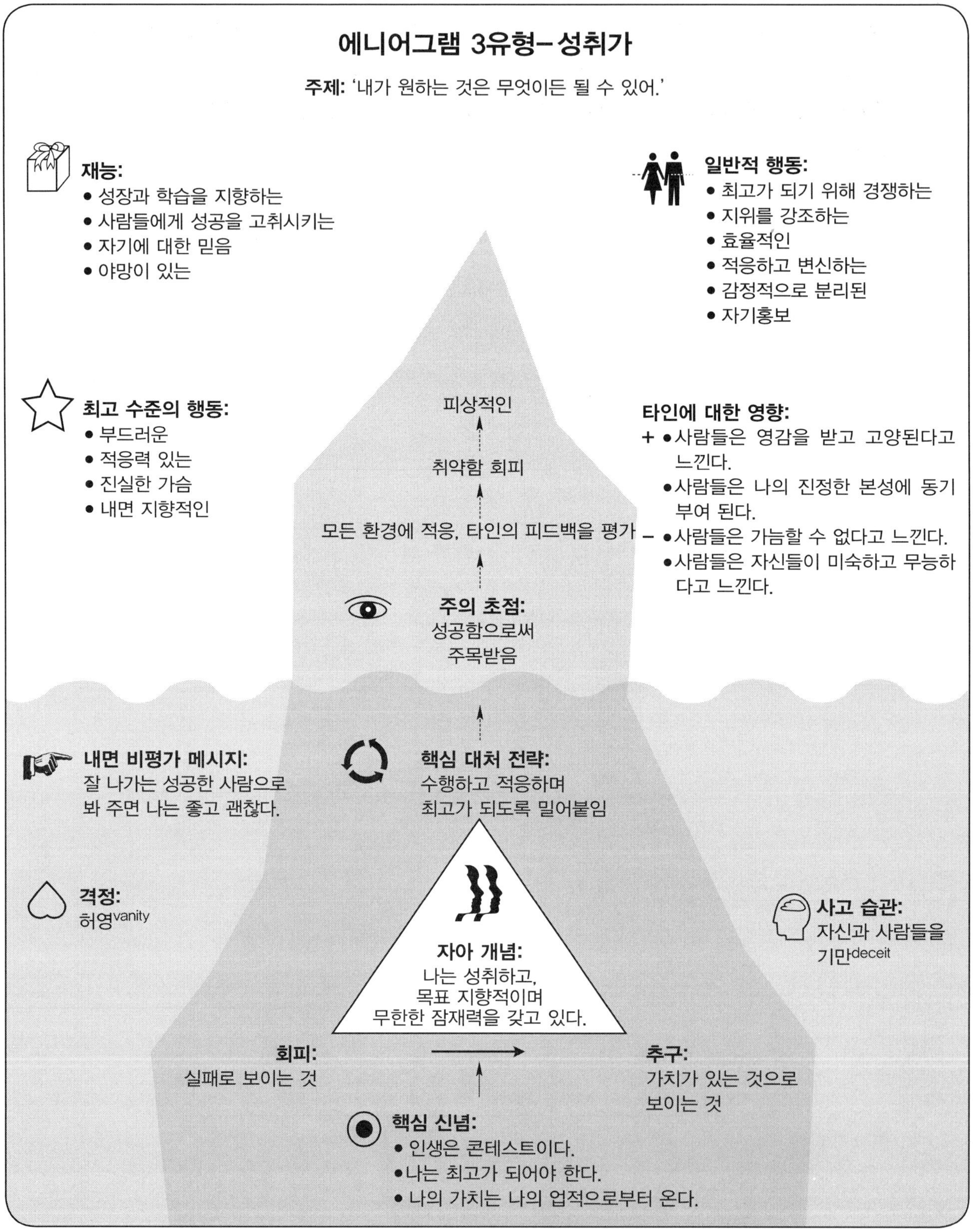

그림 9-2: 3유형의 빙산 모델

3유형의 주제

'내가 원하는 것은 무엇이든 될 수 있어.' 는 3유형 성격 구조의 주제이다.

물결 위의 모습

3유형의 재능, 일상 습관, 도전 과제

재능과 최고 수준의 행동(당신이 가장 건강하고 확장되었을 때)

나는 나의 성취를 통해 세상에 기여하고 나 자신을 계발하는 데 초점을 둔다.

나는 사람들이 최선을 다하도록 동기를 부여하며 고취시키는 데 탁월하다. 나는 좋은 역할모델이다.

나는 나 자신을 믿고 내 능력을 신뢰한다. 나는 성공을 위해 이런 천부적인 자신감을 사용한다.

나는 내 자신이나 사람들에게 손해를 끼치지 않으며 최고가 될 수 있는 능력을 갖고 있다.

나는 내 자신과 다른 사람들에게 부드러운 편이다.

나는 적응력이 강하고 다른 환경이나 상황 변화에 쉽게 적응할 수 있다. 그러면서도 나는 누구인가를 늘 기억하고 있다.

나는 진실하다. 나는 내면의 진심과 닿아있고 그것을 바탕으로 의사결정을 한다.

나는 내면 지향적이며, 나를 위해서 가슴이 움직이는 대로 주의를 기울인다.

일반적 행동(성격에 사로잡혀 있을 때 나타나는 특징)

나는 최고가 되는 것과 최고로 보이는 것이 무척 중요하다. 나는 인생의 모든 영역에서 최고가 되기 위해 경쟁한다.

나는 효율적이고 바로 앞에 있는 목표에 집중하며 우선순위가 아닌 일에는 에너지를 최소화한다.

나는 겉으로 보이는 것이 중요하다. 나는 나의 성취가 가져온 지위와 내가 하고 있는 일과 내가 갖고 있는 것을 잘 알고 있다.

나는 어떤 연약한 모습이라도 감추고, 모두 잘 되어가는 것처럼 보이기 위해 필요한 것을 행한다.

나는 사람들의 기대에 부응하기 위해서 자신을 계속해서 적응시킨다. 나는 카멜레온처럼 변신할 수 있고, 자신의 특정한 이미지를 다른 사람에게 투영할 수 있다.

나는 감정적으로 분리되어 있다. 감정은 너무 복잡해서 감정보다는 삶에서 앞서 가는 것을 강조한다.

나는 특별히 높은 지위와 명성을 가진 사람들의 눈에 훨씬 나은 모습으로 보이도록 나 자신을 지나치게 홍보한다.

주의 초점(성격에 사로잡혀 있을 때 내 주의가 머무는 곳)

***노트:** 여기에서는 3유형 사람들의 주의 초점이 계속 좁아질 때 나타나는 특징을 간단하게 설명하고 있다. 주의 초점이 얼마나 활성화 되느냐는 우리의 현존 정도에 달려 있음을 알아차리는 것이 중요하다. 우리가 현존하면 할수록 주의 초점은 좁아지기보다는 확장된다.*

나는 성격에 사로잡히게 되면, 성공한 사람으로 보이고 인생의 경주에서 정상을 차지하는 일에 초점을 둔다. 이것이야말로 나에게 가치있다는 느낌을 주고, 그 일에 많은 에너지를 쏟는다. 나는 인정받기 위해서 최고 수준의 결과를 만든다.

다른 사람들의 피드백이 나에게 더 중요해질수록, 나는 더 많이 사람들의 반응을 평가하고 특정 상황에 잘 맞게 적응한다.

물론 이런 일은 진정한 나 자신으로부터 멀어지게 한다. 나의 부드럽고 달콤한 본성과의 연결을 잃어버리고 점점 더 피상적이 되고 스스로 홍보하게 된다.

타인에게 미치는 영향

+ *긍정적인 영향*

- 다른 사람들은 그들의 더 높은 잠재력에 도달하도록 영감을 받으며 고양된다고 느낀다.
- 다른 사람들은 나의 진솔한 본성에 깊은 감동을 받는다.

− *부정적인 영향*

- 다른 사람들은 나의 기대와 예측에 미치지 못한다고 느낀다.
- 다른 사람들은 스스로 가치가 없거나 중요하지 않다고 느낀다.

물결 아래의 모습

3유형 사람들이 경험하는 내면의 역동을 이해하기 위해서는 물결 아래에 있는 모습을 잘 관찰해야 한다. 밑바닥에서부터 시작하여 위로 올라오면서 살펴보자.

3유형의 핵심 신념

이 핵심 작동 원리들은 눈에 보이거나, 보이지 않는 방식으로 인생의 많은 면들을 걸러낸다.

나의 기본 가치는 내가 만들어내고 성취한 결과로부터 나온다고 믿는다. 나는 한 분야뿐만 아니라 내가 관여하는 모든 영역에서 최고의 자리에 있어야만 한다.

나는 내 성과로 인해서 사랑받는다고 믿는다. 내 존재만으로는 가치를 찾지 못한다고 생각하기에 외적인 목표를 달성하는데 초점을 두려고 나 자신을 몰아붙인다.

정체성 삼각형

추구

나는 나에게 가치감sence of value을 주는 성공을 추구한다. 나에게 있어서 성공이란 내가 인정받는 것이며 나에게 가치가 있는 사람들 눈에 매우 적합한 목표를 달성하는 것을 의미한다. 목표를 설정하고, 그 목표를 향해 행동하며, 사람들에게 나의 성과를 인정받는 것은 내 인생에서 무척 중요하다. 이런 방식으로 살아가지 않는다면 삶을 어떻게 살아야할지 상상조차 할 수 없다. 물론 내가 인정을 받았을 때 조차도 그 효과가 무척 짧다는 것을 알고 있다. 나는 곧바로 나의 가치있는 느낌을 강화하도록 더 많은 인정이 필요해서, 또 다시 정상에 오르도록 자신을 지나칠 정도로 몰아붙인다.

회피

나는 사람들이 가치가 있다고 생각하는 목표에 도달하지 못하는 것은 실패이고 그렇게 보이는 것을 회피한다. 실패는 나의 존재만으로는 진정한 가치가 없다는 깊은 신념을 강화하고 경험하게 한다. 내가 성공하지 못할 것 같은 상황에 놓이는 것을 의도적으로 회피한다. 이전보다 높은 지위에 있는 고객을 위해 경쟁하거나, 연극의 주인공 오디션에 참여하거나, 마라톤에 도전할 때도 성공하지 못할 것 같으면 아예 시작하지도 않는다.

핵심 대처 전략

나의 핵심 대처 전략은 효율적으로 일하고, 사람들을 위해서 행동하며, 내가 처한 상황에서 어떻게든 성공하도록 다른 모습을 보여주는 것이다. 나는 인기 있는 동기부여 강사에서 독서클럽 최우수 멤버로 변신하기도 하고, 최고의 부모에서, NGO 단체를 위해 기금을 제일 많이 모으는 사람으로 빠르게 변모할 수도 있다. 나는 가족이나 가까운 동료들과 같이 친한 사람에게 그들이 최고가 될 것을 기대한다. 그들은 나의 가치를 반영하고 그들의 지위나 성취의 수준은 나를 반영한다.

자아 개념

나는 성취하고 목표 지향적이며 무한한 잠재력을 가지고 있다. 이것들은 긍정적 특성인 반면에 나 자신을 연약하게 만들지 못하고, 어떤 것이든 보통수준으로는 할 수 없게 한다.

격정

나는 나의 성취와 내가 이룬 성공, 내가 가진 물질적 풍요의 원천으로 보이기를 간절히 원한다. 나는 정상에 오르기 위한 승인과 인정을 받아야 한다. 나는 내 감정을 실제로 경험하는 것이나 영적 본성에 대해서는 주의를 기울이지 않는다. 이러한 격정이 바로 허영vanity이다.

상기할 점: 당신에게 우세한 유형이 무엇이든 상관없이 격정은 성격의 일부분이고 정서적 삶을 움직이는 동기이다. 격정은 마음의 상처를 덮어 감추고 삶을 대하는 감정적 반응을 만들어내는데, 그 결과 당신의 영혼이 사랑하는 것으로부터 멀어지게 한다. 이는 모든 성격 유형에 있어서 그러하다.

사고 습관

내가 지금 이 순간에 내 자신에 대하여 솔직하다면, 내가 누구인지에 대해서 나 자신이나 사람들에게 정직하지 않았다는 사실을 깨닫게 될 것이다. 나는 다른 사람들의 기대에 맞는 정체성을 만들어 내려고 어떤 특정한 가면을 쓴다. 결국 그 거짓된 가면을 믿기 시작하면서 나의 진정한 자아를 잊어버리게 된다. 다른 사람들의 관심과 인정을 받기 위해서 사람들이 원하는 대로 내 모습을 바꿀 수 있다. 이것이 3유형 사람들의 기만deceit이다.

상기할 점: 당신의 우세한 유형이 무엇이든 상관없이 고착은 성격의 일부분이다. 이것은 자신과 세상에 대해 고착화된 사고와 행동의 동기 요인이다. 고착은 현실에 대한 잘못된 인식을 강화시키고, 에고가 삶의 문제들을 자동적으로 의문 없이 해결하도록 함으로써 당신을 참된 자아로부터 멀어지게 만든다. 이것은 모든 성격 유형에 동일하게 나타난다.

내면 비평가 메시지

나의 유일한 가치는 성공하고 성취하는 것에 있다. 내면의 소리는 내게 성공을 통해서 사람들에게 인정받아야 하고 그렇지 못하면 실패자가 되어 나는 아무런 가치가 없는 사람이라고 주장한다. 만일 내가 어떤 노력에 대해서 외부의 인정을 받지 못한다면 나는 평가절하 되었다고 느끼고 인정받기 위해서 더 열심히 해야 한다고 생각한다. 내가 내면 비평가의 그물에 걸려 있는 한, 겉으로 드러난 목표를 달성하기 위해서 내 마음이 원하는 것을 희생시킬 것이고 결국은 내면의 공허함을 경험할 것이다.

위에 언급한 각각의 요소들이 내가 나 자신이라고 생각하는 전체 경험을 만들어낸다. 핵심 신념, 격정의 감정적 충동, 고착이라는 사고 습관, 그리고 내면 비평가 모두 무의식적으로 공모해서 정체성 삼각형을 강화시킨다.

3유형에 대한 추가 정보

스트레스 원인

나는 다른 사람들이 나에게 감정적으로 친밀하게 다가설 때 스트레스를 받는다. 그들에게 내 마음을 보여주는 것이 힘들기 때문이다. 아울러 모든 영역에서 성취해야 한다는 기대와 높은 지위와 성공을 상징하는 모든 것을 가져야 한다는 압박감을 느낄 때 스트레스를 받는다. 이러한 스트레스를 피하기 위해서, 나는 대부분의 시간을 방어적인 자세를 취하고 있다. 그래야 다른 사람들이 내가 불안해하거나 약해지거나 자신감이 사라졌다는 것을 볼 수 없기 때문이다.

수축되거나 경직될 때 나타나는 반응

나는 좋게 보이는 것은 무엇이든 마다하지 않는다.

이것은 나의 성과와 관련하여 사람들을 속일 수 있다는 뜻이다.

나는 설령 그것이 사람들에게 영향을 끼친다 할지라도 가장 편리한 방법을 취한다.

나는 성공적으로 보이기 위해서 사람들을 이용하거나 착취하기도 한다.

나는 내 마음의 욕구 따위는 관심이 없다.

3유형과 관련된 다른 성격 유형

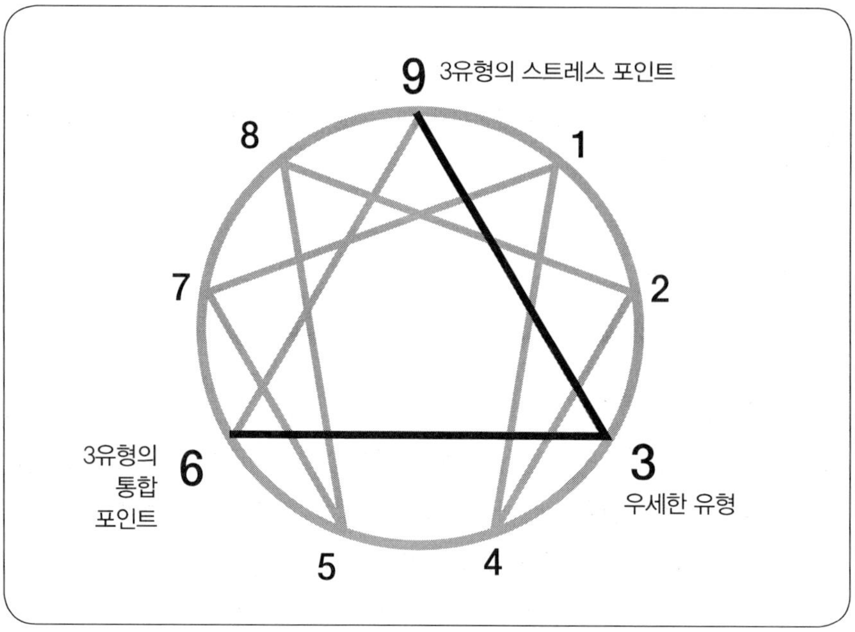

그림 9-3: 3유형의 스트레스 포인트와 통합 포인트

3유형 사람들은 스트레스를 받으면 9유형의 특성이 나타난다. 9유형은 3유형의 스트레스 포인트이다. 9유형에 대한 자세한 정보는 6장에 나와 있다. 특히 9유형의 일반적 행동과 '패턴에 대한 주목과 관찰'을 주의 깊게 읽어보면 좋다.

자아의 숨겨진 차원을 포함하여 3유형의 통합 포인트는 6유형에서 설명하고 있다. 6유형에 대한 자세한 정보는 14장에서 다루고 있다. 3유형의 통합 포인트를 이해하려면 특히 6유형의 '재능' 과 '최고 수준의 행동' 부분을 자세히 살펴보면 좋다. 3유형의 자아의 숨겨진 차원은 14장에서 언급한 6유형의 일반적 행동을 검토해보라.

에니어그램은 또한 반대 방향으로도 작용하기에 자신의 우세한 유형을 찾을 때 고려하기 바란다. 3유형은 6유형에게 스트레스 포인트이고, 9유형에게는 통합 포인트이다.

여정을 방해하는 패턴 알아차리기

패턴에 대한 주목과 관찰

여기에서는 3유형의 성격 구조에 나타나는 패턴을 살펴보고자 한다. 이 패턴들은 당신이 나쁘거나 잘못했다고 평가하기 위한 것이 아니고 유용한 정보를 제공하며 당신을 일깨우는 여정에서 이정표가 될 것이다. 아울러 이 패턴들은 확실하고 직접적인 방법으로 당신이 경험하는 핵심을 의식하고 핵심에 닿을 수 있도록 도와준다. 그 결과 당신은 특정하고 습관적이며 힘들게 하는 전략들을 이완시킬 수 있고, 이는 당신을 더욱 현존하고, 열려있으며, 자유롭게 할 것이다.

1. 인생의 모든 영역에서 목표를 설정하는 패턴

목표 지향적인 삶을 살아가는 데 있어서 긍정적인 결과와 부정적인 결과 모두를 확인해 보라. 당신의 모든 에너지를 목표 수립과 달성에만 지속적으로 쏟아 붓는 것으로 인해 당신이 잃어버린 것은 무엇인가 생각해 보라. 다른 방식으로 살아가는 것을 상상하는 것조차 도전일 수 있다는 사실을 알아차려라. 이 시점에서 유용한 조치는 가슴이 원하지 않는 목표를 달성하려고 하는 것과 그것이 당신에게 주는 의미의 차이를 인식하고 분별하고자 하는 것이다.

당신은 최고가 되어야 하고 탁월해야 한다는 경향이 있음을 알아차려라. 이것은 '나는 할 수 있다고 생각해. 나는 할 수 있다고 생각해...' 라고 반복하는 기차 엔진처럼 다음 목표를 설정하라고 스스로에게 말하거나 확언하거나, 자신을 격려하는 말을 끊임없이 하게 한다.

그것은 마치 당신이 항상 언덕이나 산을 오르는 것과 같은 느낌을 갖게 할 수 있다. 자신을 앞으로 몰아붙이면서 항상 움직이는 것을 발견할 수 있다. 이 끊임없는 내면의 충동에 브레이크를 밟는 것은 당신에게는 비합리적이고 불가능한 일일 것이다. 이런 경험들이야말로 속도를 늦출 때가 되었다는 신호다. 당신이 지금보다 천천히 걷기 시작한다면 당신은 분명 지금보다 넓은 내면의 공간을 갖게 될 것이다.이런 목표 지향성은 당신이 어린 시절에 받은 감정적 상처로부터 당신을 보호하기 위해 만들어졌다는 것을 기억하라.

2. 피로와 스트레스를 유발하는 성공 이미지를 보여주는 패턴

이러한 패턴이 당신에게 자주 나타난다면 다음과 같은 성향에 공감할 것이다.

- 당신이 심지어 엄청난 성공을 거뒀을 때라도, 가끔은 슬픈 느낌이나 상실감을 느낄 수 있다.
- 당신의 성취 정도에 관계없이, 특별히 사람들의 인정을 받으면 당신은 제대로 쉬지도 못하고 또 다시 자신을 더 몰아세우게 될 것이다. 심지어 당신은 공격적이 되고 다른 사람을 자리에서 밀어내기도 한다.

3. 주목 받고자 하는 패턴

3유형의 성격 구조는 인정과 칭찬을 받고 싶어하는 보편적인 욕구의 전형이다. 3유형의 사람들은 타인의 주목을 받기 원한다. 하지만 당신의 에너지가 이런 욕구에 지나치게 집중되면, 당신은 자아 개념을 잃어버릴 수 있다.

이러한 패턴을 보다 깊고 더 부드러운 수준으로 주목받고 싶은 욕망을 더 가치가 있게 느끼도록 하는 당신의 욕구에 묶여있는 순간을 알아차려라. 당신 자신에게 진실하고 연민을 갖는 것은 더욱 위대한 자아 인식과 자유를 경험하게 하는 데 필수적이다.

3유형의 사람들은 다른 환경에 적응할 수 있는 탁월한 능력을 갖고 있다.

- 이러한 특성은 당신의 능력이 즉각적이고 유연하게 드러날 때 탁월한 자산이 될 수 있다.
- 수용될 수 있는 이미지에 맞추려고 적응하는 것은 당신에게 해로울 수 있다. 사람들에게 좋게 보이려고 이미지와 정체성을 바꾸는 것은 많은 에너지가 소모된다.
- 자신의 가치와 욕구, 감정을 알아내는 당신의 능력을 알아차려라. 당신에게 중요한 것은 무엇인가? 자신의 감정을 확인하기 위해 노력하는 것이 벌거벗은 것처럼 부끄럽거나 연약해진 것 같은 느낌을 주는지 확인해 보라. 이것은 당신이 감정에 관심을 더 기울여야 한다는 단서일 수도 있다.

4. 진실을 과장하는 패턴

당신은 자신을 속이거나 사람들을 기만한 적이 있는가? 예를 들어, 면접이나 소개팅에서 깊은 인상을 주고 싶은 마음에 당신의 배경을 과장해서 말한 적이 있을 수 있다. 당신의 이야기를 뒷받침하기 위해 선의의 거짓말을 하는 자신을 발견할 수 있다.

당신이 최고로 빛날 수 있는 거짓 이야기를 꾸며대거나 필요하다면 약간의 선의의 거짓말을 하는 경향을 알아차릴 수 있다. 때로 기만은 다른 사람들에게 다른 가면을 쓰는 것이다. 허위[falseness]를 향하는 경향은 진정한 자아로부터 멀어지게 하는 3유형 사람들의 무의식적인 전략이기도 하다.

당신이 진실과 성공이라는 두 마리 토끼를 잡았을 때라도 가짜일지도 모른다는 두려움을 가질 수 있다. 또 당신이 존경하는 사람을 실망시킬 수 있다는 근본적인 두려움을 갖고 있을 수 있는데, 이러한 두려움은 쉽게 발견하기 어렵다. 그 결과, 연약함을 느끼는 것은 매우 어렵다. 그래서 당신은 사람들이 나에게 원한다고 생각하는 모습이 되기 위해 열심히 애쓰는 자신을 발견할 수 있다.

당신의 능력을 키워줄 효과적인 훈련 방법

아래의 능력 키우기 연습들은 당신이 참된 본성으로 돌아가도록 도울 것이다.

1. **당신이 어떠한 외부의 요구에도 응하지 않고 행동할 필요도 없는 오로지 당신만을 위한 시간과 공간을 만들어라.**

   이 시간과 공간은 자신을 탐색하기 위한 것이다. 당신에게 기쁨을 가져다주는 활동부터 시작해 보자. 당신의 깊은 내면과 대화할 수 있는 신성한 공간을 만들어 보자. 결과물을 내놓기 위해서가 아니라 진심을 표현하는 과정을 즐길 수 있는 그림 교실이나 글쓰기 강좌를 들어 보자.

   이러한 과정은 당신의 주의를 내면으로 향하게 하는 훈련이 될 것이다.

2. **당신의 진정한 가슴을 사람들과 나누는 연습을 하라.**

   당신의 감정이나 의심이나 욕구를 나눌 수 있는 믿을만한 사람들을 찾아보자. 다른 사람에게 진실해지려는 이 훈련은 당신의 연약한 느낌과 당신 자신의 부드러움을 드러내게 할 것이다. 아마도 당신은 사람들이 당신의 열린 가슴과 참된 본성을 가치 있게 생각한다는 사실에 무척 놀랄 것이다.

3. **어떤 대가를 치르더라도 성공하고자 하는 욕구에 호기심을 가져라.**

   성공하고자 하는 욕망 이면의 당신 동기를 알아차려라. 당신의 성공은 누가 무엇으로 정의를 내리는가?

4. **당신의 가슴에 주의를 기울이라.**

   자신을 끊임없이 몰아붙이는 당신을 발견하면 멈추고, 당신이 어떤 느낌을 받는지 물어보라.

   당신의 주의를 외부의 세계로부터 내면의 세계로 전환하라. 당신 가슴에서 일어나는 감각들과 친숙해지고 당신 자신에게 가슴을 열기 시작하라. 가슴을 이완시키고, 당신을 당신 가슴으로 초대하라. 그저 호흡하라.

   만일 이러한 행동이 어색하게 느껴진다면 당신 가슴 속에 머무는 연습을 도와줄 수 있는 사람을 찾아보자. 영적 스승이나 코치, 멘토 혹은 마음공부를 같이 하는 그룹이 당신을 도와줄 것이다. 당신이 자신의 가슴과 강한 유대감을 형성했다면 이제 당신의 삶에서 변화되는 것들을 알아차려라.

5. **스스로 이렇게 질문하는 연습을 하라. '이 상황에 대해서 무엇이 진실인가?'**

   3유형 사람들의 패턴은 좋게 보이거나 받아들일 수 있도록 상황을 바꿀 수 있다. 이는 매우 빠르게 자동적으로 일어나기 때문에 당신은 그런 패턴을 반복하고 있다는 것조차 인식하지 못한다. 좋게 보이고 싶은 유혹이 밀려올 때, 당신이 인정받고 싶은 사람이 도대체 누구인지 스스로 물어보라. 진실의 끈을 잡고 당신에게 더 깊은 가치가 무엇인지 곰곰이 생각해 보라.

치유와 진화의 길

이 책의 주요 주제는 에니어그램으로 작업을 하면서 당신의 참된 본성을 깨우도록 돕는 것이다. 에니어그램은 당신을 치유와 진정한 변형의 여정으로 초대한다. 대부분의 우리는 깨어나는 여정에 인내와 신뢰와 믿음과 함께 오랜 시간이 필요하고, 이것은 가능한 한 현존에 머무름으로써 이루어진다. 3부에서는 유형에 관계없이 모두에게 유익하고 모두를 지원하는 과정을 소개할 것이다.

예상한 것처럼 각 유형의 사람마다 서로 다른 특별한 필수 과정을 경험할 것이다.

만약 당신에게 3유형이 우세하다면, 치유와 진화의 여정은 다음과 같은 내용을 포함한다.

당신의 숨겨진 상처와 비통을 경험하도록 자신을 허용하라. 이 상처와 슬픔은 모든 것을 다 가지고 있는 것처럼 꾸미는 가면 속에 숨겨져 있다. 당신의 가슴은 당신 자신을 위한 연민과 보살핌을 갈망한다.

중력의 중심을 외부에서 자신의 내면으로 바꾸라. 당신 가슴을 돌보고 감동을 주는 것에 주의를 기울이기 시작하라. 미리 앞서 나가 답을 알려고 할 필요는 없다. 그저 한 번에 한 걸음씩 나가면 된다.

당신이 세상에 보여준 엄청난 자신감에도 불구하고, 내면에 숨겨진 자아(6유형의 특성)를 발견하면, 자신감도 약해지고 불안과 염려도 생길 수 있다. 자아의 숨겨진 차원을 발견한 것을 받아들이긴 쉽지 않다. 그러나 그럼에도 불구하고 그것을 수용한다면 당신의 진정한 자신감과 연결되도록 도울 것이다. 이러한 자신감을 통해 당신의 흥미를 넘어서 당신 자신보다 더 큰 공동체에 기여하는 기쁨과 가치를 깨달을 것이다. 당신은 더 이상 최고의 스타가 될 필요가 없다.

> **상기할 점:** 자아의 숨겨진 차원은 주로 통합 포인트의 일반적 행동이나 힘들 때 나타나는 특성에서 찾을 수 있다.

당신 자신과 함께 있는 것이 어떤 느낌인지 경험하라. 당신의 진솔한 가슴은 당신의 진정한 가치가 무엇인지 확인시켜 줄 것이다.

당신의 인생에서 행함과 존재는 더 이상 분리되어 있지 않다. 당신은 세상에서 가슴으로 효과적으로 살아가는 당신 자신의 존재를 경험할 것이다.

10장

7유형의 인간적 조건과 의식: 열정가

스탠Stan은 재능 있고 두뇌 회전이 빠른 외향적인 남성입니다. 하지만 인생에서 지금 자신이 어디쯤 와 있는지 혼란스러운 마음에 코칭을 받기로 했습니다. 그동안 그는 요식업체 판매영업 개발 부서에서 일해 왔습니다. 지금은 그가 열정을 쏟아온 레스토랑에서 메뉴개발 업무를 맡고 있는 전문요리사입니다. 그는 물론 좋아하는 일을 하고 있지만, 기대만큼 경력은 쌓지 못했다고 느낍니다. 그는 그동안 자주 이사를 다녔고, 저축도 거의 하지 못한 터라 지금은 재정 문제로 다양한 도전을 받고 있습니다.

그는 스스로 책임지는 것을 배우길 원했습니다.

스탠은 자신이 7유형의 성격이라는 것을 알았을 때 지금의 상황이 지난 몇 년간 반복된 행동 패턴의 결과라고 인정했습니다.

- 그는 거의 쉬지 않고 일해 왔고 다음에 대한 기대로 꽉 차 있었으며 아주 가끔 지금 어디에 있는지를 알았습니다. 그에게 '지금'은 없다고 봐야 했습니다. 새로운 경험에 대한 짜릿함은 그의 삶에서 실제로 필요한 것에 초점을 두는 능력을 덮어 버렸습니다.
- 그는 자기 자신에게 전념하는 것이 얼마나 어려운 일인지 보았습니다. 그는 다양한 활동에 흥미가 있었고 어느 한 분야에 조금 관심을 두다가도 금세 싫증내며, 관심의 대상을 다른 것으로 옮기는 자신의 모습을 발견했습니다. 이러한 양상은 직장에서 인간관계나 친구 사이에서도 나타나고 있는 것을 보게 되었습니다.
- 그는 기회를 놓쳤다고 생각하면 안달하고 불안해했습니다.
- 그의 강점은 새로운 것을 시도하는 것입니다. 그가 힘들어 하는 일은 최근 그의 인생에서 크게 상실한 것에 대하여 슬퍼하도록 놔두는 것입니다.

스탠을 위한 코칭의 주안점은 속도를 늦추는 것에 초점을 맞추고 그가 느끼는 감정에 주의를 기울이는 것입니다. 그는 그저 행복한 감정을 제외한 다른 감정은 낯설었습니다. 그는 슬픔을 비롯한 여타 감정들을 부정적으로 생각했고 견디기 힘들었을 뿐만 아니라 그러한 감정들이 갖고 있는 가치조차 헤아리지 못했습니다. 처음에는 이러한 감정들이 가능한 빨리 넘어가기를 원했습니다. 하지만 시간이 흐르면서 이런 감정들은 드러나지 않을 뿐이지 바닥에 그대로 가라앉아 있다는 것과 심지어 그 감정들을 느끼게 되면 자신도 내면의 심연 속으로 가라앉게 된다는 것을 깨달았습니다.

7유형의 사람들은 업무를 하면서 걸리는 시간을 과소평가하는 것이 다반사였습니다. 비록 어려운 일이지만 주중 일정을 25% 정도 줄이는 것을 연습했습니다. 그래야 일상에서 여유의 시간을 가질 수 있었습니다. 달력에 여전히 가득 찬 스케줄을 보면서, 그는 마지못해 일정을 하나하나 지워 나갔습니다. 아무 일도 없는 조용한 시간에는 습관적으로 불안해하기도 했습니다. 하지만 서서히 불안을 가라앉히려고 긴 시간의 연습을 통해 불안을 견디는 것을 배워나갔습니다. 그는 날마다 조용한 시간을 중요하게 사용할 수 있게 되었고, 놀랍게도 이 시간은 그에게 무척 유용한 시간이 되었

습니다. 그는 또한 의무를 다하는 것에 어려움을 느끼는 것과 불안의 습관적 패턴 사이에 관계가 있음을 인식하기 시작했습니다. 그는 자신에게 더 진지하게 대했고, 중요한 작업들을 잘 마무리하는 전략을 알게 되었습니다. 그는 삶에 감사하고 또 새롭게 이해하게 되었습니다.

7유형이 경험하는 내적 일관성

당신의 참된 본성

만일 당신이 7유형이라면, 당신의 영혼은 매 순간 속에 내재돼 있는 기쁨joy과 자유freedom에 자연스럽게 끌릴 것이다. 당신은 모든 것에 있는 무한한 본성을 사랑한다. 당신과 삶의 모든 것은 새로움과 신선함과 활기 넘치는 특성들을 표현하고 지속적으로 발전시킨다.

당신의 참된 본성과 닿아 있지 않으면, 아마도 당신은 당신 자신이 그토록 사랑하는 이 기쁨과 자유의 모든 것이 여기, 이 순간에만 있다는 것을 아직 알아차리지 못할 수 있다. 당신은 지금 여기에서도 가능한 놀랄만한 경험을 하기 위해 굳이 어디로 가거나 변화를 줄 필요가 없다.

당신의 인생 이야기: 당신의 내면이 세상과 관계 맺기

당신의 자아 개념과 당신이 세상에서 차지하는 위치는 이미 어린 시절에 일찌감치 결정되어 있다. 당신이 자신의 경험들을 어떻게 내면화했는지에 따라 자기 자신과 타인 및 당신의 존재 방식에 관계를 맺는 특정한 방법에 영향을 주었다. 만일 당신이 7유형이라면 지금부터 하는 어린 시절의 내적 경험에 관한 이야기가 무척 친숙하게 들릴 것이다.

> *당신은 어려서부터 호기심과 모험심으로 가득 차있고 모든 것을 해보고 싶어 했습니다. 인생은 경험할 수 있는 가능성들의 끝이 없는 원천이라고 생각했습니다. 당신은 다른 활동들 사이에서 긴 시간의 흥미를 끌만큼 재미있는 것은 없었기에 재빨리 옮겨갔습니다.*
>
> *아마도 서너 살 즈음에 집안에서 일어난 어떤 일 때문에 엄마나 키워준 사람과 너무 일찍 떨어져 나간 느낌을 받았습니다. 엄마가 일을 나가야 했거나, 아팠거나, 동생이 태어났을 수도 있습니다. 분명히 당신이 아는 것은 엄마가 당신을 예전처럼 보살펴 줄 수 없다는 사실입니다. 한결같은 돌봄을 더 이상 받지 못한다는 사실은 당신에게는 견딜 수 없는 극심한 고통이었습니다.*
>
> *그렇기 때문에, 당신은 무의식적으로 결심했습니다. '나는 더 이상 날 돌봐주는 사람을 믿을 수 없어. 이제부터 내가 나를 돌봐야 해. 나는 기다리지도, 시간을 낭비하지도, 나 자신에게 안쓰럽다고 느끼지도 않을 거야. 나는 그냥 내가 원하는 것을 갖고야 말거야.' 라는 결심을 되풀이했습니다.*

다른 관점에서 당신은 더 이상 고통을 느끼지 않기로 결정했습니다. 그것은 단순히 시간 낭비처럼 느껴졌기 때문입니다.

당신은 마음속으로 당신이 결코 진정으로 충족된 적이 없고, 한 번도 만족스럽게 양육받지 못했다고 희미하게 느낍니다. 그래서 당신은 이 빈자리의 구멍을 메우기 위해 무언가를 찾기 시작했습니다.

어렸을 때 당신은 끊임없이 장난감이나 게임, 소꿉친구들이나 다른 오락거리들을 찾았고, 그것은 당신의 감정을 느낄 틈을 주지 않았습니다. 늘 부산스럽게 움직여야 했고, 쉽게 지루해했으며, 가만히 있는 것을 참기 힘들어했습니다. 게다가 일상에는 재미있는 것들이 너무 많았습니다. 당신은 늘 주목의 중심이 되었고, 항상 친구들과 놀러 다녔으며, 모든 놀이를 재미있게 처음 해보는 아이였습니다. 당신의 삶의 목표는 재미있게 노는 것이었습니다. 당신은 '그냥 한곳에 앉아서 하나에 집중해 줄래? 왜 항상 밖으로 나가야 되니?' 라는 소리를 자주 들었을 것입니다.

모든 것에 흥미를 느끼는 당신의 마음 뒤편에는 상처받고, 슬프며, 두려운 감정이 있었습니다. 당신은 정신적 활동을 유지하려고 최선을 다했고, 항상 주의를 돌릴만한 다음 대상을 찾았습니다. 당신은 다음에 재미있는 놀 거리가 무엇인지 예상하면서 내다보는 당신 자신을 발견했습니다. 그리고 다른 사람들이 당신의 전체 모습을 볼까 봐 다른 사람들과의 관계에서도 깊이 들어가지 않도록 자신을 보호했습니다.

당신은 고통을 불필요한 경험이라고 생각하고 인생을 살아왔습니다. 아무도 당신을 돌봐주지 않기 때문에 스스로 돌봐야 한다는 생각의 틀이 생겼습니다.

당신의 고통이 당신을 제압하려는 것이 아니고 오히려 당신이 깊은 만족감으로 가게 하는 통로라는 것을 미처 몰랐습니다. 당신 가슴의 깊이와 풍요로움과 감사함을 느낄 수 있는 놀라운 능력을 당신이 갖고 있다는 것을 알지 못했습니다. 당신이 현존할 때, 당신의 인생은 활기가 넘치고 충만하며 삶에 대한 경외의 장소가 됨을 알 수가 없었습니다.

당신의 중대한 상실

당신은 어린 시절, 의식적으로 생각하고 말하는 능력이 채 생기기도 전에 엄청난 일을 겪었다. 당신의 영혼이 진심으로 사랑한, 당신의 본성으로부터 분리되는 아픔을 경험한 것이다. 상실이라는 견딜 수 없는 고통과 함께 에고의 구조가 형성되기 시작하였고, 그 에고는 일찌감치 잃어버린 것들 때문에 생긴 아픔에서 당신을 보호해 주었다.

당신의 에고는 당신의 참된 본성을 따라하며 흉내를 내지만, 절대로 똑같아질 수 없다는 것을 알고 있다. 7유형의 성격 구조는 자유롭고 기쁜 삶을 누리는 경험을 재창조하기 위해 애쓴다. 7유형의 주의는 어느 하나로부터 다른 것으로 재빨리 옮기기에 당신은 수박 겉핥기식의 경험에 그칠 때가 많다. 주어진 상황이나 사람, 환경이 주는 것을 받아들이기에 충분하지 않아서 당신의 충만함fulfillment에 대한 갈증은 도무지 만족을 할 수 없다.

7유형이 가진 중대한 상실의 고통: 당신이 찾고 있는 진정한 충만함은 존재하지 않는다고 느낀다. 그것은 결코 발견될 수도 없다. 당신이 지속적으로 찾는 상태에 머물러 있다면, 끊임없는 활동들로 인해 가슴에 닿을 수 없기에 당신의 가슴은 여전히 아프다.

7유형의 내면 논리와 정체성 삼각형

7유형의 핵심 신념

핵심 신념은 에고의 신념을 지지하는 정보만을 선별해서 받아들이는 무의식적인 필터이다. 불행하게도 무의식적으로 작동하는 이 필터는 대안적인 시각들을 제공하는 자료들을 놓치거나 지워버린다. 이 신념은 삶에서 개인적 관계를 형성하는 중요한 작동 원리로 기능한다.

각각의 핵심 신념은 우리가 연민을 가지고 인식의 빛으로 나올 때까지는 진짜처럼 느껴지는 거짓이다. 그래서 친절과 진솔함으로 이 신념에 접근하는 것이 특히 중요하다.

7유형의 핵심 신념은 만족을 필요로 하지만 진정한 만족은 찾기 힘들다는 것이다. 만족은 즉각적으로 손에 잡을 수 없는 것처럼 보인다. 당신은 바깥 세상으로 멀리 나가야만 만족의 원천을 찾을 수 있을 것이라고 믿고 있다.

사람들이 당신의 필요를 채워 주거나 당신을 진심으로 지지할 것이라는 신뢰를 갖지 못하기 때문에 당신 스스로 만족을 찾아야 한다고 믿는다. 그래서 결국 모든 활동을 하면서 외로움을 느끼게 된다.

당신의 삶에서 이러한 핵심 신념은 어떻게 나타날까? 다음 문장은 7유형인 당신의 생각과 언행을 잘 설명해 줄 것이다.

- 신나는 기회들은 정말 많아. 난 모든 것을 해보고 싶어. 다음엔 무엇을 해야 되지?
- 자세한 건 나한테 물어보지 마. 그러면 금세 지루해져. 난 아이디어가 떠올랐어. 나랑 같이 할 사람 여기 붙어라.
- 나는 항상 거기에 가보고 싶었어. 그 차도 갖고 싶어. 그것도 해봐야 하는데. 나는 지금 당장 이 모든 계획을 짤 거야.

■ 나는 배우자가 나보고 집에 있으면서 하기 싫은 일을 하라고 하면 심한 좌절을 느껴. 난 주말에 다 도와주었고 내가 진정으로 하고 싶은 일에 대한 계획도 미리 세워 놓았다고. 왜 그는 그런 것을 이해하지 못할까?

이러한 핵심 신념이 당신의 정체성 삼각형을 만든다. 이 삼각형은 어떻게 살고 있는가에 대한 간략한 예시를 제시할 것이다. 지금부터 하는 설명이 당신의 경험과 얼마나 잘 맞는지 생각해 보기 바란다.

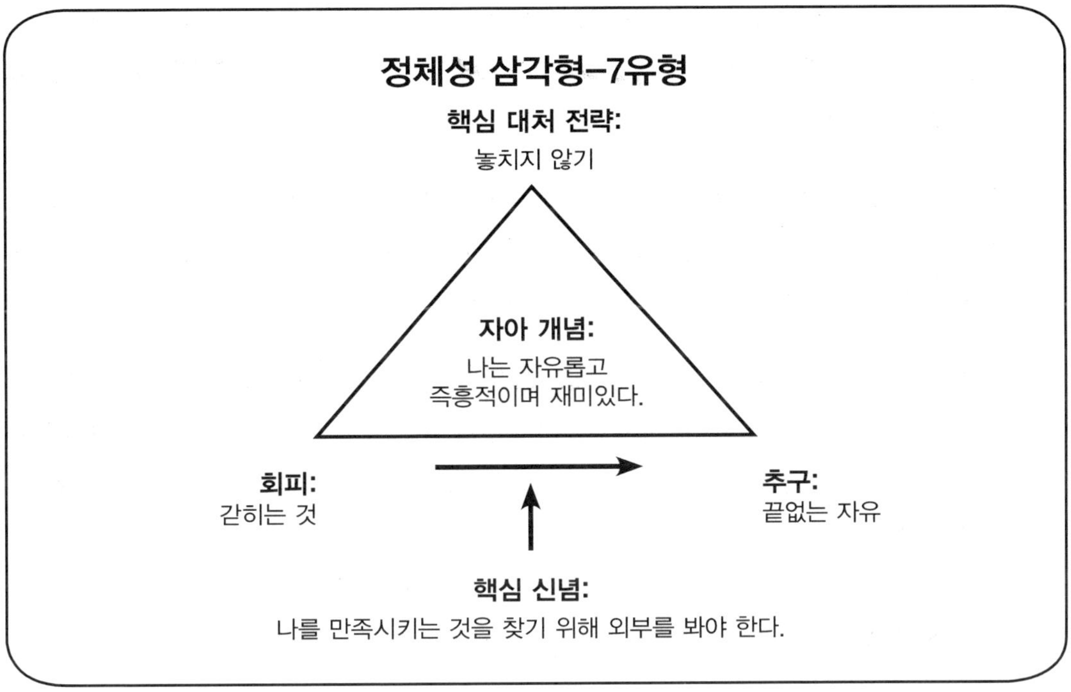

그림 10-1: 7유형의 정체성 삼각형

그림 10-1은 7유형의 성격 구조를 가진 사람이 내면 논리를 어떻게 인식하고 있는지를 보여준다.

나는 나를 기쁘게 하는 일을 할 자유를 추구합니다. 나는 시도하고 싶은 것들이 너무 많고 이 목록들은 계속 늘어나고 있습니다. 나는 그 모든 것들을 다 해보고 싶습니다. 나는 즉흥적으로 그 순간에 주의를 끄는 것에 반응하고 싶습니다. 나는 나의 모든 필요를 충족시켜야 하고, 그것은 이런 것들을 하면 가능합니다. 혹시라도 기분이 가라앉게 되면, 나는 재빨리 움직입니다.

나는 불편하거나 고통스러운 상황에 갇히는 어떤 것도 회피합니다. 내가 함정에 빠지는 것으로부터 나타나는 위기감은 두려움입니다. 물론 지루한 사람이나 상황도 내게는 비슷한 느낌입니다. 나는 내가 원할 때 하고 싶은 것을 하지 못하면 불안해지고 좌절감을 느낍니다. 따라서 내가 원하는 것을 최대한 빨리 얻기 위해서라면 장애물을 넘어가는 지름길이라도 마다하지 않습니다. 어떤 기회를 놓친 것 같은 느낌은 내가 인생에서 가장 견디기 힘든 고통입니다.

눈앞에 있는 놀라운 기회들을 놓치지 않기 위해 확실하게 하는 것이 나의 대처 방식입니다. 나는 어떤 일을 하고 있으면서도 쉽게 전념하지 못합니다. 분명 곧 더 재미있고 신나는 일이 생길 것 같기 때문입니다.

이러한 대처 방식을 통해 나는 인생을 살아가는 동안에 가장 중요한 사안은 '지속적인 행복을 추구하는 자유'라는 것으로 구조화했음을 볼 수 있습니다. 만일 나를 행복하게 만드는 것들에 초점을 둔다면, 삶은 대단한 것입니다. 인생이 주는 무한한 가능성에 짜릿해하며, 다음에 무엇을 할 것인가에 대한 생각으로 꽉 차게 됩니다. 계획만 세우기 시작해도 내 머릿속은 빠르게 회전합니다. 나는 미래에 대한 기대만으로도 슬픔이나 질질 끌려 다니는 불행한 감정을 떨쳐버릴 수 있습니다. 만일 내가 새로운 경험을 계속 시도할 수만 있다면, 적어도 그 순간만큼은 자유로움을 느낄 수 있습니다.

결국 이 모든 것은 나 자신을 자유롭고 즉흥적이며 재미있는 사람으로 보게 했습니다. 하지만 이러한 자아 개념은 결국 한계를 가지게 합니다. 이는 내가 경험하는 수많은 것들을 인정하고 감사하는 것으로부터 나 자신을 멀어지게 만듭니다.

물론 즉흥적이고 재미있다는 것은 나의 긍정적인 특성이지만 지나치게 사용하면 만족의 깊이와 내면의 고요를 경험할 수 있는 능력과 심지어 내가 알지 못하는 능력까지 제한합니다. 인생의 모든 에너지를 낙관적인 모험과 재미있는 것에만 지속적으로 쏟아 붓는다면, 나는 진정으로 충만한 삶을 놓치게 됩니다.

7유형이 깨어났을 때의 능력: 현존과 진지함을 통한 경이로움

당신은 경이wonder와 감사gratitude하는 마음이라는 엄청난 능력을 가지고 있다. 무엇이든 깊고 열린 마음으로 감사한다. 당신은 모든 순간에 머무를 수 있고, 이용할 수 있는 놀라운 재능을 즐긴다.

경의와 감사의 능력은 당신의 경험을 받아들이고 순간의 충만함으로 가득해질 때마다 확장된다. 여기에서 인생의 깊이를 알고, 그로 인해 영향을 받게 된다. 당신이 가슴과 진정으로 닿아있어도 기쁨의 능력은 결코 약해지지 않는다. 오히려 더 고조된다. 끊임없이 다음을 찾아 쉽게 옮겨 다니던 불필요한 충동만 사라지게 된다. 지금 이 순간, 삶에 대한 경이로움을 느끼는 **당신의 타고난 능력과 접촉을 잊어버리고 상실했을 때,** 당신은 계속 더 많은 것을 찾거나 경험하기를 원한다. 이 때 당신은 결코 충분히 가질 수 없다는 것을 느낀다.

지금 이 순간을 경험하기 위해 여기에 머무는 것이 당신에게 커다란 만족감을 가져 온다는 것을 잊어버렸다. 사실 여기에 존재하는 것이 오히려 더 자유로운 삶으로 가는 문을 열어주는 열쇠이다.

그림 10-2에 나타난 7유형의 빙산 모델은 이러한 특징을 잘 보여준다.

이 모델은 그 유형이 우세한 사람들이 가지고 있는 타고난 재능들의 확장된 특성들로 시작한다. 우리가 자신을 더욱 제한적으로 정의한 것을 알아차리고 이에 대한 집착을 놓으면 이러한 특성들은 자연스럽게 나타나고 점점 더 경험되어진다. 이 모델은 7유형의 사람들이 물결 위에서 보여주는 모습들을 이해하도록 돕고, 물결 아래에서 성격에 사로잡혀 있을 때 나타나는 행동이 어떻게 만들어지고 왜 나타나는지에 관한 내면의 역동도 쉽게 설명해 준다. 빙산 모델의 특성에 대해서는 앞서 5장에서 설명한 바 있다.

7유형의 성격 구조 해독

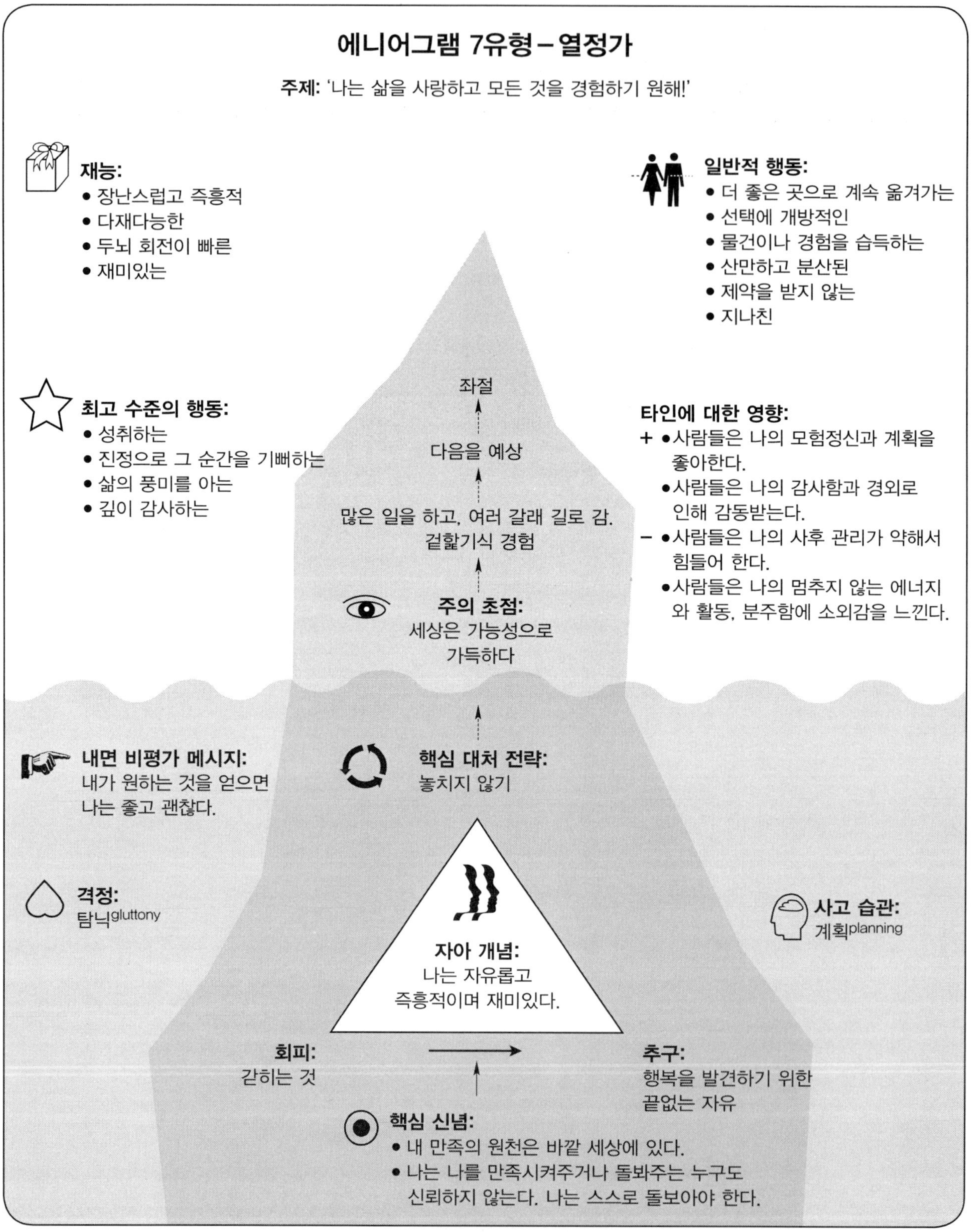

그림 10-2: 7유형의 빙산 모델

7유형의 주제

'나는 삶을 사랑하고 모든 것을 경험하기 원해!' 는 7유형 성격 구조의 주제이다.

물결 위의 모습

7유형의 재능, 일상 습관, 도전 과제

재능과 최고수준의 행동(당신이 가장 건강하고 확장된 상태일 때)

나는 유쾌하고 즉흥적이다. 나는 에너지가 많고 순간마다 자유롭게 반응한다.

나는 다재다능하다. 나는 주제, 과업, 활동에 관계없이 폭넓은 영역으로 쉽게 움직인다.

나는 두뇌 회전이 빠르고 열렬한 학습자이다. 나는 사람들과 재미있게 이야기를 주고받고, 재치가 흘러넘친다.

나는 즐거움을 주는 사람이다. 다른 사람들은 나의 유머 감각과 감각적인 센스를 좋아한다.

나는 생산적이고 실제적이며 왕성하게 활동한다. 나는 성취한다.

나는 순간을 진심으로 기뻐한다. 나는 삶을 사랑한다.

나는 무슨 일이 생기든지 삶을 음미한다.

나는 인생에 대해서 깊이 감사하고 경외감을 갖고 있다.

일반적 행동(성격에 사로잡혀 있을 때 나타나는 특징)

나는 더 좋은 곳으로 계속 옮겨 다니고 항상 주변에 더 좋은 곳이 있다고 여긴다.

나는 더 나은 상황을 위한 계획을 세우기 위해 마지막 순간까지 기다린다. 나는 함정에 빠져 있다는 느낌을 피하기 위헤 나의 선택권이 열려있는 것을 좋아한다.

나는 갖고 싶어 하는 것은 사며, 하고 싶은 경험은 한다. 설령 그것을 사용하지 못할지라도 그 순간만큼은 꼭 갖고 싶어 한다.

나의 에너지는 산만하고 분산되며 집중하지 못하는 편이다. 나는 방향 감각 없이 무턱대고 옮겨 다니는 편이라 일을 끝까지 마무리하는 것이 어렵다.

나는 거리낌이 없는 편이다. 나를 한계 짓는 것은 묵살하거나 무시한다.

나는 필요한 것보다 훨씬 더 많이 가지려 하고, 지나칠 정도로 즐거움을 추구한다.

주의 초점(성격에 사로잡혀 있을 때 내 주의가 머무는 곳)

__노트__: 여기에서는 7유형 사람들의 주의 초점이 계속 좁아질 때 나타나는 특징을 간단하게 설명하고 있다. 주의 초점이 얼마나 활성화 되느냐는 우리의 현존 정도에 달려 있음을 알아차리는 것이 중요하다. 우리가 현존하면 할수록 주의 초점은 좁아지기보다는 확장된다.

나는 성격에 사로잡혀 있을 때, 바깥 세상의 가능성에 주의를 기울인다. 나는 내가 할 수 있는 것에 제한을 받는 것 같은 느낌을 싫어한다. 만약 지금 하고 있는 일과 다음에 할 일 사이에 주의가 분산되면 나는 그냥 겉핥기식으로 경험하고 넘어간다.

나는 만족을 줄 수 있는 가능성을 가진 경험들로 나의 달력을 채우기 시작할 때, 여러 선택 사이에서 결정하기가 어렵다는 것을 알았다. 나는 종종 한 경험에서 다른 경험이 제공하는 맛을 보기 위해서 점프한다. 이런 것이 바로 즉흥적이고 재미를 쫓는다는 뜻 아닐까?

나는 여러 갈래 길에서 그들 중 어떤 길을 따라가야 할지가 더욱 어렵다. 그때마다 금세 산만해지고, 예상과 불안은 모두 커진다.

아무것도 실질적인 만족을 주지 못하거나 채워주지 못할 때 나는 좌절한다. 솔직히 모든 선택이 잘못 되거나 놓쳐버려서 나에게 만족을 줄 수 있는 것이 아무것도 없을까봐 두려워한다.

타인에 대한 영향

+ *긍정적인 영향*

- 다른 사람들은 나의 열정을 통해 활기를 얻고 자극을 받는다.
- 다른 사람들은 나의 낙관주의와 삶에 대한 사랑으로 기쁨을 느낀다.

— *부정적인 영향*

- 다른 사람들은 나의 전념하지 못함과 사후처리 결여로 인해 좌절한다.
- 다른 사람들은 나의 차분하지 못함과 즉각적인 만족을 추구하는 욕구로 인해 짜증이 난다.

물결 아래의 모습

7유형의 사람들이 경험하는 내면의 역동을 이해하기 위해서는 물결 아래에 있는 모습에 주의를 돌려야 한다. 밑바닥에서부터 시작하여 위로 올라오면서 살펴보자.

7유형의 핵심 신념

이 핵심 작동 원리들은 눈에 보이거나, 보이지 않는 방식으로 인생의 많은 면들을 걸러낸다.

누구도 나를 만족시키거나 돌봐주도록 신뢰할 수 없다. 다른 사람들은 내가 찾는 것을 줄 수 없다. 나는 혼자이다.

나를 진실로 만족시킬 수 있는 원천은 바깥 세상 어디인가에 있다고 믿는다. 분명히 내가 지금 갖고 있는 것보다 더 나은 무엇이 존재한다. 나는 단지 그것을 계속 찾아야 한다. 한편으로 그것은 모퉁이를 돌아서면 있을 것 같다고 믿지만, 다른 한편으로는 찾지 못할까봐 불안해하기도 한다.

정체성 삼각형

추구

나는 나를 기쁘게 하는 것을 할 수 있는 자유를 추구한다. 나는 해 보고 싶은 것이 정말 많다. 심지어 한 가지 일을 하고 있는 동안에도 내 생각은 벌써 다음으로 넘어가 있다. 나는 새로운 기회에 그 순간에 반응하게 하는 나의 즉흥성과 유연성이 자랑스럽다. 물론 가끔은 남몰래 지칠 때도 있지만 새로운 사람을 만나거나 가장 새로운 도구를 발견하거나, 새로운 모험을 위해서 가입하는 일로 끊임없이 움직인다. 만일 지루할 기미가 보이거나 우울해 보이는 사람이 나타나면 나는 더 큰 즐거움이 예상되는 무엇인가로 향해 얼른 자리를 박차고 나온다.

회피

나는 불편하거나 고통스러운 상황에 처할 것 같은 가능성이 보이는 어떤 것이든 회피한다. 즉 함정에 빠진 것으로부터 나오는 위기감은 죽을 것 같은 느낌이다. 너무 한가하거나 조용한 시간 혹은 사람들이 천천히 말하거나 프로그램이 지나치게 늘어질 때, 나는 불안해지거나 짜증이 난다. 나는 내가 원하는 시간에 하고 싶은 것을 하지 못하면 쉽게 좌절한다.

나는 장애물을 피해 지름길을 택해서 내가 원하는 것을 더 빨리 가질 수 있다.

핵심 대처 전략

나의 핵심 대처 전략은 손에 잡을 수 있는 많은 기회들을 절대 놓치지 않는 것이다. 나는 계속해서 움직이고 무언가 더 재미있는 것이 있을 것 같아서 쉽게 약속을 하지 못한다. 예를 들어 오늘 개업한 식당에서 친구들과 즐겁게 식사를 하면서도, 더 유혹적인 초대가 올 수도 있다고 생각한다.

나는 항상 신나는 새로운 경험과 활동을 찾고 있다. 새로운 기회는 끊임없이 나의 레이더망에 걸리고, 나는 그때마다 열광적으로 반응한다. 나는 사람이든 장소든 오래 머물지 못하는 경향이 있고 대안을 계획한다. 나의 대처 전략은 활동 모드로 무언가를 하고 있는 것이다.

자아 개념

나는 재미있고 즉흥적인 사람이라고 생각한다. 나는 늘 흥미를 불러일으키고 또 쉽게 고무된다. 물론 이것들이 긍정적인 특성이지만 이런 성향 때문에 상실로부터 오는 필연적인 슬픔을 포함한 감정의 충분한 범위를 경험하도록 시간을 갖지 않는다면 그것 또한 나를 제한하는 것이다.

격정

내면의 공허함을 물건과 경험으로 지금 바로 채우려고 노력하는 것이 바로 나의 격정이다. 바꿔 말하면 나의 습관은 불편한 감정이 생기자마자 얼른 뛰어넘는 것이다. 나의 만족은 바깥 세상에서만 찾을 수 있다는 생각 때문에 나 자신으로부터는 점점 멀어진다. 결국 나의 만족할 줄 모름insatiability은 더 많은 공허한 느낌만 준다. 나는 잘못된 선택에 대한 두려움과 진정한 행복의 근원을 놓칠 것 같은 불안을 느낀다. 따라서 한 가지를 선택하기보다는 가능한 많은 경험을 하려고 애쓴다. 이 격정이 바로 탐닉gluttony이다.

상기할 점: 당신에게 우세한 유형이 무엇이든 상관없이 격정은 성격의 일부분이고 정서적 삶을 움직이는 동기이다. 격정은 마음의 상처를 덮어 감추고 삶을 대하는 감정적 반응을 만들어내는데, 그 결과 당신의 영혼이 사랑하는 것으로부터 멀어지게 한다. 이는 모든 성격 유형에 있어서 그러하다.

사고 습관

나는 여기 있는 것보다 바깥에 있는 것이 훨씬 좋다는 기대를 갖고 있다. 만일 다음 것이 더 나은 것이 아니라면, 그 다음에 오는 것이 바로 내가 찾는 것일 수 있다. 그런 막연한 예상 때문에 지금 이 순간의 경험보다 다음 것을 계획하는 데 몰두하고 있다. 결국 나는 지금 이 순간에 활용 가능한 것들을 놓치게 된다.

상기할 점: 당신의 우세한 유형이 무엇이든 상관없이 고착은 성격의 일부분이다. 이것은 자신과 세상에 대해 고착화된 사고와 행동의 동기 요인이다. 고착은 현실에 대한 잘못된 감각을 강화시킨다. 에고가 삶의 문제들을 자동적으로 분명하게 해결하도록 함으로써 당신을 참된 자아로부터 멀어지게 만든다. 이것은 모든 성격 유형에 동일하게 나타난다.

내면 비평가 메시지

나의 내면의 비평가는 내가 필요한 것을 얻었을 때 나를 보상한다. 결국 더 새로운 경험, 더 좋은 물건을 계속적으로 찾으라고 한다. 내 마음은 계속해서 찾고 있다면 결국에는 충족시킬 것이라고 확신시키려고 애쓴다. 내가 내면 비평가라는 그물에 걸려 있는 한, 나는 지금 이 순간의 진정한 만족을 추구하지 않고 다음 것을 찾아 헤맬 수밖에 없다.

위에 언급한 각각의 요소들이 내가 나 자신이라고 생각하는 전체 경험을 만들어낸다. 핵심 신념, 격정의 감정적 충동, 고착이라는 사고 습관, 그리고 내면 비평가 모두 무의식적으로 공모해서 정체성 삼각형을 강화시킨다.

7유형에 대한 추가 정보

스트레스 원인

내가 원하는 다른 일을 하지 못하고, 지금 하는 일에 잡혀있을 때 나의 스트레스는 증가한다. 반대로 내가 참여하는 모든 활동들이 나를 압도한다고 느낄 때도 스트레스는 증가한다. 나는 할 일이 너무 많아서 정신이 없다.

위축되거나 경직될 때 나타나는 반응

나는 어떻게든 고통으로부터 달아난다.

나는 충동적이고 무책임하다.

나는 신중하지 못하고, 때로는 걷잡을 수 없다.

나는 압도당하고 무기력해질 수 있다.

7유형과 관련된 다른 성격 유형

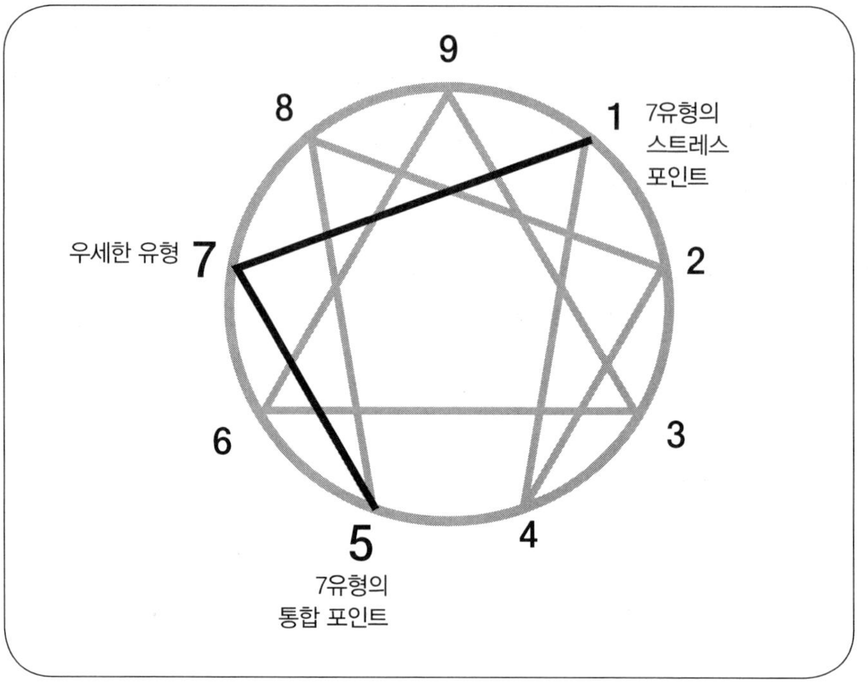

그림 10-3: 7유형의 스트레스 포인트와 통합 포인트

7유형 사람들은 스트레스를 받으면 1유형의 특성이 나타난다. 1유형은 7유형의 스트레스 포인트이다. 1유형에 대한 자세한 정보는 12장에 나와 있다. 특히 1유형의 일반적 행동과 '패턴에 대한 주목과 관찰' 을 주의 깊게 읽어보면 좋다.

자아의 숨겨진 차원을 포함하여 7유형의 통합 포인트는 5유형에서 설명하고 있다. 5유형에 대한 자세한 정보는 8장에서 다루고 있다. 7유형의 통합 포인트를 이해하려면 특히 5유형의 '재능' 과 '최고 수준의 행동' 부분을 자세히 살펴보면 좋다. 7유형의 자아의 숨겨진 차원은 8장에서 언급한 5유형의 일반적 행동을 검토해보라.

에니어그램은 또한 반대 방향으로도 작용하기에 자신의 우세한 유형을 찾을 때 고려하기 바란다. 7유형은 5유형에게 스트레스 포인트이고, 1유형에게는 통합 포인트이다.

여정을 방해하는 패턴 알아차리기

패턴에 대한 주목과 관찰

여기에서는 7유형의 성격 구조에 나타나는 패턴을 살펴보고자 한다. 이 패턴들은 당신이 나쁘거나 잘못했다고 평가하기 위한 것이 아니고 유용한 정보를 제공하며 당신을 일깨우는 여정에서 이정표가 될 것이다. 아울러 이 패턴들은 확실하고 직접적인 방법으로 당신이 경험하는 핵심을 의식하고 핵심에 닿을 수 있도록 도와준다. 그 결과 당신은 특정하고 습관적이며 힘들게 하는 전략들을 이완시킬 수 있고, 이는 당신을 더욱 현존하고 열려있으며 자유롭게 할 것이다.

1. 당신의 높은 에너지 패턴

7유형이 갖고 있는 높은 에너지는 다양한 양상으로 나타난다.

세상을 향해 당신의 에너지를 쏟아내는 경향을 알아차려라. 이것은 당신이 말을 너무 빠르게 하고, 심지어 숨 쉬는 것조차 잊어버리게 한다.

이러한 경향은 당신의 일정표를 자주 흘러넘치게 하고, 거의 동시에 다양한 장소에 있으려고 시도하는 것으로 나타날 수 있다. 7유형은 해야 할 일과 가야 할 곳의 한계라고는 도무지 없는 것처럼 보인다. 혹시 당신이 예상되는 것보다 재미있는 것을 찾아서 매진이 임박한 공연의 한 장 남은 표를 구하려고 애쓰다가 각별한 친구와의 식사 약속을 연기한 적은 없는지 돌아보라.

인생의 길목에 서 있는 모든 놀라운 기회를 거부하는 것이 그렇게 어려운가? 아마도 당신은 이런 기회를 지나치는 것이 일생에 한 번 올까말까 한 상황이거나 중요한 무언가를 놓친다고 느끼고 있음을 알아차려라.

당신이 지루하다고 느꼈거나 부정적인 것으로 간주했던 다른 감정을 회피하고 있는 것은 아닌지 살펴보라.

이 외부로 높게 향하는 에너지는 아드레날린에 의해서 고무되고, 심지어 당신을 취하게 만들 수 있다. 지나치게 분주한 삶은 7유형에게는 지극히 정상적이다. 인생의 무한한 가능성에 대한 열정은 신날 수 있지만 당신은 가끔 지치거나 스트레스를 받을 수도 있다는 것을 알아야 한다. 이러한 강렬함이 어린 시절부터 쉽게 상처받아온 당신의 감정을 보호해 왔다는 것을 기억하라.

2. 즐거움을 주는 사람으로 살아가는 패턴

7유형 사람들은 종종 사람들에게 즐거움을 주거나 신나게 만드는 역할을 하고 있는 자신을 발견한다. 그들은 때로 다른 사람들이 자신의 기분을 고양시키거나 활력을 주는 역할을 기대하도록 만들기도 한다.

당신은 넘치는 활력을 어떻게 주체하는가? 그것이 당신의 경험에 어떤 영향을 끼치는가? 당신이 항상 모임에서 중심 인물이 되고 싶어 한다는 것을 인정하라. 당신의 넘치는 활력이 사람들과의 관계에 어떻게 작용하는지 잘 살펴보라.

3. 고통과 애통을 다루는 패턴

속도를 줄이기 위해 잠시 쉴 때, 당신은 무엇을 경험하는가?

혹시 당신이 슬픔이나 불안을 느끼는지 잘 살펴보라. 낙천적이거나 긍정적인 감정 이외에 어떤 감정을 받아들일 수 있는지 생각해 보라.

7유형의 사람들은 보통 내면의 고통을 회피하려고 하는데, 그 이유는 자신이 소모되는 느낌이거나 늘 고통 속에서 있을 것 같기 때문이다. 따라서 비통이나 다른 내면의 고통스러운 감정을 애써 줄이거나 그냥 서둘러 지나쳐 버리려는 경향이 있다.

애도 과정을 중단하는 것은 뜻밖의 시간에 더 강렬하게 드러나는 감정을 잠시 묻어두는 것과 같다. 지금 느끼는 감정이 아닌 다른 감정에 대해 당신 스스로 어떻게 느끼는지 살펴보라.

4. 좌절과 짜증impatient에 대한 패턴

당신이 짜증이 나거나 좌절감을 느낄 때를 살펴보라. 일단 잠깐 멈추고 깊은 심호흡을 해보자. 당신에게 짜증은 어떤 느낌인가? 짜증이 주는 불편함을 어떻게 떨쳐내고 완화시키려고 하는지 알아차려라.

당신에게 좌절감은 어떤 느낌인가? 당신은 좌절했을 때 어떤 경향이 있는가? 당신은 어떻게 반응하며 삶에 어떤 영향을 주는가? 당신은 얼마나 자주 좌절을 느낀다고 말하는가? 당신이 얼마나 자주 좌절을 느끼는지 살펴보라.

5. 항상 다음을 기대하는 패턴

7유형의 사람들은 다음을 기대하는 것에 엄청난 에너지를 쏟아 붓는 경향이 있다.

당신은 어떤 마음으로 기대하는가? 당신은 지금 일어나는 일에 온전히 집중하기보다 다음에 초점을 두고 있다는 것을 인정하라. 다음 순간을 기대할 때 당신의 느낌을 살펴보라. 그 기대감을 당신의 머리로 느끼는지, 가슴으로 느끼는지, 온몸으로 느끼는지 살펴보라. 기대감으로 인해 당신의 삶에서는 어떤 일이 벌어지는가? 당신의 관심이 기대에 휘말릴 때 당신이 놓치는 것은 무엇인가?

당신의 능력을 키워줄 효과적인 훈련 방법

아래의 능력 키우기 연습들은 당신이 참된 본성으로 돌아가도록 도울 것이다.

1. 당신의 마음mind을 가라앉혀라.

7유형 사람들은 미래에 대한 기대감과 정신적 수다로 가득 차 있어 분주한 경향이 있다. 신체적 감각과 몸으로 돌아오도록 지지하는 명상 훈련을 통해 주의를 환기시키고 생각의 압박으로부터 벗어날 수 있을 것이다.

이 훈련은 인내를 요구한다. 두세 번 앉아 있다고 해서 알게 되는 것도, 완성되는 것도 아니다. 내면의 정신적 메시지들을 고요하게 하는 훈련을 일생 동안 전념해야 한다.

자연을 벗 삼아 조용히 산책하는 것은 당신 자신을 차분하게 만드는 데 큰 도움이 될 수 있음을 알 수 있다.

2. 새로운 방식으로 일정을 잡으라.

7유형들은 조급한 편이고 약속 시간을 잘 지키지 않는 편이다. 당신은 일정 사이에 여유 시간을 충분히 잡지 않거나, 어떤 일을 위해서 할애하는 시간도 지나치게 인색한 편임을 알아차릴 수 있다.

당신의 일정표를 살펴보자. 일단 약속을 줄여라. 적어도 일정의 사분의 일을 줄이고 어떤 일이 일어나는지 살펴보라. 당신이 존재하는 것을 충분히 누리기 위해서는 일정을 절반으로 줄일 필요가 있다. 물론 약속을 없애는 것은 불가능하다고 생각할 것이다. 그러나 그렇게 되도록 해보라. 그동안 당신이 매 순간 느낀 내면의 압박감을 연민으로 알아차리고 그 압박감 아래에 무엇이 있는지 알아보라.

3. 감정을 경험하고 머무르라.

7유형들은 긍정적 감정이든 고통스러운 감정이든 자신의 감정을 충분히 느끼지 않으려는 경향이 있다. 당신이 가지고 있는 감정을 직접 경험하도록 해보라. 예를 들어 친구와 어려운 대화를 할 때도, 그 대화가 주는 느낌이 무엇인지 알아차려라. 그 대화가 불러오는 감정과 그 감정에 단순히 머물러 있을 때 당신에게 무슨 일이 일어나는가? 지금 올라오는 특별한 감정이 당신의 몸에서 어떻게 느껴지는가?

당신의 감정을 충분히 느끼기 위해서는 삶의 속도를 많이 늦출 필요가 있다. 당신이 그 감정을 충분히 느낄 때, 그 감정은 다른 감정으로 바뀌게 된다. 보통 마음의 문을 열면, 훨씬 더 자유로워지고 마음 속 깊은 평안이 찾아온다.

4. 지금 이 순간의 삶을 누려라.

이 순간에 당신의 삶 속에서 주어진 재능들을 알아차리고 인생의 경이로움을 받아들일 수 있는 시간을 가져라. 말 그대로 받아들이는 것이 어떤 느낌인지 실험해보라. 이러한 느낌은 당신이 자신의 성격에 사로잡혀 있을 때 전형적으로 보여주는 밀어내기pushing out 에너지와는 분명히 다른 것임을 알아차릴 수 있다.

지금 이 순간에 활용 가능한 더 많은 경험을 할 수 있는 공간을 만드는데 도움을 주는 것은 무엇인가? 행위doing에 초점을 맞추기보다는 단지 존재being할 수 있는 공간을 만들었을 때의 차이는 무엇인가?

5. 당신 자신에게 기회를 주어라.

7유형은 재주는 많지만 천천히 진행되는 과정을 조급해 한다. 따라서 기술을 터득하거나 지식 계발을 필요로 하는 활동을 회피하는 편이다. 만일 당신이 회피하는 경향이라면 당신은 자신을 과소평가하거나 당신의 진정한 능력이 무엇인지 종종 알지 못한다. 예를 들어 당신은 어떤 일이든 마감이 거의 다 되어서야 시작한다. 결국 프로젝트의 더 복잡한 부분까지 깊이 있게 다룰 시간이 없다. 당신은 적절하거나 충분히 좋은 결과를 만들어내지만 당신 스스로 만족스럽지는 못하다. 따라서 당신의 능력이 결실을 맺고 깊은 차원까지 노력할 수 있도록 자기계발의 시간을 충분히 가져보라.

'즉각적instant 전문가' 가 되기를 기대할 때 당신은 자신을 압박한다. 물론 당신은 영리하기 때문에 보통 새로운 도전을 매력적으로 성사시킨다. 하지만 당신의 탁월한 재능을 보여줄 수 있는 다른 방법도 있다. 예를 들면 새로운 것을 배워서 다른 사람에게 가르쳐 줄 수 있을 때까지 시간을 충분히 갖고 숙지하는 것이다.

과업을 완수할 때까지 계속 지켜보면서 집중해보라. 당신이 어떤 과업을 완수했을 때 어떤 느낌을 갖게 되는지 살펴보라. 어떻게 이것을 느끼는가?

치유와 진화의 길

이 책의 주요 주제는 에니어그램으로 작업을 하면서 당신의 참된 본성을 깨우도록 돕는 것이다. 에니어그램은 당신을 치유와 진정한 변형의 여정으로 초대한다. 우리 중 대부분은 깨어나는 여정에 인내와 신뢰와 믿음과 함께 오랜 시간이 필요하고, 이것은 가능한 한 현존에 머무름으로써 이루어진다. 3부에서는 유형에 관계없이 모두를 위해 유익하고 지원하는 과정을 소개할 것이다.

예상한 것처럼 각 유형의 사람마다 서로 다른 특별한 필수 과정을 경험할 것이다.

만약 당신에게 7유형이 우세하다면, 치유와 진화의 여정은 다음과 같은 내용을 포함한다.

당신의 외부에서 충만감을 얻는 것 대신 지금 이 순간을 경험하는 것으로 **당신의 주의를 다시 맞춰라.** 의식적으로 당신의 호흡을 알아차리는 것은 이 순간과 만나고 당신의 몸과 만날 수 있게 도와준다.

당신이 자신의 행복이라고 여기는 **조건과 규범을 내려놓아라.** 이 조건들은 당신이 결코 만족할 수 없는 상자에 당신을 가두어 놓는다. 이러한 거짓 조건들로부터 벗어나면 당신이 발견한 것으로 인해 놀라게 될 것이다.

내면의 비평가를 인식하지 못하거나 차단하지 못했을 때 그것은 상당한 힘을 갖게 된다. 당신이 즐거움을 추구하는 한 당신은 힘들 수밖에 없다. 내면 비평가의 영향을 최소한으로 줄이도록 배우는 것은 멀지만 진정한 내면의 자유를 느끼는 길을 가게 한다. 17장에서 내면 비평가를 다루는 구체적인 전략을 살펴보도록 하자.

당신 마음[mind] **속에 어두운 곳으로 위축하는 순간을 알아차려라**(통합 포인트의 숨겨진 자아로 옮겨가는 순간이 있다. 7유형에게는 5유형이 통합 포인트이다.). 당신은 당신 자신과 멀리 떨어져 있기 때문에 스스로 이 순간을 알아차리기는 어렵다. 당신은 생각 속에서 방향을 잃을 수 있고 심지어 사람들을 불편하게 하며 멀어지게 만든다. 당신이 천천히 이러한 자아의 숨겨진 차원에 대한 특성을 알고 받아들이면 내면의 고요에서 오는 능력을 인식할 수 있게 된다. 이 내면의 고요를 통해 당신은 자연스럽게 자신과 함께 하는 능력과 명료성, 그리고 더 집중하는 경험을 시작할 수 있다.

> **상기할 점:** 자아의 숨겨진 차원은 주로 통합 포인트의 일반적 행동이나 힘들 때 나타나는 특성에서 찾을 수 있다.

당신의 가슴은 무한한 지성의 원천이다. 이 사실을 인정해야만 당신은 당신의 주의를 필요로 하는 감정에 연결될 수 있다. 마침내 당신은 당신 인생에서 펼쳐지는 아름다움과 경이로움에 대해서 깊이 감사할 수 있게 된다.

11장

8유형의 인간적 조건과 의식: 도전가

루카스Lucas는 아내와의 다툼으로 코칭을 받으러 왔습니다. 강렬한 자신감을 풍기면서 들어온 그는 바로 본론으로 들어갔습니다. 그는 자신의 십대 아들들이 다른 사람들에게 휘둘리지 않도록 자기 주장이 분명하고 자신감이 있는 아이들로 키우기 위해 거칠게 다루어왔습니다. 그는 자녀들이 무책임하고 빈둥거린다고 느꼈기에 늘 부지런해야 한다고 주장했습니다.

그것은 별다른 효과가 없었습니다. 아이들은 비교적 착하고 큰 문제는 일으키지 않았지만, 가끔 아버지에게 반항했고 그 때마다 그는 생각보다 조금 거칠게 아이들을 대했습니다.

궁극적으로 그는 아이들에게 좋은 역할 모델이 되고 싶었습니다. 그래서 선택한 것이 좋은 부모가 되기 위한 코칭이었습니다.

에니어그램 워크숍을 통해서 루카스는 8유형 성향이 우세하다는 것을 알게 되었습니다. 그 이후 코칭을 받으면서 자신의 성향을 구체적으로 깨닫게 됐습니다.

- *그는 자신의 에너지가 얼마나 강한지 모르고 있었습니다. 또한 이런 강한 에너지가 다른 사람들에게 어떤 영향을 주는지도 몰랐습니다. 그는 항상 강한 에너지는 자신감의 상징이자 자신이 어디로 가는지 알고 있다는 신호라고 생각했습니다. 자신만큼 강하지 않은 아들들을 이해하기 힘들었지만, 그는 이제 아이들이 세상을 살아가는 방법은 자신과 다르다는 사실을 깨달았습니다. 그는 어려서부터 존중받기 위해 힘들게 살아 왔기에 아이들이 인생에서 힘겹게 살아갈까 봐 걱정스러워 했습니다.*
- *루카스는 늘 싸울 준비가 되어 있었습니다. 물론 그 상대가 아이들이라고 해서 크게 다르지 않았습니다. 그는 다른 사람들이 자신의 위치를 정확히 알게 할 때 에너지를 느꼈습니다. 물론 의심의 여지없이 그는 지금까지 수많은 사람들과 불화를 겪으며 살아왔다는 사실을 알게 되었습니다.*
- *그는 진심으로 가족을 사랑했지만 그 사실을 아이들에게 말하는 것을 무척 힘들어 했습니다. 그는 선물을 사주고, 특권을 누리게 해주면 자녀들이 자신의 마음을 알아주리라 생각했습니다.*
- *그에게는 각별한 관계를 맺고 있는 몇 사람이 있었습니다. 그들은 그를 잘 받아주고 친절하게 대해주었습니다. 그 친구들과 있으면 갑옷을 벗어버리고 편안한 마음이 되고, 심지어 연약한 모습도 열린 마음으로 받아들이는 자신을 발견했습니다.*

처음에는 누군가 자신의 말을 들어주면 그렇게 고마울 수가 없었습니다. 그는 대부분의 사람들이 자신에게 문제를 해결해 주고 보호해 주기를 기대한다고 오랫동안 생각해 왔습니다. 코칭을 통해 자신이 강할 필요가 없다는 사실을 깨닫는 것은 실로 무척 낯선 경험이었습니다.

루카스를 위한 코칭의 주안점은 자신의 진심을 누군가에게 표현하기 시작하는 것이었습니다. 그는 거칠지 않게 진심으로 자녀들과 대화하는 새로운 방법을 실험했습니다. 그는 아이들이 각자 자신

만의 특정한 필요가 있다는 것을 깨달았습니다.

루카스는 아내의 도움으로 다른 사람들이 자신에게 맞서지 않는다는 새로운 생각으로 작업하게 되었습니다. 시간이 흐르면서 그는 적어도 어떤 사람들에 대해서는 믿어주기 시작했습니다. 그는 자신의 가슴이 점점 더 열리고 있는 것을 느끼면서, 다른 사람들이 자신에게 애정을 갖고 있다는 사실을 새삼 확인하는 놀라운 경험을 하게 되었습니다.

8유형이 경험하는 내적 일관성

당신의 참된 본성

만일 당신이 8유형이라면, 당신의 영혼은 살아있음aliveness과 내면의 힘inner strength이라는 확고부동한 특성에 자연스럽게 끌릴 것이다. 당신은 굳이 강요하지 않아도 인생의 모든 영역과 당신 자신 안에서 살아있음을 경험하고, 지금 이 순간에 인생의 심오한 직접성immediacy으로 잘 해낸다.

당신의 참된 본성과 닿아 있지 않으면, 아마도 당신의 열린 가슴과 의지가 다른 사람을 품게 하는 당신의 힘에 필수적인 측면이라는 것을 아직 알아차리지 못할 수 있다. 당신이 몸으로 경험하는 굳건함과 힘은 사람들을 깊이 돌볼 수 있게 가슴을 열도록 도와준다. 사람들을 밀어내기보다는 그들이 자연스럽게 당신에게 끌린다. 삶은 진실하고 충만하며 즉각적이라고 느낀다.

당신의 인생 이야기: 당신의 내면이 세상과 관계 맺기

당신의 자아 개념과 당신이 세상에서 차지하는 위치는 이미 어린 시절에 일찌감치 결정되어 있다. 당신이 자신의 경험들을 어떻게 내면화했는지에 따라 자기 자신과 타인 및 당신의 존재 방식에 관계를 맺는 특정한 방법에 영향을 주었다. 만일 당신이 8유형이라면 지금부터 하는 어린 시절의 내적 경험에 관한 이야기가 무척 친숙하게 들릴 것이다.

> *당신이 기억할 수 있는 옛날로 돌아가면, 당신은 모험을 좋아하고 활동적이며 에너지가 많았고 무엇이든지 원하는 것을 얻으려 했습니다. 갖고 싶은 장난감도 많았고, 사람들의 관심도 끌고 싶어 했으며, 물속에서 뛰는 것을 좋아하고 비교적 거칠게 노는 편이었습니다. 어른들은 왜 당신에게 그토록 자주 조용하라거나 천천히 하라거나 친구들에게 거칠게 하지 말라고 했을까요? 당신은 말썽을 많이 일으켰고, 따라서 '그만해, 그건 나쁜 짓이야.' 라는 말을 많이 들었을 것입니다. 그 때마다 당신은 자신이 하찮게 느껴졌고, 상처 받는 경험으로부터 자신을 보호할 수 없었습니다.*
>
> *어려서부터 당신은 힘이 있는 사람이 누구라는 것은 알았지만 결코 당신 자신은 아니었습니다. 당신은 이 힘이 때때로 당신에게 사용되는 것을 경험하였고, 당신이 안전하지 않다고 느꼈*

습니다. 당신은 자신의 감정을 숨기는 법을 배웠습니다. 당신에게 적대적인 세상에서 살아남으려면 당신이 거칠다는 것을 보여줘야 한다고 믿었기 때문입니다. 당신 가족의 삶이 더 혼란스러울수록 당신은 더 거칠어졌습니다.

젊은 시절, 당신이 보여준 인간적인 사랑이 거부당하고 배신당하며, 거절당했던 때가 있었습니다. 당신의 무의식은 결코 다시는 배신당하지 않겠다고 다짐했습니다. 사랑이 필요하다는 것을 보여주면 고통이 찾아왔습니다. 배신당한 경험은 당신을 빠르게 성장하도록 몰아 부치는 전환점이 되었습니다.

당신은 상처받는 감정으로부터 자신을 보호하는데 많은 에너지를 사용했고, 사람들의 애정이나 인정이 필요하다는 것도 부정했습니다. 당신은 강해져야 하고 독립적이어야 한다는 메시지와 함께 살아왔습니다.

당신은 사람들을 진정으로 신뢰하는 것도, 연약하게 보이는 것도 좋지 않다고 생각하면서 살아왔습니다. 취약하다는 그 생각이 불편함을 초래하고 그것은 약함의 징후처럼 여겨졌습니다.

당신이 미처 자신에게서 보지 못한 것은 당신의 가슴 속에 있는 놀라운 힘이었습니다. 당신의 가슴이 열려있을 때조차도 당신은 늘 강한 사람이라는 사실을 도무지 볼 수 없었습니다.

당신의 중대한 상실

당신은 어린 시절, 의식적으로 생각하고 말하는 능력이 채 생기기도 전에 엄청난 일을 겪었다. 당신의 영혼이 진심으로 사랑한 당신의 본성으로부터 분리되는 아픔을 경험한 것이다. 상실이라는 견딜 수 없는 고통과 함께 에고의 구조가 형성되기 시작하였고, 그 에고는 일찌감치 잃어버린 것들 때문에 생긴 아픔에서 당신을 보호해 주었다.

당신의 에고는 당신의 참된 본성을 따라하며 흉내를 내지만, 절대로 똑같아 질 수 없다는 것을 알고 있다. 8유형의 성격 구조는 힘과 살아있음의 경험을 만들어내려고 애쓴다. 이는 당신의 에너지를 당신의 바깥에 있는 세상으로 밀어내는 것이다. 실제로 필요한 것보다 더 많은 에너지를 행동으로 쏟으면서 당신이 자연스럽게 살아있음을 위한 대체물을 만든다. 당신은 정면 돌파로 도전하면서 심지어 당신에게 도전하는 새로운 것들을 찾는다. 물론 오르지 못할 높은 언덕은 없다. 다른 사람들이 당신을 힘겨루기의 대상으로 생각한다. 당신의 에고는 많은 에너지를 확장하고, 끌어올려 분투하려고 한다.

8유형이 가진 중대한 상실의 고통: 바깥에 있는 누군가가 당신을 배신한다는 사실이 뼛속 깊은 수준에서 참기 어려운 고통의 원인이 된다. 이 내면의 깊은 상처는 당신이 더 이상 배신당하지 않기 위해 강철 같은 자신을 만들도록 무의식적인 결정을 하게 했다. 이러한 깊은 내면의 상처는 인생 전체와 함께 살아왔다. 그리하여 당신은 정확히 당신의 영혼이 그토록 갈망하는 것, 즉 인생과 다른 사람들 그리고 자기 자신과 열린 가슴으로 연결되어있을 때의 살아있음을 밀어내며 살아왔다.

8유형의 내면 논리와 정체성 삼각형

8유형의 핵심 신념

핵심 신념은 에고의 신념을 지지하는 정보만을 선별해서 받아들이는 무의식적인 필터이다. 불행하게도 무의식적으로 작동하는 이 필터는 대안적인 시각들을 제공하는 자료들을 놓치거나 지워버린다. 이 신념은 삶에 대한 관계를 형성하는 중요한 작동 원리로 기능한다.

각각의 핵심 신념은 우리가 연민을 가지고 인식의 빛으로 나올 때까지는 진짜처럼 느껴지는 거짓이다. 그래서 친절과 진솔함으로 이 신념에 접근하는 것이 특히 중요하다.

8유형으로서 당신은 세상이 공정하지 않다고 믿는다. 당신은 자신을 보호해야 하고 다른 사람들의 불공평unfairness과 불공정injustice으로부터 영향을 덜 받아야 한다. 다른 사람들이 당신을 부당하게 이용할 것 같아서 당신의 연약함vulnerability을 보일 수가 없다. 그래서 당신은 강함과 힘을 보여줘야만 한다.

당신의 삶에서 이러한 핵심 신념은 어떻게 나타날까? 다음 문장은 8유형인 당신의 생각과 언행을 잘 설명해 줄 것이다.

- 결단력 있는 행동은 이러한 위협적인 상황에 맞서기 위해 반드시 필요하다. 나는 지금 내가 원하는 상황을 만들 수 있기 때문에 내가 책임을 진다.
- 물론, 위험도 내가 감수한다. 나는 어떠한 역경에도 맞서는 패기를 시험하는 것을 즐긴다.
- 나는 선의의 결투를 좋아한다. 내가 큰소리로 다투고 강하게 밀어붙인다고 누가 뭐라 하겠는가? 여기 누군가는 다른 사람들에게 힘을 보여줘야 한다.
- 나는 사과하는 척하지 않을 것이다. 사람들이 정직하지 않을 때 정말 화가 난다.

이러한 핵심 신념이 당신의 정체성 삼각형을 만든다. 이 삼각형은 어떻게 살고 있는가에 대한 간략한 예시를 제시할 것이다. 지금부터 하는 설명이 당신의 경험과 얼마나 잘 맞는지 생각해 보기 바란다.

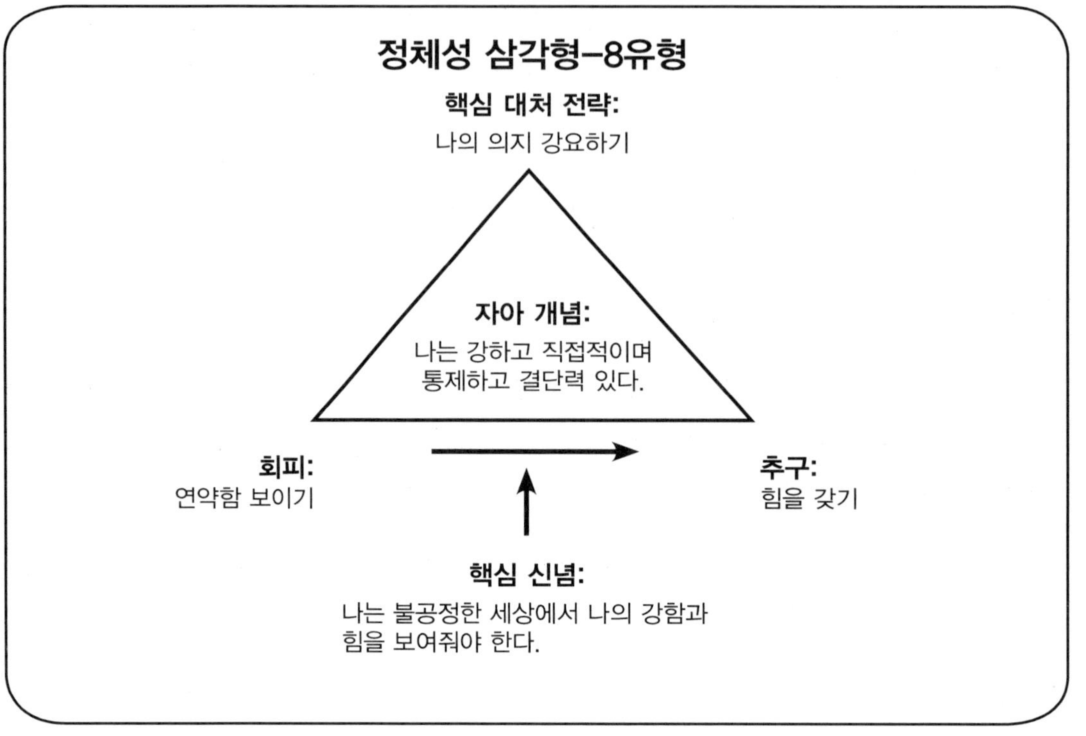

그림 11-1: 8유형의 정체성 삼각형

그림 11-1은 8유형의 성격 구조를 가진 사람이 내면 논리를 어떻게 인식하고 있는지를 보여준다.

나는 통제하는 것과 나의 힘을 표현하는 것을 추구합니다. 나는 나의 환경과 나의 미래를 책임지기를 원하기에 많은 에너지를 쏟으며 열정적으로 살고 나의 앞길을 방해하는 자들에게 도전합니다.

나는 나 자신이 약하거나 부드럽게 보이거나 연약해 보이게 만드는 그 어떤 것도 다 회피합니다. 부드러운 모습을 보여주는 것은 내가 할 수 있는 가장 위험한 일입니다. 나의 약한 모습은 나의 적들에게 이용당하기 쉽기 때문입니다. 따라서 어떤 대가를 치르더라도 통제하는 것은 중요하고 내가 거칠다는 것을 보여주어야 합니다. 나의 의지를 강요하는 것이 나의 대처 방식입니다. 나는 사람들과 사건에 대한 통제력을 확장하면서 상황을 주도하며 결국은 지배하고 맙니다. 나의 에너지가 커지면 나 자신은 더 보호받게 되고 연약함은 덜 느끼게 됩니다. 나의 의지를 강요하면 나는 다른 사람들이 나에게 협조할 것이라고 기대합니다.

이러한 대처 방식을 통해 나는 내가 강해져야 하고 내 인생을 통제해야만 한다는 생각으로 삶을 살아왔습니다. 내가 통제하면 내 인생은 아주 순조롭습니다. 나는 이렇게 계속 우위를 지켜가면서 다른 사람들이 나를 이용하지 못하게 할 수 있습니다. 다른 사람들과 거리를 유지하면 그들에 대한 나의 예민함도 줄어듭니다. 나는 내 가슴이나 다른 사람들의 가슴과 닿아있지 않기 때문에 내가 가는 길에서 필요한 것을 요구하기가 쉽습니다. 내가 만일 나의 연약한 감정을

심지어 나 자신에게조차 잘 숨기고 산다면 나는 비록 잠깐일지라도 겉으로는 강하다고 느낄 것입니다.

결국 이 모든 것은 나 자신을 강하고 통제하며 자립적인 사람으로 보게 했습니다. 하지만 이러한 자아 개념은 결국 한계를 가지게 합니다. 이것은 내가 경험하는 수많은 것들을 인정하고 감사하는 것으로부터 나 자신을 멀어지게 만듭니다.

힘이 있고 직접적인 것은 나의 긍정적인 특성이지만 지나치게 사용하면, 그것은 민감하고 돌보려는 본성에 연결되어 다른 사람들을 내 가슴으로 품을 수 있고 표현할 수 있는 나의 능력을 제한합니다. 삶의 에너지가 지속적으로 내 자신을 한계로 밀어붙이는 데만 초점이 맞춰지면 나는 진정한 의미와 충만한 삶을 놓치게 됩니다.

8유형이 깨어났을 때의 능력: 진정으로 강한 힘

당신은 다른 사람들을 보살펴주는 심오한 능력이 있다. 이것은 직접적인 소통과 타인의 선을 위해 행동하는 당신의 능력을 통해서 표현된다. 당신의 몸에 내재된 강한 힘과 열린 가슴에 닿아서 머무르면 당신은 이 세상에서 선함을 위한 힘을 갖게 된다. 바꿔 말하면 당신의 열린 가슴은 당신의 강한 힘을 감소시키지 않는다. 당신에게서 없어지는 것은 그 상황에 필요한 것보다 더 많은 에너지를 사용하는 강박일 뿐이다.

당신이 타인에 대한 인간애와 자신에 대해 민감함이라는 **당신의 타고난 능력과 접촉을 잊어버리고 상실했을 때,** 당신은 점점 더 많은 것을 요구하게 되고 밀어붙이며 강렬하게 된다. 당신은 당신 자신과 사람들로부터 정서적인 거리감을 유지하면서 자기 자신의 매우 제한적인 정체성만 인식하게 된다.

당신은 다른 사람들을 품을 수 있는 사랑의 연결과 의지가 당신이 갖고 있는 힘의 일부분이라는 것을 잊어버렸다. 그것이 바로 자유로운 삶으로 가는 문을 열고 나갈 수 있는 열쇠이다.

그림 11-2에 나타난 8유형의 빙산 모델은 이러한 특징을 잘 보여준다.

이 모델은 이 유형이 우세한 사람들이 갖고 있는 타고난 재능들의 확장된 특성들로 시작한다. 우리가 자신을 더욱 제한적으로 정의한 것을 알아차리고 이에 대한 집착을 놓으면 이러한 특성들은 자연스럽게 나타나고 점점 더 경험되어 진다. 이 모델은 8유형의 사람들이 물결 위에서 보여주는 모습들을 이해하도록 돕고, 물결 아래에서 성격에 사로잡혀 있을 때 나타나는 행동이 어떻게 만들어지고 왜 나타나는지에 관한 내면의 역동도 쉽게 설명해 준다. 빙산 모델의 특성에 대해서는 앞서 5장에서 설명한 바 있다.

8유형의 성격 구조 해독

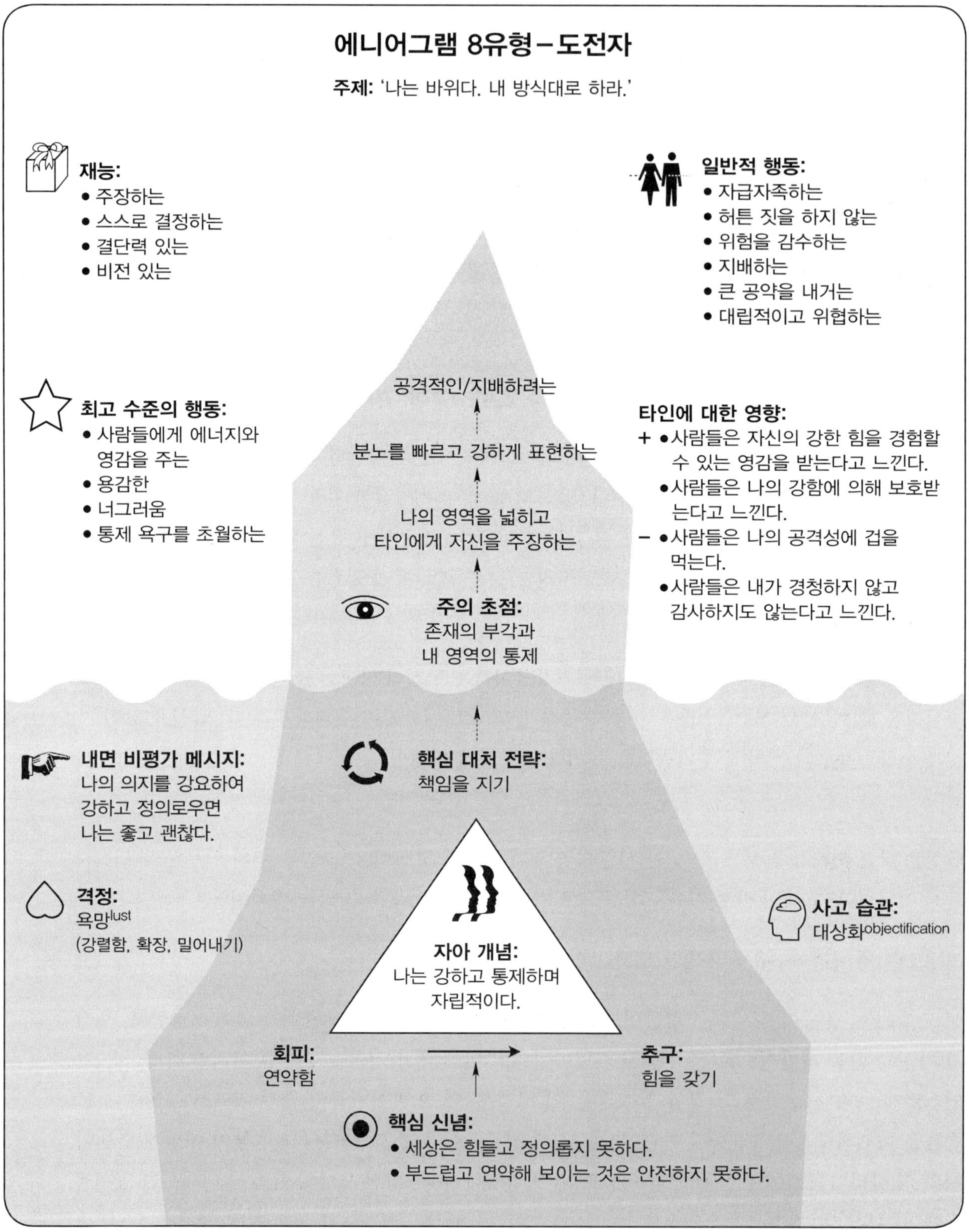

그림 11-2: 8유형의 빙산 모델

8유형의 주제

'나는 바위처럼 확고하다. 내 방식대로 하라.' 는 8유형의 성격 구조의 주제이다.

물결 위의 모습

8유형의 재능, 일상 습관, 도전 과제

재능과 최고수준의 행동(당신이 가장 건강하고 확장되었을 때)

나는 단호할 수 있다. 나는 어떤 장애물도 극복할 수 있는 자신감과 능력이 있다.

나는 스스로 결정한다. 나는 나 자신을 위해 결정하며 바로 행동으로 옮긴다.

나는 결단력이 있다. 나는 적합한 해결책을 제시해서 문제에 신속하게 대응한다.

나는 다른 사람들이 보지 못하는 새로운 시나리오들을 볼 수 있고 비전이 있다.

나는 사람들이 자신감과 용기를 갖고 행동하도록 영감과 에너지를 준다.

나는 약한 사람들을 보호할 줄 아는 용기가 있다. 나는 힘 있는 사람들이 정의롭지 못한 행동을 할 때 그들에게 도전할 수 있다.

나는 너그럽고 친절하며 아량이 넓다.

나는 사람들의 건강과 행복에 초점을 두고 통제하고자 하는 나의 욕구를 초월한다.

일반적 행동(성격에 사로잡혀 있을 때 나타나는 특징)

나는 자급자족한다. 나는 아무도 필요하지 않다고 생각한다.

나는 허튼 짓을 하지 않는다. 나는 직접적이고 내가 보는 것을 그대로 말하며, 그것은 나에게 완벽히 명백해 보인다.

나는 내기를 크게 하는 강렬함을 좋아해서 때로는 불필요한 위험도 감수한다.

나는 지배적이고 타협을 거부한다. 나는 사람들에게 힘을 행사하는 것을 좋아하고 그들을 굴복시켜서 내가 주장하는 방식을 따르게 한다.

나는 큰 공약을 내건다. 나는 이것이 사람들에게 신용을 얻고, 나의 지위와 영향력과 힘을 높일 수 있는 좋은 방법이라고 생각한다.

나는 대립을 일삼고 그들이 나의 강렬한 에너지와 분노의 힘에 압도당하게 위협한다.

주의 초점(성격에 사로잡혀 있을 때 내 주의가 머무는 곳)

노트: *여기에서는 8유형 사람들의 주의 초점이 계속 좁아질 때 나타나는 특징을 간단하게 설명하고 있다. 주의 초점이 얼마나 활성화되느냐는 우리의 현존 정도에 달려 있음을 알아차리는 것이 중요하다. 우리가 현존하면 할수록 주의 초점은 좁아지기보다는 확장된다.*

나는 성격에 사로잡혀 있을 때, 나의 힘과 강함, 그리고 나의 영역에 대한 통제 등을 경험하는데 주의를 기울인다. 나의 영역은 나의 가족과 재산과 부유함, 업무상 결정권과 개인적인 일로 만나는 사람들을 망라한다. 내가 통제하면 할수록 정의롭지 못한 세상에서 나 자신과 내게 중요한 사람들을 더 잘 보호할 수 있다.

사람들로부터 해를 입거나 적대적인 위협으로부터 보호할 필요가 생기면, 나는 나의 소유권과 영향을 넓힌다. 나는 내 주장을 강요하면서 다른 사람들이 내 영역에 영향을 주지 못하도록 한다. 나는 분노를 쉽게 표현하기도 하지만 또 쉽게 누그러뜨린다. 나는 솔직히 다른 사람들이 왜 나에게 압도당하는지 이해할 수 없지만 그것은 분명한 사실이다.

위협으로부터 보호할 필요가 더 많아지면 나는 더 공격적이고 지배적이며 위협적이 된다. 나는 사람들을 에너지로 몰아붙이고 심지어 몸으로 사람들을 밀어내기도 한다. 이럴 때 사람들에 대한 나의 감수성은 점점 떨어진다.

타인에 대한 영향

+ *긍정적인 영향*

- 다른 사람들은 필요할 때 나의 강한 힘과 지지와 보호를 느낀다.
- 다른 사람들은 나의 관대함과 당당히 맞서는 능력으로 인해 고취된다.

— *부정적인 영향*

- 다른 사람들은 나의 강한 압박에 위협받는다고 느낀다.
- 다른 사람들은 내가 듣지 않고 보지 않으며 감사해하지도 않는다고 생각한다.

물결 아래의 모습

8유형의 사람들이 경험하는 내면의 역동을 이해하기 위해서는 물결 아래에 있는 모습에 주의를 돌려야 한다. 밑바닥에서부터 시작하여 위로 올라오면서 살펴보자.

8유형의 핵심 신념

이 핵심 작동 원리들은 눈에 보이거나, 보이지 않는 방식으로 인생의 많은 면들을 걸러낸다.

나는 세상이 불공정하다고 믿는다. 나는 다른 사람들의 불공정함과 불공평으로부터 나를 보호할 필요가 있다. 사람들이 나를 부당하게 이용할 수 있기 때문에 나는 연약한 모습을 보여줄 수 없다. 그래서 나는 반드시 나의 강함과 힘을 보여주어야만 한다.

정체성 삼각형

추구

나는 나의 힘을 표현하고 통제하는 것을 추구한다. 나는 도전받았을 때 느끼는 살아있다는 느낌을 좋아한다. 내가 원하는 방식으로 일이 되게 하는 나의 능력은 내 환경을 어떻게 책임지는가를 보여주는 것이다. 일하든 놀든 나는 에너지를 많이 쏟고 삶을 열정적으로 살며 다른 사람들도 그렇게 살기를 기대한다. 나는 극한까지 밀어내는 것을 좋아하고, 그것이 삶을 가치 있게 만든다.

회피

나는 나 자신이 약하거나 부드럽게 보이거나 연약해 보이게 만든다고 생각하는 그 어떤 것도 다 회피한다. 나는 굳이 도움을 요청하거나 다른 사람들에게 의지하는 모습을 보이지 않는다. 이는 연약함의 표시이다. 내가 연약하다고 생각하는 모습을 보여주는 순간 나는 바로 이용당하게 된다. 나는 다시는 배신당하거나 상처 받는 상황을 만들지 않겠다고 스스로 다짐한다.

핵심 대처 전략

나의 핵심 대처 전략은 책임을 지는 것이다. 나는 일이 진행되는데 필요한 어떤 사원이라도 반드시 동원한다. 나는 사람들과 사건에 대한 통제력을 넓히면서 상황을 주도하며 결국은 지배한다. 나의 에너지가 더 밖으로 나갈수록, 나 자신은 더 보호받고 연약함은 덜 느낀다. 그렇게 되면 사람들은 나에 대한 반대를 덜 하게 되고, 만약 내게 맞서더라도 나는 나의 의지를 강요할 것이다. 결국 그들은 나를 따를 것이다.

자아 개념

나는 나 자신을 강하고 통제하려 하며, 자립적인 사람으로 본다. 나는 의지가 강하고 어떤 일이든 되게 만든다. 물론 이는 긍정적인 특성이지만, 그것들에 너무 의지하면 결과적으로 상한 감정이나 연약함을 포함해서 나의 모든 범위의 인간성을 경험하는 데에 커다란 어려움이 있다. 나는 연약함이 나의 진정한 강함의 원천이 된다는 것을 알아차리지 못한다.

격정

나는 강렬하고, 가끔은 지나치게 강렬한 삶을 산다. 나는 대부분의 활동과 상호작용에서 실제 필요한 것보다 훨씬 많은 에너지를 사용한다. 밖으로 더 많은 힘을 쓰고, 더 큰 에너지를 확장할수록 나는 더 진실이라고 느낀다. 나의 강렬한 에너지는 나로부터 사람들을 밀어내고, 동시에 그것이 나를 보호하는 것처럼 느낀다. 그러나 결국 내가 실제로 원하는 것의 정반대 상황을 만든다. 이것이 8유형의 격정인 욕망lust이다.

상기할 점: 당신에게 우세한 유형이 무엇이든 상관없이 격정은 성격의 일부분이고 정서적 삶을 움직이는 동기이다. 격정은 마음의 상처를 덮어 감추고 삶을 대하는 감정적 반응을 만들어내는데, 그 결과 당신의 영혼이 사랑하는 것으로부터 멀어지게 한다. 이는 모든 성격 유형에 있어서 그러하다.

사고 습관

나는 사람들을 대상화objectify 한다. 그 결과 그들은 나에게 진실하거나 특별하게 보이지 않는다. 내 인생 안에 다른 사람들은 그저 나의 가는 길에 끼어드는 대상일 뿐이다. 이것이 다른 사람을 나의 통제에 대한 위협으로 보기 쉽게 하고, 그 사람들을 적으로 간주하게 한다. 이렇게 하는 것은 나로 하여금 분노와 격노를 표현하게 한다.

상기할 점: 당신의 우세한 유형이 무엇이든 상관없이 고착은 성격의 일부분이다. 이것은 자신과 세상에 대해 고착화된 사고와 행동의 동기 요인이다. 고착은 현실에 대한 잘못된 감각을 강화시킨다. 에고가 삶의 문제들을 자동적으로 분명하게 해결하도록 함으로써 당신을 참된 자아로부터 멀어지게 만든다. 이것은 모든 성격 유형에 동일하게 나타난다.

내면 비평가 메시지

나는 내가 강하고 상황을 통제하고 있으면 좋고 괜찮다. 나의 내면 비평가는 내가 긴장을 풀 수 있는 상황인지, 적절하게 통제해야 하는 상황인지를 구별하지 못하게 한다. 내가 내면 비평가의 그물에 걸려 있는 한, 나는 사람들에게 나의 진실과 통제를 강요하려고 애쓴다. 나는 다른 사람들에 대한 책임감이라는 큰 짐을 지고 살아간다.

위에 언급한 각각의 요소들이 내가 나 자신이라고 생각하는 전체 경험을 만들어낸다. 핵심 신념, 격정의 감정적 충동, 고착이라는 사고 습관, 그리고 내면 비평가 모두 무의식적으로 공모해서 정체성 삼각형을 강화시킨다.

8유형에 대한 추가 정보

스트레스의 원인

나의 육체적인 힘에 지나치게 의존하는 것이 스트레스의 원인이고, 결국은 심각한 신체의 문제로 이어진다. 내가 지나칠 정도로 자급자족에 얽매이거나 요구하고 통제할 때 스트레스는 급증한다. 내가 부드러움을 보여주는 것을 피할 때도 스트레스는 증가한다.

가장 수축되거나 경직될 때 나타나는 반응

나는 독재적이고 폭력적이 될 수 있다.

나는 통제할 수 없는 격노로 가득 차 있다.

나는 법보다 위에 있다.

8유형과 관련된 다른 성격 유형

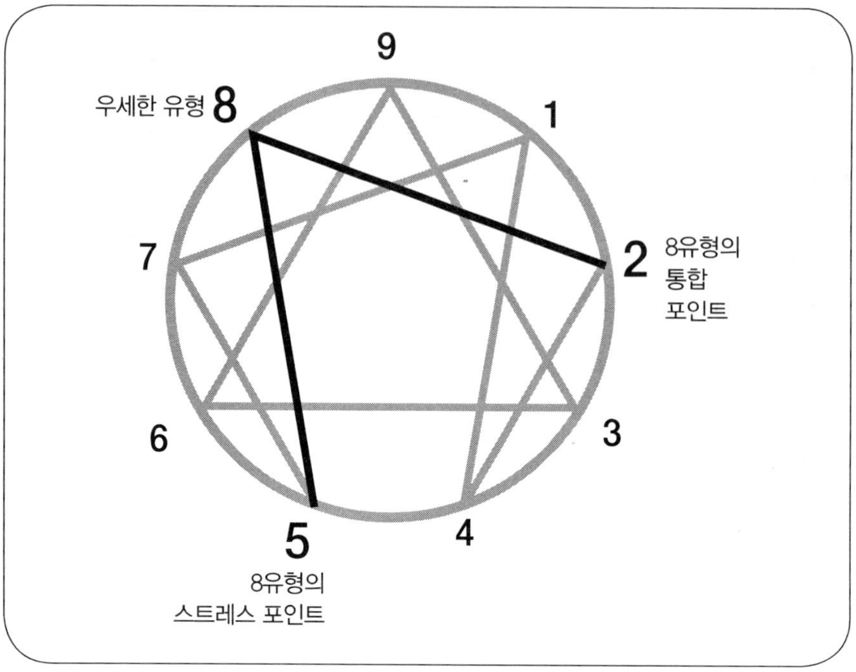

그림 11-3: 8유형의 스트레스 포인트와 통합 포인트

8유형의 사람들은 스트레스를 받으면 5유형의 특성이 나타난다. 5유형은 8유형의 스트레스 포인트이다. 5유형에 대한 자세한 정보는 8장에 나와 있다. 특히 5유형의 일반적 행동과 '패턴에 대한 주목과 관찰'을 주의 깊게 읽어보면 좋다.

자아의 숨겨진 차원을 포함하여 8유형의 통합 포인트는 2유형에서 설명하고 있다. 2유형에 대한 자세한 정보는 13장에서 다루고 있다. 8유형의 통합 포인트를 이해하려면 특히 2유형의 '재능' 과 '최고 수준의 행동' 부분을 자세히 살펴보면 좋다. 8유형의 자아의 숨겨진 차원은 13장에서 언급한 일반적 행동을 검토해보라.

에니어그램은 또한 반대 방향으로도 작용하기에 자신의 우세한 유형을 찾을 때 고려하기 바란다. 8형은 2유형에게 스트레스 포인트이고, 5유형에게는 통합 포인트이다.

여정을 방해하는 패턴 알아차리기

패턴에 대한 주목과 관찰

여기에서는 8유형 성격 구조에 나타나는 패턴을 살펴보고자 한다. 이 패턴들은 당신이 나쁘거나 잘못했다고 평가하기 위한 것이 아니고 유용한 정보를 제공하며 당신을 일깨우는 여정에서 이정표가 될 것이다. 아울러 이 패턴들은 확실하고 직접적인 방법으로 당신이 경험하는 핵심을 의식하고 핵심에 닿을 수 있도록 도와준다. 그 결과 당신은 특정하고 습관적이며 힘들게 하는 전략들을 이완시킬 수 있고, 이는 당신을 더욱 현존하고 열려있으며 자유롭게 할 것이다.

1. 당신의 에너지를 강렬하게 하는 패턴

8유형 사람들이 직면하는 중요한 도전 중의 하나는 삶에서의 강렬함이다. 이 강렬함은 어린 시절에 쉽게 상처 받았던 당신을 보호하도록 도왔음을 기억하라.

- 당신의 에너지가 어떻게 느껴지는지 알아차려라. 당신의 몸으로 그 에너지를 감지할 수 있는가?
- 사람들에게 당신의 에너지를 어떻게 밀쳐내는지를 느껴보라. 당신은 당신의 에너지로 사람들을 밀어붙인다는 것을 경험했을 것이다. 당신 목소리가 얼마나 큰지와 당신의 가슴을 내밀고 있는지 알아차려라.
- 당신이 당신의 강렬함을 사용하여 상호작용하는 그 사람으로부터 찾고 있는 것은 무엇인가? 상대 또한 강렬할 때 당신의 내면에는 어떤 일이 일어나는가?
- 다른 사람이 당신에게서 뒤로 물러설 때, 무슨 일이 발생하는가? 다만 약간이라도 당신의 에너지를 이완할 때, 무슨 일이 일어나는가? 상호작용을 하는데 어떤 차이가 있는가?
- 사람들이 당신과 어떻게 상호작용하는지 알아차려라. 그들은 당신에게 가까이 다가오려고 하는가, 멀어지려고 하는가? 다른 사람들은 당신에게 공손한 거리를 지키는 경향인가, 아니면 당신의 에너지에 압도되어 뒤로 물러서는가?
- 당신이 에너지가 크고 사람들을 밀어낼 때 더 살아있다고 느끼는지 살펴보라. 당신의 강렬함이 정신적, 신체적, 정서적 건강 및 인간관계나 삶의 다른 부분에서는 어떤 결과를 가져오는가?
- 당신은 무엇이든 또는 누구든 당신의 영향력 아래서 마음대로 하면서 더 많이 소유하며 통제하고 싶어 한다는 것을 알 것이다. 당신이 통제 영역을 확대시킬 때 어떤 충동이 만족스러운가? 그 충동 이면에는 어떤 동기가 있는가?

2. 바위 같이 단단한 패턴

8유형들은 자신만이 아니라 다른 사람들을 위해서라도 강할 필요가 있다고 느낀다. 8유형 사람들이 정의하는 강함은 부드러운 감정을 표현하지 않고 연약함을 드러내지도 않는 것이다.

- 당신에게 강함은 어떤 느낌인지 알아차려라. 신체의 어떤 감각이 당신에게 강하다고 말하는가? 강해지고 싶은 강박 이면에는 무엇이 있는가?
- 바위 같은 단단한 면이 당신의 자아 개념에 어떤 영향을 끼치는가?
- 당신은 자신의 입장을 고수할 때, 어떻게 느끼는지 살펴보라. 당신은 마음이나 관점을 바꾸는 것이 얼마나 어려운가? 만약 당신이 한 번 결정한 입장을 바꿀 수 없다고 느낀다면, 당신은 스스로에게 변화에 대해서 무엇이라고 말하는가? 당신이 위험하다는 것을 어떻게 감지하는가?
- 당신은 인간관계에 얼마나 만족하는가? 당신이 관계에서 강하고 통제하는 태도를 취할 때 누구의 욕구가 충족되는가?

3. 당신의 부드러운 모습을 보호하려는 패턴

8유형들은 자신이 거칠어야하고 대담하다고 생각하며 커다란 에너지와 단순 명쾌함을 힘과 동일시한다.

- 당신이 이 강렬한 에너지를 힘으로 정의할 때, 당신의 가슴은 무엇을 경험하는가?
- 당신의 진실한 감정 및 의심과 슬픔을 나눌 수 있는 사람들이 있는가? 다른 사람들이 당신의 부드러운 모습을 어떻게 알 수 있는가? 다른 사람이 당신 안으로 들어오게 하는 데 무엇이 필요한가?
- 당신에게 중요한 사람들에 대해 당신의 부드러움과 깊은 돌봄을 어떻게 보여주는가? 당신이 어떤 말을 사용하고 어떤 행동을 하는지 확인해 보라. 그들이 당신의 말과 행동에 어떻게 반응하는지에 관해 알아차린 것이 무엇인가?
- 당신이 당신의 부드러움을 더 많이 경험 했을 때, 그것이 당신에게 무슨 차이를 가져오는가? 당신의 인간관계에서는 어떤 차이가 나타나는가?

4. 세상에 대항하고 있음을 믿는 패턴

8유형들이 성격에 사로잡혀 있을 때, 다른 사람들이 자신을 적대시하고, 어떤 방식으로든 자신을 이용하거나 불공정하게 대할 것이라는 숨겨진 감각이 있다. 그렇기 때문에 8유형들은 스스로를 보호하고, 자신이 보호해야 할 사람들을 위해서 감히 아무도 대항할 수 없는 잘 만들어진 방어 체계를 가동시킬 수 있다. 결국 사람들은 8유형의 사람들이 자신들을 거부한다고 생각하고 거리를 유지한다.

당신이나 당신의 통제 영역이 위협을 받는다고 느낄 때, 당신이 곧바로 화를 내는지 잘 살펴보라. 때때로 당신의 분노는 전혀 예상하지 못한 상황에서 폭발한다. 분노는 공격적인 행동으로 이어져 나중에 후회하게 되거나 사람들에게 해명해야만 하는 상황이 생긴다.

우리 중 어떤 사람도 실제 위험이나 위협에 직면하는 경우는 거의 없다. 만일 사람들이 당신에게 정말로 대항하지 않는 것이라면 어떻게 할 것인가? 그것은 당신의 인간관계에 어떤 차이를 만드는가? 당신의 분노 수준은 어떠한가?

당신의 능력을 키워줄 효과적인 훈련 방법

아래의 능력 키우기 연습들은 당신이 참된 본성으로 돌아가도록 도울 것이다.

1. 인생의 보다 고요한 영역과 친숙해져라.

분노를 굳이 밖으로 표현할 필요가 없다는 사실을 깨닫는 것은 당신에게는 무척 놀라운 일일 것이다. 때로는 행동하거나 말하지 않고, 당신을 통해 움직이는 분노의 파동을 느끼는 것만으로도 충분하다.

당신이 가장 반응적이고 가장 화를 내는 상황을 알라. 당신의 분노를 더 많이 유발하는 특정한 것이 있는가? 혹시 당신이 술을 마시거나 약물을 복용할 때 더욱 반응하는지 생각해 보라.

당신이 이런 상황을 확인하기 시작했다면 당신의 분노를 스스로 직접 경험해 보라. 기다리면서 경청해 보라. 당신 안에서 분노가 어떻게 일어나고 당신의 몸을 어떻게 지나가는지 아무것도 하지 않은 채 조용히 관찰해 보라. 당신의 분노가 원하는 말과 행동이 무엇인지 알아차려라. 당신의 단전까지 깊은 심호흡을 하라. 그리고 당신의 충동에 따르지 말고 이 패턴의 본질을 관찰해 보라.

2. 당신의 에너지 수준을 실험하라.

당신은 주어진 과업의 완수와 성공적인 협상을 위해서 에너지나 힘이 어느 정도 필요한지 정확히 알고 있는가? 8유형들은 과업에서 실제로 요구되는 양과 상관없이 훨씬 많은 에너지를 사용한다. 특정한 과업이나 관계에 사용하는 에너지나 힘을 줄이는 실험을 해 보라. 이것은 낯설게 느껴질 수 있고 처음에는 원하지 않는 연약함의 경험으로 이끌 수도 있다. 그것과 함께 머물면서 실제 결과가 무엇인지 보라. 당신이 그동안 일반적으로 사용했던 만큼 에너지를 쏟지 않고도 여전히 만족할 만한 결과를 얻을 수 있다는 것을 발견할 것이다. 심지어 전보다 더 나은 결과를 얻었을 수도 있다.

이제 당신의 에너지를 이완시키는 연습을 해 보라. 당신이 꽉 움켜쥐고 있는 것을 내려놓아라. 문자 그대로 손에 쥐고 있는 것도 있고, 비유적으로 움켜잡은 것도 있을 것이다. 내려놓는다는 것이 어떤 느낌인지 확인해 보라.

당신은 당신의 의도, 즉 '내 방식대로 해.' 라는 경험으로 표현된 에너지 수준을 탐색할 수 있다. 만일 그 일이 당신의 방식대로 되지 않는다면 자신에게 무엇이라고 말할 것인가?

'밀기' 보다는 단지 '허용하기' 에 대해 어떻게 생각하는가? 당신은 다른 상황에서 다른 양의 에너지를 적절하게 사용할 수 있는 능력을 갖고 있다. 어느 정도의 에너지가 필요한지 분별하는 연습을 해 보라. 언제 충분하가?

3. 만일 사람들이 당신에게 실제로 대항하지 않는다면 어떻게 하겠는가?

당신은 사람들이 잠재적 위협이 되거나 당신을 이용하려는 위치에 있다고 자연스럽게 믿는 경향이 있다. 당신은 그들이 다른 팀이거나 적군이라고 느끼고 있다. 그러나 그것이 사실이 아니라면 어떻게 하겠는가? 설령 그들이 전략에 관해 의견이 다를지라도 그들이 당신과 같은 편이고 같은 것을 원한다면 어떻게 하겠는가?

그것은 당신에게 어떤 영향을 주는가? 그것은 다른 사람들을 대하는 당신의 태도를 어떻게 변화시키는가?

당신에게 사람들을 향한 천성적인 부드러움이 있다는 것을 알면 당신은 무척 놀랄 것이다. 당신이 가슴을 열고 다른 사람들로 인해 감동받을 수 있는 여지를 갖게 되면 당신은 강력하고 대단히 매력적인 특성에 닿아있게 된다. 당신의 진정성은 놀라운 지성과 힘의 원천이 된다. 많은 8유형들이 자신이 가슴을 열기만 하면 관심을 가진 사람들이 더 열린 가슴으로 자신에게 더 가까이 다가오기 원한다고 말한다.

다른 사람들을 안으로 들어오게 하는 효과적인 방법은 당신의 속도를 늦추고 에너지를 가라앉히며, 다른 사람들을 온전히 이해하겠다는 의도로 그 사람의 관점에서 진심을 다해 경청하는 것이다. 당신은 당신의 입장을 고수하는 것 대신에 서로 이해하는 마음으로 양자가 결과에 만족하는 해결책을 만들려고 하는 당신의 관점을 공유할 수 있다.

4. 통제 하지 말고 즐겨라.

당신이 소유 욕구나 통제 욕구 없이 단순히 즐기는 것은 무엇인가?

결과에 초점을 맞추지 말고, 당신 자신을 고요하게 하고 현존하기 위해 자연에서 시간을 갖는 것은 자연적으로 원기를 회복시킨다.

그 순간에 흔들리지 않는 것을 배우고 센터링된 내면 감각을 발견하라. 이 곳, 당신의 단전에서 당신은 별다른 노력 없이 본질적으로 체화된 힘의 자연스러운 원천에 접근할 수 있다.

명상 훈련과 의식적 호흡 기술은 내면의 긴장과 스트레스를 줄이는 데 도움을 준다. 약간의 중립적이고 외적인 세상에서 느린 속도로, 더욱 의식적으로 걸어라. 자기 자신이 무리한 에너지를 사용하지 않아도 당신이 사용할 수 있는 생명력을 알아차려라.

당신은 스스로 고요하고 차분할 때 무엇을 알아차리는가? 당신의 가슴 속으로 자신이 들어간다는 것은 어떤 느낌인가? 당신은 진심어린 참사랑을 가진 힘이 있는 존재로서 놀라운 능력을 발견할 수도 있다.

5. 당신의 몸을 돌보라.

신체적 에너지를 많이 사용하다 보면 당신의 몸이 보내는 신호나 요구를 간과하기 쉽다. 열정적으로 사는 것은 몸에 무리를 가져오고 시간이 지나면서 건강에 심각한 문제를 초래한다.

당신의 건강을 위해 생활 습관에 주의를 기울여라. 최근에 건강검진을 받은 적이 있는가? 규칙적인 식사를 하는가? 혹시 과식하는가? 충분히 잠을 잘 자는가? 혹시 가능한 조금만 자려고 노력하는가? 지속적으로 일을 하는가? 외부 활동과 여유 있는 시간의 균형을 맞추고 있는가? 당신의 현재 생활 습관에 따라 전문가와 상의해 보라. 당신의 건강 상태를 평가해주고, 당신의 건강 유지에 필요한 적절한 처방을 내려줄 것이다.

당신의 몸을 위해 무엇이 좋고, 좋지 않은지에 대해 말하는 소리에 더 귀를 기울여라. 당신의 몸이 당신에게 어떤 것이 좋은지 현명한 판단을 돕도록 말할 것이다.

치유와 진화의 길

이 책의 주요 주제는 에니어그램으로 작업을 하면서 당신의 참된 본성을 깨우도록 돕는 것이다. 에니어그램은 당신을 치유와 진정한 변형의 여정으로 초대한다. 우리 중 대부분은 깨어나는 여정에 인내와 신뢰와 믿음과 함께 오랜 시간이 걸리고, 이것은 가능한 한 현존에 머무름으로써 이루어진다. 3부에서는 유형에 관계없이 모두를 위해 유익하고 지원하는 과정을 소개할 것이다.

예상한 것처럼 각 유형의 사람마다 서로 다른 특별한 필수 과정을 경험할 것이다.

만약 당신에게 8유형이 우세하다면, 치유와 진화의 여정은 다음과 같은 내용을 포함한다.

다른 사람들을 당신에게 가깝게 하여 통합시키는 **선천적인 힘을 발견하라.**
당신 자신과 다른 사람들에게 가슴을 열면 **서서히** 당신이 전에는 알지 못했던 힘을 발견할 것이다.

다른 사람에 대해 끊임없이 바위가 되는 역할을 내려놓아라. 다른 사람들에게 당신도 역시 지지가 필요하고 가치가 있는 사람이라는 것을 알게 하라. 서로 도움이 필요하다고 표현하는 것은 중요하고 건강한 관계의 일부분이다.

당신도 필요를 가지고 있음을 알아차리라. 이것은 당신의 자아 이미지의 일부가 아니기에 자신 안에 있는 것을 보는 것은 매우 어려운 일이다. 그러나 당신도 인간이고, 모든 인간은 다른 사람을 필요로 하고 돌봄을 받을 욕구가 있다. 당신 안에서 이것을 인식하지 못했을 때, 통합의 방향인 포인트 2의 숨겨진 자아로 움직여서 필요를 무의식적으로 찾을 수 있다. 이러한 숨겨진 자아의 차원을 받아들이는 것은 어려운 일이다. 하지만 사랑을 받기 원한다는 갈망을 알아차리도록 자신을 허락하고, 이러한 갈망을 무의식적으로 필요한 것처럼 보이도록 표현해 왔음을 확인할 수 있을 것이다.

놀랍게도 이러한 수용은 당신의 참된 내면의 진정한 힘과 닿아있게 이끌어 줄 것이다. 이러한 진정한 힘의 근원으로부터 당신은 세상에 긍정적인 영향을 주는 자연스러운 촉매 역할을 하게 된다.

상기할 점: 자아의 숨겨진 차원은 주로 통합 포인트의 일반적 행동이나 힘들 때 나타나는 특성에서 찾을 수 있다.

당신이 사람들을 깊이 돌보고 있음을 겉으로 표현하라. 당신은 사람들을 연결해 주고 용기를 주는 놀라운 능력이 있다. 다른 사람들을 진심으로 돌보고 사랑하는 마음은 당신이 갖고 있는 가장 자연스럽고 강력하며 영향력 있는 재능이다.

단지 살아있다는 사실만으로 기쁨을 느껴라. 당신은 인생의 사소한 부분에서조차 충만함과 기쁨을 누리는 자연스러운 능력이 있다. 당신은 뛰어노는 아이들, 가을 햇살 머금은 날, 구름 낀 하늘이나 구름 없는 맑은 날씨를 볼 때, 그리고 다른 사람들에게 미소를 보낼 때 당신의 감각이 살아난다. 당신의 영혼에 활력을 주는 소박한 기쁨을 풍성하게 누리는 일은 당신 인생에 끝없이 펼쳐질 것이다.

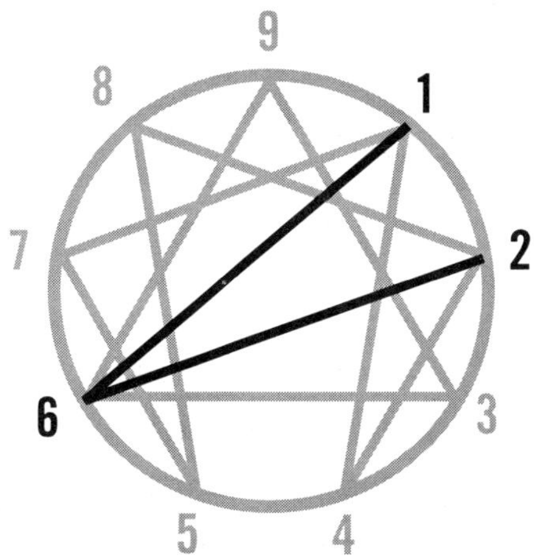

사회적 스타일 집단 Ⅲ

서비스 지향적이고 책임감 있는 그룹–1, 2, 6유형

공통 주제

1, 2, 6유형이 우세한 사람들이 인간관계에서 발생할 수 있는 스트레스에 대처하는 두 가지 전략은 참여의 규칙rules of engagement과 행해야 할 필요가 있는 것what needs to be done을 명확하게 하는 것이다.

이 세 가지 유형의 사람들이 성격에 사로잡혀 있을 때, 내면에 강한 의무감을 갖는 공통적인 성격 구조를 공유한다. 그들은 서비스 지향적인 유형service-oriented types으로 불린다.

만일 당신이 이 집단에 속한다면, 당신은 자신의 욕구를 보살피기 전에 당신의 책임으로써 돌봐야 한다는 전제를 갖고 있을 것이다. 당신은 잠시도 방심하지 않으며, 당신이 해야 할 일을 말해주는 깊이 내재된 내면 규칙을 잘 따르고 있는지 확인하기 위해 수시로 주변을 살필 것이다. 당신의 자아 개념의 중심에는 책임과 의무가 있다. 당신에게 정신의 규칙과 내면의 지침은 결코 바뀔 수 없는 본성이다.

1, 2, 6유형 사람들은 자신의 마음mind을 고요하게 하는 일에 무척 어려움을 겪는다. 서비스 지향적

인 사람들은 가끔 암묵적으로 자신이 타인들보다 낫다고 생각한다. 자신의 올바른 일처리 방식이나 타인들을 돌보는 방식이 스스로 훨씬 우월하다고 느끼기 때문이다. 그들은 자신이 책임감으로 가득 차 있다고 확신한다.

1, 2, 6유형 사람들이 다른 사람에게 서비스를 하는 것은 분명 건강한 특성이다. 하지만 의무적 전략dutiful strategy이 자동적이고 습관적인 패턴이라면 스트레스를 받아 결국 탈진에 이르게 될 것이다. 또한 고쳐줘야 하는 것들에 대한 끝없는 목록이 그들을 고조시키지만 결국은 자신의 희생을 대가로 치르게 될 것이다. 그들의 책임 목록은 계속 늘어나기 때문에 사람들의 필요를 돌볼 수 있는 시간은 없고, 인정받지 못한다는 느낌이 점점 증가한다. 궁극적으로 이 유형들의 사람은 모든 일을 올바르게 만들려고 노력하다가 자신의 삶을 희생할 수밖에 없다. 자신의 필요보다 다른 사람의 필요를 먼저 헤아리고, 바깥일에 지나칠 정도로 책임감을 갖고 헌신하는 것은 결국 자기희생을 요구한다.

이런 유형이 우세한 사람들은 에너지 측면에서 볼 때 그들이 무슨 일을 해야 할 필요가 있는지에 대한 단서를 찾기 위해 환경을 모니터한다. 호나이Horney는 이러한 전략을 '타인에게 향해가는' moving toward others이라고 부른다. 그들은 항상 절박하게 움직이며, 꼭 해야 하는 일들로 늘 바쁘고, 다음에 무슨 일을 해야할지 알지 못하면 무척 불안해한다. 그들은 늘 다른 사람을 도울 준비가 되어 있는 것처럼 보이고, 더 많은 책임을 질 자세가 되어 있으며, 심지어 그들의 희생도 불사한다. 그들은 특별히 조용한 순간에는 긴장하고 가만히 있지 못하는 것처럼 보인다.

1, 2, 6유형 사람들이 자신을 찾는 내면 여정에서 중요한 부분은 '바쁘고 의무감을 느끼는 것'에서 벗어나 '차분한 마음과 만나는 것'으로 방향을 잡는 것이다.

12장

1유형의 인간적 조건과 의식: 개혁가

베로니카Veronica는 중년의 전환점에서 같은 또래들이 비슷하게 갖고 있는 갈망으로 인해 코칭을 받게 됐습니다. 그녀는 목적 있는 삶을 원했고, 보다 균형 잡힌 삶과 내면의 평화를 바라고 있었습니다.

오랜 기간 비교적 큰 비영리 단체의 임원으로 일해 온 그녀는 과업 지향적인 단체를 이끌어가는 책임을 어깨에 짊어진 채로 20년 이상 살아온 자신을 발견했습니다. 그녀는 은퇴를 준비하면서 일터에서의 마지막 한 해 만큼은 다르게 보내고 싶었습니다.

베로니카는 자신의 일을 좋아했고 그 일을 위해 많은 시간을 헌신했습니다. 때로는 회사 일을 위해서 밤을 새는 것도 마다하지 않았습니다. 그녀에게는 자신이 원하는 일처리 방식이 따로 있었습니다. 그래서 직원들이 해놓은 일이 마음에 들지 않을 때는 자신이 직접 처리하기도 했습니다.

그녀는 수년 전에 에니어그램을 알게 되었지만, 지금에서야 문제해결의 실마리가 보여서 다시 찾게 되었습니다. 자신에게서 1유형의 성향이 우세하다는 것을 알게 된 그녀는 다음과 같은 자신의 성향을 구체적으로 깨닫게 되었습니다.

- *그녀는 자신은 물론 함께 일했던 모든 직원에 대해 높은 기대치를 갖고 있었습니다. 그녀는 직원들이 명백한 기준에 부응하지 못할 경우 비난하고 분개했습니다. 그녀 역시 자기 기준에 부합하지 못할 경우에 자신을 스스로 엄격하게 판단했습니다.*
- *그녀는 자신과 관계되는 대부분의 일에 대해 개인적인 책임이 있다는 신념을 갖고 있었습니다. 그녀가 스트레스를 받을수록 모든 일을 올바르게 처리해야 한다는 책임감은 점점 더 커졌습니다. '내가 아니면 누가 할 것인가?' 라는 생각이 그녀를 사로잡았습니다.*
- *그녀는 자신이 했던 대부분의 일을 중요한 임무로 생각했습니다. 그녀는 이상적인 목표에 도달하기 위해 자신의 업무와 프로젝트를 지나칠 정도로 중요하게 생각했습니다.*
- *그녀는 일이 어떻게 진행되든 상관없이 좌절감을 느끼는 것에 익숙했고, 회사에 엄청난 기여를 했음에도 불구하고 스스로 만족할 수 없었습니다.*

그녀를 위한 코칭의 주안점은 자신에게 관대해지는 연습이었습니다. 그녀는 그동안 자신에게 얼마나 엄격하게 대했는지 알게 되었습니다. 그녀는 자기 비판적이었고, 내면으로부터 계속해서 들려오는 엄격한 메시지는 대부분 부정적이었습니다. 먼저 친절한 스트레칭 트레이너가 그녀의 신체적 긴장을 풀어주었습니다. 그녀를 사랑하고 친절하게 대해주는 소중한 친구들과도 시간을 보냈습니다. 그녀는 다른 사람들이 자신에게 친절하게 대하는 것을 받아들이는 연습을 했습니다. 물론 그녀에게는 무척 어려운 일이었습니다.

오랜 시간이 지나서야 그녀는 자신에게 관대해졌으며, 직원들에게도 부드럽게 대한다는 것을 알게 됐습니다. 자신의 생각을 변명하려는 마음을 줄이고 직원들의 관점을 들어주게 되면서, 비록 표현은 달라도 대부분의 경우에 직원들이 자신과 같은 생각이라는 것을 알게 되었습니다.

일을 줄이기로 결정하면서 사진 강좌에 등록했습니다. 꼭 해보고 싶었지만 전에는 시도해보지 않

왔던 일이었습니다. 새로운 연습이 진행되면서 그녀는 내면 비평가로부터 해방되었습니다. 그리고 자신의 호흡과 몸과 마음에 다시 집중하게 되었습니다.

베로니카Veronica는 자신이 현존할수록 인생의 작은 기쁨과 축복에 더 감사하게 되었고, 자신의 모습을 있는 그대로 잘 받아들이게 되었습니다.

1유형이 경험하는 내적 일관성

당신의 참된 본성

만일 당신이 1유형이라면, 당신의 영혼은 인생의 완전한 선integral goodness에 자연스럽게 끌릴 것이다. 당신이 위로는 빛light, 아래로는 땅과 함께 있으며 당신의 신체와 가슴과 마음의 온전함 및 지지로 가득하다. 모든 것은 자기 자리가 있다. 당신의 확장된 지각은 비록 세상에 문제들이 있을 때조차 삶이 완벽하게 전개되는 것을 볼 수 있다. 당신은 자신의 선에 열려 있으며 선을 존중한다.

당신의 참된 본성과 연결되어 있지 않으면, 선goodness의 달콤한 본성을 경험하기 위해 무슨 일이 일어나거나 무엇을 고칠 필요가 전혀 없다는 것을 아직 알아차리지 못할 수 있다. 보다 위대한 지성intelligence이 작동하고 있으며, 당신은 바로 이것에 통합된 부분이라는 사실을 깨달음으로써 거대한 안도감momentous relief을 느끼게 된다.

당신의 인생 이야기: 당신의 내면이 세상과 관계 맺기

당신의 자아 개념과 당신이 세상에서 차지하는 위치는 이미 어린 시절에 일찌감치 결정되어 있다. 당신이 자신의 경험들을 어떻게 내면화했는지에 따라 자기 자신과 타인 및 당신의 존재 방식에 관계를 맺는 특정한 방법에 영향을 주었다. 만일 당신이 1유형이라면 지금부터 하는 어린 시절의 내적 경험에 관한 이야기가 무척 친숙하게 들릴 것이다.

> *당신은 아주 어렸을 때부터 착한 아이가 되려고 열심히 노력했지만 당신이 원하는 만큼은 도저히 착해질 수 없다고 느끼곤 했습니다. 나이가 들면서 당신에게 엄청난 책임감이 주어졌다는 사실과 어떤 기준에 맞춰 살아야 한다는 생각을 하게 되었습니다. 당신은 '너는 그것보다 잘 할 수 있어.', '그것이 옳지 않다는 것을 너도 잘 알지?', '똑바로 해라.'와 같은 이야기를 늘 들었을 것입니다.*
>
> *이러한 기대감은 당신 안에 내면화되었습니다. 당신은 스스로 무엇을 고치고, 무엇이 바뀌어야 하는지 잘 알게 되었습니다. 당신은 어렸을 때부터 실수의 가능성을 줄이기 위해 어떤 절차나 내면의 규칙을 따르게 되었습니다. 하지만 당신의 기준을 충족시키기는 무척 어려웠습니다. 또한 다른 사람들이 당신처럼 열심히 노력하지 않는 것처럼 보이면 당신은 좌절했습니다.*

당신은 아버지나 아버지 같은 사람에게 멘토 역할을 기대했습니다. 하지만 그는 당신에게 매우 엄격하거나 지나칠 정도로 느슨했을 겁니다. 당신이 원하는 멘토를 찾지 못하자 당신은 스스로 한계를 정하고 효과적으로 자신을 예의주시하기 시작했습니다. 아무도 당신에게 잘못했다고 말하지 않는데도, 당신은 스스로 벌을 주며 자신을 엄격하게 대했습니다. 당신은 실수를 줄이기 위해 엄청난 에너지를 쏟아 부었고, 결국 자신에게는 무척 비판적이 되고 말았으며, 다른 사람이 당신을 질책하는 것을 무척 참기 힘들어 했습니다.

당신은 다른 사람들에게도 엄격하게 대했습니다. 그것이 그 사람에게 도움이 된다고 생각했기 때문입니다. 아마 지금 이 순간에도 당신은 당신만이 일을 올바르게 할 수 있으며, 이 공간에 존재하는 유일한 어른이라고 느낄지도 모릅니다.

당신은 올바르게 살아야 한다는 필요를 중심으로 삶을 살아왔습니다. 이는 실수하거나 일이 잘못되거나 비판받는 것을 견디지 못하기 때문입니다. 이 모든 것은 당신의 옳고 그름에 대한 인식을 강화해 왔습니다. 결국 이러한 생각 때문에 당신은 늘 긴장했고, 신체적으로도 많이 힘들게 됐습니다. 당신은 선하게 살려고 노력하는데 많은 시간을 보냈습니다. 당신에게는 자기 자신을 좋은 사람으로 생각하는 것이 무척 어려운 일이기 때문입니다.

당신이 미처 발견하지 못한 것은 당신 안에 내재된 선goodness이었습니다. 당신은 인간이라는 존재가 인간적인 실수를 포함한다는 것을 깨닫지 못했습니다. 당신은 잘못된 것처럼 보이는 것이 인간의 뿌리 깊은 결함에서 나오는 것이 아니라 인생의 자연스러운 흐름의 일부분이라는 것을 알지 못했던 것입니다. 당신의 가슴은 당신 자신에게 보다 관대해질 것을 바라고 있습니다. 그때야 비로소 당신은 당신의 숭고한 목적을 추구하고 인생의 기쁨을 맛볼 수 있도록 인도해 주는 내면의 훌륭한 나침반을 신뢰할 수 있을 것입니다.

당신의 중대한 상실

당신은 어린 시절, 의식적으로 생각하고 말하는 능력이 채 생기기도 전에 엄청난 일을 겪었다. 당신의 영혼이 진심으로 사랑한 당신의 본성으로부터 분리되는 아픔을 경험한 것이다. 상실이라는 견딜 수 없는 고통과 함께 에고의 구조가 형성되기 시작하였고, 그 에고는 일찌감치 잃어버린 것들 때문에 생긴 아픔에서 당신을 보호해 주었다.

당신의 에고는 당신의 참된 본성을 따라하며 흉내를 내지만, 절대로 똑같아 질 수 없다는 것을 알고 있다. 1유형의 성격 구조는 인생에서 올바름과 완전함을 재경험하기 위해 애쓴다. 완전함을 창조하기 위해서는 많은 일이 필요하다. 빈약한 구조나 제대로 기능하지 못하는 것처럼 보이는 인생의 많은 측면들이 있을 경우에 완벽을 만들기 위해서는 많은 일들이 필요하다. 항상 의무감에 사로잡혀 있으며 고칠 필요가 있는 일들은 끝없이 많다.

1유형이 가진 중대한 상실의 고통: 은총으로부터 떨어져 나간 느낌이 있고, 당신에 관해 본질적으로 잘못되었으며 심지어 나쁘다고 생각하는 무언가가 있다고 느낀다. 당신이 잘못되었다고 여기는 무엇인가를 극복하기 위해서 끊임없이 일을 열심히 해야 한다고 느낀다. 이것은 당신 스스로 엄청난 책임을 짊어지는 것이다. 당신 안에 내재된 선을 인식하지 못했을 때, 당신에게 무언가 잘못됐다는 느낌은 점점 더 커질 것이다.

1유형의 내면 논리와 정체성 삼각형

1유형의 핵심 신념

핵심 신념은 에고의 신념을 지지하는 정보만을 선별해서 받아들이는 무의식적인 필터이다. 불행하게도 무의식적으로 작동하는 이 필터는 대안적인 시각들을 제공하는 자료들을 놓치거나 지워버린다. 이 신념은 삶의 개인적인 관계를 형성하는 중요한 작동 원리로 기능한다.

각각의 핵심 신념은 우리가 연민을 가지고 인식의 빛으로 나올 때까지는 진짜처럼 느껴지는 거짓이다. 그래서 친절과 진솔함으로 이 신념에 접근하는 것이 매우 중요하다.

1유형의 핵심 신념은 '내게는 무언가 잘못된 것이 있어. 나 자신이 선하다는 것을 믿을 수 없어. 내 안에 잠재된 부정 행위로부터 나를 지켜야 해. 나는 나만의 규칙을 만들어서라도 올바른 사람이 되고 말거야.' 라고 생각하는 것이다.

당신의 삶에서 이러한 핵심 신념은 어떻게 나타날까? 다음 문장은 1유형인 당신의 생각과 언행을 잘 설명해 줄 것이다.

- 일이 올바르게 진행되게 하는 것은 온전히 내 책임이다. 일이 제대로 되도록 나는 열심히 일할 것이다. 나 말고 어느 누가 이렇게 할 수 있다는 말인가?
- 나는 나 자신에게 엄격해야 한다. 내가 계속해서 스스로 잘못을 고쳐나가지 않으면 꼭 무언가 잘못된 일이 생기게 된다.
- 나는 확실히 의견이 많다. 무엇이 옳고 그른지 확연하게 구분할 수 있다.
- 이러한 것을 구분하지 못하는 사람들은 도대체 뭐가 문제일까?

이러한 핵심 신념이 당신의 정체성 삼각형을 만든다. 이 삼각형은 어떻게 살고 있는가에 대한 간략한 예시를 제시할 것이다. 지금부터 하는 설명이 당신의 경험과 얼마나 잘 맞는지 생각해 보기 바란다.

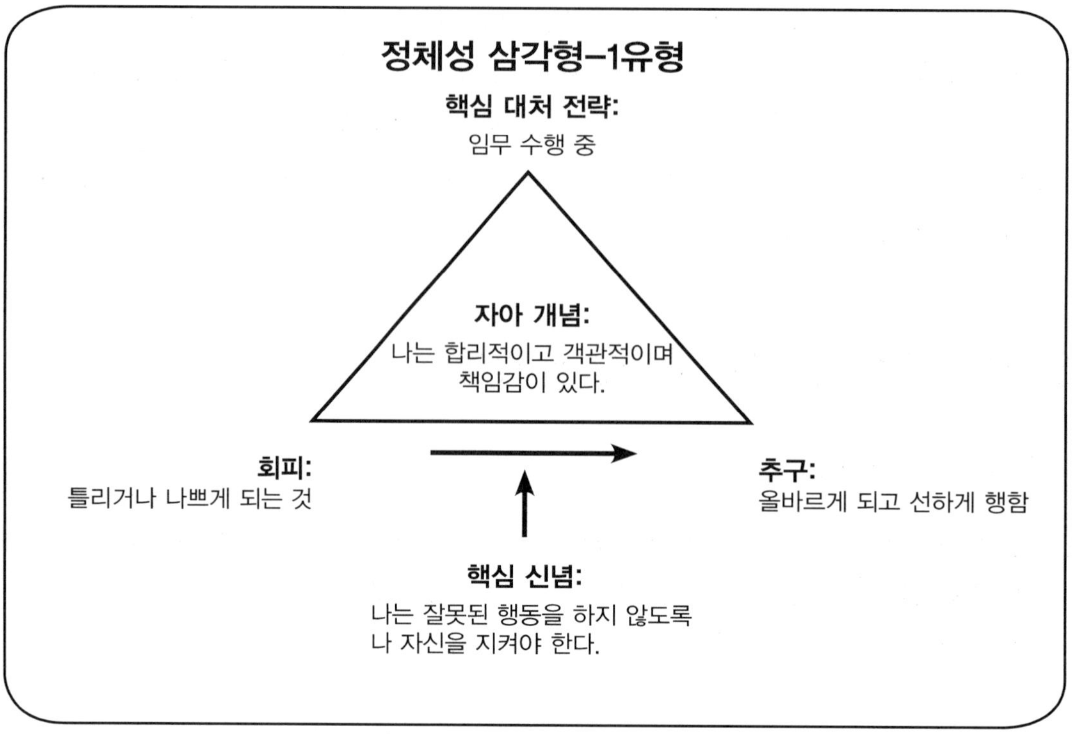

그림 12-1: 1유형의 정체성 삼각형

그림 12-1은 1유형의 성격 구조를 가진 사람이 내면 논리를 어떻게 인식하고 있는지를 보여준다.

나는 올바른 행동을 통해 좋은 사람이 되는 것을 추구합니다. 나는 내가 고칠 점을 잘 알고 있고, 그것을 고치기 위해서 많은 노력을 합니다.

나는 잘못된 일을 하거나 비판 받는 상황을 회피합니다. 내가 나쁜 사람으로 느껴지기 때문입니다. 나는 나 자신을 늘 점검하며 나는 물론이고 다른 사람들까지 고쳐주려고 노력합니다. 이는 내가 잘못됐다고 느끼는 죄책감이라는 내면의 경험을 피하기 위해서입니다.

항상 임무를 수행하는 것이 나의 대처 방식입니다. 그 임무는 어떻게 하면 나아질 수 있을까에 대한 책임과 어떻게 하면 개선될 수 있는지에 대한 고견과 높은 기준에 의해 수행됩니다.

이러한 대처 방식을 통해 나는 나 자신을 비롯한 모든 것의 잘못을 고쳐주는 것이 중요하다는 신념으로 삶을 살아왔다는 것을 알 수 있습니다. 그래서 일이 제대로 되게 만드는 방법에 대해서 만족하지 못할 때는 분노가 생기기도 합니다. 그 상황을 개선할 수 있는 사람이 나밖에 없다면 적어도 그 순간만큼은 내가 괜찮은 사람이라고 느낍니다. 나는 인생의 많은 부분을 괜찮은 사람이 되기 위해서 노력해왔습니다. 그래서 나는 나 자신에 대해 무척 비판적이 되었고, 물론 다른 사람에게도 좋지 않은 영향을 주었습니다.

결국 이 모든 것은 나 자신을 합리적이고 객관적이며 책임감이 있는 사람으로 보게 했습니다.

하지만 내가 이러한 자아 개념은 결국 한계를 가지게 합니다. 이것은 내가 경험하는 수많은 것들을 인정하고 감사하는 것으로부터 나 자신을 멀어지게 만듭니다.

이것은 나의 긍정적인 특성이지만 지나치게 사용하면 정서적이고 영적인 차원을 표현하고 알아가는 나의 능력을 제한합니다. 이는 나 자신을 비이성적이라고 해석할 수 있는 어떤 경험도 억압시키고, 폭발적인 에너지를 형성합니다. 이러한 자아 개념은 나의 관점 또한 단지 수많은 가능성 중에 하나라는 것을 깨닫는 능력을 방해하게 됩니다.

1유형이 깨어났을 때의 능력: 기쁜 평온joyful serenity

당신은 고요한 기쁨과 평온으로 그 순간의 충만함fullness을 받아들이는 놀라운 능력을 갖고 있다. 지금 여기에 있는 것을 수용하며 고요한 정신과 함께 당신의 가슴은 경외로 가득 차게 된다. 이러한 마음가짐으로 세상을 바라볼 때 당신은 모든 일이 올바르게 잘 된다는 사실을 안다.

상황과 대상에 대해 느끼는 평온이라는 **당신의 타고난 능력과 접촉을 잊어버리고 상실했을 때,** 당신은 많은 일을 해야 한다는 잘못된 느낌과 다른 사람들이 자신의 능력을 발휘하지 못한다는 신념 때문에 화가 날 수 있다. 마치 당신의 책임감을 필요로 하는 끝없는 목록이 있는 것처럼 느끼면서 당신의 방법이 올바르다는 것을 점점 더 고집하게 된다. 당신은 스스로 만든 틀에 갇히게 된다.

당신은 이 세상을 개선할 책임이 없다는 사실을 망각하고 있다. 당신은 당신의 생각과 다른 합당한 관점이 있다는 사실과 당신의 눈으로 보는 것보다 더 큰 지성이 있다는 사실을 잊고 있다. 지금 이 순간을 그대로 받아들인다면 오히려 보다 더 자유로운 삶으로 가는 문을 열고 나갈 수도 있다. 받아들이는 연습은 보다 더 높은 선을 추구하는 당신의 능력을 약화시키지 않는다. 당신이 모든 일에 책임을 지겠다는 강박을 없애줄 뿐이다.

그림 12-2에 나타난 1유형의 빙산 모델은 이러한 특징을 잘 보여준다.

이 모델은 그 유형이 우세한 사람들이 갖고 있는 타고난 재능들의 확장된 특성들로 시작한다. 우리가 자신을 더욱 제한적으로 정의한 것을 알아차리고 이에 대한 집착을 놓으면 이러한 특성들은 자연스럽게 나타나고 점점 더 경험되어진다. 이 모델은 1유형의 사람들이 물결 위에서 보여주는 모습들을 이해하도록 돕고, 물결 아래에서 성격에 사로잡혀 있을 때 나타나는 행동이 어떻게 만들어지고 왜 나타나는지에 관한 내면의 역동도 쉽게 설명해 준다. 빙산 모델의 특성에 대해서는 앞서 5장에서 설명한 바 있다.

1유형의 성격 구조 해독

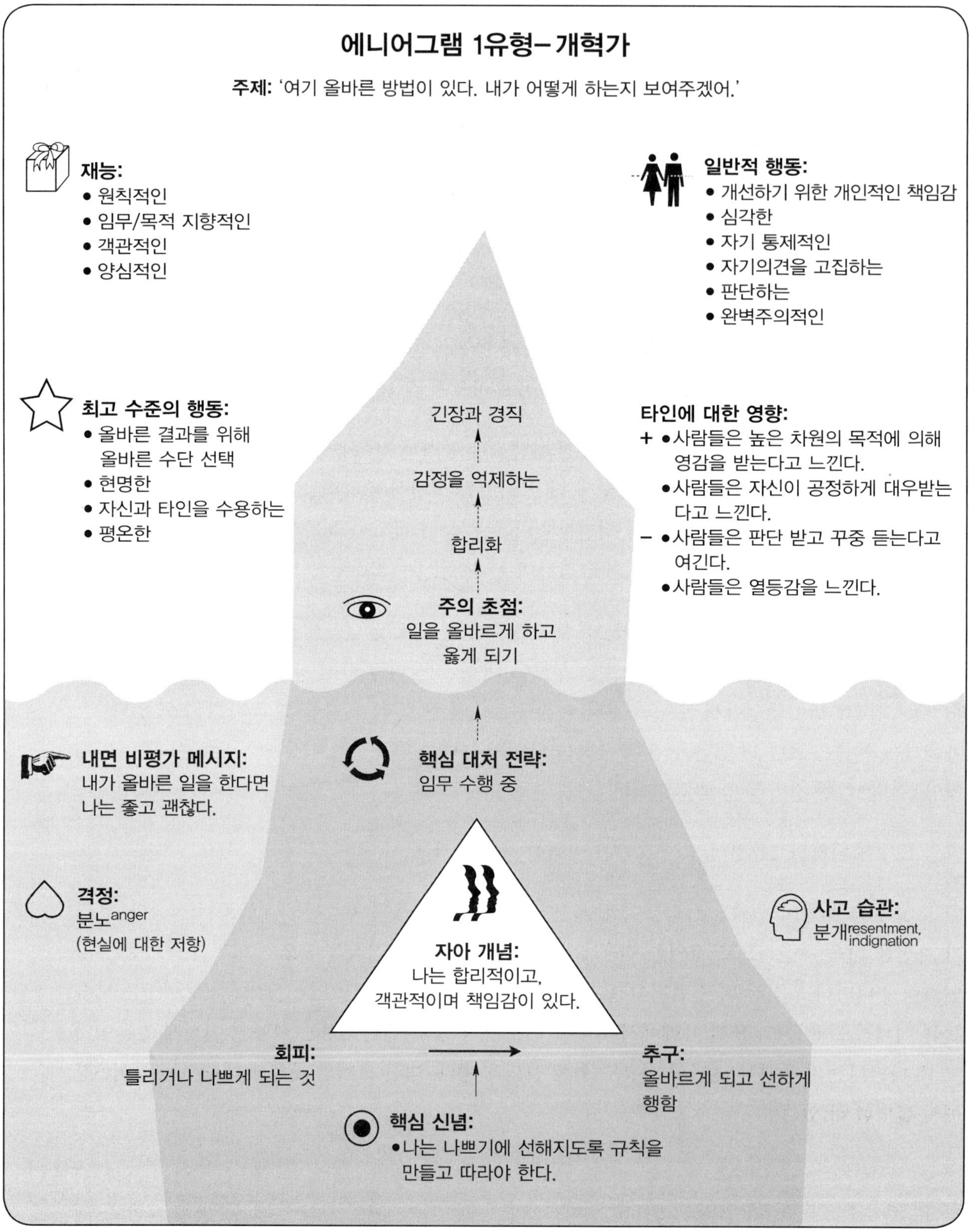

그림 12-2: 1유형의 빙산 모델

1유형의 주제

'올바른 방법이 있다. 내가 당신에게 어떻게 하는지 보여주겠어.' 는 1유형 성격 구조의 주제이다.

물결 위의 모습

1유형의 재능, 일상 습관, 도전 과제

재능과 최고수준의 행동(당신이 가장 건강하고 열린 상태일 때)

나는 원칙적인 사람이고 높은 이상을 갖고 있다. 나의 원칙들은 매일의 삶과 의사결정을 안내한다.

나는 임무 지향적인 사람이고 높은 차원의 목표를 갖고 있다. 나는 보다 큰 선을 위해 중요성을 가진 이슈에 관여한다.

나는 감정적인 색채 및 판단 없이 사물을 객관적으로 본다.

나는 양심적이다. 도덕적으로 옳고 그름에 대한 분명한 내면의 나침반이 있다.

나는 결과가 중요하다. 물론 수단도 중요하게 생각한다. 나는 하나를 위해 다른 하나를 희생하지는 않는다.

나는 현명하다. 나의 지혜는 항상 가능성을 염두에 둔다.

나는 나 자신과 다른 사람들을 수용할 줄 안다. 인간이 되는 것은 불완전하게 된다는 것을 인정하고 이러한 불완전함이 나의 선함을 감소시키지 않는다는 사실도 알고 있다.

나는 평온함과 내면의 고요함을 느낀다.

일반적 행동(성격에 사로잡혀 있을 때 나타나는 특징)

나는 일을 올바르게 만드는데 개인적인 책임을 느낀다. 이러한 의무감이 내 사고의 바탕이다.

나는 심각하고 삶을 무겁게 본다. 하찮은 일에 쓸 시간은 없다.

나는 나 자신을 통제할 줄 알고 아울러 내적 충동은 밀어낸다.

나는 모든 사안에 대한 의견을 갖고 있다. 가끔은 일이 어떻게 되어야할 지에 대해 생각하고 말한다.

나는 다른 사람들을 판단하는데 빠른 편이다. 나는 끊임없이 내 자신과 나의 모든 사고와 행동을 면밀하게 조사한다.

나는 실수하지 않으려고 많은 노력을 한다. 나는 완벽하기를 원하지만 그러지 못하는 나 자신에 대해 실망하곤 한다. 그래서 더 열심히 노력한다.

주의 초점(성격에 사로잡혀 있을 때 내 주의가 머무는 곳)

노트: *여기에서는 1유형 사람들의 주의 초점이 계속 좁아질 때 나타나는 특징을 간단하게 설명하고 있다. 주의 초점이 얼마나 활성화 되느냐는 우리의 현존 정도에 달려 있음을 알아차리는 것이 중요하다. 우리가 현존하면 할수록 주의 초점은 좁아지기보다는 확장된다.*

나는 성격에 사로잡혀 있을 때, 내가 올바른 것을 정의하는 유일한 사람이었을 때조차 일을 올바르게 만드는데 나의 모든 주의를 둔다. 나는 개선, 변화, 혹은 고칠 필요가 있는 것에 주의를 둔다. 일이 올바로 되는 것을 확신하기 위하여 언어 및 문서 의사소통까지 모니터링 한다. 또한 내가 변화할 필요가 있다는 것을 대화 중에 언급한다면 고칠 것이 있는지를 결정하기 위하여 단서를 스캔하는 작업도 포함한다.

잘못되는 것은 나에게는 치명적인 일이다. 따라서 나의 결정을 합리화할 수 있고 불확실성이나 질문의 여지를 거의 남기지 않는다. '왜냐하면'은 내가 자주 사용하는 단어 중에 하나이다.

나는 나의 몸과 감정을 신뢰하지 않는다. 둘 다 비합리적이고 때로는 혼란스럽기 때문에 나는 몸과 감정을 억누르려고 애쓴다.

내가 나의 내면의 경험을 억누를수록 더 긴장하고 더 경직되는 편이다. 그래서 나의 몸은 자주 아프고 인생의 어떤 면도 제대로 즐기기가 어렵다.

타인에 대한 영향

+ *긍정적인 영향*

- 다른 사람들은 숭고한 선을 옹호하기 위한 나의 정직과 양심, 의지에 영감을 받는다.
- 다른 사람들은 나의 관심과 공평성에 대해 고마워한다.

— *부정적인 영향*

- 다른 사람들은 판단 받고, 비판 받는다고 느끼며, 열등감을 느낄 수도 있다.
- 다른 사람들은 꾸중을 듣지 않기 위해 스스로 모니터하거나 조심해야 한다고 느낀다.

물결 아래의 모습

1유형의 사람들이 경험하는 내면의 역동을 이해하기 위해서는 물결 아래에 있는 모습을 잘 관찰해야 한다. 밑바닥에서부터 시작하여 위로 올라오면서 살펴보자.

1유형의 핵심 신념

이 핵심 작동 원리들은 눈에 보이거나, 보이지 않는 방식으로 인생의 많은 면들을 걸러낸다.

나의 핵심 신념은 내가 본질적으로 나쁘다는 것이다. 그래서 나는 내 나름대로의 규칙을 만들고 내가 스스로 선하게 되기 위해서 자신을 감시한다.

정체성 삼각형

추구

나는 내가 생각하기에 선한 것을 행하고 결과적으로 선한 사람이 되는 것을 추구한다. 나는 나의 과업을 포함한 환경, 사람, 시스템 및 상황이 올바르게 다루어지지 않으면 자연스럽게 스스로 그것들을 개선하려고 한다. 나에게는 일을 완벽하게 만드는 일정한 규칙이 있다. 만약 모든 것이 제자리에 있지 않으면 나는 규칙을 새로 만든다.

회피

나는 내가 나쁜 사람으로 여겨지는 비판을 받거나 잘못되는 것을 회피한다. 나의 감정이나 본능이 나의 논리적 사고를 방해해서 실수를 유발할 가능성을 막기 위하여 내가 처한 환경이 무엇이든 나 자신을 모니터하고 규제한다. 결함을 다루는 일이 삶에서 가장 힘든 일이다.

핵심 대처 전략

나의 핵심 대처 전략은 개선될 필요가 있는 일들을 임무로 전환하는 것이다. 나는 나 자신과 다른 사람들에 대한 높은 기준과 기대를 갖고 있다. 어떤 상황이 보다 나아질 수 있다면 나는 신속하게 의견을 내놓는다. 나는 내가 생각하기에 옳지 않아 보이는 것들을 바꿀 수 있다면 쉽게 책임을 감수한다.

자아 개념

나는 나 자신을 합리적이고 객관적이며 책임감이 있는 사람으로 본다. 나는 감정이 일을 망치는 것을 알기에 감정을 점검한다. 나는 합리적인 사람으로서 사물을 올바르게 보고 최선의 행동이 무엇인지 잘 알고 있다.

격정

나는 내 주변과 세상에서 벌어지는 여러 가지 일들에 대한 끓어오르는 분노를 갖고 있다. 나는 분노가 통제 범위를 벗어날까봐 직접 표현하지는 않는다. 그러나 분명 나는 몹시 화가 나 있음을 느끼고 속은 부글거리고 있다.

이러한 끓어오르는 분노는 나의 의로움에 대한 표현이다. 또한 무엇이 진정한 최상의 상태인지 알고 있는 에고의 신념의 표현이기도 하다. 실제로 내가 무엇인가를 저항할 때 이런 일이 일어나곤 한다.

상기할 점: 당신에게 우세한 유형이 무엇이든 상관없이 격정은 성격의 일부분이고 정서적 삶을 움직이는 동기이다. 격정은 마음의 상처를 덮어 감추고 삶을 대하는 감정적 반응을 만들어내는데, 그 결과 당신의 영혼이 사랑하는 것으로부터 멀어지게 한다. 이는 모든 성격 유형에 있어서 그러하다.

사고 습관

나는 판단하는 마음으로 인해 생겨난 엄청난 분노를 느낀다.

나는 내가 최상이라고 생각하는 대로 다른 사람들이 행동하지 않거나 옳다고 생각하는 대로 인생이 펼쳐지지 않으면 강한 분개와 짜증이 생긴다.

상기할 점: 당신의 우세한 유형이 무엇이든 상관없이 고착은 성격의 일부분이다. 이것은 자신과 세상에 대해 고착화된 사고와 행동의 동기 요인이다. 고착은 현실에 대한 잘못된 감각을 강화시킨다. 에고가 삶의 문제들을 자동적으로 분명하게 해결하게 함으로써 당신을 참된 자아로부터 멀어지게 만든다. 이것은 모든 성격 유형에 동일하게 나타난다.

내면 비평가 메시지

나는 강력한 내면 비평가를 가지고 있다. 그래서 자신과 타인을 신속하게 판단하며, 항상 '당위' should와 의무에 대해서 장황하다. 내면 비평가는 내가 옳은 일을 해야 한다고 주장한다. 내가 나 자신을 괜찮은 사람으로 생각하려면 옳다고 여기는 내면 비평가의 평가를 반드시 따라야만 한다. 내가 내면 비평가의 그물에 걸려 있는 한, 나는 자신과 타인에게 무척 비판적일 것이고, 그것은 커다란 내면의 고통을 만든다.

위에 언급한 각각의 요소들이 내가 나 자신이라고 생각하는 전체 경험을 만들어낸다. 핵심 신념, 격정의 감정적 충동, 고착이라는 사고 습관, 그리고 내면 비평가가 모두 무의식적으로 공모해서 정체성 삼각형을 강화시킨다.

1유형에 대한 추가 정보

스트레스 원인

나의 스트레스는 내가 일을 완벽하게 처리하기 위해 모든 상황을 통제하려고 애쓸 때 증가한다. 나는 너무 많은 것들을 한 번에 고치려고 할 때 압도당한다. 불가능할 정도로 높은 기준을 끊임없이 고수하는 것으로 인해 나는 심신이 지친다. 나는 항상 조심하고 경계하기 때문에 스트레스를 받고 신체적으로 자주 고통을 느낀다.

모든 일이 잘 되도록 만들기 위해서 내가 얼마나 열심히 노력하는지 다른 사람들이 이해해 주지 않으면 나는 스트레스를 받는다.

수축되거나 경직될 때 나타나는 반응

나는 끊임없이 분개한다.

나는 비합리적이며, 어떤 타협도 하지 않는다.

나는 비윤리적이고 규정된 원칙에 반하는 행동을 한다.

나는 잔인할 정도로 비판적이 되며 나 자신을 책망한다.

1유형과 관련된 다른 성격 유형

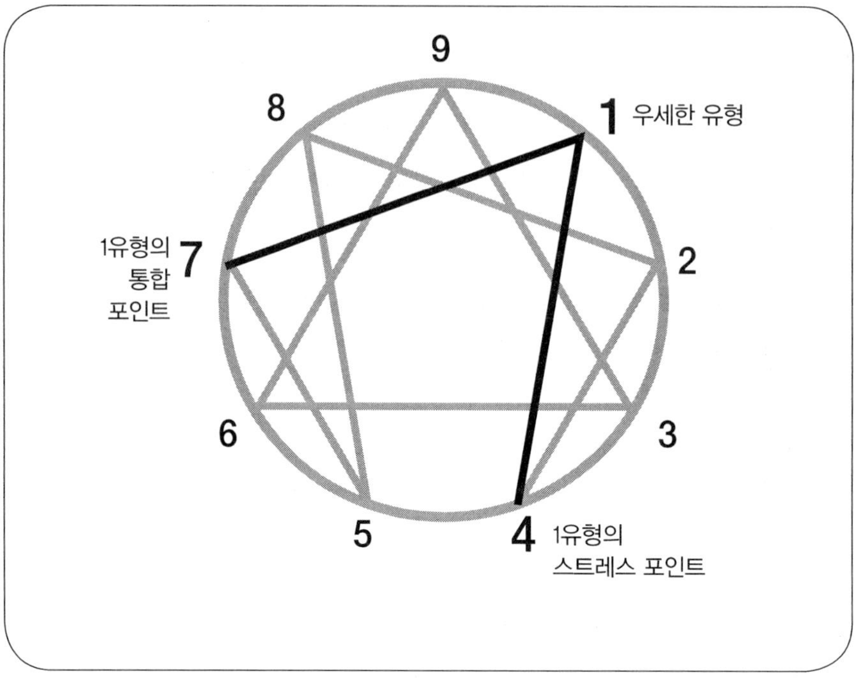

그림 11-3: 1유형의 스트레스 포인트와 통합 포인트

1유형 사람들은 스트레스를 받으면 4유형의 특성이 나타난다. 4유형은 1유형의 스트레스 포인트이다. 4유형에 대한 자세한 정보는 7장에 나와 있다. 특히 4유형의 일반적 행동과 '패턴에 대한 주목과 관찰'을 주의 깊게 읽어보면 좋다.

자아의 숨겨진 차원을 포함하여 1유형의 통합 포인트는 7유형에서 설명하고 있다. 7유형에 대한 자세한 정보는 10장에서 다루고 있다. 1유형의 통합 포인트를 이해하려면 특히 3유형의 '재능'과 '최고 수준의 행동' 부분을 자세히 살펴보면 좋다. 1유형의 자아의 숨겨진 차원은 10장에서 언급한 7유형의 일반적 행동을 검토해보라.

에니어그램은 또한 반대 방향으로도 작용하기에 자신의 우세한 유형을 찾을 때 고려하기 바란다. 1유형은 7유형에게 스트레스 포인트이고, 4유형에게는 통합 포인트이다.

여정을 방해하는 패턴 알아차리기

패턴에 대한 주목과 관찰

여기에서는 1유형의 성격 구조에 나타나는 패턴을 살펴보고자 한다. 이 패턴들은 당신이 나쁘거나 잘못했다고 평가하기 위한 것이 아니고 유용한 정보를 제공하며 당신을 일깨우는 여정에서 이정표가 될 것이다. 아울러 이 패턴들은 확실하고 직접적인 방법으로 당신이 경험하는 핵심을 의식하고 핵심에 닿을 수 있도록 도와준다. 그 결과 당신은 특정하고 습관적이며 힘들게 하는 전략들을 이완시킬 수 있고, 이는 당신을 더욱 현존하고 열려있으며 자유롭게 할 것이다.

1. 재판관이 되려고 하는 패턴

1유형의 사람들은 성격에 사로잡혀 있을 때 '재판관'judge으로 알려진 내면 비평가에 중압감을 느낀다. 나 자신과 다른 사람들에 대해 거침없이 부정적인 평가를 내리기 때문이다. 비평가는 완벽을 위한 끝없는 규칙과 기대를 갖고 있다.

재판관의 일은 때로는 번잡하고, 때로는 차분하다. 끈질기고 집요해서 겉으로는 자신만의 세상이 있는 것처럼 보이기도 한다. 그것은 마치 신의 음성과 같이 느껴질 수 있다.

당신의 내면 비평가의 메시지는 무엇인가? 그것이 얼마나 끈질기고 집요한지 알아차리라. 내면 비평가의 메시지가 당신에게 끼치는 영향이 무엇인지 알아차리는가? 내면 비평가는 당신의 인간관계에 어떤 영향을 주는가? 하루를 살아가면서 비평가의 기대치를 감지해 보라.

상황에 따라 변화하는 당신의 행동을 평가하기 위해 내면의 비평가가 어떤 규칙과 기준을 사용하는지 살펴보라. 당신은 내면의 비평가의 규칙과 기준을 따르기 위해서 무엇을 하고 있는가?

재판관의 존재는 어린 시절에 쉽게 상처받던 당신의 감정을 보호하는데 도움이 되었다는 것을 기억하라.

2. 분노anger하고 분개resentment하는 패턴

당신이 얼마나 자주 분노하거나 분개하는지 알아차려라. 며칠만이라도 이것을 추적해 보라. 화를 내도 당신은 괜찮은가? 아니며 화를 억누르려고 노력하는가? 당신이 분노를 어떻게 표현하는지, 혹은 어떻게 억누르는지 살펴보라.

화를 내는 것이 받아들여지지 않을 때 당신은 어떻게 그 감정이 새어나오는지, 당신의 목소리가 얼마나 커지는지, 억양이 어떻게 바뀌는지 살펴보라.

당신의 분개가 무엇처럼 느껴지는가? 당신이 분개할 때를 당신은 어떻게 아는가? 자신에게 당신은 뭐라고 말하는가? 어떤 신체적 감각을 경험하는가?

당신은 어떻게 행동하는가?

3. 신체적으로 긴장하는 패턴

1유형의 사람들은 신체적으로 엄청나게 긴장하는 경향이 있다. 긴장은 받아들일 수 없는 감정을 억누르고, 용납되지 않는 행동을 막으려고 시도할 때 나타난다. 긴장은 내면의 비평가가 겉으로 나타나는 신체적 증상이라고 할 수 있다.

당신의 긴장감은 주로 어느 부위에 나타나는가? 당신의 어깨는? 당신의 허리는? 당신의 턱은? 주로 어디가 불편하지 살펴보라. 머리가 아프거나 편두통을 자주 느끼는가? 신체적으로 다른 증상은 없는지 살펴보라.

신체적인 긴장이 유연하고 쉽게 움직일 수 있는 당신의 능력에 어떤 영향을 주고 있는가?

4. 책임을 지려는 패턴

1유형의 사람들은 성격에 지배당할 때, 반드시 옳은 일을 해야 하고, 고칠 필요가 있는 것은 반드시 고쳐야 한다는 의무감을 갖고 있다. 그들은 다른 사람이 일을 제대로 하고 있지 않거나 잘못하고 있는 것이 감지되면 이를 보상하는 방식으로 책임을 지려고 한다.

그들은 어떤 사람들이 다르게 행해야 할 필요가 있는 것을 신속하게 지적할 수 있다. 아울러 자신이 옳다고 생각하는 인식의 기준에 맞춰서 이루어졌는지 확인하려고 한다. 그들의 도전 중 하나는 자신의 책임과 타인에 대한 책임을 구별하는 일이다. 그들은 상황을 끊임없이 예의주시하는 경향이 있다. 특히 해야 할 필요가 있는 일이 분명하게 보이기 때문에 자신의 책임과 자신의 책임이 아닌 것을 명확하게 구분하는 일은 그들에게 어렵다.

당신의 책임이 아닌 일에 당신이 어떤 책임을 질 수 있겠는가? 책임을 떠맡으려고 하는 당신의 마음 이면에 어떤 생각이 있는지 살펴보라. 당신의 책임이 아닌 일에 책임을 느끼는 당신에게 내면의 비평가는 뭐라고 말하는가?

5. 다른 사람을 얕보는 투로 말하는 패턴

당신은 언제 사람들을 가르치려고 시도하는지 알아차려라. 당신은 다른 사람들이 그들의 잘못을 볼 수 있도록 말로써 윽박지르는 자신을 발견할 수 있다. 이는 마치 부모와 아이의 대화와도 같다. 당신의 목소리의 톤을 감지하라. 당신이 전달하고자 하는 메시지의 근본적인 뜻은 무엇인가?

당신의 관점이 올바른 것이라고 다른 사람을 설득시키기 위해 당신이 무엇을 하고 있는지 살펴보라. 혹시 당신이 다른 사람들을 꾸짖고 있는 것처럼 느낀 적이 있는가?

당신이 이런 방식으로 의사소통하는 것이 얼마나 효과적인지 생각해 보았는가? 당신의 실제 영향은 어느 정도인가?

6. 비밀스러운 행동의 패턴

내면의 비평가는 엄격한 감독관과도 같다. 인생의 모든 부분을 지속적으로 통제하고 제한하는 것은 불가능하다. 1유형의 사람들이 감정 또는 본능적인 본성을 억제하려고 노력할수록, 이러한 제약으로부터 벗어나고 싶은 일종의 탈출용 비상구를 점점 더 갖게 될 것이다. 이러한 방종은 이른바 금기 음식, 흡연, 혼외 정사, 불법 약물과 같이 그들이 전형적으로 금기시하던 행동을 합리화하는 방법으로 나타난다. 결국 이것은 삶에서 비밀스러운 행동으로 나타난다.

당신은 남모르게 하는 비밀스러운 행동이 있는가? 그러한 행동을 하고 나면 당신의 내면 비평가의 엄격한 제약 기준에 대해 당신은 어떻게 반응하는가?

당신은 이러한 행동에 대해 당신 자신에게 어떻게 변명하는가? 그러한 행동을 할 때 당신은 어떤 느낌이 드는가?

당신의 능력을 키워줄 효과적인 훈련 방법

아래의 능력 키우기 연습들은 당신이 참된 본성으로 돌아가도록 도울 것이다.

1. 당신의 내면 비평가와 친숙해져라.

내면 비평가는 그 자체로도 당신의 정신 세계의 중심을 잡는 가장 중요한 역할을 한다. 내면 비평가에 집착하거나 쉽게 동의하지 않으면서 최대한 그 작용을 배우는 것이 중요한다. 당신 자신과 내면의 비평가가 주는 메시지 사이에 어느 정도 거리를 두라. 당신은 머리에 떠도는 메시지를 적어두는 것만으로도 내면 비평가와 친숙해질 수 있다. 작은 수첩을 갖고 다니면서 당신이 듣는 모든 내용을 적어 두라. 그 동안은 하나님의 말씀처럼 생각했을 수도 있다. 이제 내면 비평가가 무엇인지, 또 그 영향이 무엇인지 알아야 한다(17장에서 내면 비평가에 대해 보다 자세히 다루기로 하자.).

이 메시지들은 당신 자신의 삶과 당신이 갖고 있는 내면의 지혜로부터 당신을 멀어지게 한다는 것을 기억하라. 내면 비평가는 당신의 행복 또는 보다 나은 삶에는 관심이 없다. 오로지 자기의 생존과 상태를 일관되게 유지하려고 할 뿐이다. 당신 자신과 메시지 사이에 거리를 만듦으로써 내면 비평가의 비중은 줄어들고 당신의 가슴과 고요한 마음에 더 잘 접근할 수 있을 것이다.

2. 에고의 완벽을 넘어서라.

에고는 있는 그대로의 삶에 좀처럼 만족하지 못한다. 삶을 바라보는 인간의 한계를 넘어선 완벽을 추구하기 때문이다.

당신 자신이 불완전함의 선물임을 받아들이는 것으로 겸손해지고 자유로워진다. 삶을 완벽하게 만들려고 애쓰는 부담을 내려놓아라. 인간의 눈으로는 항상 불완전해 보이고, 결국 당신을 포함한 우리는 모두 인간이다. 당신의 가치는 결코 완벽함에 바탕을 두지 않는다. 의식적으로 불완전함을 실험하라. 실수조차도 연습하라.

3. 당신 자신과 다른 사람들에게 휴식을 주어라.

사람들이 자신을 표현하는 방식은 당신과는 전혀 다르다. 이렇게 한 번 생각해보라. 그들이 결코 잘못된 것이 아니라 단순히 당신과 다른 관점으로 상황을 보는 것이라면? 확실하게 하는 것이 당신을 어떻게 돕는가? 어떻게 그것이 당신을 제한하는가?
이런 가능성을 허용하고 효과적인 대안으로 받아들이기 위해 당신은 무엇을 내려놓아야 하는가? 당신의 의견과 다른 타인의 관점을 받아들이기 위해 당신은 어떤 도움이 필요한가?

당신이 다른 사람들에게 감사하는 것은 무엇인가? 일이 잘되는 것과 진심으로 칭찬해 주는 것에 관심을 두는 연습을 하라.

당신 자신에게 휴식을 준다면, 당신의 삶에 어떤 기쁨이 오는가? 즐거움을 위해 하는 일은 무엇인가? 무엇이 재미있고, 무엇이 사랑스러운가?

만일 당신이 이 질문에 제대로 답하지 못한다면 시간을 갖고 탐색해 보라. 그리고 당신 자신과 당신 삶에 대해 감사하고 누리기 위해서 매 주마다 당신만을 위한 시간을 잡아라.

4. 당신 자신을 돌보라('해야 한다'는 아니다.).

- 마사지나 활력 있는 운동energy work은 긴장하고 있는 당신의 몸을 풀어줄 것이다.
- 당신의 몸을 돌보기 위해 요가나 간단한 스트레칭을 할 때 당신의 주의를 두는 것을 연습하라. 당신에게 정신적, 감정적인 좋은 상태를 가져다 줄 것이다.
- 당신의 마음이 얼마나 분주하게 움직이고 있는지를 알아차리고, 고요하고 맑은 마음을 계발하기 위해서 명상 실습을 하라.
- 당신의 노력을 내려놓고 즐거움을 받아들여라. 가치 있는 것이 무엇이고, 지금 이 순간 은혜와 기쁨과 축복을 주는 원천이 무엇인지 살펴보라.

5. 부드러움과 돌봄을 받아들여라.

- 다른 사람이 당신에게 친절하게 대해서 감동했던 순간을 기억해 보라. 당신이 받았던 친절을 수용하는 연습을 하라.
- 지금 사람들로부터 친절과 보살핌과 관용과 사랑을 받기 위해 당신이 허용해야 할것이 무엇인가?
- 가능하면 머무는 연습을 하고, 수용하는 것에 개방적이 되어라.

치유와 진화의 길

이 책의 주요 주제는 에니어그램으로 작업을 하면서 당신의 참된 본성을 깨우도록 돕는 것이다. 에니어그램은 당신을 치유와 진정한 변형의 여정으로 초대한다. 우리 중 대부분은 깨어나는 여정에 인내와 신뢰와 믿음과 함께 오랜 시간이 걸리고, 이것은 가능한 한 현존에 머무름으로써 이루어진다. 3부에서는 유형에 관계없이 모두를 위해 유익하고 모두를 지원하는 과정을 소개할 것이다.

물론, 각 유형의 사람에게 필수적인 특정한 과정들이 있다.

만약 당신에게 1유형이 우세하다면, 치유와 진화의 여정은 다음과 같은 내용을 포함한다.

당신 자신의 모든 것을 수용하라. 그동안 습관적인 신념과 사고와 의견들이 당신을 조심스럽게 하고 긴장시켜 왔다. 당신이 경험해야 할 더 많은 것들이 있다.

마음을 고요하게 하고 고쳐야 할 필요가 있는 것을 결정하기 위하여 자신과 당신의 환경을 **끊임없이 모니터링 하는 것을 내려놓아라.**

당신의 가슴과 연결하고, 당신의 느낌을 살펴보라. 처음에는 견디기 힘든 서글픔과 다른 감정들을 경험할 수 있다. 하지만 더 나은 세상을 만들기 위한 당신의 바람은 깊은 돌봄에서 나오는 것이다.

당신이 산만하고 주의를 빼앗기며 자기중심적이고 마무리하기 어려워하는 순간들을 알아차려라. 물론 이러한 특성은 당신의 자기정체성과 거리가 멀기 때문에 스스로 발견하기는 어렵다. 주로 7유형에서 발견되는 '자아의 숨겨진 차원' 으로 자연스럽게 이동해서 이러한 특성을 경험할 것이다. 그러한 특성은 당신이 수용할 수 있는 특성의 반대이므로 결코 표현하도록 허락하지는 않았을 것이다. 그러나 당신이 이러한 특성을 인식하고 받아들이기 시작하면 당신은 7유형의 높은 수준의 특성인 내재된 인생의 사랑과 기쁨을 통합하고 경험할 것이다.

> **상기할 점:** 자아의 숨겨진 차원은 주로 통합 포인트의 일반적 행동이나 힘들 때 나타나는 특성에서 찾을 수 있다.

강점과 한계, 그리고 장엄함으로 인간 경험의 본질을 수용하라. 고개를 들어서 올려다 보라. 당신이 무엇을 보는지를 알아차려라. 당신에게는 감사와 경외하기에 충분한 놀랄만한 것들이 많이 있다. 이것이야말로 진정한 당신의 통합 포인트의 선물이다.

13장

2유형의 인간적 조건과 의식:
조력가

크리스티나Christina는 한동안 정확히 말할 수는 없지만 무언가 해야 한다는 내면의 압박감을 느껴 왔습니다. 그녀는 자기 분야에서 높이 인정받는 전문가이지만 이제 더 이상 일을 계속할 수 없을 것 같았습니다. 긴 업무 시간도, 불안한 야근도, 업무에 비해 낮게 책정된 수당도 마음에 들지 않았습니다. 그녀는 자신의 삶을 바꾸고 싶었지만 어떻게 해야 할지도 몰랐고, 방법을 찾으려는 것에는 주저했습니다. 그래도 이 기회에 환경도 바꾸고 생각도 바꿔야겠다는 마음에 코칭을 받기로 했습니다.

크리스티나는 자신에게서 2유형의 성향이 강하게 나타난다는 것을 알게 되면서 다음과 같은 자신의 성향을 구체적으로 알게 됐습니다.

- 그녀는 사람들에게 지나칠 정도로 일을 많이 해주고 과도하게 나눠주는 습관이 있었습니다. 그녀는 자신이 고객과 친구와 가족에 대해 얼마나 많은 생각을 하고 있는지 깨달았습니다. 항상 그들의 인생을 걱정하고 그들을 도울 일이 없는지 늘 찾고 있었다는 것을 알았습니다.
- 그녀는 다른 사람들의 필요를 채워주기 위해서 힘들게 일하고 있었습니다. 또한 이런 사실을 그들이 몰라주거나 고마워하지 않으면 은근히 화가 나기도 했습니다. 하지만 그녀는 긍정적이고 낙관적으로 살려고 애쓰기 때문에 이런 분개를 인식하는 것은 어렵습니다.
- 사람들이 그녀에게 어떻게 반응하는지에 많은 주의를 기울였습니다. 그녀는 사람들의 행동을 나름대로 해석해서 자신을 좋아하거나 싫어한다고 판단했습니다. 그리고 그녀는 며칠 동안 그 판단에 영향을 받았습니다.
- 그녀는 삶에서 자신이 원하는 것을 추구하는 것이 어렵습니다. 그녀가 즐길만한 것이 있어도 왠지 모를 죄책감이 생겨서 깊이 누리는 것을 주저하곤 했습니다.

그녀는 자기관찰 기술이 계발되면서, 자신이 미묘한 방법으로 상황을 만들어서 사람들에게 잘 보이고, 사람들이 자신을 좋아하도록 만든다는 사실을 깨달았습니다. 심지어 칭찬을 받을 때도 기분 좋은 긴 잠깐이었습니다. 그 순간에도 자신은 바로 다른 사람들의 필요가 무엇인지 생각하고 있었고, 자신이 이런 생각에서 벗어나는 것이 얼마나 어려운지 깨닫고는 무척 놀라기도 했습니다.

기술과 능력이 계발되면서 사람들이 자신에게 지나친 요구를 할 때는 '아니오.' 라고 말할 수 있게 되었고, 점점 긍정적인 결과가 나타나기 시작했습니다. 이제는 그녀가 진정으로 원할 때만 '예' 라고 대답했습니다. 그녀는 사람들이 대부분의 경우에 자신의 결정을 존중한다는 사실에 무척 놀랐습니다. 그녀는 죄책감이 생기는 순간을 인식하도록 작업을 했습니다. 그리고 자신에게 연민을 느끼기 시작하면서 죄책감이 점점 줄어들었습니다.

크리스티나를 위한 코칭의 주안점은 다른 사람들에게 초점을 두는 대신에 자신의 가슴을 진정으로 돌보는 것이었습니다. 그녀는 서서히 자신을 돌보기 위해서는 자신의 참의미를 알아가는 고요한 시간이 필요하다는 것을 알게 됐습니다. 그녀는 이러한 시간을 점점 늘리기 위해 일부러 일정표에 시간을 따로 적어놓기도 했습니다. 이 시간을 통해 그녀는 자신이 시를 좋아하는 문학소녀였다

는 사실을 기억했습니다. 다시 시를 읽고 때로는 쓰기도 하면서 자신의 창의적 에너지가 흘러나왔습니다. 그녀는 이러한 시간을 통해 분주했던 속도를 늦추게 됐고, 의식적으로 자신의 영적인 본성을 점점 인정하고 통합했습니다.

그녀가 현존하면 할수록 진정한 사랑의 본성을 더 잘 받아들이고 경험하게 되었습니다.

2유형이 경험하는 내적 일관성

당신의 참된 본성

만일 당신이 2유형이라면, 당신의 영혼은 다른 사람들과 깊은 관계deep connection를 맺는 일에 자연스럽게 끌릴 것이다. 당신은 노력하지 않고도 가슴과의 연결을 통한 달콤함sweetness과 더할 나위 없는 기쁨pure bliss을 경험할 수 있다. 달콤함과 기쁨은 그냥 그곳에 있다. 가슴과의 연결을 통해서 당신은 사랑이라고 하는 진정으로 기분 좋은delicious 특성을 경험하고 있다.

당신의 참된 본성과 닿아 있지 않으면, 아마도 당신은 굳이 사랑을 만들려고 애쓰지 않아도 된다는 것을 아직 인식하지 못할 수 있다. 당신은 무척 사랑스럽고, 당신의 사랑의 본성은 당신의 진정한 재능 중에 하나이다. 당신이 진정으로 현존하고, 연결시키려고 애쓰지 않을 때 당신은 당신의 가슴과 더 깊이 닿아 있다. 이를 통해 당신은 삶의 균형과 자신을 돌보아야 하는 필요를 깨닫게 된다. 이러한 친숙하지 않은 영역에 초점을 맞춘다면, 당신은 굳이 사랑을 얻을 필요가 없이 자신의 사랑스러움과 가치에 관해 알게 된다.

당신의 인생 이야기: 당신의 내면이 세상과 관계 맺기

당신의 자아 개념과 당신이 세상에서 차지하는 위치는 이미 어린 시절에 일찌감치 결정되어 있다. 당신이 자신의 경험들을 어떻게 내면화했는지에 따라 자기 자신과 타인 및 당신의 존재 방식에 관계를 맺는 특정한 방법에 영향을 주었다. 만일 당신이 2유형이라면 지금부터 하는 어린 시절의 내적 경험에 관한 이야기가 무척 친숙하게 들릴 것이다.

> *당신은 어린 시절부터 누군가를 돌봐 주고 도와주는 아이였습니다. 심지어 아주 어렸을 때도 다른 사람들이 무엇이 필요한지 바로 알아차렸고, 그들을 도우려고 다가갔습니다. 아마 어린 동생이 있었다면 돌보아야 한다는 책임을 느꼈을 겁니다. 비록 당신이 여전히 제대로 걷지도 못한다 해도 말입니다.*
>
> *당신은 언젠가부터 다른 사람의 필요가, 특히 당신에게 중요한 사람들의 필요가 당신이 가졌을 법한 그 어떤 욕구보다 중요하다고 믿게 되었을 겁니다. 아마 당신은 심지어 부모님도 돌보아야 한다는 느낌을 받은 적도 있을 겁니다.*

사랑은 당신이 가져야만 하는 것이었고, 사랑을 받으려면 먼저 주어야 한다는 것을 당신은 굳게 믿게 되었습니다. 당신은 사람들에게 사랑을 주면서도 속으로는 그들이 당신을 얼마나 인정하고 있는지 표현해 주기를 바랐습니다. 만일 그들이 당신이 원하는 방법으로 감사와 사랑을 보여주지 않으면 오히려 거부당하는 느낌을 받기도 했습니다.

사람들에게 사랑을 얻기 위해 계속 힘들게 일하면서 당신은 마치 가족을 업고 다니는 것 같은 부담감을 느꼈습니다. 당신이 워낙 남들을 잘 돕기 때문에 사람들은 당신을 찾아와 도움을 요청하고 어깨에 또 다른 짐을 얹어놓았습니다. 당신의 어린 시절은 그렇게 지나갔습니다.

당신은 다른 사람에게 초점을 두기에 당신에게도 필요가 있고, 의심이 들며, 상처가 있다는 것을 잊곤 했습니다. 당신은 자신의 욕구를 표현하거나 심지어 느끼기만 해도 죄책감을 느끼곤 했습니다.

아마도 당신은 '그렇게 이기적이면 안 돼. 네 동생을 돌봐야지.' 라는 말이나 '징징대지 마라. 다른 사람들은 너보다 얼마나 힘들게 지내는지 알기나 하니?' 라는 말도 들었을 겁니다.

심지어 당신이 아플 때도, 사람들을 불편하게 하면 안 된다고 느꼈을 수도 있습니다. 어쩌면 아직도 당신은 다른 사람들처럼 당신에게도 욕구가 있다는 사실을 인정하기 어려울지도 모릅니다.

당신이 사람들을 돌보면 돌볼수록 아마도 다른 사람들에게 더 많은 애정 표현을 기대하는지도 모릅니다. 따뜻한 미소나, 뜨거운 포옹, 따뜻한 감사의 표현은 당연하다고 생각할 겁니다. 다른 사람들이 당신의 노력에 대해 더 많이 고마워하지 않으면 속으로는 무척 화가 나지만 당신은 화를 겉으로 표현하지는 못합니다.

당신은 당신 집에서 사랑으로 여겨지는 그 어떤 것을 받기 위해서 자신을 희생해야 한다는 생각으로 인생을 살아왔습니다. 하지만 당신은 이미 당신이 사랑받고 있다는 것과 자신이 충분히 사랑스럽다는 사실을 느끼지 못합니다.

당신이 무척 사랑스럽고 이미 사랑받고 있다는 사실을 당신은 보지 못했습니다. 당신이 단지 존재하는 것만으로도 사랑은 항상 당신 안에 있다는 사실을 당신은 보지 못했습니다. 심지어 당신의 필요를 알아차리고 그것에 초점을 맞출 때조차도 당신은 본성적으로 따뜻함과 돌봄의 원천이라는 사실을 볼 수 없습니다.

당신의 중대한 상실

당신은 어린 시절, 의식적으로 생각하고 말하는 능력이 채 생기기도 전에 엄청난 일을 겪었다. 당신의 영혼이 진심으로 사랑한 당신의 본성으로부터 분리되는 아픔을 경험한 것이다. 상실이라는 견딜 수 없는 고통과 함께 에고의 구조가 형성되기 시작하였고, 그 에고는 일찌감치 잃어버린 것들 때문에 생긴 아픔의 가혹함에서 당신을 보호해 주었다.

당신의 에고는 당신의 참된 본성을 따라하며 흉내를 내지만, 절대로 똑같아질 수 없다는 것을 알고 있다. 그래서 2유형의 성격 구조는 사랑을 만들고 사랑의 실천을 통해 진정한 사랑의 경험을 재창조하기 위해 애쓴다. 이러한 방식을 통해 2유형의 사람들에게 사랑은 다른 사람의 가슴과 당신 자신의 진실한 연결보다는 행동이나 행위로 나타나게 된다. 따라서 에고는 결코 만족할 수도, 만족시킬 수도 없는 거대한 프로젝트를 실행한다. 이러한 연결을 하려고 계속해서 애쓰는 것은 당신을 지치게 만들고, 기껏해야 얻을 수 있는 결과는 순간적인 안도이다.

오히려 당신 자신과 당신의 가슴이 연결되어 있는 것이 다른 사람들과 깊은 연결을 경험하기 위해서 필요하다.

2유형이 가진 중대한 상실의 고통: 진정한 사랑으로부터 분리된 느낌은 당신이 태어날 때부터 사랑스럽지 않고 사랑을 경험하기 위해서 힘들게 노력해야 한다는 잘못된 감각을 만들어낸다. 사람들에게 당신의 사랑스러움을 증명해야 한다고 느끼기에 사람들을 돕고 돌보며 관대함을 찾는데 너무 많은 에너지를 사용한다.

2유형의 내면 논리와 정체성 삼각형

2유형의 핵심 신념

핵심 신념은 에고의 신념을 지지하는 정보만을 선별해서 받아들이는 무의식적인 필터이다. 불행하게도 무의식적으로 작동하는 이 필터는 대안적인 시각들을 제공하는 자료들을 놓치거나 지워버린다. 이 신념은 삶에 대한 관계를 형성하는 중요한 작동 원리로 기능한다.

각각의 핵심 신념은 우리가 연민을 가지고 인식의 빛으로 나올 때까지는 진짜처럼 느껴지는 거짓이다. 그래서 친절과 진솔함으로 이 신념에 접근하는 것이 특히 중요하다.

2유형은 가슴 지향적인 유형이기에 당신은 그것을 탐색하고 그 부드러운 영역에 있다. 다른 사람에게 무언가 먼저 해주지 않으면 사랑을 받을 수 없다는 잘못된 전제와 뒤얽힌 많은 신념들이 여기 있다. 기본적인 신념은 사랑받고 수용될 권리를 얻기 전에 다른 사람들을 돌봐줘야 한다는 것이다. 그래서 다른 사람들의 욕구가 우선이다. 당신은 자신의 필요를 채우기도 전에 다른 사람들의 필요를 먼저 살펴야 한다. 자신의 욕구를 갖는 것은 이기적이다.

당신이 2유형이라면 당신의 삶에서 이러한 핵심 신념은 어떻게 나타날까? 다음 문장은 2유형인 당신의 생각과 언행을 잘 설명해 줄 것이다.

- 나는 사람들의 부탁을 거절하는 방법을 정말 모른다. 사람들은 마치 어떻게 하면 나의 죄책감을 불러 일으켜 내가 그들의 부탁을 들어주고 더 많은 책임감을 갖게 할 수 있는지 알고 있는 것처럼 느껴진다. 각자 할 일이 많은 것 같은데, 그 일은 내가 해야 하지 않을까? 내가 만약 거절한다면 나는 이기적으로 보일 것 같다.
- 나는 사람들을 자주 칭찬해 준다. 그들이 얼마나 훌륭한지, 그들에 관한 구체적인 장점을 짚어 가면서 긍정적인 말을 해 준다. 내가 어떻게 하면 그들이 좋아하고, 그들 스스로 자부심을 느낄 수 있는지 잘 알고 있다. 이렇게 하는데도 그들이 나를 좋게 봐 주지 않을까?
- 나는 사람들에게 선물을 자주 주고, 두루두루 잘 도와준다. 속으로 나는 그들이 나의 관대함에 대하여 감사의 표현을 해 주기를 기대하고 있다.
- 내가 다른 사람들에게 약속한 것을 모두 해줄 수 있는 시간이 얼마나 있을까? 솔직히 난 조금 피곤하지만 어떻게든 에너지를 끌어 모아 문제를 해결하겠다.

이러한 핵심 신념이 당신의 정체성 삼각형을 만든다. 이 삼각형은 어떻게 살고 있는가에 대한 간략한 예시를 제시할 것이다. 지금부터 하는 설명이 당신의 경험과 얼마나 잘 맞는지 생각해 보기 바란다.

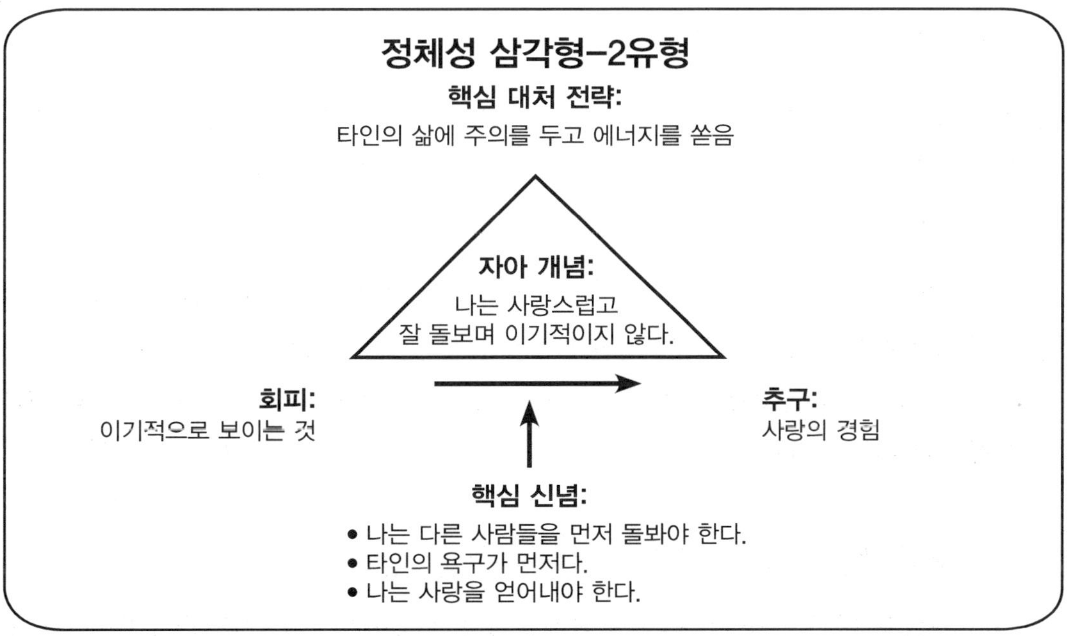

그림 13-1: 2유형의 정체성 삼각형

그림 13-1은 2유형의 성격 구조를 가진 사람의 내면 논리를 어떻게 인식하고 있는 지를 보여준다.

나는 나의 사랑스러운 본성을 확인하고 사랑의 관계를 경험하기 위해 다른 사람들과 신체적, 열정적 관계를 만드는 상황을 추구합니다. 나는 누군가와 연결되어 있다고 느끼기 위해서 그에게 다가가거나 그를 위해 무엇인가를 행하는 것을 사랑이라고 정의합니다.

나는 이기적이라는 느낌이 드는 어떠한 경험, 즉 사랑스럽지 않은 사람이라는 느낌을 회피합니다. 나의 욕구에 주의를 두거나 욕구를 인정하는 것마저도 위협적인 느낌을 받습니다. 나는 욕구를 가진 사람으로 보이는 것을 피합니다. 나에게 직접적으로 주의를 두며 나의 필요를 다른 사람에게 요구하고 그들에게 무언가를 받아낸다는 것은 내 삶에서 가장 어려운 일입니다.

다른 사람들에게 주의를 두고 에너지를 쏟는 것이 나의 대처 방식입니다. 다른 사람의 인생과 필요가 나의 삶에서 일어나는 일보다 훨씬 중요하고 흥미로우며 긴급하다고 느낍니다. 나의 주의는 오로지 나 자신의 바깥에 두며, 내가 어떤 욕구도 갖고 있지 않거나 내 욕구는 다른 사람들의 욕구보다 덜 중요하다고 생각하기가 쉽습니다.

이러한 대처 전략의 확장을 통해 나는 주변 사람들이 나를 좋아하고, 나를 진정으로 받아주도록 내 삶이 얼마나 구조화되어있는지를 알 수 있습니다. 나는 다른 사람들로부터 긍정적인 인정을 받을 때, 적어도 그 순간만큼은 나 자신이 사랑스럽다고 느낄 수 있습니다. 다른 사람들이 나에게서 사랑의 가치를 느끼도록 만들기 위해 내 삶의 에너지를 쏟아 부었음에도 불구하고, 그들이 나에게서 멀어지거나 그들이 가끔 하던 대로 비판적인 느낌의 피드백을 주면 나는 상처를 받고 거부당한 느낌을 쉽게 받습니다.

결국 이 모든 것은 나 자신을 사랑스럽고 잘 돌보며 이기적이지 않은 사람으로 보게 했습니다. 하지만 이러한 자아 개념은 결국 한계를 갖게 합니다. 이는 내가 경험하는 수많은 것들을 인정하고 감사하는 것으로부터 나 자신을 멀어지게 만듭니다.

물론 사람들을 돌보고 그들에게 관심을 갖는 것은 나의 긍정적인 특성이지만 지나치게 사용하면 나의 필요를 인식하고 나의 창조적인 본성을 표현하는 나의 능력을 제한합니다. 내 인생의 에너지가 계속해서 다른 사람들의 필요에만 초점을 두게 되면 나는 나 자신의 충만한 삶을 누릴 기회를 놓치게 됩니다.

2유형이 깨어났을 때의 능력: 겸손을 통한 창조

겸손은 자기 자신 및 다른 사람들과 특별한 관계를 맺는 신호이다. 모든 사람들이 욕구를 갖고 있음을 인식하고, 그 모든 사람의 범주에 당신을 포함시킬 때 당신은 깨어날 수 있다. 그때야 비로소 다른 사람들의 욕구와 당신의 욕구 사이의 틈은 점차 사라지고, 다른 사람들의 욕구가 당신의 욕구에 비해 더도 덜도 중요하지 않다는 것을 알게 된다. 당신이 먼저 자신에게 가슴을 열고 당신의 관심과 기쁨과 상처 등을 마치 다른 사람들을 돌보는 것처럼 돌봐준다면 사랑을 느끼는 능력이 다른 사람보다 탁월하다는 것을 깨닫게 될 것이다. 그때야 비로소 당신의 창의적인 목소리가 빛을 발하게 되며, 당신의 삶을 보다 가득 채워주고 온전함을 느끼도록 도울 것이다.

당신 자신의 필요를 겸손하게 인식하는 **당신의 타고난 능력과 접촉을 잊어버리고 상실했을 때**, 당신은 다른 사람들의 필요가 더 중요하다고 잘못 보게 된다. 당신은 당신 자신을 배려할 때마다 죄책감을 느끼게 된다.

자기 자신과 자신의 욕구를 겸손하게 수용하는 것은 오히려 보다 더 자유로운 삶으로 가는 문을 여는 열쇠가 된다. 자신에게 관대해진다고 해서 다른 사람들을 관대하게 대하는 당신의 능력이 줄어드는 것은 아니다. 단지 다른 사람들에게 지나친 초점을 두는 과도한 강박이 사라질 뿐이다.

그림 13-2에 나타난 2유형의 빙산 모델은 이러한 특징을 잘 보여준다.

이 모델은 그 유형이 우세한 사람들이 갖고 있는 타고난 재능들의 확장된 특성들로 시작한다. 우리가 자신을 더욱 제한적으로 정의한 것을 알아차리고 이에 대한 집착을 놓으면 이러한 특성들은 자연스럽게 나타나고 점점 더 경험되어진다. 이 모델은 2유형의 사람들이 물결 위에서 보여주는 모습들을 이해하도록 돕고, 물결 아래에서 성격에 사로잡혀 있을 때 나타나는 행동이 어떻게 만들어지고 왜 나타나는지에 관한 내면의 역동도 쉽게 설명해 준다. 빙산 모델의 특성에 대해서는 앞서 5장에서 설명한 바 있다.

2유형의 성격 구조 해독

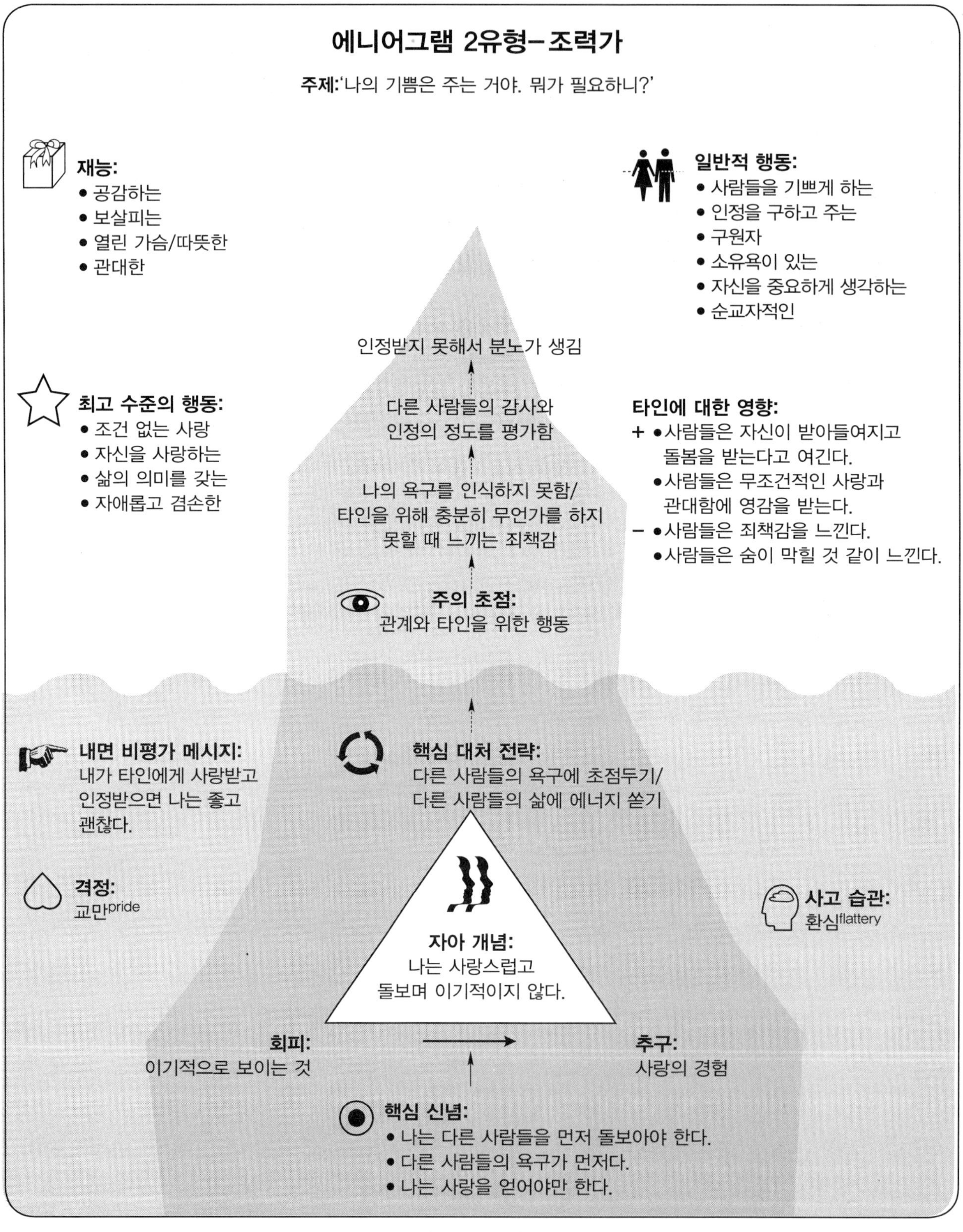

그림 13-2: 2유형의 빙산 모델

2유형의 주제

'나의 기쁨은 주는 거야. 뭐가 필요하니?'는 2유형 성격 구조의 주제이다.

물결 위의 모습

2유형의 재능, 일상 습관, 도전 과제

재능과 최고수준의 행동(당신이 가장 건강하고 열린 상태일 때)

나는 공감 능력이 뛰어나다. 다른 사람의 입장에서 생각하고 그들에게 베푼다.

나는 양육한다. 나는 선천적으로 다른 사람들의 욕구에 민감하다. 나는 다른 사람들을 양육할 수 있는 능력이 있다.

나는 열려있고 따뜻하다. 나의 정서적인 따뜻함은 다른 사람들을 포용하고 보살핌을 받는다는 느낌을 갖게 한다.

나는 진심으로 좋은 일을 하는데 있어서 관대한 편이다. 다른 사람들에게 도움을 주는 일에는 이기적이지 않을 수 있다.

나는 다른 사람들을 조건 없이 사랑한다. 어떤 대가도 기대하지 않고 베푼다. 거기에는 어떠한 단서도 붙어있지 않다.

나는 다른 사람들에게 하는 것과 마찬가지로 나 자신에게도 동일하게 관대하고 사랑을 베푼다.

나는 나 자신의 삶의 의미를 찾는다. 나는 살아있다는 것과 나의 필요에 초점을 두는 것에서 기쁨을 찾는다.

나는 자애롭고 겸손하다. 나는 인생이 주고받음 속에서 나타나는 친절함으로 만들어진다고 생각한다.

일반적 행동(성격에 사로잡혀 있을 때 나타나는 특징)

나는 사람들을 기쁘게 해준다. 나의 베푸는 행동을 통해 사람들이 나를 좋아하도록 하기 위해 노력한다.

나는 인정받고 인정해 주는 것을 중요하게 생각한다. 나는 다른 사람들의 인정을 기대한다.

다른 사람들은 나를 구원자로 생각할 수 있다. 나의 관점에서 볼 때, 나는 구원이 필요한 사람들을 내 삶 안으로 끌어들이는 경향이 있다. 이것이 바로 상호의존co-dependency 관계이다.

나는 사람들에 대한 소유욕이 강한 편이다. 그들의 관심과 친밀하게 지내기를 원한다. 사람들은 나를 주제넘게 나서는 사람이거나 신체적으로나 감정적으로 친밀해지기 위해 지나치게 애쓰는 사람으로 보기도 한다.

나는 다른 사람들의 삶에서 중요한 인물이 되고 싶다. 심지어 그들이 알아차리기도 전에 그들의 욕구를 파악할 수 있다고 생각한다. 나는 때때로 '내가 없으면 그들은 어떻게 살까?'라고 생각한다. 나는 누군가에게 특별한 혹은 특권을 가진 친구가 되고 싶다.

나는 타인들을 위해 순교자가 될 수 있다. 사람들의 필요를 충족시키기 위해서라면 나 자신도 충분히 희생할 수 있다.

주의 초점(성격에 사로잡혀 있을 때 내 주의가 머무는 곳)

노트: *여기에서는 2유형 사람들의 주의 초점이 계속 좁아질 때 나타나는 특징을 간단하게 설명하고 있다. 주의 초점이 얼마나 활성화되느냐는 우리의 현존 정도에 달려 있음을 알아차리는 것이 중요하다. 우리가 현존하면 할수록 주의 초점은 좁아지기보다는 확장된다.*

나는 성격에 사로잡혀 있을 때, 다른 사람들과의 관계에 나의 모든 주의를 기울인다. 나는 사람들의 필요를 쉽게 알아차릴 수 있고, 그들을 돕기 위해 재빨리 행동으로 옮기거나 나 자신을 그들에게 베푼다. 나의 도움을 필요로 하는 사람들은 무척 많다. 그래서 나는 자신과의 닿아있음을 잃어버리고, 나 자신의 필요에 주의를 두는 것을 잊어버린다.

다른 사람들에게 쏟는 주의가 많아지면서 자연스럽게 나 자신의 욕구는 점점 존재하지 않게 된다. 나 자신에게 맞추면 죄책감이 들고 왠지 내가 궁핍한 사람처럼 느껴진다. 나는 주는 사람이고 다른 사람들로부터 도움을 받으면 안된다고 생각한다.

내가 주면 줄수록 나의 자원은 점점 더 메말라가고 분별있게 행동하는 적정선을 넘어가고 만다. 나는 내 삶의 중요한 부분을 돌보는 것조차 회피한다. 내가 제공하는 것들에 대한 감사와 인정의 표현을 더욱 기다리고 찾게 된다. 나는 그들이 나를 얼마나 인정하고 고마워하는지 알아내기 위해 그들의 행동을 평가하기도 한다. 만약 내가 주었다고 생각하는 것만큼 그들이 충분히 감사하지 않으면 나는 분개하기 시작한다.

타인에 대한 영향

+ *긍정적인 영향*

- 다른 사람들은 나의 진심 어린 따뜻함과 돌봄으로 인해 수용되고 존중받았다고 느낀다.
- 다른 사람들은 나의 진정성과 무조건적인 사랑으로 인해 영감을 받는다.

– *부정적인 영향*

- 다른 사람들은 내가 주는 것만큼 보답할 수 없음을 알고 죄책감을 느낀다.
- 다른 사람들은 나의 지나친 갈망과 감정적 집착에 짜증이 나고 숨 막힌다고 느낀다.

물결 아래의 모습

2유형의 사람들이 경험하는 내면의 역동을 이해하기 위해서는 물결 아래에 있는 모습을 잘 관찰해야 한다. 밑바닥에서부터 시작하여 위로 올라오면서 살펴보자.

2유형의 핵심 신념

이 핵심 작동 원리들은 눈에 보이거나 보이지 않는 방식으로 인생의 많은 면들을 걸러낸다.

나는 내가 사랑받고 인정받기 전에 다른 사람들을 먼저 돌봐야 한다고 믿는다.

다른 사람들의 필요가 우선이다. 나는 자신의 필요를 챙기기 전에 다른 사람들에게 맞추어야만 한다. 자신의 필요를 챙기는 일은 이기적인 것이다.

나는 사랑을 얻어야 한다.

정체성 삼각형

추구
나는 사랑의 관계를 경험하기 위해 다른 사람들과 신체적으로 접촉하거나 열정적인 관계를 만드는 상황을 추구한다. 그렇게 함으로써 나의 사랑하고자 하는 본성을 확인한다.

나는 사랑이 바로 내 존재의 핵심이라는 것을 인식하지 못하고, 현존할 때만 사랑을 느끼기 때문에 나 자신이 사랑을 직접 만들려고 노력한다. 다른 사람들에게 다가가는 나의 행동은 내가 얼마나 사려 깊고 관대한지를 보여주는 것으로, 나는 사랑이 다른 사람과 연결을 하여 베푸는 것이라고 해석한다. 그러나 내가 그들을 사랑하는 대로 똑같이 그들도 나를 사랑해 주기를 바라는 마음을 알아차리기는 어렵다.

회피
나는 내가 따뜻하고 관대한 사람이 아니라고 해석되는 어떤 경험도 회피한다.

나의 욕구를 먼저 분명히 이해하고, 그 욕구들과 직접적으로 소통하는 것은 이기적이라는 느낌을 갖게 하고 죄책감을 들게 하는데 이는 무척 고통스러운 경험이다. 내가 다른 사람들을 먼저 생각할 때는 나의 편안한 삶은 뒤로 제쳐두고 내면의 바람과 나만의 독특함을 알아차리는 것조차 회피한다. 내가 필요로 하는 것을 요구하고 도움을 받아들이는 것, 또 역설적이지만 다른 사람들의 진정한 사랑의 표현을 받는 것은 내 인생에서 가장 어려운 일이다.

핵심 대처 전략
나의 핵심 대처 전략은 다른 사람들에게 에너지를 쏟고 주의를 기울이는 것이다. 비유로 말하자면,

문자 그대로 나 자신을 내버려둔 채 다른 사람의 삶에 뛰어드는 것이다. 예를 들어 다른 사람들의 눈앞에 있는 과제조차도 내 책임으로 여기고 해결하려고 생각한다는 것이다. 혹은 병든 친구를 위해 요리를 하고 집을 치우면서 많은 시간을 보낼 수도 있다. 물론 내 건강은 돌보지 않은 채 말이다. 나는 나 외의 것에만 초점을 두고 내 욕구는 없다고 생각하거나 있어도 다른 사람들의 욕구보다 덜 중요하다고 생각하기 쉽다.

자아 개념

나는 나 자신을 사랑스럽고 돌보며 이기적이지 않은 사람으로 본다. 물론 이것들은 긍정적인 특성이지만 내가 이런 방식을 강요나 의무감으로 생각한다면 나를 제한할 수밖에 없다. 나에게도 내가 표현하거나 경험하지 못한 다른 특성들이 많이 있다.

내가 다른 사람들을 도와야만 한다고 느낄 때마다 나는 감정적으로 빈곤해지고 다른 사람에게 분개하지만 나 자신이 그렇다는 것을 알아차리기는 쉽지 않다.

나에게 욕구가 있다는 사실이 좋지 않기 때문에 나는 다른 사람들에게 도와달라고 직접적으로 요청할 수는 없다. 나는 간접적으로 돌려서 표현하지만 나는 그들이 내가 원하는 바를 반드시 알고 있어야 한다고 생각한다.

격정

내가 다른 사람들을 도울 때는 그들이 스스로를 돕는 것보다 내가 더 나은 위치에 있다고 느낀다. 가끔은 그들이 어떻게 하면 기분이 좋아지는지 내가 더 잘 알고 있다고 생각한다. 나는 내 욕구가 무엇인지 쉽게 알아차리지 못하기 때문에 나의 진실한 느낌이나 내 행동의 의도에는 주의를 두지 않는다. 나 자신은 다른 사람이 가지고 있는 인간 본연의 욕구를 가지고 있지 않다고 느끼고, 다른 사람을 위한 최선이 무엇인지 내가 알고 있다고 믿는 것이 바로 교만[pride]이라는 격정의 특징이다.

상기할 점: 당신에게 우세한 유형이 무엇이든 상관없이 격정은 성격의 일부분이고 정서적 삶을 움직이는 동기이다. 격정은 마음의 상처를 덮어 감추고 삶을 대하는 감정적 반응을 만들어내는데, 그 결과 당신의 영혼이 사랑하는 것으로부터 멀어지게 한다. 이는 모든 성격 유형에 있어서 그러하다.

사고 습관

나는 다른 사람들에게 긍정적인 관심을 많이 주는 편이다. 내가 누군가를 칭찬하면 그들이 나를 긍정적인 관점으로 볼 것이라고 나는 무의식적으로 생각한다. 그래서 나는 칭찬할 무엇인가를 찾는다. 예를 들어, 나는 다른 발표자의 프레젠테이션이나 그녀의 액세서리가 얼마나 훌륭한지 언급할 수 있고 다른 사람이 얼마나 대단한 사람인지 반복해서 말할 수 있기에 때로는 이러한 말들이 진정성이 없을 때가 있다. 흔히 환심[flattery]이라고 한다.

상기할 점: 당신의 우세한 유형이 무엇이든 상관없이 고착은 성격의 일부분이다. 이것은 자신과 세상에 대해 고착화된 사고와 행동의 동기 요인이다. 고착은 현실에 대한 잘못된 인식을 강화시키고, 에고가 삶의 문제들을 자동적으로 의문 없이 해결하도록 함으로써 당신을 참된 자아로부터 멀어지게 만든다. 이것은 모든 성격 유형에 동일하게 나타난다.

내면 비평가 메시지

나의 욕구보다 다른 사람들의 욕구를 우선시하지 않으면 나는 가치 없는 사람이거나 사랑받지 못한다. 나의 내면 비평가는 사람들이 나를 어떻게 대하는지 평가기준을 갖고 있다. 예를 들어, 누군가가 환하게 웃어주지 않으면 나는 사랑받지 못하고 있고, 사랑받을 만한 행동을 하지 않았다는 것이 내면 비평가의 증거이다. 내가 내면 비평가의 그물에 걸려 있는 한, 나는 진정한 삶을 회피하고 나의 분노의 사이클이 유지되며 다른 사람들의 편안한 삶을 위해 나 자신의 욕구는 희생될 것이다.

위에 언급한 각각의 요소들이 내가 나 자신이라고 생각하는 전체 경험을 만들어낸다. 핵심 신념, 격정의 감정적 충동, 고착이라는 사고 습관, 그리고 내면 비평가 모두 무의식적으로 공모해서 정체성 삼각형을 강화시킨다.

2유형에 대한 추가 정보

스트레스 원인

나는 사람들이 더 많은 것을 요구할 때 스트레스를 받는다. 나는 너무 많은 사람들을 보살펴야 한다는 의무감이 생길 때 스트레스가 쌓이고, 그들이 나에게 충분히 감사를 표현하지 않으면 분개한다. 나는 다른 사람들에게 주의를 두며 최선을 다하려고 노력했는데도, 그들이 나와 같은 수준의 관심을 보이지 않으면 내가 거부당했다고 느끼고 버림받았다고 생각한다. 그들이 나를 멀리하려고 하는 이유를 도무지 이해할 수 없다.

나는 사람들이 나 자신을 돌보라고 말할 때도 스트레스를 느낄 수 있다. 나는 그것이 무슨 뜻인지 정확히 모르며 내가 지금보다 어떻게 더 잘할 수 있는지도 모른다.

수축되거나 경직될 때 나타나는 반응

나는 사람들이 나 없이는 안된다고 생각하도록 사람들을 조종한다.

나는 걱정을 과장하며 고압적으로 나 자신의 중요성을 강조하는 경향이 있다.

나는 다른 사람들에게 생색내고 잘난 체하며 사람들이 다른 사람들이나 나에게 충분히 베풀지 않은 것에 대해 죄책감을 갖도록 만든다.

나는 나 자신의 건강한 욕구를 돌보지 않아서 녹초가 된다.

2유형과 관련된 다른 성격 유형

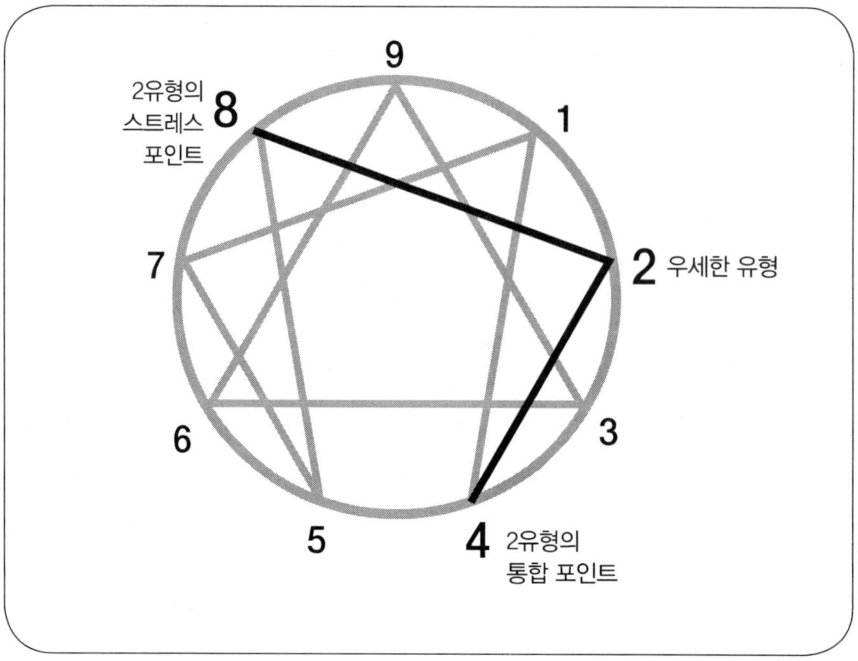

그림 13-3: 2유형의 스트레스 포인트와 통합 포인트

2유형 사람들은 스트레스를 받으면 8유형의 특성이 나타난다. 8유형은 2유형의 스트레스 포인트이다. 8유형에 대한 자세한 정보는 11장에 나와 있다. 특히 8유형의 일반적 행동과 '패턴에 대한 주목과 관찰'을 주의 깊게 읽어보면 좋다.

자아의 숨겨진 차원을 포함하여 2유형의 통합 포인트는 4유형에서 설명하고 있다. 4유형에 대한 자세한 정보는 7장에서 다루고 있다. 2유형의 통합 포인트를 이해하려면 특히 4유형의 '재능'과 '최고 수준의 행동' 부분을 자세히 살펴보면 좋다. 2유형의 자아의 숨겨진 차원은 7장에서 언급한 4유형의 일반적 행동을 검토해보라.

에니어그램은 또한 반대 방향으로도 작용하기에 자신의 우세한 유형을 찾을 때 고려하기 바란다. 2유형은 4유형에게 스트레스 포인트이고, 8유형에게는 통합 포인트이다.

여정을 방해하는 패턴 알아차리기

패턴에 대한 주목과 관찰

여기에서는 2유형 성격 구조에 나타나는 패턴을 살펴보고자 한다. 이 패턴들은 당신이 나쁘거나 잘못했다고 평가하기 위한 것이 아니고 유용한 정보를 제공하며 당신을 일깨우는 여정에서 이정표가 될 것이다. 아울러 이 패턴들은 확실하고 직접적인 방법으로 당신이 경험하는 핵심을 의식하고 핵심에 닿을 수 있도록 도와준다. 그 결과 당신은 특정하고 습관적이며 힘들게 하는 전략들을 이완시킬 수 있고, 이는 당신을 더욱 현존하고 열려있으며 자유롭게 할 것이다.

1. 간접적으로 소통하는 패턴

당신은 주제를 에둘러 말하며 당신이 필요한 것을 직접 요청하지 않는 경향이 있다. 당신은 다른 사람들이 당신의 마음을 읽어서 욕구나 원하는 것을 알아차려야 한다고 생각한다. 하지만 일반적으로 그런 경우는 없다.

당신은 필요한 것도 바라는 것도 없는 것처럼 행동하며 늘 괜찮다고 하는 경향이 있다. 따라서 실제로 다른 사람들도 그렇게 생각할 수도 있다.

당신이 보다 더 직접적으로 소통하지 않으면 다른 사람들에게는 알아차릴 만한 단서가 없다.

의사소통을 명확하게 하지 않고 간접적으로 하는 당신의 패턴을 기억하라. 당신이 이렇게 행동하는 것은 어린 시절에 쉽게 상처받던 당신을 보호하기 위한 것이다.

2. 자기를 희생하려는 패턴

당신은 사람들에게 다가가야 한다고 느낄 때나 그들을 돕기 위해 대화에 끼어들려고 할 때나, '아니오' 를 원하면서도 '예' 라고 답할 때를 알아차려라. 다른 사람들이 항상 먼저인가? 이것은 다른 사람들을 기쁘게 하기 위한 신호이다.

2유형들은 자신의 욕구는 잊은 채 스스로 희생해야 한다고 자주 느낀다. 당신에게 이런 경향이 강하게 나타난다면 당신은 다음과 같은 패턴을 보일 것이다.

- 당신 주변에는 당신에게 의존하는 사람들이 많다. 그들 중 일부는 당신에게서 많은 것을 필요로 하는 것처럼 보일 수 있다. 당신은 구원자처럼 여겨진다. 하지만 이것은 무척 소모적인 일이다. 이러한 패턴은 도움이 필요한 사람들을 끌어당기는 자석과도 같다.
- 당신과 거리를 두고 싶어 하는 사람들도 있다. 그들은 당신을 궁핍하거나 주제넘게 나서는 사람으로 볼 수 있다. 이것은 당신에게는 정말 놀라운 일이다.
- 당신을 불편하게 하는 것이 있고, 그것을 부인한다는 사실은 우리 삶에 더 크게 자리 잡기에 그것은 불편해진 당신의 욕구와 같은 것이다. 깊은 욕구나 감각을 경험하지 않기 위하여 당

신은 당신이 받을 만하다고 느끼는 피상적인 보상을 해줄 수 있다. 예를 들면 발 관리나 새 옷, 가전제품 같은 것들이다. 이러한 보상은 당신을 진정으로 양육할 수 있는 것을 대체한다. 당신이 선택한 것들이 진정으로 당신을 지지하는 것인지 아니면 당신을 방해하는 것인지 생각해 보라.

- 이제 당신 자신을 관찰하고 연민을 느껴야 할 시간이다.

3. 관계성을 중요시하는 패턴

당신은 현재 친밀한 인간관계가 없다면 인생이 정지된 것 같은 느낌을 갖는지 살펴보라. 당신은 얼마나 많은 주의와 에너지를 다른 사람들과 함께 하는 일에 쏟고, 친밀감과 특별한 관계를 형성하는 일에 초점을 두고 있는가?

2유형의 성격은 인간 가족을 구성하는 중요한 차원인 따뜻한 관계를 만드는 전형적인 유형이다. 하지만 그 관계에만 대부분의 에너지를 쏟으면 개인은 오히려 자아 개념을 잃어버릴 수 있다.

누군가 당신에게 요구하지 않았는데도, 그 사람의 욕구를 가장 잘 알고 있다고 얼마나 자주 느끼는가? 특별한 직관으로 다른 사람의 필요를 통찰하는 성향은 오히려 그 사람이 필요하지도, 심지어 원하지도 않는 어떤 것을 하게 할 수 있다.

당신에게는 사람들에게 환심을 사려는 경향이 있다. 그 사람을 칭찬해 줌으로써 무엇을 얻으려고 노력하는지 관찰해 보라. 처음에는 환심이 관대함의 표현이라고 믿을 수 있지만 깊이 관찰하면 당신이 다른 사람들에게 긍정적인 관심을 원한다는 것을 확인할 수 있다. 이것은 인식하기 어려운 부분이기 때문에 자신에 대한 솔직함과 연민이 모두 필요하다.

환심은 다른 사람을 칭찬하는 과장된 표현이기 때문에 기쁘게 해 주려는 노력이 그 사람에게는 거짓처럼 느껴질 수도 있다. 결국 당신은 관계의 측면에서 당신이 진정으로 원하는 것과는 정반대의 것을 얻게 될 수 있다.

자신과 당신의 가슴과의 관계를 살펴보라. 어떤 특징이 있는가? 당신의 가슴과 더 깊은 관계의 계발을 방해하는 것은 무엇인가? 이러한 관계를 지지하는 것은 무엇인가?

당신의 능력을 키워줄 효과적인 훈련 방법

아래의 능력 키우기 연습들은 당신이 참된 본성으로 돌아가도록 도울 것이다.

1. 당신의 욕구는 무엇인가?

당신이 필요한 것은 무엇인가? 당신은 그것을 누구로부터 얻을 수 있는가?

당신의 욕구를 알아차리는 것은 어렵지만 그것은 인간이 되는 것에 있어 부인할 수 없는 한부분이다. 당신의 욕구를 부정하는 것은 당신을 환상 속에 있게 한다. 만일 당신 자신의 욕구를 갖는 것이 이기적이라고 느낀다면 그것은 2유형의 패턴이라는 것을 인정하라. 실제로 당신 가슴의 감정을 알고, 자신을 돌보기를 위해 당신의 필요를 존중하는 것은 결국 당신의 인생에 균형감과 편안함을 만들어 줄 것이다.

당신의 욕구를 인정하고 말로 표현하면 당신의 의사소통은 보다 명확해질 것이다. 습관적으로 베푸는 상황은 줄어들 것이다. 만일 무엇이 필요한지 명확하지 않다면 속도를 늦추고 거울을 보면서 진심으로 자신에게 무엇이 필요한지 물어보라. 그 후 당신 자신과 다른 사람들에게 당신이 무엇이 필요한지 알려주라.

당신의 주의를 당신 자신의 삶으로 가져오는 것을 의식적으로 작업하라. 주의가 본향으로 되돌아오게 하라. 자신에게 주의를 두는 작업이 어색하게 느껴진다고 해도 당신은 얼마나 많은 에너지를 다른 사람을 위해 써왔는지 알게 될 것이다. 이제는 당신 차례이다.

2. 당신 자신을 돌보는 연습을 하라.

자신을 돌보는 것에 초점을 맞추는 것은 어떻게 보일까? 이 순간에 그렇게 하지 못하게 하는 어떤 이유라도 다 내려놓고, 당신의 영혼을 다시 채우고 존중할 수 있는 것이 무엇인지 깊이 숙고하는 시간을 가져 보라.

자신의 직관에 반하는counterintuitive 것으로 느껴지기 때문에 2유형의 사람들이 이것을 학습하는 것은 가장 어려운 일 중에 하나이다. 자신을 돌보고 가슴의 소리에 귀 기울인다면 무조건적인 사랑을 베푸는 타고난 재능을 더욱 풍성하게 경험할 것이다. 다른 사람들과의 진정한 관계는 당신의 가슴이 다른 사람들의 가슴과 진실로 연결됐을 때 가능하기 때문이다. 다른 사람들은 당신이 누구인가에 더 깊은 감동을 받으며 당신을 더 따뜻하게 받아들일 것이다.

자기 돌봄의 수준이 높아지면 당신이 진정으로 사랑하는 것을 더욱 즐겁게 누릴 수 있다. 당신에게 맞지 않는 활동에 대해서는 더 쉽고 자신 있게 거절할 수 있으며 당신의 소명에 대해서는 진솔한 마음으로 확실한 답을 내릴 수 있다.

3. 고요하고 명료한 마음을 계발하기 위한 실습을 하라.

2유형의 성격 구조의 패턴은 행동을 통해 다른 사람을 돌보아 주는 것으로 나타난다.

당신의 마음은 매우 활동적이어서 맑고 고요한 마음을 갖는 것은 불가능해 보인다. 따라서 마음을 차분하게 가라앉히는 훈련은 벅차게 느껴질 수 있다. 바쁘게 움직이거나 텔레비전이나 라디오를 계속해서 틀어놓는다면 내면의 소리를 듣는 일에 집중하기 어려울 뿐 아니라 마음을 차분하게 만드는 훈련에도 효율성이나 지속성이 떨어진다. 당신을 지지하는 코치나 교사의 도움을 받아서라도 내면의 고요를 경험하는 능력을 키우는 연습을 지속적으로 하는 것이 좋다.

고요한 마음은 당신이 모든 내면 활동을 행동하도록 강요하는 느낌 없이, 불안이나 정신적 수다를 인식하도록 한다. 실습을 통해 당신은 더 위대한 자유와 건강, 정서 지능을 향한 중요한 변화를 경험할 것이다.

4. **당신 자신에게서 당신의 가슴을 열 수 있는 지지자를 찾아보라.**
당신의 아름답고 사랑스러운 가슴은 당신이 타고난 재능이다. 만약 당신이 자신에게 가슴을 활짝 열지 않은 상태라면 다른 사람들의 진실한 사랑의 선물을 충분히 받아들인다고 해도 당신이 그렇게도 갈망하는 연결의 깊이를 경험 할 수 없을 것이다. 당신의 가슴에 머무는 실습을 지지해 줄 사람을 찾아보라. 아마도 가슴의 능력을 계발하는데 초점을 맞추는 영적 스승이나 코치, 멘토, 소그룹이 적합할 것이다. 가슴 중심의 책들이나 치유에 관한 글들을 읽는 것은 당신의 실습을 또한 지지할 것이다.

5. **단순히 다른 사람들과 함께 있는 것으로 당신의 사랑을 보여주는 연습을 하라.**
만일 무언가 행함으로써 당신의 사랑을 보여주고 싶다면 이제는 새로운 시도를 해 보라. 그냥 함께 있기만 하면 어떨까?

대부분 사람들이 다른 사람에게 진정으로 원하는 것은 그가 누구인지 감사해하면서 깊이 경청을 해주는 그 자체이다. 행함으로서 사랑하는 것은 진정한 관계에 걸림돌이 될 수도 있다.

당신이 보살피는 사람들에게 신체적으로 그들의 개인적인 영역으로 다가가지 않고도 그들의 삶에 단지 함께 하는 것만으로도, 그들이 당신을 만나고 결코 당신으로부터 멀어지지 않는다는 사실을 경험할 것이다. 이것이 당신이 깊은 수준에서 진정으로 원하는 것이다.

치유와 진화의 길

이 책의 주요 주제는 에니어그램으로 작업을 하면서 당신의 참된 본성을 깨우도록 돕는 것이다. 에니어그램은 당신을 치유와 진정한 변형의 여정으로 초대한다. 우리 중 대부분은 깨어나는 여정에 인내와 신뢰와 믿음과 함께 오랜 시간이 걸리고, 이것은 가능한 한 현존에 머무름으로써 이루어진다. 3부에서는 유형에 관계없이 모두를 위해 유익하고 지원하는 과정을 소개할 것이다.

예상한 것처럼 각 유형의 사람마다 서로 다른 특별한 필수 과정을 경험할 것이다.

만약 당신에게 2유형이 우세하다면, 치유와 진화의 여정은 다음과 같은 내용을 포함한다.

다른 사람의 인생에 끼어들고 싶음을 알아차린다 해도 당신 자신의 경험에 머무르라. 자신의 경험에 머물기 위해서 당신의 에너지 장을 느끼도록 학습하는 것이 중요하다. 당신이 몸의 감각들과 단전에 닿는 것은 당신의 에너지를 느끼고 억누르는 방법을 학습하는데 도움을 줄 것이다. 그것은 무의식적으로 다른 사람의 인생에 관여하지 않게 만든다. 이 책의 3부에서 당신 자신의 에너지 장과 의식적인 관계를 계발하는 더 많은 안내를 제공한다.

당신의 가슴과 진심으로 닿아있으라. 지금까지는 당신의 가슴과 멀리 떨어져 있었지만 이제는 당신의 가슴을 받아들일 때가 됐다. 차분한 시간을 가지면서 당신의 가슴에 주의를 기울이고 당신에게 하는 이야기를 들으라. 많은 사람들이 아마도 오래되거나 익숙한 존재로 기억되는 경험들을 글로 쓰면서 도움을 받는 것을 발견한다.

이러한 내면의 작업은 당신 자신과 당신의 욕구를 받아들이고, 당신 존재의 깊이를 수용하며, 자신을 깊이 사랑하는 법을 배우는 일이다. 이러한 작업의 결과물은 당신이 의식적으로 발전시켰던 다른 사람과의 관계가 진정한 상호 관계가 되는 것이다.

이것은 실로 엄청난 작업이다. 에니어그램을 기반으로 한 숙련된 코치나 영적 지도자 혹은 심리치료사나 당신의 작업을 지지하는 사람들이 있는 소그룹에서 작업함으로써 도움을 받을 수 있다.

정서적인 도움이 필요한 때나 예민해질 때, 질투심이 생기거나 공상에 빠질 때가 언제인지 살펴보라. 이것은 당신 자신을 다른 사람들에게 관대하고 이기심이 없는 사람으로 바라보는 입장에서는 발견하기 어려운 당신의 숨겨진 차원 안에 있다. 그러나 당신도 가끔은 사람들이 따라야 하는 규범과 기대에서 면제받았다고 느끼고 당신 자신에게만 몰두했을 때가 있다. 당신에게 고통을 준다고 생각하는 사람을 경멸할 수 있다. 아마도 당신은 이런 특징의 어떤 것도 결코 표현하지 않지만 성장 과정에서 생긴 내면의 경험의 한 부분이다. 행동을 하지는 않지만 그것들을 받아들이는 자신을 인정하면, 당신은 진정함과 창의적인 본성의 원천과 당신의 개성을 인식하기 시작할 것이다.

상기할 점: 자아의 숨겨진 차원은 주로 통합 포인트의 일반적 행동이나 힘들 때 나타나는 특성에서 찾을 수 있다.

긍정적인 감정만 가지려는 욕구를 내려놓아라. 다양한 감정을 갖는 것은 온전한 인간이 되는 것의 일부분이다. 당신이 부정적이라고 생각하는 감정을 인식하고 경험하는 것은 결코 당신이 부정적으로 행동하라는 의미는 아니다. 그러나 부정적인 감정이 존재한다는 것과 그들을 밀어내지는 말아야 함을 알아차려라. 당신이 모든 감정들과 함께 하는 것을 배우면, 당신은 자연스럽게 시간이 흐를수록 힘이 되는 통합과 온전함의 깊은 감각을 갖기 시작한다.

단지 존재하는 사랑의 현존을 경험하라. 실재의 본성은 사랑이다. 당신 자신과 다른 사람들에게 현존하는 것, 즉 당신의 가슴 안에 그리고 가슴과 더불어 존재함으로써 당신은 돌보고 확장되며 말로 표현할 수 없는 속성을 가진 사랑의 진수를 경험할 수 있다. 반대로 사랑을 억지로 만들려는 노력은 미미하고 불만족스러운 경험이다. 이러한 아름다운 사랑을 표현하는 것이야말로 당신의 진정한 재능이다.

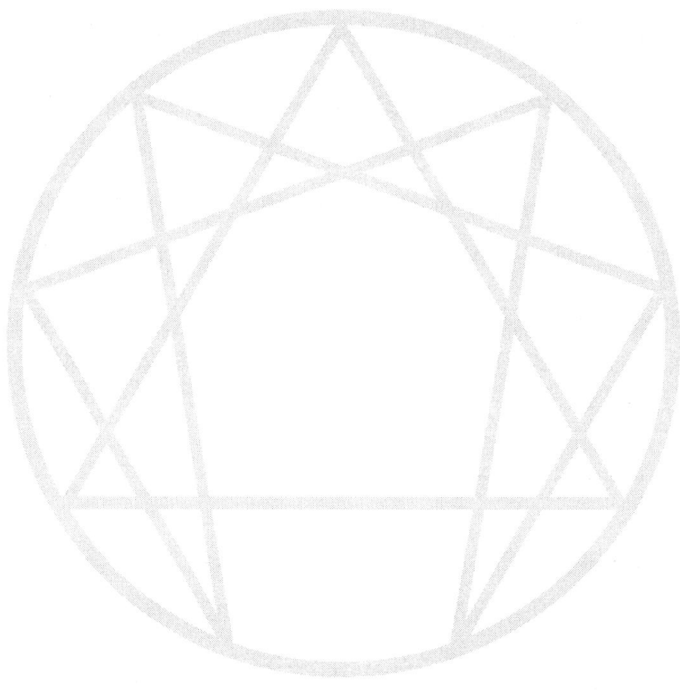

14장
6유형의 인간적 조건과 의식: 충성가

산드라Sandra는 따뜻하고 지적이며 호감이 가는 여성입니다. 그녀는 지난 몇 년 동안 연로하신 부모님을 봉양하고 늘어가는 식구들의 필요를 채워주면서 시간을 보냈습니다. 그녀는 형제들 사이에서 한결같은 심부름꾼이었습니다. 부모님을 병원에 모시고 가는 것 뿐 아니라 그분들이 필요로 하는 모든 것들을 감당했습니다.

아버지가 여전히 가까이 살고 계셨지만, 산드라는 인생의 다음 단계를 위한 준비를 시작할 때라고 느꼈습니다. 물론 그것은 의미 있는 일을 포함하는 것이었습니다. 하지만 실천에 옮기기에는 어려운 시간을 보내고 있었습니다. 결국 그녀는 코칭을 받으러 왔습니다. 뭔가 새롭게 시작해야 한다는 생각에 압도되면서 실망과 좌절이 계속됐기 때문입니다.

그녀는 에니어그램을 공부하면서 자신에게 6유형이 성향이 우세하게 나타난다는 것을 알게 되었고 다음과 같은 자신의 성향을 구체적으로 깨닫게 되었습니다.

- 그녀는 무엇을 해야 할지 모른 채 여러 곳에서 자신을 끌어당기는 것 같은 기분을 느끼면서도 할 일이 너무 많아서 쉴 틈 없이 바쁘다고 느꼈습니다. 그녀는 헌신적으로 많은 일을 하고 있었습니다.
- 그녀는 새로운 영역으로 옮겨가면 마비가 되는 느낌이 들었습니다. 익숙하지 않은 상황에서 행동을 해야 할 때는 왠지 멈칫하곤 했습니다. 그녀는 자신이 두려움에 압도되고 있다는 것을 깨달았습니다.
- 그녀는 다음에 무슨 일이 일어나는지와 그녀에게 기대되는 것이 무엇인지 끊임없이 알려고 하는 것과 대화나 행동의 결과를 미리 예측하는 자신을 발견했습니다.
- 그녀는 미래에 무슨 일이 일어날지 끊임없이 걱정하고 있었습니다.

산드라를 위한 코칭의 주안점은 그녀의 지나친 생각을 벗어나 자신의 신체적 감각에 집중하도록 돕는 것입니다. 그녀는 거의 하루 종일 몸을 움직이는데도 자신의 신체적 반응에 둔감했다는 사실을 알게 되었습니다. 그녀는 점차 훈련을 통해 자신의 몸과 연결되기 시작했고, 결과적으로 마음을 이완하는데 도움이 된다는 것도 알게 되었습니다. 그녀는 직관적이었지만 그동안 이러한 내면의 안내를 거의 무시하고 있었다는 것을 깨닫게 되었습니다.

확고부동한 강렬한 감각을 계발하면서 산드라는 작지만 중요한 행동 단계를 취하기 시작했습니다. 그것은 그녀 자신 내면의 앎inner knowing으로부터 나오는 안내를 받는 것입니다. 이것은 그녀에게 큰 도전이었습니다. 실제로 그녀는 내면의 지침을 따르면서 힘을 얻는 놀라운 경험을 했습니다. 자주 내면 대화로부터 한 발자국 물러나서 호흡하고 몸을 느끼는 규칙적인 실습은 그녀가 몰입하여 더 나은 결정을 하도록 도와주었고, 그녀의 최고의 재능을 나타내는 작업 경로를 명료화하는 데 도움을 주었습니다. 그녀는 현존하면 할수록 더 큰 자유와 자신감, 그리고 행복감이 그녀를 둘러싸고 있음을 경험하게 되었습니다.

6유형이 경험하는 내적 일관성

당신의 참된 본성

만일 당신이 6유형이라면, 당신의 영혼은 진실한 안내true guidance를 경험하는 일에 자연스럽게 끌릴 것이다. 존재being의 기반 위에 내재된 신뢰가 당신이 내딛는 발걸음마다 인도할 것이다. 따라서 당신은 굳이 모든 일을 미리 알려고 관심을 가질 필요가 없다. 매 순간 새로운 통찰력과 의식이 드러나기 때문이다. 당신은 자신 안에서 편안함을 느끼고, 그 길을 보여줄 수 있는 흔들리지 않는 믿음을 갖고 있다.

당신의 참된 본성과 닿아 있지 않으면, 아마도 당신은 주변의 지지support와 확실함solidity을 느끼기 위해 열심히 노력하지 않아도 된다는 것을 아직 알아차리지 못할 수 있다. 당신이 진실로 당신 안에서의 삶을 누리면서 현존한다면 당신이 활용 가능한 내면의 지지와 더 많이 닿게 될 것이다. 부드럽고 열린 가슴을 유지하고 신체 내부의 살아있음에 지속적인 주의를 두게 되면 당신은 지지가 정신적 활동이 아니라 내면의 경험에서 온다는 것을 깨닫게 될 것이다. 당신은 점점 더 편안함을 느끼는 자신을 발견한다.

당신의 인생 이야기: 당신의 내면이 세상과 관계 맺기

당신의 자아 개념과 당신이 세상에서 차지하는 위치는 이미 어린 시절에 일찌감치 결정되어 있다. 당신이 자신의 경험들을 어떻게 내면화했는지에 따라 자기 자신과 타인 및 당신의 존재 방식에 관계를 맺는 특정한 방법에 영향을 주었다. 만일 당신이 6유형이라면 지금부터 하는 어린 시절의 내적 경험에 관한 이야기가 무척 친숙하게 들릴 것이다.

당신은 어린 시절부터 세상이라는 바다를 항해하는 법을 알려주는 것들에 대해 특별할 정도로 동조했습니다. 바깥 세상은 미지의 넓은 세계였기 때문에 자연스럽게 확실한 안전을 원하게 되었습니다.

당신은 세상에서 독립적이고 안전하게 지내기 위해서 당신에게 용기를 주고 친절하게 안내해 주는 아버지(혹은 다른 보호자)를 늘 바라보았습니다. 하지만 당신은 때로는 실망했고, 불안감을 느꼈습니다. 그 안내는 오래 가지 못했고, 심지어 지나치게 견고하지도, 충분히 견고하지도 못했습니다.

처음부터 당신은 삶의 순간마다 다른 사람들 사이에서 휘둘리는 느낌을 받았습니다. 당신은 누군가에게 지지받기를 원했습니다. 심지어 누군가를 의지함과 동시에 독립적이기를 원한다는 사실을 깨달았습니다. 당신은 적당한 친밀함을 원했습니다. 너무 친해서 끌려 다니기는 싫었습니다. 어떤 극단에서든 위협을 느꼈습니다.

삶의 모든 순간마다 양극단에서 나를 끌어당기는 듯 했습니다. 때로는 다른 사람들을 지지했지만 가끔은 거칠게 굴기도 했습니다. 때로는 우유부단할 때도, 갈 길을 몰라 흔들릴 때도 있었습니다. 많은 내면의 소리들이 균형을 잃게 하고 본향을 찾게 했습니다. 아마도 당신은 '이제 마음을 정하셨나요?' 라든가 '계획대로 따라가세요. 이제 흔들리지 말고요.' 라는 말을 들어봤을 것입니다.

내면의 안정감이 너무 떨어져서 삶에 대해 비관적으로 생각하기 쉬웠습니다. 당신은 문제가 어디서 일어나는지 모르기 때문에 늘 피하려고만 했습니다. 다음 단계를 모르거나 나에게 뭘 기대하는지 모르게 되면 무기력해지기도 했습니다.

점차 자라나면서 당신은 안정감을 찾았습니다. 당신을 적절하게 안내해 줄 대상을 찾았으니까요. 신뢰할만한 어른을 찾았고, 믿을만한 생각을 갖게 되었으며, 당신이 믿을 수 있는 원칙을 고수하는 공동체를 알게 되었기 때문입니다. 하지만 한편으로는 어떤 권위에 대항하기도 했을 것입니다.

결국 당신은 앞으로 무슨 일이 일어날지 알려고 노력하는 삶을 살게 되었습니다. 이러한 삶의 방향성을 통해 당신은 든든한 지원과 적절한 안내는 받아들이고 알지 못하는 것은 계속 피해왔습니다. 심지어 당신이 발견한 답조차도 신뢰하지 않은 채 계속 자신 밖에서만 답을 찾고 있었습니다.

당신이 알지 못했던 것은 당신 자신을 믿을 수 있고 당신의 존재를 신뢰할 수 있다는 사실입니다. 심지어 당신 안에 내면 안내와 권위를 갖고 있다는 것조차 알지 못했습니다. 굳이 만들려고 애쓰지 않아도 당신을 지지하는 힘이 지금 이 순간, 바로 여기에 있다는 사실도 알 수 없었던 것입니다. 당신은 존재의 기반이 항상 당신을 지지하며 그것이 당신의 참된 본성임을 알 수가 없었습니다.

당신의 중대한 상실

당신은 어린 시절, 의식적으로 생각하고 말하는 능력이 채 생기기도 전에 엄청난 일을 겪었다. 당신의 영혼이 진심으로 사랑한 당신의 본성으로부터 분리되는 아픔을 경험한 것이다. 상실이라는 견딜 수 없는 고통과 함께 에고의 구조가 형성되기 시작하였고, 그 에고는 일찌감치 잃어버린 것들 때문에 생긴 아픔에서 당신을 보호해 주었다.

당신의 에고는 당신의 참된 본성을 따라하며 흉내를 내지만, 절대로 똑같아질 수 없다는 것을 알고 있다. 그래서 6유형의 성격 구조는 지지와 참된 안내의 경험을 만들려고 애쓴다. 정신적으로는 만일의 사태를 대비하기 위해 모든 각도에서 사물을 관찰하고, 무슨 잘못된 일이 일어나지 않을까 생각하느라 결국 이 모든 것들로 인해 걱정과 혼란에 휩싸이게 된다.

6유형이 가진 중대한 상실의 고통: 당신은 당신과 당신의 세상을 위한 지지가 없다고 느낀다. 이는 당신이 딛고 서 있는 땅이 꺼지는 것 같은 느낌이다. 두렵고 예측 불가능한 세상 속에서 당신은 혼자서 모든 것을 이해해야만 한다. 어떻게 하면 당신은 안전할 수 있을까? 믿을만한 안내자가 없다면 당신은 무척 외롭고 혼란스럽다.

6유형의 내면 논리와 정체성 삼각형

6유형의 핵심 신념

핵심 신념은 에고의 신념을 지지하는 정보만을 선별해서 받아들이는 무의식적인 필터이다. 불행하게도 무의식적으로 작동하는 이 필터는 대안적인 시각들을 제공하는 자료들을 놓치거나 지워버린다. 이 신념은 삶에 대한 관계를 형성하는 중요한 작동 원리로 기능한다.

각각의 핵심 신념은 우리가 신념을 인식의 빛으로 나올 때까지는 진짜처럼 느껴지는 거짓이다. 그래서 연민과 진솔함으로 이 신념에 접근하는 것이 특히 중요하다.

당신이 6유형이라면, 당신의 핵심 신념은 '세상은 안전하지 않다.' 는 것이다. 세상은 온갖 위협으로 가득 차 있고, 당신은 세상과 다른 사람들은 물론 심지어 올바르게 행동하고 결정하는 당신조차도 믿을 수 없다. 당신은 수많은 위협으로부터 자신과 사랑하는 사람들을 보호할 준비를 해야할 필요가 있다.

당신의 삶에서 이러한 핵심 신념은 어떻게 나타날까? 다음 문장은 6유형인 당신의 생각과 언행을 잘 설명해 줄 것이다.

- 나는 다음에 무엇을 해야 할지 모른다. 의사결정은 무척 힘든 일이다. 물론 나도 결정하고 싶지만 의심이 들고 예측하게 된다.
- 나의 말에 누가 귀 기울이겠는가? 당신은 나에게 자신감이 필요하다고 말하지 않는가? 무슨 자신감? 나에게 자신감은 거의 없거나 아예 없다.
- 나는 내가 돌보는 사람들이 무사한지에 대해 엄청나게 걱정한다. 그들은 위험에 처할 수 있다.
- 나는 다른 사람의 제안에 지나치게 많이 의존했을 때, 결과에 실망을 하게 되면 과연 그들을 계속 신뢰할 수 있는지 의문이 든다.

이러한 핵심 신념이 당신의 정체성 삼각형을 만든다. 이 삼각형은 어떻게 살고 있는가에 대한 간략한 예시를 제시할 것이다. 지금부터 하는 설명이 당신의 경험과 얼마나 잘 맞는지 생각해 보기 바란다.

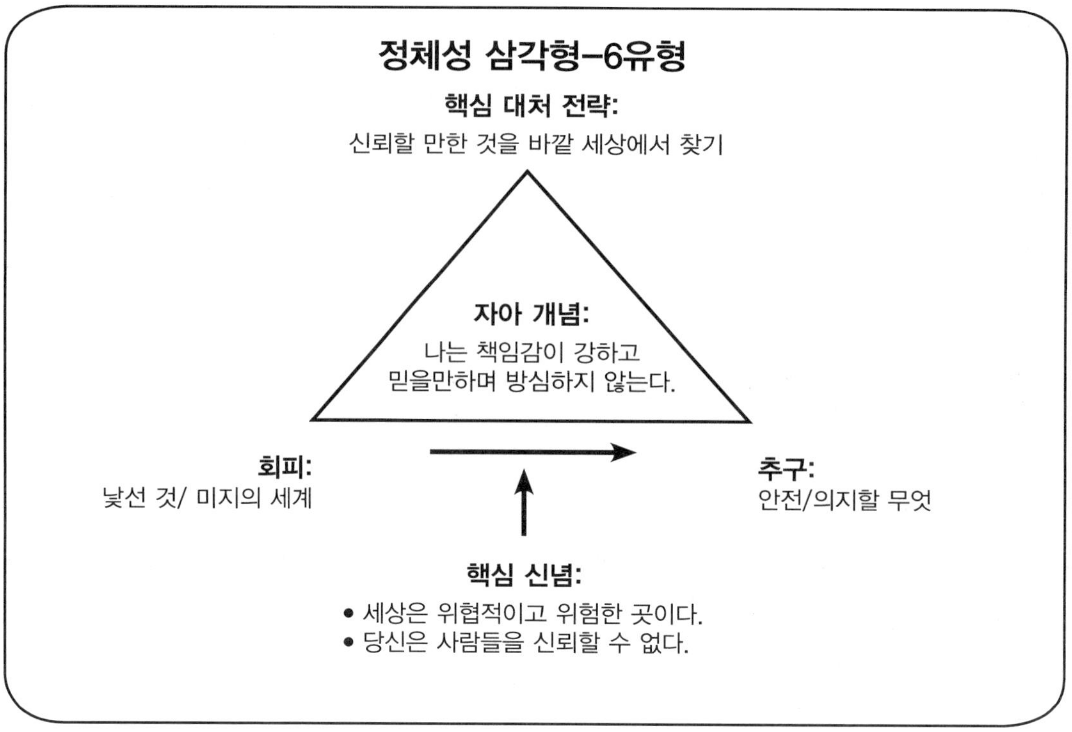

그림 14-1: 6유형의 정체성 삼각형

그림 14-1은 6유형의 성격 구조를 가진 사람이 내면 논리를 어떻게 인식하고 있는지를 보여준다.

나는 지지받고 안전하다는 느낌을 갖기 위해 내가 의지할만한 안전한 것을 추구합니다. 나는 적절한 안내를 해주고 방향을 잡아줄 수 있는 견고한 대상을 찾고 있습니다. 그래서 내가 만반의 준비가 되어 있다는 것을 알고 싶습니다.

나는 낯설고 잘 모르는 상황을 회피합니다. 어떤 안전성과 지원조차도 위험하기 때문입니다. 나는 어떤 놀랄만한 일도 결코 원하지 않습니다.

신뢰할 수 있는 무언가를 나의 내면이 아닌 바깥에서 찾는 것이 나의 대처 방식입니다. 나는 강한 믿음을 주는 조직에게 신뢰감을 갖습니다. 예를 들어 특정한 사회 정의를 지향하는 그룹이나 시민 단체, 정치 종교적 공동체, 직장, 영적 지도자, 강한 성향의 배우자 등이 있습니다.

이러한 대처 전략을 넓혀감으로써 나는 안전감을 경험하고 미지의 삶은 회피하는 인생을 살아왔습니다. 내가 만약 안전한 영역이라고 느끼면 내게 필요한 적절한 안내자를 찾을 것이고 인생은 나를 응원할 것입니다. 하지만 내면으로부터 해답이 의심되면 나는 가족이나 직장, 종교 또는 다른 지지의 원천들을 찾습니다.

결국 이 모든 것은 나 자신을 믿을만하고 책임감 있으며, 조금도 방심하지 않는 호감이 가는 사람으로 보게 했습니다. 하지만 나의 이러한 자아 개념은 결국 한계를 가지게 합니다. 이는

내가 경험하는 수많은 것들을 인정하고 감사하는 것으로부터 나 자신을 멀어지게 만듭니다.

물론 이것은 나의 긍정적인 특성이지만 지나치게 사용하면 정서적이고 영적인 차원을 표현하고 인지하는 나의 능력을 제한합니다. 나 자신을 호감가고 믿을만한 사람으로만 느낀다면 나의 자아 개념은 내가 얼마나 책임감 있고, 의무를 얼마나 잘 이행하는지에만 의존하게 됩니다. 이는 내 삶에 대한 내 권위를 약화시킵니다. 아울러 나에게는 아직 표현되지 못한 다른 특성들이 많이 있습니다. 항상 느껴야 하는 책임감은 가끔 나를 분개하게 하고, 내 앞에 놓인 책임에 대한 갈등으로 인해 다른 사람을 비난하게도 합니다. 따라서 나는 내 현존의 힘을 경험하지 못하는 것입니다.

6유형이 깨어났을 때의 능력: 용기

용기는 내가 어떤 도전에 부딪혀도 내가 지지받고 있다는 믿음에서 나온다. 나는 단전에 닿아있다. 용기란 나의 가슴이 시키는 것을 한다는 뜻이다. 내가 가슴의 소리를 듣고 있기 때문에 나는 순간의 필요를 헤아려 적절한 행동을 하거나 하지 않을 수 있다. 나의 마음은 차분하고 고요하며 불굴과 용기의 경험을 지지한다. 이는 영적 전사의 소중한 자질이다.

용기라는 **당신의 타고난 능력과 접촉을 잊어버리고 상실했을 때,** 당신을 바쁘게 함으로써 겉으로 드러나지 않은 불안과 두려움을 다루려고 한다. 당신은 가장 중요한 것을 보고 앞으로 질주할 수 있거나 무기력해지기도 하지만, 당신에게는 두 방법 모두 마치 허공에 여러 개의 공을 던진 것과 같다. 당신은 안전의 진정한 기반과 내면의 존재하는 앎을 잊어버리고 만다. 고요한 내면의 안내를 듣는 법을 배운다고 해서 당신의 행동하는 능력이 줄어들지는 않는다. 단지 바쁘게 지내고자 하는 충동만이 사라질 뿐이다.

당신의 참된 본성을 잊게 되면, 당신은 안내와 지지를 받기 위하여 제한된 자아 개념에 동일시하게 된다. 이러한 동일시는 오히려 자기 안에서 본향에 존재할 수 있는 당신의 능력들을 감소시킨다.

그림 14-2에 나타난 6유형의 빙산 모델은 이러한 특징을 잘 보여준다.

이 모델은 그 유형이 우세한 사람들이 갖고 있는 타고난 재능들의 확장된 특성들로 시작한다. 우리가 자신을 더욱 제한적으로 정의한 것을 알아차리고 이에 대한 집착을 놓으면 이러한 특성들은 자연스럽게 나타나고 점점 더 경험되어진다. 이 모델은 6유형의 사람들이 물결 위에서 보여주는 모습들을 이해하도록 돕고, 물결 아래에서 성격에 사로잡혀 있을 때 나타나는 행동이 어떻게 만들어지고 왜 나타나는지에 관한 내면의 역동도 쉽게 설명해 준다. 빙산 모델의 특성에 대해서는 앞서 5장에서 설명한 바 있다.

6유형의 성격 구조 해독

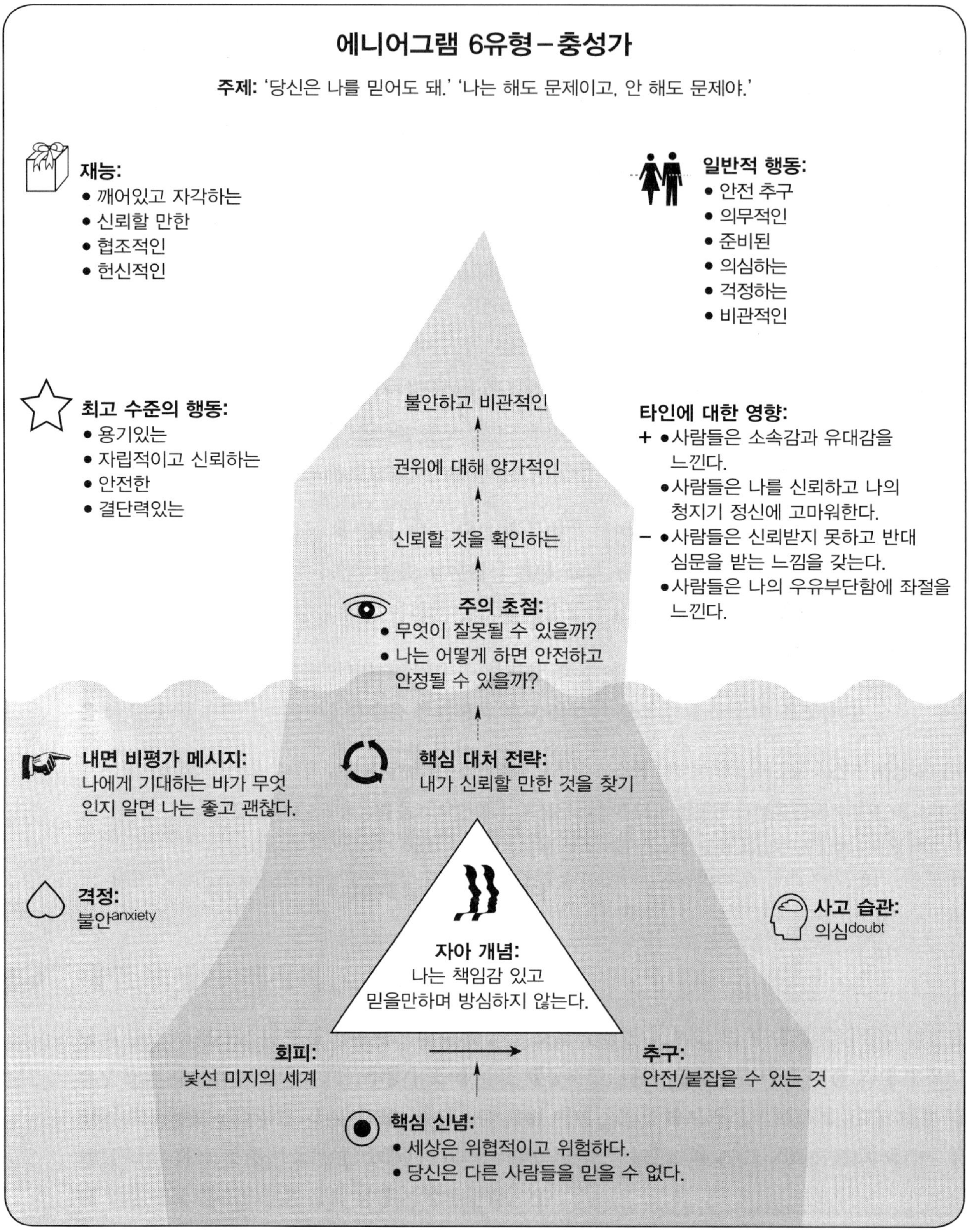

그림 14-2: 6유형의 빙산 모델

6유형의 주제

'당신은 나를 믿어도 돼.' '나는 해도 문제이고, 안 해도 문제야.' 는 6유형의 성격 구조의 주제이다.

물결 위의 모습

6유형의 재능, 일상 습관, 도전 과제

재능과 최고 수준의 행동(당신이 가장 건강하고 확장되었을 때)

나는 긍정적이든 부정적이든 외부 환경에서 일어나는 일들에 대해 깨어있다.

나는 신뢰할 만하다. 나는 한결같고 책임감이 있으며 의지할 수 있다.

나는 협조적이다. 나는 모두를 유익하게 만드는 노력에 나와 다른 사람들이 동등하게 기여했다고 본다.

나는 헌신적이다. 나는 내가 한 약속을 신실하게 끝까지 지킨다.

나는 자립적이고 스스로를 신뢰한다. 나는 내면의 앎에 주의를 두고 의사결정의 지침으로 활용한다.

나는 내 자신 안에서는 물론이고 내가 참여한 조직이나 그룹의 일원으로서 안전하다.

나는 결단력이 있다. 나는 고려할 다른 관점을 받아들인 후에 단호한 결정을 내린다.

나는 용감하다. 나는 더 커다란 선을 위해서 당당히 맞설 수 있다.

일반적 행동(성격에 사로잡혀 있을 때 나타나는 특징)

나는 안전을 찾는다. 나는 내가 믿을 만한 것을 나 자신의 바깥에서 찾고 싶다.

나는 충실한 사람이다. 나에게 기대하는 바를 확인하려고 노력하며 그 후에 나의 의무를 다한다. 의무는 안정감과 내면으로 연결된다고 여겨진다.

나는 항상 나에게 무슨 일이 생기든지 만반의 준비를 하려고 노력한다. 모든 상황을 안전하게 처리하려고 애쓴다.

나는 자신을 의심하면서 '만약에?' 라고 묻는다. 나는 선택을 자주 바꾸고 때로는 예측을 한다. 다른 한편으로는 별생각 없이 밀어 붙이며 행동할 수 있고 그 후에 의심하지 않는다.

나는 모든 일이 잘못될 가능성을 예상한다. 행동을 취하기 전일지라도 이것들은 극복하기가 불가능한 장해물이 된다. 나는 걱정한다.

나는 비관적일 수도 있고 파국적으로 사물을 볼 수도 있다. 나는 일이 안 되는 것에 초점을 맞추고 부정적 가능성과 결과를 확대한다. 나는 그래서 몹시 불안해할 수 있다.

주의 초점(성격에 사로잡혀 있을 때 내 주의가 머무는 곳)

노트: 여기에서는 6유형 사람들의 주의 초점이 계속 좁아질 때 나타나는 특징을 간단하게 설명하고 있다. 주의 초점이 얼마나 활성화 되느냐는 우리의 현존 정도에 달려 있음을 알아차리는 것이 중요하다. 우리가 현존하면 할수록 주의 초점은 좁아지기보다는 확장된다.

나는 성격에 사로잡혀 있을 때, 무언가 일이 잘못될 수 있는 것에 내 주의를 둔다. 문제가 악화되거나 파국적인 것을 방지하기 위해서 안전과 안정을 위한 계획과 시스템을 구축하는 데 많은 에너지를 쏟는다. 그러나 의심은 나의 자신감을 퇴색시킨다. 나는 헌신하는 데 빠져서 내면의 안내를 확인하는 것을 잊어버린다.

나는 나 자신이나 다른 사람들을 신뢰할 수 있는 단서를 찾고 주변 환경에 대해 과민하게 경계할 수 있다. 나는 바깥의 권위를 믿고 싶지만, 또 그 권위를 의심하기도 한다. 나는 이전에 충분히 실망한 적이 있기 때문이다. 신뢰하고 싶어 하면서도 막상 누구를, 무엇을 신뢰할지 모르는 것은 양가감정을 만들어 낸다.

신뢰가 떨어지면 내 불안은 계속 커지고 압도당한다. 나는 비관적이 되고 감정적으로 격분하게 된다.

타인에 대한 영향

+ 긍정적인 영향

- 다른 사람들은 내가 관심 있는 이슈에 대한 나의 충성과 청지기 정신에 고마워한다.
- 다른 사람들은 소속감과 유대감을 느끼며 그들이 가치 있다고 여겨진다.

– 부정적인 영향

- 다른 사람들은 나의 우유부단함으로 인해 좌절하거나 혼란스러워 한다.
- 다른 사람들은 내가 말하는 의심이나 의문 때문에 상처받거나 화가 날 수 있다.

물결 아래의 모습

6유형 사람들이 경험하는 내면의 역동을 이해하기 위해서는 물결 아래에 있는 모습을 잘 관찰해야 한다. 밑바닥에서부터 시작하여 위로 올라오면서 살펴보자.

6유형의 핵심

이 핵심 작동 원리들은 눈에 보이거나, 보이지 않는 방식으로 인생의 많은 면들을 걸러낸다.

나는 세상이 위협으로 가득 차 있다고 믿는다. 나는 세상이나 다른 사람들을 신뢰할 수 없고 내가 올바른 결정을 내리고 올바른 행동을 하는지조차도 신뢰할 수 없다. 나는 이런 위협으로부터 나 자신과 가족, 공동체의 일원들을 보호하기 위해 준비해야만 한다.

정체성 삼각형

추구

나는 안전감을 갖는 것과 내가 믿을 수 있는 확실함을 추구한다. 그렇게 많은 삶의 불안전함 속에서 나 자신이나 내가 사랑하는 사람들을 위해서 무엇이나 누구를 찾을 수 있을까? 나는 좋은 결정을 내리기 전에, 믿을만한 안내와 방향의 원천을 찾는다. 그러나 실행에 옮기기 전에 모든 상황을 감당할 수 있는지 알고 싶다. 그리고 내 책임감을 위협할 만한 어떤 의외의 상황도 마주하고 싶지 않다.

회피

나는 깊은 불안감이 생기기에 낯선 미지의 상황을 회피한다. 어떤 결과가 나올지 미리 알지 못하는 상황에서 결정을 내리는 일은 어렵다. 낯선 환경에 노출되는 것은 위협적이기에 나에게 도움이 되지 않아도 친숙한 환경에 머물러 있다. 나 자신을 미지의 영역에 놓아두는 것은 내 인생에서 가장 힘든 일이다. 그 결과 나타나는 불안은 도저히 감당할 수 없다.

핵심 대처 전략

나의 핵심 대처 전략은 나를 지지해 주는 믿을만한 대상을 찾는 것이다. 예를 들어 나에게 신뢰할 만한 안정감을 주는 직장이나 친밀한 동료를 찾으려고 노력한다. 안정적인 업무 조직이나, 강한 가치 체계를 갖고 있는 사회단체, 시민단체, 종교단체 등도 역시 내가 기댈 수 있는 지속성과 친근함을 제공한다. 나는 또한 다른 사람에게 지나치게 헌신하거나 바쁘게 활동하면서 나의 불안을 밀어내려고 애쓴다. 이렇게 지내는 것이 내면의 불편을 경험하는 것보다 안전하다고 느끼기 때문이다.

자아 개념

나는 나 자신을 책임감이 있고 믿을만하며 방심하지 않는 사람으로 본다. 나는 다른 사람들에게 지나칠 정도로 충성한다. 물론 이것들은 긍정적인 특성이지만 내가 이런 방식을 강요나 의무로 느낄 때 자아 개념은 한계를 갖는다. 이러한 자아 개념은 결국 인간의 풍성한 삶의 영역을 경험하는 것, 즉 새로운 것을 시도하고 내면의 안내에 충실하게 귀 기울이는 것도 제한할 수 있다.

격정

나는 많은 두려움과 막연하게 떠돌아다니는 불안을 느낀다. 나는 이런 불안으로 인해 마비가 되고 내가 원하는 방향으로 움직이는 필요한 단계를 진행시키지 못한다. 또한 불안의 불편함을 통해 내 방식대로 폭발해 버리고 결국 불편한 상황으로 몰아 부칠 수 있다.

상기할 점: 당신에게 우세한 유형이 무엇이든 상관없이 격정은 성격의 일부분이고 정서적 삶을 움직이는 동기이다. 격정은 마음의 상처를 덮어 감추고 삶을 대하는 감정적 반응을 만들어내는데, 그 결과 당신의 영혼이 사랑하는 것으로부터 멀어지게 한다. 이는 모든 성격 유형에 있어서 그러하다.

사고 습관

나는 의심과 걱정으로 가득 차 있다. 나는 다음에 무엇을 해야 하는지 그냥 모른다. 나는 때로 삶에서 벌어지는 상황마다 양극단의 반응 사이에서 왔다 갔다 한다. 나는 경험들을 이것일까? 저것일까? 라는 정신적 범주로 분류한다. 이러한 내면의 이중성이 균형을 잃게 한다.

나는 외부로부터 안정성을 만드는 방법들을 찾지만 결국 어떻게 앞으로 나갈 것인지에 대한 생각을 바꾸게 되고 만다. 나는 내 생각을 신뢰하지 않고 잘못된 결정을 내릴까 봐 걱정한다.

상기할 점: 당신의 우세한 유형이 무엇이든 상관없이 고착은 성격의 일부분이다. 이것은 자신과 세상에 대해 고착화된 사고와 행동의 동기 요인이다. 고착은 현실에 대한 잘못된 인식을 강화시키고, 에고가 삶의 문제들을 자동적으로 의문 없이 해결하게 함으로써 당신을 참된 자아로부터 멀어지게 만든다. 이것은 모든 성격 유형에 동일하게 나타난다.

내면 비평가 메시지

나의 내면 비평가는 나에게 기대되는 대로 행동할 것을 주장한다. 이는 마치 내게 즉각적인 반응을 요구하는 것처럼 보인다. 내면 비평가 뜻에 따라 행동하면, 나는 계속해서 나에 대한 기대가 무엇인지 확인하고 안정감을 생성시키는 방법으로 그런 기대들을 충족시키려고 애쓰게 된다. 매우 경계를 해야 하는 것과 사람들이 기대하는 바가 무엇인지 확인하려고 하고, 그 기대를 충족시키기 위해 열심히 노력하는 일은 나를 정말 지치게 한다.

내면 비평가는 항상 내 주의를 바깥 세상에 두도록 한다. 내가 내면 비평가의 그물에 걸려 있는 한,

내 인생에서 내가 진정으로 원하는 것이 무엇인지 잊게 되고 내면의 앎에 대한 신뢰가 부족해진다.

위에 언급한 각각의 요소들이 내가 나 자신이라고 생각하는 전체 경험을 만들어낸다. 핵심 신념, 격정의 감정적 충동, 고착이라는 사고 습관, 그리고 내면 비평가 모두 무의식적으로 공모해서 정체성 삼각형을 강화시킨다.

6유형에 대한 추가 정보

스트레스 원인

나는 감당할 수 있는 것보다 더 많은 사람들에게 헌신할 때 스트레스를 받는다. 결정을 강요받거나 준비되지 않았다고 느낄 때 스트레스는 증가한다. 좋은 결정을 내릴 수 있는 충분한 정보를 수집하지 못했거나 서두른다고 느낄 때도 스트레스를 받는다.

수축되거나 경직될 때 나타나는 반응

나는 아무도 신뢰할 수 없다. 사람들의 동기에 대해 깊이 의심스러워한다.

나에게 나쁜 영향을 주는 사람들이나 그룹과 시간을 헛되이 보낸다.

나는 믿을 수 없고 일이 잘못되었을 때 다른 사람들을 비난한다.

나는 안정성이 부족해서 감정적으로 두서없이 혼란스럽다.

나는 편집적이 되며, 사람들이 나를 해친다고 느낀다.

6유형과 관련된 다른 성격 유형

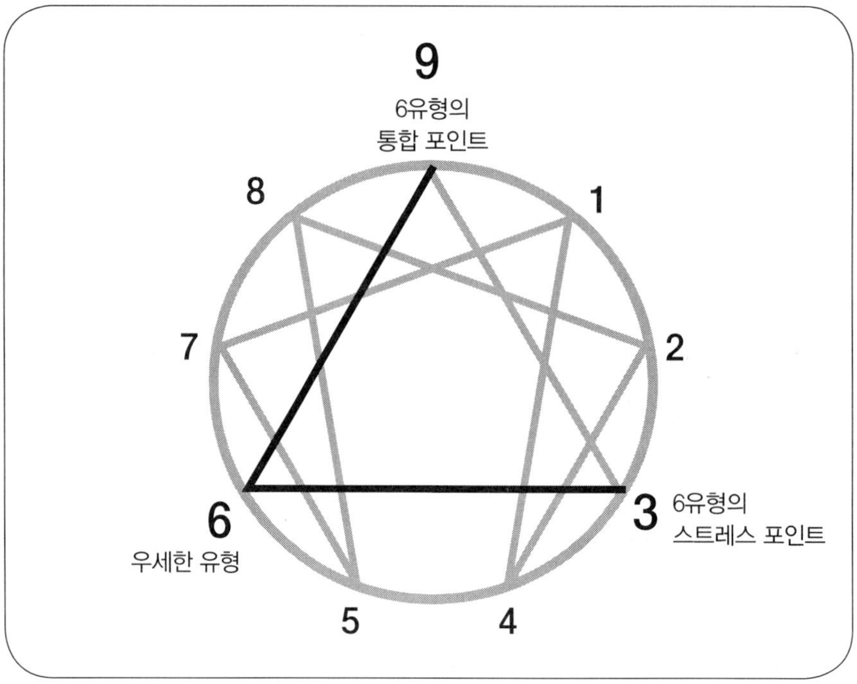

그림 14-3: 6유형의 스트레스 포인트와 통합 포인트

6유형 사람들은 스트레스를 받으면 3유형의 특성이 나타난다. 3유형은 6유형의 스트레스 포인트이다. 3유형에 대한 자세한 정보는 9장에 나와 있다. 특히 3유형의 일반적 행동과 '패턴에 대한 주목과 관찰'을 주의 깊게 읽어보면 좋다.

자아의 숨겨진 차원을 포함하여 6유형의 통합 포인트는 9유형에서 설명하고 있다. 9유형에 대한 자세한 정보는 6장에서 다루고 있다. 6유형의 통합 포인트를 이해하려면 특히 9유형의 '재능'과 '최고 수준의 행동' 부분을 자세히 살펴보면 좋다. 6유형의 자아의 숨겨진 차원은 6장에서 언급한 9유형의 일반적 행동을 검토해보라.

에니어그램은 또한 반대 방향으로도 작용하기에 자신의 우세한 유형을 찾을 때 고려하기 바란다. 6유형은 9유형에게 스트레스 포인트이고, 3유형에게는 통합 포인트이다.

여정을 방해하는 패턴 알아차리기

패턴에 대한 주목과 관찰

여기에서는 6유형 성격 구조에 나타나는 패턴을 살펴보고자 한다. 이 패턴들은 당신이 나쁘거나 잘못했다고 평가하기 위한 것이 아니고 유용한 정보를 제공하며 당신을 일깨우는 여정에서 이정표가 될 것이다. 아울러 이 패턴들은 확실하고 직접적인 방법으로 당신이 경험하는 핵심을 의식하고 핵심에 닿을 수 있도록 도와준다. 그 결과 당신은 특정하고 습관적이며 힘들게 하는 전략들을 이완시킬 수 있고, 이는 당신을 더욱 현존하고 열려있으며 자유롭게 할 것이다.

1. 자신감 부족의 패턴

6유형들은 성격에 사로잡혀 있을 때 자신감의 부족으로 도전을 받는다. 이것은 다음과 같이 나타날 수 있다.

6유형들은 자신이 이룬 업적을 실제보다 줄이거나 모두 잊어버리기 쉽다. 당신이 삶에서 이룬 것은 무엇인가? 당신이 잊고 있는 것은 무엇인가?

당신의 과거로 돌아가서 10년 단위로 매 기간마다 당신이 기억나는 것은 무엇이든 적어보라.

당신은 다른 사람들에게 조언을 구하는가? 어떤 한 상황에 대해 얼마나 많은 사람들에게 조언을 구하는지 살펴보라. 다른 사람들의 충고를 받아들이거나 배제시키는 내면의 규칙은 무엇인가? 어떤 사람들의 충고가 더 비중이 있게 들리는가?

행동으로 옮기기 위해서는 외부 자원에서 어느 정도의 동의를 얻어야 하는가?

조언을 구할 때 당신은 무엇을 기대하는가?

당신은 마음을 자주 바꾸는 경향이 있는가? 가끔 예, 아니오와 같은 전혀 반대되는 답변 사이에서 혼란을 느끼기도 하는가?

만일 당신이 이런 경향을 발견했다면 다음에 그런 일이 생길 때는 관찰자가 되어 보라. 당신의 어떤 면이 긍정적인가? 혹은 당신의 어떤 면이 부정적인가?

당신의 의사결정에서 두려움과 의심은 어떤 역할을 하는가?

당신을 최종적인 답으로 이끄는 것은 무엇인가?

내면의 앎에 대한 신뢰가 부족한 것은 당신이 어린 시절에 받은 감정적 상처로부터 당신을 보호하기 위해서였다는 것을 기억하라.

2. 두려움과 불안의 패턴

6유형들은 엄청난 두려움과 불안을 경험할 수 있다. 두려움과 불안은 다르다. 두려움은 실제적인 위협에 대한 반응이다. 불안은 실제적인 피해가 없는 상황에서 질환이나 스트레스의 만연함이다. 이는 잠재적인 위험에 대한 예측일 뿐이다. 6유형은 성격 구조 안에서 불안과 두려움을 공통적으로 경험한다.

어떤 조건이나 상황이 당신에게 두려움을 유발시키는가? 두려움을 느끼는 상황의 공통점은 무엇인가? 무엇이 실제로 당신을 위협하는가?

불안을 알아보자. 그것은 분주한 마음의 동요이다. 정신적 조건으로서 당신이 경험하는 불안은 무엇인가?

당신의 신체에서 불안은 어떻게 느껴지는가? 당신이 불안하다는 것을 어떻게 아는가? 불안할 때 당신의 호흡은 어떠한가? 호흡하고 있었다는 것을 기억하는가? 몸의 실체가 느껴지는가?

불안할 때 깊이 호흡을 하라. 호흡이 당신의 감각을 변화시키는지 살펴보라. 불안이나 두려움 외에 당신의 감각을 표현할 만한 다른 단어가 있는가?

두려움 이면에는 무엇이 있는가? 물론 당신은 바로 지금 대답하지 못할 수도 있지만 이 질문은 탐구할 만한 가치가 있다.

3. 내면 위원회가 지배하는 패턴

내면 위원회inner committee는 혼란스러운 정신적 수다와 우유부단의 원인이다. 이들은 여러 명의 위원들로 구성되어 있으며, 각각의 위원들은 당신의 의사결정에 충분히 기여한다고 생각한다. 각각의 위원 구성원은 전형적으로 특별한 관점을 대표한다. 그중 일부는 당신이 어린 시절에 배운 것이다. 예를 들어, 제멋대로 행동하는 삼촌과 지나치게 얌전한 사촌이나 상사, 어머니, 완벽주의 학자, 그리고 반문화적이었던 10대의 당신의 젊은 시절 모습까지 모두가 내면 위원회를 구성하고 있다.

당신의 내면 위원회에는 누가 앉아 있는가? 각각의 위원들이 대표하는 관점이 누구의 것인지, 무엇인지 구분할 수 있는가? 당신은 보다 명확하게 구분하기 위해 각각의 위원에게 이름을 붙여 줄 수 있다.

그 위원회는 당신에게 어떤 도움을 주는가? 혹시 어떤 방법으로 당신을 약화시키는가? 서로 다른 목소리들을 듣는 것에 투자하는 시간과 에너지에 대한 비용과 이익은 어느 정도인가? 이 위원회에서 진짜 권위자의 목소리는 어디에 있는가?

4. 만일의 사태를 위해서 준비하는 패턴

최악의 시나리오를 포함해서 무슨 일이 생길지에 대하여 준비했던 최근의 경험을 돌아보라. 이 상황에서 당신이 깨어있었다면, 당신이 준비하지 않아서 일어날 만한 일에 대하여 스스로에게 어떤 이야기를 하고 있었을까?

당신이 실제로 준비한 것은 무엇인가?

준비하는 동안 당신의 내면에서 어떤 일이 벌어지고 있는지 알고 있는가? 만일 그렇다면 이 경험은 당신에게 어느 정도 친숙한가?

당신 자신을 진정으로 돕기 위한 준비를 위해 어떻게 집중을 하는가? 당신에게 실제로 도움이 되었는가? 아니면 전혀 도움이 되지 않았는가?

이 상황에서 당신 자신에 대하여 신뢰하는 것은 무엇이고, 신뢰하지 않는 것은 무엇인가?

5. 지나치게 헌신하는 패턴

6유형들은 자신에게 지나칠 정도로 헌신하기 때문에 자신의 삶이 답답해지고, 스트레스가 발생한다.

당신 자신에게 지나치게 헌신했던 마지막은 언제인가? 과도한 헌신으로 인한 영향은 무엇인가? 현실적으로 할 수 있는 것보다 더 많은 일에 '예'라고 대답한 결과는 무엇인가? 이러한 행동은 당신의 스트레스 수준에 어떤 영향을 끼쳤는가?

그러한 행동이 당신의 인간관계에는 어떠한 영향을 주었는가? 당신은 그 곤경에서 어떻게 빠져나왔는가?

지나치게 헌신하는 패턴 이면에는 무엇이 있는지 연민을 갖고 살펴보라. 당신이 해결하려고 노력하는 문제는 무엇인가?

6. 비관주의와 걱정의 패턴

성격에 사로 잡혔을 때 6유형들은 최악의 시나리오를 가정하여 미래에 일어날지도 모를 일에 대한 걱정으로 인생을 낭비할 수 있다.

미래에 대한 비관주의와 염려에 당신의 에너지를 빼앗기는 상황을 인식하라. 당신의 이러한 두 가지 정신적 활동들은 일어나지도 않을 무엇인가를 향해 있다는 것을 인식할 수 있겠는가?

이러한 정신적 활동들이 얼마나 만연해 있는가? 당신의 걱정이 실제로 일어난 적이 몇 번이나 되는가? 이러한 것들은 단순히 당신의 패턴이지 결코 삶의 진실이 될 수 없다는 것을 알겠는가?

당신의 능력을 키워줄 효과적인 훈련 방법

아래의 능력 키우기 연습들은 당신이 참된 본성으로 돌아가도록 도울 것이다.

1. 당신의 마음mind을 고요하게 하라.

당신의 패턴이 끊임없는 정신적 활동과 얼마나 많이 연결되어 있는지 알았을 수도 있다. 실제로 당신의 마음을 고요하게 만드는 몇 가지 전략들이 있다.

먼저 당신의 몸으로 돌아가는 당신만의 방법을 찾아보자. 당신의 신체 감각을 직접 경험하는 데 초점을 맞춰보자. 머리에서 가장 멀리 있는 발과 발가락부터 시작하는 것이 도움이 될 수 있다. 당신의 몸으로 삶을 경험하고 모든 세포와 신체 구조를 통해 당신의 에너지를 몸 아래쪽을 향하게 해보자. 이것은 당시의 몸에 대해 생각하는 것이 아니라 지금 여기에서 활용 가능한 감각들을 직접 느껴보는 것임을 기억하자.

이제 마음을 가라앉히는 훈련을 해 보자. 매우 도움이 되는 훈련은 눈을 살짝 뜨고 전방의 한 곳에 시선을 맞추고 앉아서 명상을 하는 것이다. 이것은 의식적인 호흡과 에너지를 고요하게 하는 동안에 자신의 몸과 연결되어 머무는 데 도움을 준다는 것을 알게 된다.

2. 불안을 인정하고 용기와 친구가 되어라.

두려움, 불안, 불안정은 존재한다. 두려움은 신체적 평안에 대해 객관적인 위협이 있을 때 나타나는 자연스러운 반응이다. 불안은 우리가 미지의 영역으로 나갈 때 특히 예민한 패턴이다.

당신의 관찰 능력을 확장하여 불안을 알아보자. 이것 역시 객관적인 진실이 아닌 단순한 패턴이라는 것을 인식하자.

새로운 영역으로 나갈 때 한 번에 한 걸음씩 나아가는 것이 도움이 된다. 당신의 여정에서 비록 하찮아 보일지라도 성공의 순간들을 축하해 보자.

불안한 감정을 느끼면서 어찌되든 앞으로 나아가는 연습을 해 보라.

당신이 이미 갖고 있는 용기를 존중하라. 당신의 용기와 힘은 궁극적으로 자기 계발의 탐구를 위해 요구된다. 당신에게 필요한 도움을 제공할 수 있는 전문적인 코치나, 강의, 소그룹을 찾아보자.

당신 자신 안에 있는 신뢰와 우주 안에 있는 신뢰를 회복하자.

당신의 삶에서 무엇이 작동하는지 찾아보자. 당신의 삶에서 당신이 받은 수많은 재능에 대해 감사를 표현해 보자. 당신은 당신 자신을 신뢰한다고 매 순간을 인정해 보자.

우주가 작동하고 있다는 증거를 찾아보자. 그런 증거들은 이미 너무 많다.

자연은 위대한 스승이다. 계절이 바뀌는 것과 인생의 흐름과 평온함에 감사하면서 자연 속에서 시간을 보내보자.

3. 당신의 내면의 권위를 인정하라.

미래에 어떤 일이 일어날지 알고 싶어하는 당신 자신을 만류하라. 현재로 돌아오라. 당신의 호흡을 느끼고, 몸의 감각을 경험하도록 돌아오자. 당신 자신을 몸으로 느낄 때 당신은 스스로 질문할 수 있다. '이 순간 진실해지기 위해 나는 무엇을 알고 있는가?' 당신의 몸이 대답하기를 기다려 보자. 무엇이 올라오는지 들어보라. 그리고 다시 반복 질문을 하라. '이 순간 진실해지기 위해 내가 알고 있는 것은 또 무엇이 있는가?' 당신의 생각보다 더 많은 것을 알고 있다는 것을 발견할 것이다.

4. 당신에게는 그동안 활용해 온 통찰력이 있음을 인정하라.

만일 이 정보가 당신에게 어떤 행동을 하게 한다면 그렇게 행동하라.

내면의 앎에 경청하고 당신에게 무엇을 요구하든 따라가 보자. 때때로 겉으로 보기에는 큰 걸음이 아닐지라도 내면에서는 내려놓음이나 인식일 수 있다.

시간이 흐르면서 당신은 당신의 소중한 내면의 권위를 점점 더 경험하게 될 것이다.

5. 상황의 긍정적인 면을 찾아보라.

6유형들은 자신들의 지각을 편향시켜서 부정적인 차원에 쉽게 동조한다. 무엇이 작동하는지, 무엇이 가능한지, 무엇이 영감을 주는지, 무엇이 좋아지는지 살펴보아야 한다는 것을 기억하자.

치유와 진화의 길

이 책의 주요 주제는 에니어그램으로 작업을 하면서 당신의 참된 본성을 깨우도록 돕는 것이다. 에니어그램은 당신을 치유와 진정한 변형의 여정으로 초대한다. 우리 중 대부분은 깨어나는 여정에 인내와 신뢰와 믿음과 함께 오랜 시간이 걸리고, 이것은 가능한 한 현존에 머무름으로써 이루어진다. 3부에서는 유형에 관계없이 모두를 위해 유익하고 지원하는 과정을 소개할 것이다.

물론, 각 유형의 사람마다 필수적인 특정한 과정들이 있다.

만약 당신에게 6유형이 우세하다면, 치유와 성숙을 위한 당신의 여정에서 다음 내용을 명심하라.

당신의 두려움과 두려운 생각을 간파하고, 이것들을 당신의 몸으로 돌아가는 단서로 활용해 보자.

내면의 앎을 신뢰하는 연습을 해보자. 조금 중요한 의사 결정에 방향을 제공할 수 있는 미묘한 의사소통의 단서에 주의를 기울여라. 이러한 안내에 귀 기울이고 따르는 능력을 구축하라. 그러면 시간이 흐름에 따라 더욱 강력한 앎이 올 것이다.

자기 확신을 따르는 용기를 경험해 보자. 당신 가슴에 의해 지지받았을 때 그것을 어떻게 느끼는지 알아차리자.

당신이 홀로 누리는 편안함을 원할 때를 알아차려라. 사람들과 어울릴 때도, 모래사장에 몸을 묻고 있을 때도 알아차리자. 이는 당신이 생각하는 모습과 동떨어져 있기 때문에 스스로 찾기는 무척 힘들다. 젊은 시절에는 이런 행동을 마음껏 할 수 없었지만 이제는 당신의 숨겨진 차원(통합유형인 9유형)을 경험하는 것을 통해 삶에 고스란히 드러날 수 있다. 당신이 행동을 취하지 않고 이런 경험들을 인정하면 할수록 당신은 자신 스스로 진정한 현존을 더 많이 누린다.

> **상기할 점**: 자아의 숨겨진 차원은 주로 통합 포인트의 일반적 행동이나 힘들 때 나타나는 특성에서 찾을 수 있다.

자기 내면의 권위를 발견하고 당신이 찾고 있는 지지는 언제 어디서나 가능하다는 것을 인식하기 시작하라. 현존과 그라운딩을 경험할 때 당신에게 제공되는 안내로 당신을 깜짝 놀라게 할 것이다.

3부

삶의 변화

15장

변화의 의미:
확장으로 가는 길

성격의 패턴에 동일시하면서 생기는 한계와 고통을 배운 후에, 성격 이면에 존재하는 본성의 특별하고 높은 차원을 깨닫게 된다. 그 때가 되면 이런 질문이 생기는 것은 당연하다. '이제 어떻게 할까? 어떻게 하면 보다 충만한 삶을 살고, 마음의 평화를 느끼며, 스스로 편안해질 수 있을까?'

이런 질문은 우리가 어떻게 변화된 삶에 다가가는지, 변화에 대한 우리의 가정, 변화 과정 안에서 참여하는 데 초점을 두도록 한다.

의식 변화와 변화하는 의식

당신은 그동안 어떤 변화를 경험했는가? 당신은 인생에서 일어나는 변화를 어떻게 받아들였는가?

나는 자기계발에 관심 있는 사람들 대부분이 마음 깊숙이 잘못된 믿음을 갖고 있다는 것을 발견했다. 즉 자신에게는 변화되거나 고치거나 개선해야 될 부분이 있다는 믿음이다. 널리 퍼진 이 믿음은 의문의 여지조차 없다. '자기계발' 이라는 주제가 왜 수십억 달러의 거대한 산업이 되었겠는가? 왜 그토록 많은 사람들이 홀로서기나 심리, 영성에 대한 책을 그토록 많이 사서 보겠는가?

이 질문을 더 파고 들어가면 더 깊은 고통을 가진 믿음을 발견한다. 즉 우리는 원래부터 흠이 많고 부족한 사람이라는 믿음이다.

따라서 개인의 성숙을 꾀하는 과정 대부분은 무언가 잘못되었다는 가정에 바탕을 둔다. 사람들은 자신을 마치 기계 다루듯 하며, 뜻대로 되지 않고 받아들이기 힘든 인간의 모습들은 무엇이든 고치고 무시하며 없애려고 노력한다. 물론 이런 접근법이 좋은 결과를 가져올 때도 있다. 그러나 이에 대한 나의 반응은 분명하다. 이런 가정이 널리 퍼져있는 만큼 그 대가 역시 엄청나다는 것을 도대체 왜 모르는가?

나는 대부분의 사람들이 변화하기 위해 공통적으로 사용하는 세 가지 접근법을 발견했다. 자기계발은 물론이고 개인의 일상의 변화도 포함한 것이다. 이것은 물론 '내게 무엇인가 잘못된 부분이 있다.' 는 믿음을 바탕으로 한다. 이런 접근법 중에 당신에게 친근한 것이 있는지 살펴보라.

1. 추가하는add-to 방법

바람직한 결과를 성취하도록 목표를 설정하는 것은 일부 문제를 해결할 수 있다. 그런 것이 대부분 여기에 해당한다. 우리 대부분은 자주 목표를 정한다. 살 빼기, 부자 되기, 마라톤 완주, 갖고 싶은 물건 사기, 이상형 만나기, 그토록 바라던 승진이나 인정받기를 목표로 세우기도 하고, 의도한 목표를 이루는 데 더 효과적이거나 성공적인 새로운 전략이나 도구를 갖기 원한다.

여기에서는 목표를 정하는 것이나 새로운 기술을 배우는 것이 유익하지 않다는 뜻이 아니다. 다른 맥락에서 이런 활동은 좋은 결과를 내는 데 도움이 되는 충분히 가치 있는 일이다. 대부분의 조직에서는 이러한 결과물이 실적이나 책임감을 평가하는 기준이 된다. 또한 추진력을 갖게 하고 방향성과 집중력을 만들어준다. 목표를 정하고 이루는 일은 경력을 쌓고, 가정을 이루며, 자신감과 능력을 키우는 인생의 전반기에는 특히 중요하다. 하지만 모든 유용한 전략들이 그렇듯이, 만약 이것이 내면의 결핍을 채우거나 삶을 화려하게 보이려는 전략으로 남용 된다면, 그것은 당신이 실질적으로 추구하는 진정한 성장에 나쁜 영향을 줄 것이다.

서구 문화권에서는 목표가 상당한 부분을 차지하기 때문에 좋은 결과를 얻기 위해 집중할 때가 인생의 전성기라고 생각하기 쉽다. 하지만 그렇게 되면 삶의 소중함을 경험할 기회도 놓치고, 당신의 성숙을 위해 꼭 필요한 것들과 진심으로 마주할 여지도 얻지 못하게 된다.

또한 이런 목표 설정 과정을 내면의 삶에도 적용하고 싶은 마음이 들 수도 있다. 미리 정해 놓은 시간 안에 힘든 감정이나 상실감을 해결하려고 노력하는 목표를 정한다. 왠지 그렇게 하면 될 것 같기 때문이다. 하지만 이는 장기적으로 보면 효과적이지 않다. 내면의 삶의 리듬은 자체의 지성과 속도에 따라 작동하기 때문에 이전의 삶은 에고가 부가한 의무감이나 긴급함이 없다.

우리 내면의 리듬과 영혼의 부름에 귀 기울이며, 삶이 자연스럽게 펼치는 것을 존중하며 가다 보면 우리는 인생에서의 최고는 에고의 목표와 관계가 없다는 사실을 확신하게 된다.

2. 제거하는getting-rid-off 방법

이 방법은 자신의 자아 이미지와 맞지 않는 감정이나 감각, 성향을 수용할 수 없기 때문에 극복하고 제거하며 감추고 억누르려는 시도이다. 당신은 받아들일 수 없다고 생각한 어떤 경험을 무시하고 멀리하며 억누르거나 없애버리려고 시도해 본 적이 있는가?

이 접근 방법은 자기비판을 통해 자신을 혹독하게 다룬다. 이러한 비판의 대부분은 2부에서 유형별로 살펴본 내면 비평가의 메시지에 부합하지 못할 때 촉발된다. 비판의 메시지들은 에고의 관점에서 수용할 수 있는 제한된 경험에 국한된다. 예를 들어 당신은 특정한 감정을 느낄 때나 당신의 자아 개념과 일치하지 않는 행동을 반복할 때, 혹은 중요한 우선순위를 놓쳤을 때 자신을 비판할 수 있다.

이 접근 방법이 미처 생각하지 못한 문제는 당신의 관심을 기본적으로 나쁘다고 생각하는 대상에 국한지어서 당신이 이길 수 없는 상황으로 몰고 간다는 것이다.

이러한 변화는 중년에 접어들면서 중요한 변화가 시작되는 고객에게서 많이 볼 수 있다. 다음의 예를 살펴보자.

제시카Jessica는 젊은 시절부터 줄곧 다닌 직장을 그만두기로 결정했다. 50대 중반이 되면서 다른 일로 변화를 주고 싶었지만 정확히 어떤 일을 해야 할지 확신이 서지 않았다.

처음에 그녀는 새로운 일을 시작하면서 두려움과 무지로부터 벗어나고 싶어서 코칭을 받으

러 왔다. 그녀는 자신이 해야 할 일을 알아야 했고 높은 직위에 있던 직장을 그만두면서 오는 상실감을 빨리 털어내야 한다고 생각했다. 제시카는 신속하게 결정하지 못하는 자신에게 문제가 있다고 생각했다. 스스로 무리한 결정을 재촉할수록 그녀는 힘이 더 빠지고, 자기비판의 소용돌이 속에서 심한 무기력감을 느꼈다.

그녀는 처음에는 실망했고, 내면의 삶이 바깥 세상과 같은 속도나 비슷한 방식으로 작동하지 않는다는 사실을 발견했다. 앞에서의 추가하는 방법과 마찬가지로 경험으로부터 벗어나려는 시도나 지나친 압박, 미리 일을 성사시키려는 시도는 보통 역효과가 나기 마련이다. 여기에서 에고는 내면의 삶이 보여주는 과정 및 결과 모두를 통제하려고 하지만, 결코 그럴만한 능력이 없다.

영혼은 자신만의 리듬과 지성을 갖고 있으며, 치유와 성장이 필요한 부분을 잘 알고 있다. 자신에 대한 이해와 통찰이 깊어가는 과정에서 영혼의 신호에 귀 기울이고 그 지침을 잘 따라가는 능력을 계발하는 것이야말로 우리의 중요한 역할이다.

3. 초월하는 방법

자기계발에 관련된 변화에 접근하는 세 번째 접근방법은 바람직하지 않은 상황에서 벗어나 이상적으로 느끼는 상태로 한 계단 올라가려고 시도하는 것이다. 초월 경험transcendent experience은 다양한 상황에서 일어난다. 초월 경험은 매우 아름다우며, 우리가 현실의 제한적인 측면만 경험하고 산다는 것을 깨닫게 해준다. 이런 경험은 새로운 신경학적 경로를 만들어 더 높은 차원의 인식 능력을 키워주는데 도움이 될 수 있다.

그러나 단순히 관심을 부정하거나 '벗어나는 것' checking-out과 초월 경험을 혼동해서는 안 된다. 초월 경험을 삶으로부터의 도피로 이용한다면 그것은 틀림없이 당신을 파괴할 것이다.

이 접근 방식을 이용하면 당신은 일상의 삶을 탐탁하지 않게 여기거나 심지어 하찮게 여길 수도 있다. 당신을 황홀하고 신비한 세계로 안내할 영적 경험에 심취하게 되고, 자세히 보면 일상은 아무것도 변하지 않았다는 사실을 깨닫게 된다.

일상에서 만나는 현실을 무시하면 상응하는 결과가 따라오기 마련이다. 예를 들어 관계, 재정, 사회적 유대감, 심지어 일이나 연애도 엉망이 될 수 있다. 이런 문제들을 계속해서 외면하면 삶의 순간마다 중요한 교훈과 지금 이 순간 드러나는 풍성하고 엄청난 가능성을 놓칠 수 있다. 실제로 자질구레한 일상들이 삶에 통찰과 변화를 가져오고 인생을 탈바꿈시킨다.

앞서 이야기한 추가, 제거, 초월하는 방법에서 바라보면 인간으로서의 경험을 허용하는 정도가 얼마나 인색한지 보이는가? 인생의 파도에 맞서거나 물러서고, 혹은 망설이거나 끊임없이 몸부림치며, 또는 단순히 삶과의 인연을 끊어버리는 당신의 모습이 보이는가? 각각의 접근 방법은 모두 자신만의 방법으로 삶 자체의 자연스러운 흐름과 엄청난 지성에 맞서는 모습을 보여준다.

각각의 방법은 지금 이 순간에 가능한 직접적인 경험으로부터 우리를 떨어뜨려 놓는다.

우리가 애초부터 잘못되었다고 생각하는 부분을 바꾸려는 시도는 성격 구조에 깊게 뿌리를 두고 있다. 이 책 2부에서 언급한 중대한 상실의 경험은 우리에게 부적절하다는 느낌을 갖게 한다. 이러한 부적절한 감정은 일정 부분 맞는 부분도 있다. 성격 구조가 우리의 깨어난 본성을 복제하려고 하지만 그런 능력이 없다는 사실을 기억하라. 사실 성격 구조 혹은 에고 자체가 참된 본성의 진정한 경험을 만들어내는 데에는 부족함이 있다. 성격 구조는 당신이 찾는 것을 줄 수 없다. 항상 당신이 무언가 다른 것을 더 많이 찾도록 만들 것이다.

이것이 바로 우리 인생의 엄청난 역설이다.

그러나 우리의 참된 본성에는 부족함이 없다. 그것은 언제나 우리의 진실truth과 양식nourishment과 경이astonishment의 원천이다.

변화를 위한 다른 접근 방식과 신선한 공기 마시기

인생을 온전히 경험하고 자신을 수용하며 삶을 받아들인다면 어떤 일이 일어날까? 대부분의 사람들은 이를 낯설게 느끼고, 오랫동안 자신과 맺어온 관계 방식과 어울리지 않는다고 생각한다.

연민을 가지고 자신을 받아들이는 태도로 인생을 대면하고, 지금 일어나는 지극히 인간적인 내면의 경험들에 대해 특별한 반응 없이 그대로 받아들이면 인생에는 분명히 엄청난 일이 생긴다. 뜻밖에 내면의 긴장이 풀어지고 새로운 내면의 성향들이 기적처럼 드러나기 시작한다. 이러한 성향은 자연스럽게 내면에 자리하고 자신의 실체로 느껴진다. 이는 당신의 마음 속 깊은 곳과 연결되어 당신이 기대한 것보다 더 많은 것을 갖고 있으며, 훨씬 더 많은 대안이 있다는 것을 깨닫게 한다. 당신의 자아 개념은 당신에게 지금 존재하는 이 경험을 통해 변화된다.

이 접근 방식은 당신의 관심을 다시 순간순간의 경험으로 되돌리도록 만든다. 이를 위해 4장에서 살펴본 제안들을 활용하면 도움이 된다.

- 호기심 갖기
- 연민으로 보기
- 솔직하게 받아들이기
- 과정을 신뢰하기

자신으로 선회하기turning toward yourself

자기 관찰의 역할 검토

우리 대부분은 살아오면서 개인의 인생사에 대한 풍요로운 경험을 있는 그대로 누리는 것에 익숙하지 않았다. 우리의 실제 경험을 간섭하는 것들은 의외로 무척 많다. 그 결과 풍성한 삶에 대한 생각도 못하고 실망할 때가 많다. 우리는 자신과 타인에 대해 수많은 개념과 감정을 갖고 있는데, 이러한 것들은 보통 지금 여기의 실제 경험에 근거하는 것이 아니라 어린 시절의 인간관계나 경험에 바탕을 둔다. 당신은 누구이고, 타인은 누구이며, 인생은 어떻게 돌아가는가에 대한 생각이 지금 여기에 있는 것과 당신에 대한 깊은 깨달음을 대신하는 것이다.

'자신으로 선회하기'와 '삶을 있는 그대로 살기'에 대한 의미에 오해가 많아서 여기에 두 가지를 소개하고자 한다.

오해 1:

당연한 일이지만, 자신으로 선회하기는 가끔 '자기응시' navel-gazing나 자신의 경험에 비추어 과도하게 의미를 부여하거나 지나치게 개인적인 것으로 치부하는 것과 혼동되는 경우가 있다. 그러나 그것들과는 커다란 차이가 있다. 자기응시는 자기만의 삶 속으로 물러나는 방식으로 이해하는 것이 최선이다. 그리고 그것은 떠오르는 모든 감정과 생각이 무엇이든 동일시한다. 우리가 *주변에서 일어나는 일을 의식하려는 노력 대신에* 자신만의 경험과 동일시 한다면 삶은 왜곡되기 마련이다. 우리가 이미지, 감정, 생각, 고통에 사로잡히면 일반적으로 주의 초점이 과장되어 잘못된 자아의식을 확대시키게 된다. 이런 상황에서는 행동으로 옮기기 어려울 수 있다.

이와는 반대로 내가 *'자신으로 선회하기'*라고 말하는 것은 내면 경험에 대해 객관적인 초점을 맞추게 한다. 내면 관찰자inner observer는 사고, 감정, 감각이 비춰 주는 것에 대한 인식을 증진시키기 위해 관여하지만, 사고, 감정, 감각이 당신을 정의하는 것은 아니다. *당신을 통해 나타나는 인간 경험이라고 해도 당신은 아닌 것이다.* 이와 같은 변화가 일어났을 때 우리는 그런 경험을 개인적으로 받아들이지는 않지만, 경험들이 나타났을 때는 그 존재를 인식할 수 있다.

자신으로 선회하기는 당신이 몸의 지능intelligence of body과 연결되도록 도와서 자신에게 친절하게 대함으로써 당신의 현재 상태에 관계없이 치유에 이르도록 한다. 당신은 자기 자신을 벗어나기보다는 자신과 함께 머무른다.

관찰자의 중립성이 그 효과를 결정한다. 내면의 비평가가 관찰자를 흉내 내려고 시도할 수는 있지만, 비평가는 항상 당신이 하는 일을 당신의 기대 수준이나 당신의 인식 수준 밑에 숨어 있는 어떤 기준과 비교하여 판단한다. 그 평가 결과는 긍정적이거나 부정적일 수 있지만, 어쨌든 판단을 한 것이다.

관찰자의 중립성은 평가하지 않고 알아차린다는 뜻이다. 예를 들어 당신이 이 책을 읽는 동안에 당신의 관찰자는 당신이 어떻게 책을 들고 있는지, 긴장하거나 경직되지는 않았는지, 호흡의 리듬과 속도, 머릿속을 떠다니는 생각들, 그리고 당신이 가질 법한 판단들을 주시할 수 있다. 이것은 단지 연연하거나 개입하지 않고 그저 인식될 수 있는 단순한 경험들이다.

지금 당신의 경험을 관찰하고 있는 것에 주의를 기울여 보자. 그것은 정신적 활동이나 관념적 활동이 아니라는 것을 알게 될 것이다. 그것보다 훨씬 중요한 것이다. 당신의 일상적 경험을 넘어서는 다른 차원이다. 당신의 지각 영역은 훨씬 깊고 넓으며, 의견들이 많은 것도 아니다.

당신의 평소 정신 상태, 그리고 확장되며 중립적이 된 당신의 관찰자로서의 능력을 구분하는 데 도움을 줄 수 있는 메타포가 있다. 당신은 혼잡한 공항에 있다. 검색대에 다가갈수록 당신은 더 긴장한다. 당신은 어떻게든 이 과정을 빨리 끝내고 싶어서 그냥 검색대를 지나갈 경우 경고음이 울릴 만한 것들을 다 꺼내놓고 신발까지 벗는다. 당신은 그냥 이 모든 과정이 싫을 뿐이다. 당신도 동일한 그림이 그려지는가?

내면의 관찰자가 개입하면, 줄을 서서 긴장하고 있는 사람들이 보이기도 하고 이러한 긴장이 당신의 심장 박동을 증폭시킨다는 사실도 알 수 있다. 당신은 심호흡을 해 본다.

검색대를 통과하기 위해 필요한 절차를 진행하면서도 의견과 평가가 있는 경험의 내용에는 굳이 연연해하지 않는다.

왜 이런 활동이 의미가 있을까? 이것은 확장된 인지 영역을 통해 당신이 부정적인 영향은 받지 않으면서 이러한 경험의 중심에 머물도록 해주기 때문이다. 당신은 심지어 그 안에서 흥미를 느낄 것이다.

물론 많은 훈련과 깨달음이 필요하지만, 중립적인 내면의 관찰자는 심지어 활기 넘치고 번잡한 환경에서도 활동이 가능하다. 이것은 더 편안하고 자유로워진 자신과 새로운 관계를 만들어 줄 가슴 설레는 기회이다.

내면의 관찰자는 당신이 접근할 수는 있지만 아직은 계발되지 않은 능력이다. 분주한 생각이나 감정의 반응에 관여하기보다 내면의 관찰자로 주의를 돌리기 위해서는 연습이 필요하다. 물론 여러 형태의 명상을 통해 이 능력을 계발할 수도 있다. 그러나 이 능력은 단순한 명상이나 여가 활동이 아니다. 한 발 물러나서 호흡하고 지금 이 순간에 당신이 무엇을 경험하는지 깨닫는 과정을 기억함으로써 일상에서 관찰하는 능력을 강화할 수 있다.

오해 2:

많은 사람들이 갖고 있는 두 번째 오해는 자신들의 경험으로 선회하고 허용하는 것은 스스로 비판하거나 두려워하는 부분에 큰 권한을 부여하게 된다는 생각이다. 이러한 오해의 이면에는 자신의 경험을 향해 선회하게 되면 삶의 차원들이 늘어나고 책임을 떠맡으며 심지어 통제할 가능성이 많아진다는 뜻이 담겨있다.

반대로 역설적이게도 삶의 여러 차원들 심지어 엄격하게 비판하는 차원까지 용납하고 그들에 대한 관찰자의 깨달음과 연민으로 대하면, 통제하려고 하는 대신에 그 영향력은 줄어들어 내면의 영역을 덜 차지하게 된다. 대부분의 사람들은 내면의 경험을 수면 위로 드러내면 더 자유롭고, 더 넓은 공간에서, 더 편안하게 느낀다고 말한다.

실제로는 사람들을 두려움에 떨게 만드는 것과는 정반대 현상이 일어나는 것이다. 내면 경험을 용납하고 인간 본성의 한 부분으로 수용하는 일은 대부분의 사람들에게는 직관에 어긋나는 counterintuitive 일이다.

연습: 잠깐이라도 시간을 내어서 아래 내용을 성찰해 보자.

오늘 하루, 어떤 방식으로 당신의 경험을 밀어냈는가? 실제로 우리에게는 그렇게 할 수 있는 전략이 너무 많다. 또한 아주 일상적인 반응이라서 대부분의 경우 자기 삶의 경험을 밀어내고 심지어 자신을 외면하는 정도나 빈도조차도 깨닫지 못한다.

경험을 외면하는 전략은 성격 구조 자체에 근거한 것이므로 익숙하게 느껴지는 것이 당연하다. 이제 다음 전략 가운데 당신의 삶 속에서 나타나는 행동을 찾아보자.

삶을 외면하는 일반적 전략

부정

부정은 우리가 행동이나 감정의 존재를 인정하지 않는 과정이다. 그것은 우리의 레이더망에는 잡히지 않는다. 감정을 부정하는 한 가지 방식은 그것을 무시하는 것이다. 예를 들어 어떤 사람들은 슬픈 감정을 받아들이는 것이 유난히 어렵기 때문에 즐거운 에너지를 '가동' 시킨다. 또 다른 사람들은 행복이나 평안의 감정을 받아들이는 것이 어려워서 성격의 해결책으로 뭔가 잘못된 것에 초점을 맞춘다. 어떤 사람들은 분노의 감정을 부정하여, 이와 유사한 경험에 대해 멍해진다.

일축

어떤 감정(혹은 상황)의 존재를 아주 잠깐만 인지하고 바로 무시해버리는 과정이다. 일축dismiss하는 한 가지 방식은 당신의 경험이 중요하지 않다고 생각하고 바로 주위를 환기시키는 것이다. 어떤 경우에는 감정에 너무 압도될 것 같아서 그 감정을 일축할 때도 있다. 우리의 내면 경험을 느낄 기회조차 주지 않는다면, 결국 그것은 쌓이고 쌓여서 우리에게 큰 짐이 된다.

판단

판단은 무엇이 옳고 그르다고 결정하는 과정이다. 이것은 내면의 삶에 적용할 때는 떠오르는 감정이나 감각이 틀렸다고 단정하기 쉽다. 우리가 경험을 판단하면 결국은 자신을 판단하게 되고, 엄청난 고통을 가져오게 된다. 이것은 모든 사람들에게 공통적으로 나타나는 현상이다. 따라서 17장에서 내면의 비평가를 어떻게 이해하고 비평가와의 관계를 어떻게 개선할 수 있을지 다루고자 한다.

성급한 행동

이 전략은 불안, 염려, 혼란 같은 내면의 불편한 감정이 느껴질 때 나타난다. 이러한 감정을 스쳐가는 일시적인 경험으로 여기는 것보다 불편한 감정을 해소하는 행동을 취하는 것이 더 쉽다. 보통 이런 느낌은 '내가 지금 무언가 하기로 되어 있다.' 는 식으로 해석된다. 그러나 이것은 오해다. 성급한 행동은 일시적인 해결책일 뿐이다. 이런 감정들은 분명히 다시 나타나기 때문이다. 대부분의 경우 이런 감정은 좀처럼 환영받지 못하기 때문에 이러한 감정들이 무의식적으로 이끌어내는 우리 행동을 미처 깨닫지 못한다.

삶으로부터 선회하면서 의도하지 않게 활용하게 되는 특별한 전략이 여기 있다. 각각의 전략들은 아홉 가지의 에니어그램 성격 유형과 관련되어 있다.

1유형: 자신은 물론 상황, 타인, 사물을 완벽한 상태로 만들기 위해 최선을 다함.
2유형: 타인과의 관계 형성을 위해 지나칠 정도로 노력함.
3유형: 목표 설정과 성취를 위해 과도하게 집중함.
4유형: 자신에 대한 타인의 반응에 지나치게 예민함.
5유형: 생각과 관념의 세계에 너무 자주 은둔함.
6유형: 잘못될 수 있는 상황에 지나칠 정도로 대비함.
7유형: 기대하는 많은 경험과 더 많은 상품, 물건을 갖기 위해 지나치게 분주함.
8유형: 요구사항이 과도하게 많음.
9유형: 자신의 안락함을 방해하는 어떤 것에도 반복적으로 무감각해짐.

자신의 삶에 머물기

자신의 삶으로 선회하기 위해서는 또 다른 적극적인 요소가 필요하다. 즉 당신 자신을 당신의 삶에 받아들여야 하는 것을 포함한다.

지금 당장 당신의 삶 속으로 들어간다면 어떻겠는가? 당신 자신 안에 머물게 된다면 어떻겠는가?

당신의 경험을 받아들인다는 것은 에니어그램의 대단한 역설 중의 하나이자, 또한 가장 심오한 가르침이요, 훈련이다. 여기에는 아주 중요하게 구분해야 할 것이 있다. 감정이나 몸의 감각이 어떤 것이든 간에 당신이 경험하도록 하는 것은 그것에 대하여 행동하는 것과는 엄연히 다른 것이다.

생각이나 감정에 따라 행동하는 것은 불편한 경험을 둘러싼 에너지를 방출하는 방법이다. 이것이 바로 우리가 '행동으로 옮길 때' 일어나는 일이다. 이러한 에너지 방출은 당신 주변에 있는 사물이나 대상에 반응하는 것으로 나타나는 경우가 많다. 사실 '행동으로 옮기는' 것은 각 유형의 패턴이 실제 행동으로 옮기는 것을 뜻한다. 이것은 매우 자연스러우며, 우리 대부분은 우리의 삶에서 우리 자신과 타인을 그렇게 알아왔다.

역설적이게도, 우리는 영적으로 혹은 감정적으로 충만할 때에는 킥킥거리거나 포복절도함으로써 혹은 다른 방식으로 우리의 경험을 분리시킴으로써 에너지를 방출하는 것이 쉬워진다. 보이고, 들리며, 받아들여진다는 확장된 감각을 온전히 받아들이기 보다 오히려 평상시로 돌아가려고 노력하는 것은 이상한 일이 아니다.

당신의 내면의 경험을 받아들이거나, 또는 함께 머무는 일은 완전히 다른 문제이다. 이것은 대부분의 사람들에게는 근본적인 방향의 전환이다. 당신에게 누가 가르쳐준 적도 없고, 다른 사람이 하는 것을 본 적도 없을 것이다. 하지만 내면의 경험을 단순히 인정하며, 그것에 다른 의견을 갖지 않고, 그것에 행동하지 않으면서 내면 경험을 받아들이는 것은 강력한 힘이 있다. 이는 자아 감각에 대한 내면의 변화를 가져온다. 거기에는 놀라운 자유가 있다.

에니어그램은 우리의 강점과 재능, 삶에서 문제나 불필요한 갈등을 일으키는 패턴을 보여주고, 또한 그 사이에 있는 모든 것을 보여 준다. **우리가 자신의 어떤 부분을 부정하거나 판단하면 우리의 내면에서는 전쟁이 일어난다. 결국 우리는 자신과 분리되고 성장과 발전을 방해하는 장애물을 만들어낸다.** 당신이 상실감과 온전하지 못하다는 느낌이 든다면 당신의 어떤 부분이 잘려버렸기 때문일 것이다. 이 부분들을 심리학과 영적 문헌에서는 '그림자' shadow라고 한다.

활성화된 그림자

우리는 우리가 인정하지 않는 삶의 영역에도 별다른 의심 없이 에너지를 쏟는다. 반복적으로 나타나는 문제와 감정이나 경험을 인식하지 못하면, 결국 그것들이 확대되어 예상하지 못한 순간에 튀어나오기도 한다. 인생의 중요한 주제나 문제를 회피하면 소중한 생명 에너지가 소모되고 불필요한 긴장만 생긴다. 이것은 결국 우리를 수축시킨다.

이 때 당신은 수많은 요구와 직면하게 되고 만일 당신이 다른 사람들과 크게 다르지 않다면, 당신의 참된 본성의 높은 차원을 반영하는 보다 열린 마음, 감사함, 진실함, 연민이 있고 깨어있도록 고귀하게 만들어졌다. 흥미롭게도 더 높은 본성을 표현하고자 하는 욕구는 자신을 벗어나 자신의 경험 외부에 머물고 싶다는 강한 유혹을 가져온다.

우리 모두는 우리가 하게 되는 경험이 무엇이든 받아들이지 않도록 조건화되어 있다. 이러한 조건은 엄청난 대가를 치르게 되어 있다. 솔직히 인간적인 경험에는 많은 금기사항이 있기 마련이다. 예를 들어 당신은 분노나 분개가 좋지 않다는 것이다고 생각할 수 있다. 불안해하거나 겁먹을 느끼는 일, 심지어 자신의 연약함을 털어놓는 일도 그다지 좋은 일은 아니라고 생각할 수 있다. 결과적으로는 수용할 수 없는 감정과 감각을 제거하려고 노력한다. 괜찮지 않다고 수없이 들어온 일이나 당신의 특정한 에니어그램 성격 구조의 미덕으로 인해 당신은 괜찮지 않다고 믿는다. 이런 일들은 당신의 자아 개념이라는 울타리 바깥에 존재한다. 그러나 진실은 이러한 것들도 살아있음의 일부분이라는 사실이다. 실제로 당신은 전반적인 감정과 에너지에 다가 갈 수는 있지만 여전히 많은 부분들은 감춰져 있다.

떠오르는 궁금증들:
만약 에니어그램이 우리 인생의 수준 높은 면들을 표현하도록 도울 수 있다면, 우리는 소위 말하는 낮은 수준의 경험들을 왜 받아들여야 할까?

실제 이슈를 살펴보기 위한 방법으로 분노의 경험을 예로 들어보자. 분노를 경험한다는 것은 당신이 분노하는 사람이라거나 당신의 분노를 반드시 표현해야 한다는 뜻은 아니다. 당신은 인간이고 분노는 인간 경험의 한 부분이다. 당신의 일부로서 또는 타인에게 표현되어야 할 어떤 것으로서 내면의 경험을 가지는 것과 사용하는 것을 서로 혼동하기 쉽다. 분노의 경험과 동일시되기 쉬우며 분노가 당신에 대해 사적으로 무언가 말해준다고 생각한다.

상태, 감정, 감각, 생각 등 인간의 모든 경험은 자연스럽게 끊임없이 움직인다. 우리는 일종의 에너지이기 때문이다. 일어날 수 있는 모든 상태의 감정은 우리가 그대로 놔두기만 하면 생겨났다가 결국 사라질 것이다. 현재 상태나 감정에 대해 의견을 갖고 판단하는 것은 이러한 자연스러운 에너지 흐름을 무의식적으로 가로막는 것이다. 결국은 그 상태를 더 견고하게 만들게 된다. 혹은 그것을 차단하거나 부정하거나 회피하거나 의미를 부여하려고 노력한다. 실제로 우리가 무의식적으로 인생의 자연스러운 에너지 흐름을 통제하려고 시도하는 경우가 많다. 이는 우리가 지금 여기에 있는 삶을 원하지 않는다는 뜻이 된다.

인생의 흐름을 허용하기

삶이 흘러가도록 허용하는 훈련과 당신 자신이 당신의 경험을 받아들이는 것은 매우 중요하다. 이러한 훈련은 왜 필요한 것일까? 그것이 자신을 받아들이는 능력을 키워주기 때문이다. 당신의 집에 당신을 초대하여 자신과 함께 편히 머물도록 하는 것이다. 그러면 당신은 자신과 굳이 분리되지 않아도 된다. 세상과 맞서 싸울 필요도 없다. 이것은 매우 중요한 사실이다.

우리는 성장과 변화 과정 안에서 인생의 역설을 반복적으로 경험한다. 판단도 없이, 행동으로 옮기지도 않고, 동일시되지도 않은 채 자신에게 온전한 내면의 경험을 허용하면 할수록 당신은 더 유연하고 가벼운 자신의 모습을 발견할 것이다. 자신에 대한 낡은 생각은 사라지기 시작한다. 경험을 허용하는 것은 당신 자신에게, 그리고 당신 안에 있는 무한한 자신에게 '예'라고 말할 수 있는 능력을 뜻한다.

당신의 삶에 자신을 허용하는 일은 인생의 모든 차원에서의 충만함과 진정성의 중심이 된다.

이 책을 읽는 순간에도 당신은 자신의 삶으로 들어가기 위한 새로운 근육을 만들고 있다. 새로운 신경 회로가 만들어지고 다양한 경험을 통해 당신은 자신 안에 편안히 머물고 있는 당신의 모습을 발견하게 될 것이다.

이것이야말로 유기적으로 진화하는 변화의 본성이다.

16장
진정한 변화의 기반이 되는 현존

자신의 삶으로 선회하고 그 안에 머물게 되면 이것은 당신의 성장과 발달을 지지하는 강력한 근원이 된다. 아울러 현존의 실천이기도 하다.

현존이란 말은 너무 자주 사용하는 바람에 그 참된 의미와 중요성을 잃었다. 현존에 대하여 이야기하는 책과 가르침, 시는 무척 많다. 영적인 전통들은 전반적으로 현존에 기반을 두고 있다. 현존은 에니어그램의 기본 원칙이고 변화를 추구하는 우리의 접근 방식이다. 나는 현존이 그냥 주어지는 것이며, 누구나 그 의미를 알고 어떻게 '하는' 건지 안다고 말하는 사람들을 가끔 본다.

현존은 오늘날 특정 집단에서 많이 사용하는 용어인데, 도대체 왜 일상에서는 현존의 증거를 쉽게 볼 수 없는 것일까? 현존의 참뜻을 우리가 잘못 해석하고 있는 것일까? 혹시 엉뚱한 곳에서 찾고 있는 것은 아닐까?

현존: 당신이 생각하는 것이 아니다

나의 개인사를 돌아보면, 내가 현존한다고 생각한 적이 꽤 있었다. 특히 삶이 순탄할 때 더 그랬다. 현존의 상태를 제대로 인식하고 이해하게 되며 또 더 깊이 체험하게 되면서 돌이켜보니 내가 현존이라고 생각했던 것이 실제로는 나의 자동적인 패턴이었다. 이것을 깨달은 이후 나는 더 겸허한 태도를 갖게 되었다. 나는 편한 느낌을 현존으로 해석했으나, 실제로 이것은 (현존이 아니라) 내 성격의 습관적인 패턴이었다. 예를 들면, 내가 정말 좋아하는 것은 바로 자연 속에 머무는 것이다. 정말 아름다운 오솔길을 찾아 얼마나 자주 걸어 다녔던가! 하지만 나중에서야 내가 상념이나 생각 속에서 완전히 헤맸음을 깨달았다. 좋은 느낌은 맞지만, 현존은 아니었다. 나는 현존 상태가 아니었던 것이다.

현존을 종종 우리의 특정한 성격 구조와 관련된 익숙한 경험과 혼동될 때가 많다. 우리는 우리 자신을 그런 습관적 패턴을 통해 알아왔기 때문에 패턴의 경험을 현존으로 잘못 연관시키는 것은 어떻게 보면 당연한 일이다. 만약 당신이 당신의 스승이 키운 제자 중에 최고의 명상가가 되려고 노력한다면, 이것은 현존이 아니다. 그것은 3유형 성격 구조의 작동이다. 만일 당신이 탁월한 개념 지도를 만드는 과정을 즐거워하면서 신체적 필요를 무시한다면 그것도 현존은 아니다. 단지 5유형의 익숙하고 자동적인 패턴일 뿐이다.

에니어그램의 선구자 허드슨Hudson은 이런 말을 자주 했다. '우리가 얼마나 현존하지 못하는지 우리는 절대 알지 못합니다.'

이 충격적인 말은 자연스럽게 중요한 질문들을 불러온다.

이 말은 도대체 무슨 뜻인가?
내가 아직 체험하지 못한 것은 무엇인가?
현존이라는 진정한 경험과 혼동하는 것은 무엇인가?

현존 대신에 내가 매달리고 있는 것은 무엇인가?
현존의 경험을 가로막고 있는 것은 무엇인가?

신화와 믿음Myths and Beliefs

내가 내담자들이나 학생들과의 대화 속에서 자주 발견하게 되는 잘못된 믿음 세 가지는 다음과 같다. 이 중에서 당신의 현존 경험을 가로막는 것은 무엇인가?

신화 1: 현존은 항상 기분이 좋다.
그 하나는 만약 우리가 현존한다면 가장 행복하고 즐거운 순간일 것이라는 믿음이다. 우리가 현존할 때에는 힘든 경험이 당연히 없을 것이라고 생각한다.

실제로 우리는 현존 가운데 인생의 모든 경험을 만나게 된다. 때로는 숭고하게 아름다운 순간도 있다. 때때로 여러 가지 소중한 특성 중에 타고난 강점이나 찬란한 순간을 경험하기도 한다. 우리는 과거의 기억 또는 현재의 삶의 도전 때문에 어렵고 힘든 경험을 한다. 우리가 자신을 '드러내놓고' 이런 경험을 받아들인다면, 우리 자신 그리고 상황과의 새로운 관계를 경험하는 대부분의 시간에 엄청난 지지를 받을 것이다.

수 년 동안 공공 교육기관에서 일했던 스테파니Sthephanie는 컨설팅 분야에서 새로운 일을 시작하기로 했다. 제대로 준비된 교육 분야 전문가인 그녀의 고충은 상담료를 얼마나 청구하는가 하는 문제와 잠재적 고객과의 의사소통 문제였다. 그녀는 습관적으로 자신의 서비스에 대해 비교적 낮은 금액을 청구하고는 우울해하다가 때로는 이용당한 기분을 느끼기를 반복했다.

그녀는 돈 문제로 불편해 하는 자신을 발견했지만 그렇다고 실제로 현존하는 정도는 아니었다. 그녀는 자신의 가치를 제대로 반영하지 못한 금액을 고객에게 청구함으로써 생기는 불편에 대해 자신의 양가감정 아래 느끼는 고통을 무시하거나 회피하는 방식으로 반응했다. 그러나 그녀가 자신의 불편함을 없애거나 상황을 바꾸려고 애쓰기보다 경험을 직접 받아들이는 과정을 배운 이후로는 불편함의 체감 정도가 줄어들면서 그녀의 마음이 넓어지는 것을 느꼈다. 마음의 여유로 인해 그녀는 어느 정도의 불편함을 견디는 동안 자신의 서비스에 대해 더 높은 수준의 금액을 청구하는 연습을 하게 되었다.

자신의 경험에 현존하게 되면서 마음은 넓어지고 불편함은 줄어들었다. 나중에는 자신의 서비스에 대해 적절한 가격을 청구하는 일이 더 이상 큰 문제가 되지 않았고 돈과 관련해 이전에 느꼈던 불안감은 큰 부담을 주지 않았다.

현존은 좋아하고 싫어하는 것을 결정하는 것이 아니다. 우리의 마음은 좋고 싫음을 결정하여 어떤 경험에 대해 수용할 것인가, 수용하지 않을 것인가라는 결론에 도달한다. 인생에서 드러나는 문제나 사안을 알아차리는 것 역시 현존과는 다르다. 우리는 그 문제가 우리를 사로잡고 있다는 것을 알면서도 여전히 그 문제를 부인하려고 애쓴다. 우리가 그 문제로 인해 보이지 않는 불편한 감각들을 그대로 경험하는 훈련을 거부한다면, 그 문제가 우리 곁에 계속 머물러 지속적으로 영향력을 행사한다는 것을 알게 될 것이다. 우리가 그 문제에 현존할 때, 즉 직접적으로 접촉하는 것을 허용할 때에야 그 영향력은 비로소 줄어들게 된다. 결국 힘든 경험에 반응할 필요도 덜 느끼게 된다. 오히려 받아들이지 않으려고 반응하는 것이 고통을 불러오는 것이다.

신화 2: 현존은 실용적이지 않다.

또 다른 가정은 현존이 실제 생활에서 작동하지 않는다는 것이다. 만약 현존에 집중하면 해야 할 일을 제대로 할 수 없다는 개인적인 신념으로 해석된다. 삶의 정말 중요한 측면들 모두가 평소 살던 방식으로 되돌아가야 한다고 요구한다. 현존은 단지 방해가 되며 나를 비효과적으로 만든다고 생각한다.

신화는 이런 방식으로 나타날 수도 있다:

> *언젠가 시간을 따로 내서 명상이나 호흡하러 수련회에 가야겠어. 그러면 기분이 좀 나아지겠지. 그 다음에 현실로 돌아오려고.*

실제로, 현존은 이원적이지 않다. 별도의 상자나 다른 영역이 있는 것도 아니다. 진정한 현존은 일상에 영향을 끼치고 삶을 지지하는 완전히 실용적인 것이다. 예를 들어서 사랑하는 사람들이나 동료들 심지어 낯선 사람들과 소통할 때나, 운전을 하거나, 시장에 갈 때 현존하게 되면 단순히 성격구조의 명령을 따를 때와는 달리 우리 자신과 사람들에게 완전히 다른 관계를 형성한다.

신화 3: 현존은 어딘가로 간다는 것을 의미한다.

때때로 현존은 무아지경trance-like같은 상태로 들어가는 것으로 잘못 해석된다. 이것은 멋진 장소를 머릿속에서 그려본다든지, 별다른 이유 없이 '여기' 에서 떠나는 것일 수도 있다. 머릿속에서 시각화하는 작업은 나름대로 훌륭한 장점이 있지만 현존과 같은 것은 아니다.

실제로 에니어그램 각 유형과 관련한 특정한 패턴은 우리의 무의식적인 전략에 대한 정확한 정보를 제공함으로써 우리로 하여금 현존에서 벗어나게 만든다. 이러한 패턴은 우리 삶에 대해 내면의 이야기를 구성함으로써 우리를 '여기'로부터 멀어지게 한다. 다시 말해서 우리는 이러한 패턴에 너무 익숙하기 때문에 현존과 쉽게 혼동할 수 있는 것이다.

참된 현존은 지금 이 순간에 가능한 진실과 실제로 우리 자신의 시선을 맞추게 한다. 실제의 경험으로 깊이 들어가면 내면의 변화가 일어나고 우리 자신과 환경과의 관계를 사뭇 다르게 경험하게 한다. 바로 여기에서 우리는 삶을 긍정하는 특성과 점점 더 연결되고, 우리의 깊은 목적을 명확히 하여 인생을 살아가는 원동력을 제공받는다.

현존을 위한 당신의 위대한 능력 계발하기: 지능의 세 가지 센터에 접근하기

당신의 현존, 그라운딩, 관대성, 명료함 및 신뢰 등은 내재되어 있다. 당신은 현존의 심오한 순간들을 발전시킬 수 있는 자원을 갖고 있다. 에니어그램 용어로 이 자원들은 지능의 세 가지 센터라는 형태를 가진다. 즉 장/본능 센터, 가슴/감정 센터, 머리/사고 센터 등이다. 세 센터들은 당신의 신체 특정 부위와 연결된다.

각각의 센터와 감각적, 직접적으로 계속 연결되어 있으면 분주한 마음이 만들어내는 생각을 능가하는 지능이 생성된다. 감각을 통해 연결된 지능의 센터들은 당신이 실제로 지금 여기에 있는 것과 진정으로 만나도록 돕는다. 그러면 그 순간에 필요한 것으로 적절하게 반응할 수 있는데, 이는 대단히 실용적인 재능이다. 각 센터는 당신 자신을 중심으로 삼을 수 있는 실질적인 대상이 되어준

지능의 세 가지 의식 센터

(The Three Conscious Centers of Intelligence)

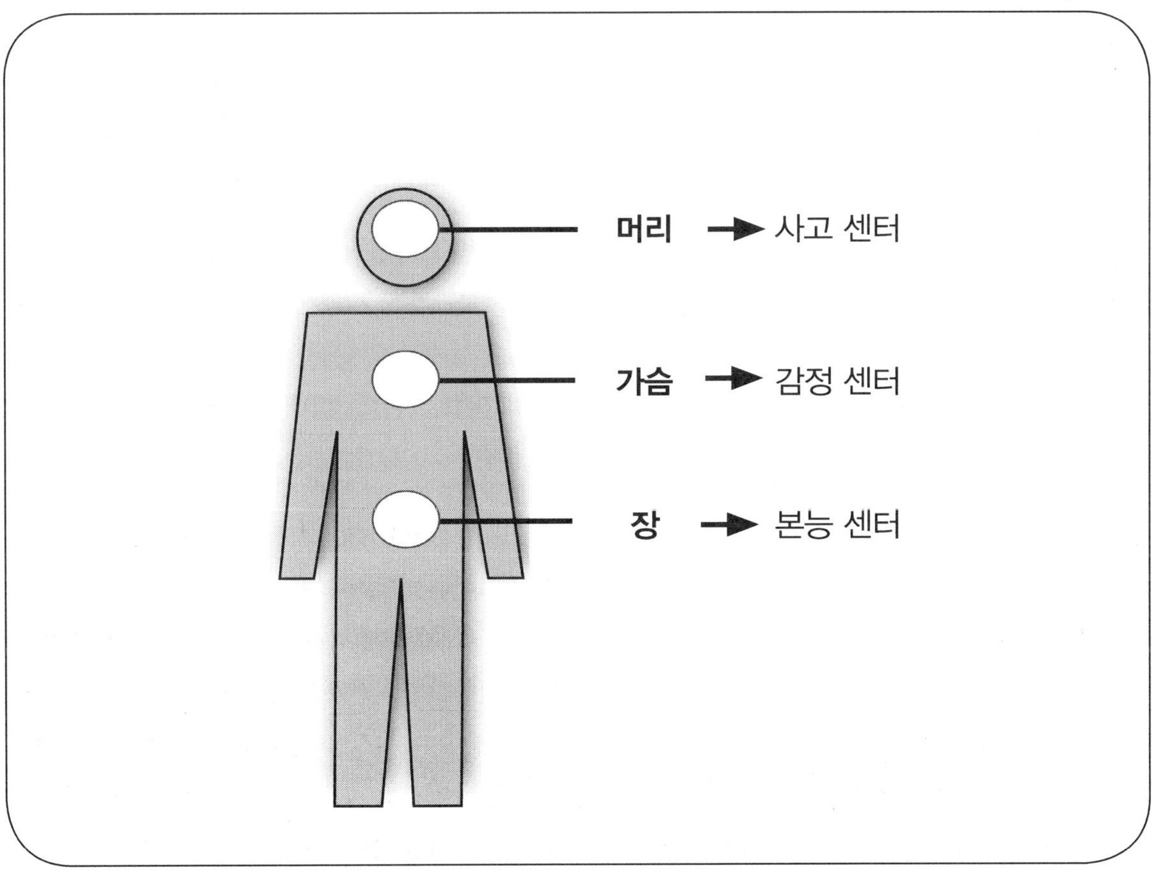

그림 16-1: 지능의 세 센터

다. 이것이 바로 현존의 기반이다. 앞서 언급했듯이 우리 대부분은 이런 센터들에서 나오는 지혜를 알지도 못하고 접근도 못하며 또 이용하지도 못한 채 살아가지만, 이는 당신 자신을 온전한 인간으로 경험하고 진실로 살아있음을 경험하는 데 중심이 된다. 각각의 지능의 센터와의 깊은 연결은 내면의 변화와 변형transformation을 위한 필수 과정이다.

각 센터의 진정한 강점과의 연결을 증가시키는 능력 계발을 위해서 각각의 센터들을 살펴보자.

장 센터: 현실에 기반을 둔grounded, 살아있는alive

이 센터는 '직감으로 아는' gut knowing 곳으로서 내면의 힘과 생명력, 실체 및 내적 권위의 장소이다. 분명 당신은 장 반응gut reaction, 즉 당신에게 무엇이 옳고 그른지를 직관적으로 알 수 있었을 것이다.

그것을 앎으로써 당신은 무엇을 했는가? 확실해 보이는 논리나 이성으로 본능의 느낌을 무시하거나 일축했는가? 혹은 당위성이나 다른 정신적 활동으로 반응했는가? 아니면 다른 사람들의 조언에 동요했는가?

당신의 직감을 따르지 않았을 때는 보통 어떤 결과가 나왔는가? '직감을 믿었어야 했어.' 라고 생각했던 적이 얼마나 되는가?

장 지능은 몸 전체를 통해 감각적인 언어로 말한다. 아울러 어떤 방향으로 움직이고 싶은 충동을 자극한다. 이러한 장의 언어에 능숙해지려면 시간과 의도된 훈련이 필요하다. 그렇게 되면 장과 자연스럽게 소통하는 깊은 감각을 갖게 된다.

오랜 시간을 산책하면서 나는 '장 센터로 산다는 것'이 어떤 느낌인지, 어떻게 전달해야 할지 마음속으로 탐색했다. 나에게는 장 센터에 다다르는 길을 찾는 여정이 꽤 오래 걸렸다. 처음에는 완전히 낯선 숙제였고, 지금도 여전히 계발되어야 하는 능력으로 남아있다. 걷다보니 모든 운동감각 정보가 내게 전달되었고 그 중 일부를 여기에서 나누고자 한다. 어떤 의미에서는 내 몸이 당신의 몸에게 이야기하는 것이다.

내가 발견한 가장 유용한 방법은 몸에 대해 생각하는 것이 아니라, 에너지를 떨어뜨리도록 놔두어서 항상 몸속에 있는 감각이 의식으로 들어오도록 하는 것이다. 도움이 되는 만트라(mantra; 기도나 주문)는 '내가 지금 감각을 느끼는 곳은 어디인가?' 이다. 적당한 자리에 서서 다음 문장을 활용하면 소중한 몸과 보다 직접적인 경험을 하는데 큰 도움이 될 것이다. 다음 단계들에 대해서 생각하는 것보다 자신 안에 있는 어떤 새로운 감각을 느낄 때까지 각 문장마다 시간을 충분히 갖는 것이 더 좋다. 당신 자신이 그러한 감각을 느끼도록 허용하라. 이 작업은 흥미로울 수도 있고, 이상할 수도 있으며 아마도 약간 무서울 수 있다. 나는 새롭게 배우는 내용에 대해 호기심을 가지라고 권하고 싶다.

나는 숨을 쉽니다...
그리고 그 숨이 내 몸 안팎으로
어떻게 움직이는지 느껴봅니다...
나는 내 안 깊은 곳으로 숨을 쉬도록 합니다...
아마도 그 숨은 내 복부 깊은 곳으로 내려 갈 것입니다.

나는 숨을 들이마실 때 내 몸의 감각을 느낍니다.
숨을 내 쉴 때의 감각도 느낍니다.
호흡이 드나드는 움직임을 계속 느끼면서
내 발로 주의를 가져갑니다.

나는 내 발의 감각을 느낍니다.
나는 땅을 디딘 발에 실리는 내 몸의 무게를 느낍니다.
나는 내 몸의 길이를 느낍니다.

나는 내 등과 척추를 느낍니다.

내 몸이 공간을 차지합니다. 나는 걸을 때, 내가 차지하는 공간을 인식합니다.
나는 공간을 움직이면서 내 몸 안의 감각을 알아차립니다.
나는 장gut에서 나의 움직임을 안내하는 것을 경험합니다.
나는 장에서부터 움직입니다.

나는 몸에서 생겨나는 모든 감각을 경험하면서
나를 둘러싸고 있는 내 환경을 지켜봅니다.
나는 새로운 관점으로 사물을 바라봅니다.
나에게는 실체가 있습니다.
나는 내 몸 안으로 들어옵니다.
나는 여기 내 몸 안에 머무릅니다.

이와 같은 과정을 당신은 당신의 감각, 즉 본능 센터에 깊게 연결되기 위한 규칙적인 실습으로 당신의 몸에 초점을 맞추어 사용할 수 있다.

여기에서 또 하나 권고하는 사항은 이완하는 것이다. 몸의 긴장을 이완하면 당신이 감각과 연결된다는 사실을 깨닫는다.

어떤 사람들은 몸의 감각과 연결되면 불편함을 경험한다. 몸은 당신 인생사의 중요한 사건들을 담고 있다. 비록 그 당시에는 그렇게 중요해 보이지 않았을 수도 있다. 어린 시절에 트라우마를 경험한 사람들은 몸과 접촉하는 것을 경계하고 예민하게 받아들인다. 혹시 이 작업을 혼자 하는 것이 어렵다면 딥 코칭 전문가나 특별히 훈련받은 신체교정 치료사의 도움을 받아도 좋다. 이들은 당신이 점차 자신의 몸과 더 깊고 신뢰하는 관계를 형성할 수 있도록 도울 것이다. 이러한 지능과 연결되기 위해서는 시간이 필요하다는 것을 기억하고 훈련에 훈련을 거듭해야 한다.

이 내면의 지능에 귀 기울이는 법을 배우는 것은 믿고 걷기trust walk와 같다. 당신의 몸은 지금 여기 이 땅에 존재한다. 당신이 지금 몸의 지능과 연결되어 있지 않으면 습관적 사고나 감정, 행동 패턴에 의해 당신의 삶의 경로를 결정하기 쉽다. 몸의 감각을 직접적으로 경험한다는 것은 성격 유형의 주의 초점(인지 영역을 특정 대상에 집중하게끔 협소화시키는 각 유형의 성향을 말함)에서 벗어나 관심의 대상을 재조정할 뿐 아니라 참된 선택을 할 수 있는 토대도 제공한다.

장 센터와의 연결을 계발할 수 있는 부수적인 활동을 몇 가지 소개하자면:

- 기공, 합기도와 같은 다양한 형태의 의식적 움직임
- 승마
- 몸의 감각을 느끼도록 돕는 마사지
- 몸에 말 걸기
- 분노라는 자연스러운 에너지와 만나기
- 자유로운 춤추기

몸과 연결되는 작업은 매일, 하루 24시간 언제든지 할 수 있다. 이러한 연결을 계발하는 훈련은 하루 중에 조용한 시간 언제든지, 모든 종류의 활동을 통해 이루어질 수 있다. 예를 들어 운전대에 손을 얹고 느껴지는 감각을 의식해보거나, 손을 씻으면서 흐르는 물이 주는 감각을 느껴보거나, 음식을 먹을 때도 맛이나 식감을 유심히 느껴볼 수 있다. 언제든지 이런 감각을 의식적으로 받아들이면, 덜 의식할 때에 지나쳤을 법한 엄청난 정보를 얻게 되는 것을 발견한다.

대부분의 사람들이 삶의 속도를 늦추지 않으면 이러한 감각을 받아들이지 못하거나 인식하지 못한다는 사실을 발견하게 된다. 그래서 몸의 지능에 대하여 읽고 심지어 그 경험이 어떨지 상상하거나 추측하여 실체를 안다고 생각하는 유혹에 빠진다. 우리가 생각하기라고 부르는 것은 습관과 조건화에 따른 보다 쉬운 경로이다. 실제로 몸에서 나타나는 감각들에 깊이 잠기지 않으면, 몸을 통해서만 가능한 지혜의 심오한 원천과의 접촉을 잃게 된다. 이렇게 몸과 접촉하지 않으면 우리 자신 속으로 깊숙이 안내하는 원천과의 연결도 끊기게 된다. 우리가 몸을 무시하면 내면에서 무언가 잃어버린 느낌을 갖는 것도 당연하다. 아울러 고독감과 내면의 갈등이 수그러들지 않는 것도 어쩌면 당연한 일이다.

가슴 센터: 수용적이고receptive 진정성 있는authentic

두 번째 지능 센터로 들어간다고 해서 장 센터와의 연결을 뒤로 하는 것은 아니다. 이것은 오히려 가슴 센터와 접촉하는데 필수적인 기반을 제공한다.

이 가슴 센터는 보다 완전한 현존의 경험으로 들어가고, 인생의 소중한 선물에 깊이 머물며, 이 세상에서 진정한 자아self를 표현할 수 있는 열쇠이기도 하다. 당신이 이 글을 읽을 때 내 가슴이 당신의 가슴에게 하는 이야기로 듣기 바란다.

가슴은 당신이 연민, 다정함, 부드러움, 수용성과 진정성, 그리고 조건 없는 사랑을 경험하는 센터이다. 당신이 내면의 진심을 알고 싶으면 솔직해지고 깊이 귀 기울여라. 그러면 가슴이 당신에게 안내할 것이다. 이러한 확장된 특성은 이 세상에서 살아가는 우리에게 반드시 필요하다.

나는 거의 모든 대상에 대해 민감성과 감수성을 많이 가지고 있기 때문에 내가 다정하다고 생각했었다. 하지만 이것이 가슴에 연결된 것이 아니라는 것을 깨닫고 충격을 받았다. 나는 삶을 온전히 받아들이기보다 삶에 반응하고 있었던 것이다(당시에는 매우 정상적이라고 느꼈었다.). 삶에 반응하는 방식들은 다양하다. 예를 들어 상처받거나 거절당하거나 버림받아서 다시는 극복할 수 없으리라는 확신 때문에 어떤 사람들은 마음을 방어하려고 한다. 어떤 사람들은 감정적으로 불안한 나머지 이러한 감정들을 온전히 표현하지 않는 것은 진정성이 없다고 생각한다. 우리 대부분은 너무 분주해서 가슴 센터가 실제로 어떤 느낌인지 알지 못한다. 가슴을 열어 보여주면 아무것도 없이 텅 비어 있을까 봐 두려워하는 사람들도 있다. 우리는 텅 빈 상태를 두려워한다. 때로는 우리 가슴이 원인도 모른 채 슬픔으로 억눌린 탓에 그러한 경험이 안전하지 않다고 느끼기도 한다. 너무 압도당하기 때문이다. 감상주의는 가슴과 진정으로 연결되는 것의 왜곡된 표현이다. 이 줄줄 새는 것 같은 감정은 가슴이 실제로 경험하는 것을 덮어버리거나 대체하기도 한다.

당신이 실제로 가슴과 연결되는 것에는 다양한 생각과 반응이 있다. 일단 엄청난 두려움이 표면적으로 밀려온다. 가슴에 관한 책을 읽고 실질적인 대화를 나누는 작업은 부드러움과 보호하려는 느낌을 불러 올 수 있다. 진실로 우리 모두는 셀 수 없이 많은 마음의 상처를 받으며 살아왔다. 어렸을 때는 내가 받은 상처가 유난히 커 보여서 견딜 수 없어 보이는 것들로부터 나를 보호하기 위해 대처방식을 찾곤 했다.

진실로 많은 어른들이 어린 시절부터 사용했던 방어적인 대처 기제protective coping mechanism를 계속 사용한다. 그들은 아직 민감한 마음과 벌거벗은 느낌, 예민한 감각들을 견딜 만큼 능력을 계발하고 신뢰하는 법을 배우지 못했기 때문이다. 결국 이러한 대처방식은 각 개인의 내면 진실과 진정한 본성의 센터로부터 멀어지게 만드는 장애물로 남게 된다. 실제로 지나친 대가를 치르는 셈이다.

가슴을 향해 열려 있다는 것이 결코 상처를 다시 경험하지 않는다는 뜻은 아니다. 사실 상처는 다시 받을 것이다. 하지만 우리가 원래 생각하던 것과 다른 우리 자신을 앎으로써 우리는 어떤 슬픔과 예민함도 견딜 수 있고, 더 많이 받아들이며, 마음이 더 넓어져서, 더욱 사랑할 수 있게 될 것이다. 감정적, 영적 성장 과정에 필요하고 유기적인 부분이기 때문에 우리의 가슴은 상처를 견딜 수 있다. 실제로 가장 큰 상처 중의 하나는 우리가 자신의 참된 본성으로부터 얼마나 자주, 얼마나 멀어졌는가를 깨닫는 것이다.

당신이 가슴으로부터 거리를 둠으로써 느껴지는 고통에서 벗어나고 싶다면, 이 섬세하면서도 영향력 있는 공간으로 천천히 조심스럽게 들어오라고 초대한다.

당신은 당신의 가슴이 당신과 온전히 머무는 것을 얼마나 원하는지 알고 있는가?
당신은 당신의 가슴 속에 살지 않을 때 당신이 얼마나 외로운지 알고 있는가?

자신의 가슴과 직접 접촉할 수 있는 능력을 계발하지 않으면, 길을 잃은 느낌이나 외로운 기분 심지어 자신이 사기꾼이나 처음부터 하찮은 존재였다는 사실이 발각되는 두려움마저 느끼기 쉽다. 당신의 몸에 기반을 두면 가슴 센터와 연결되며 여기에서 당신의 참되고 신성한 본성에 대한 경험이 확장된다. 이는 당신의 천부적 권리인 것이다.

당신의 가슴과 연결할 수 있는 능력을 확장시켜줄 두 가지 제안

첫째, 당신의 호흡 그리고 몸 안의 감각과 연결을 시도해 보자. 물론 이 작업은 시간이 필요하지만 당신이 신체적 기반과 견고한 바탕과 실체를 경험하도록 돕는 중요한 과정이라는 사실을 기억하라. 이 과정은 진정한 안전의 토대를 마련하는데 도움이 된다.

둘째, 의식적으로 호흡하면서 흉골 뒤에 위치한 가슴 센터로 당신의 주의를 집중시켜보자. 어떤 감각이 느껴지는가? 가슴 센터로 숨을 들이마시면서 무엇이 있는지 주목하라. 거의 느끼지 못할 수도 있고, 많은 것을 느낄 수도 있을 것이다. 무엇을 느끼든 섣불리 판단하거나 서두르지 말고 계속 호흡하라. 최선을 다해서 그 상태에 머물고 아무것도 바꾸려고 하지 말라. 그것이 바로 당신의 가슴이 진정으로 원하는 것이다. 그것은 당신의 현존을 요구한다.

가슴은 당신이 자기편이라는 사실을 알고 싶어 한다.

이 실습을 규칙적으로 하면 당신은 당신의 가슴 에너지와 의식적인 관계를 계발하기 시작할 것이다. 오로지 가슴, 즉 감각과의 진정한 연결을 통해서만 당신의 참된 본성을 경험하게 된다. 토마스 머튼Thomas Mereton은 가슴을 인간과 신이 만나는 지성소point vierge라고 불렀다. 바로 이 곳 깊은 가슴 속에서, 당신은 영혼 안에 감춰진 신비로움과 신성함에 마침내 연결되게 된다.

신체의 지능과 연결되는 것이 필수적인 것과 마찬가지로 가슴 센터와 진정한 연결을 경험하는 것은 당신의 변형 작업에 있어 핵심이다. 하지만 이것은 다정한 작업이다. 당신이 자신을 마음이 따뜻한 사람이라고 여긴다고 해도 특별히 자신에게 친절하고 부드럽게 대하도록 노력하자. 혹시 이 일이 혼자서는 버겁다고 생각되면 이 중요한 여정을 지지해 줄 전문가를 찾아 볼 것을 권한다.

다시 한 번 이완하는 것에 집중할 것을 권한다. 몸의 긴장을 이완하면 감각과 연결된다는 사실을 깨닫게 된다. 가슴 안의 감각과 연결됨으로써 당신은 부드럽고 친절한 존재라는 사실을 깨닫기 시작할 것이다.

가슴에 관심을 둘 수 있는 몇 가지 전략

- 연민이 있고 수용적이며, 자기 자신에게도 친절하게 대하는 사람들의 모임에 나가기
- 자신의 감정 상태에 의식적으로 주의를 주는 신체 작업을 받아보기
- 올라오는 것이 무엇이든지 수용하고 허용하는 경험에 머물기
- 신체적으로, 에너지로 가슴을 여는 데 초점을 맞추는 스트레칭 또는 신체 기반 테크닉에 참여하기
- 노래, 장문, 담화를 통해 가슴에게 말하기
- 결과물이나 생산적인 것에 개의치 말고 글쓰기, 그림 그리기, 의식적으로 표현하기

머리 센터: 고요quiet 광활spacious

우리가 심리적, 영적으로 계발하는 여정을 계속하다 보면 세 번째 지능 센터인 고요하고 광활한 마음과 직접적으로 만나게 된다. 여기서 우리는 정신적 명료함, 내면의 신성한 앎knowing을 경험할 뿐만 아니라, 때로는 영적 지식gnosis이라고 부르는 우리에게 익숙한 감각이나 이성을 초월하는 이면에 있는 의식의 앎도 경험한다. 이 센터가 고요해지면 우리는 *자신을 훨씬 더 깊이 신뢰하게 되고, 앞으로 펼쳐질 인생도 깊은 신뢰감으로 맞이하게 된다.*

이는 정신이 분주한 평상시 습관과 뚜렷하게 대조되는 상태이다. 분주한 정신이라는 것은 잘 훈련된 자동적인 삶의 방식만을 제공하며 무의식적 신념이나 두려움, 의심, 그리고 내면 비평가와 내면이 만든 억압적인 이야기에 의해 부여된 '권위'의 지배를 받는다. 이 강력한 힘들은 예리하게 알아차릴 때까지는 무의식적으로 우리 삶을 좌우하려고 하는 거대한 의식 속을 지배한다. 신문을 객관적으로 보거나 오늘의 뉴스를 들어보라. 그러면 당신은 비난, 판단, 공포, 많은 결정을 위한 근거, 이 모든 것들이 뉴스로 나온다는 것을 알게 된다.

분주한 정신은 잘 훈련된 자동적인 삶의 방식이기 때문에 그것은 가장 저항이 적은 길path과 많은 사람들이 대부분의 삶에서 의지하는 것을 나타낸다. 하지만 당신은 끊임없이 떠오르는 정신적 수다mental chatter가 잠잠해진 후에 따라오는 안도감을 느껴본 적이 있는가?

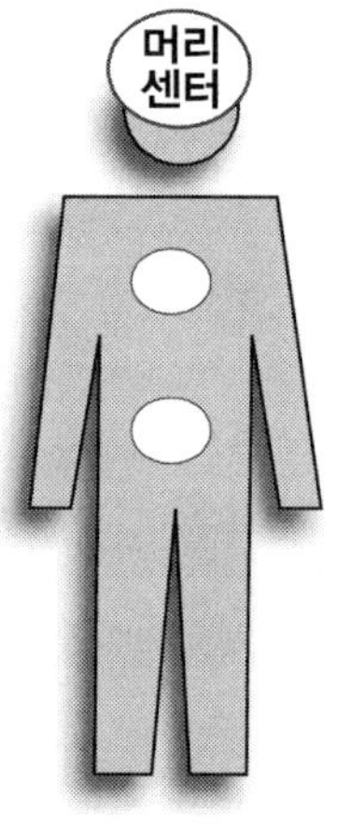

불교의 가르침에서는 우리 정신을 계속 분주하게 만들고, 실체와 우리의 깊은 본성으로부터 분리시키는 것은 우리의 몸을 구성하고 있는 것과 온갖 생각이라는 것을 상기시킨다.

에니어그램을 공부하면서 우리는 무엇이 옳고 그른지, 어떻게 하면 상처를 받지 않을지, 내게 부족한 것은 무엇인지, 다른 사람들을 어떻게 생각하는지, 심지어 세상이 돌아가는 방식 등 모든 것에 대해서 유형과 관련된 고정된 사고fixed ideas가 있다는 것을 알게 된다. 이 생각은 머릿속에서 엄청난 공간을 차지하고, 삶에 대한 우리의 방향성을 결정한다. 이러한 구성물에 집착할수록 우리는 더욱 소외된 느낌을 받고 망상만 더 많아지게 된다. 악순환은 계속된다. 우리가 소외감을 더 많이 느낄수록 두려움은 더 커지고, 그러면 우리는 통제할 수 없는 것을 통제하려고 애쓰게 된다. 주의 초점은 더욱 왜곡되고 좁아진다. 이 상태에서는 실제로 우리 앞에 놓여 있는 대안들을 보기 어렵다.

그러나 우리는 선택할 수 있다. 그리고 가장 중요한 선택은 '나는 지금 무엇에 주의를 두고 있는가?' 라고 묻는 것이다. 그 질문만으로도 새로운 관점을 갖는데 큰 도움이 될 것이다.

어떤 사람들은 고요한 정신은 명상 또는 별도로 정해놓은 시간에 적합하지만 삶에서는 그다지 실제적이지 않다고 우려한다. 하지만 실제로 이 훈련은 지능이나 활동 능력을 감소시키는 것이 아니라 오히려 명료함과 관점을 증진시킨다. 습관적 사고 사이에 더 많은 시간을 가짐으로써 흔히 직관으로 경험하는 더 높은 지능의 원천이 부여되고, 그 외에는 얻지 못했을 새로운 정보와 통찰과 이해를 얻을 수 있다.

어떻게 하면 고요한 정신을 유지할 수 있을까? 다른 센터들에서 생겨나는 감각에 주의를 집중했던 것처럼, 당신은 머릿속과 머리의 감각도 주목할 수 있다. 만일 머리가 조여들거나 불안하면 이마와 눈 주위, 두피 전체를 부드럽게 마사지하면 도움이 된다. 머리카락을 가볍게 쥐고 당기는 것도 긴장을 풀어준다.

어떤 사람들은 침술이나 다양한 형태의 기 또는 에너지 치료가 정신적 압박감을 풀어주고, 머리를 맑게 하고 생각을 비워준다는 것을 발견한다.

정신을 고요하게 유지하는 다른 방법은 세 가지 센터를 의식하면서 작업하는 것이다. '그냥 정신을 차분하게 가라앉히라.'는 말을 들었다고 상상해 보자. 어떤 변화가 있는가? 당신의 정신은 스스로 차분하게 할 수 없다. 왜냐하면 차분하게 하려고 노력하는 활동 자체가 정신을 활성화시키기 때문이다. 하지만 신체의 감각과 직접적으로 접촉하는 데 관심을 집중하고 그 순간 장과 연결해 보라. 어떤 느낌이 오는가? 아마도 당신은 정신이 결코 관심의 중심이 아님을 알아차릴 것이다. 바로 그 때 가슴 센터의 특성에 관심을 집중하면, 시간이 흐르면서 각각의 센터와 당신의 관계가 새롭게 정비되어 변화되는 과정이 시작됐음을 깨닫게 될 것이다. 이 작업은 모든 것의 중심에 '정신에 대한 당신의 관계'를 두었던 것을 옮겨 당신 인생에서 적당한 자리를 찾게 하는 것이다. 끊임없는 정신 활동이 진짜가 아니라는 것을 받아들임으로써, 당신은 정신과 탈동일시dis-identify하게 된다. 당신은 각각의 센터들이 협력하여 당신의 성장을 돕도록 하는 능력을 키우는 것이다.

내담자 중에 한 사람이 세 가지 센터에 모두 관여될 때 얻게 되는 명백한 내적 정렬에 대한 메타포로서 영적인 카이로프랙틱spiritual chiropractic이라는 용어를 사용하였다. 시간이 흐르면서 당신은 가지런하게 정렬된 센터들이 지원하는 온전함과 통합성을 경험할 것이다. 당신은 더욱 편안하고 중심이 잡혀 있다는 것을 느낄 것이다.

당신 자신을 더 사랑하는 느낌을 알아차릴 수 있다. 당신은 바깥 세상이 정신없이 돌아갈 때도 더욱 현존하고, 더욱 현실에 기반을 두며, 더 많은 내면의 평화를 경험할 수 있다. 그리고 당신은 현존을 통해서 자연스럽게 긍정적 변화의 촉매제가 되어, 가족과 공동체 안에서 꼭 필요한 진정한 사랑의 전령사가 될 것이다. 이제 사랑 넘치는 당신의 현존이 세상에 어떤 영향을 끼치게 될지 생각해 보자.

정신을 고요하게 하는 훈련을 위한 또 다른 제안들

- 마음 챙김 명상
- 지금 이 순간을 의식하기–당신의 모든 감각을 통해 들어오는 정보에 주의 기울이기
- 자신에 대해 중립적으로 수용하며 판단하지 않고 호기심을 가지며 경청하기
- 비판단적인 사람들 앞에서 창조적, 예술적 표현을 하거나 즉흥적으로 말하기
- 즉흥 연극에 온전히 참여하기

나는 수년 전에 현명한 친구가 준 낙엽 사진을 아직도 갖고 있다. 나는 이 사진을 보면서 '당신의 발밑을 보라.'는 말을 기억해 내곤 한다. 초기 자연주의자 존 버로우즈John Burroughs의 지혜에서는 지금 이 곳으로 돌아오라는 뜻으로 발밑을 보라는 메타포를 사용한다.

인생이 끊임없이 반복하며 주는 교훈은 '당신의 발밑을 보라는 것' 입니다.
당신의 힘의 참된 원천과 신성은
언제나 당신이 생각한 것보다 가까이에 있습니다.
멀리 있거나 힘들다는 유혹은 속임수에 지나지 않습니다.
위대한 기회는 당신이 있는 이곳에 있습니다.
절대로 당신이 머무는 자리와 시간을 가볍게 여기지 마십시오.
모든 자리가 별 아래에 있습니다.
또한 모든 자리는 세상의 중심입니다.

– 존 버로우즈John Burroughs(1817-1862)
자연과 문학에 대한 연구

세 가지 센터가 전부 본래 기능대로 관여할 때 우리는 더욱 열린 마음으로 받아들이게 되고 유연해지며 건강해지고 확장된다. 우리는 더욱 현존하고 깨어 있게 된다. 이것은 일상에서는 흔히 일어나지 않는 경험이지만, 분명 영적인 깨어남을 위한 인생 여정의 일부분임에는 틀림없다.

이것은 단순하지만, 절대 쉽지도 않고 결코 저절로 되지도 않는다. 그것은 항상 의식을 요구하며 언제나 우리를 놀라게 한다. 우리는 평생에 걸쳐서 믿고 걷기trust walk를 한다.

현존 심화하기

당신의 주의 초점을 당신의 센터에 두는 것을 배우게 되면, 이미 성격 유형의 패턴 중에 일부를 방해하거나 순화시키고 있는 셈이다. 물론 어떤 패턴은 끈질기게 반복되기도 한다. 스테파니Stephany의 경험을 통해 알 수 있듯이(16장 앞부분에 나오는 신화 1 참고), 당신은 패턴 이면에 무엇이 있는지 찾아내는 경험을 통해 더 현존할 수 있다.

아래 내용은 현존을 이용하는 고급 기법으로 일상에 적용할 수 있다. 나는 그 기법이 우리의 치유와 성장을 위한 선천적 능력을 뒷받침해 주기 때문에 여기에 포함시켰다. 혹시 이 과정에 대해 특별히 취약한 느낌이나 심각한 불편을 느낀다면, 딥 리빙Deep Living 작업 전문가를 찾아서 이 과정을 수행하는 동안 지도를 받는 것이 좋다.

먼저 이 과정에 대한 설명을 끝까지 다 읽기 바라고, 당신의 변형을 지원할 수 있는 현존이 가능할 때 단계적으로 실행하라. 이제 당신은 변화를 위한 근본적으로 다른, 연민과 사랑이 넘치는 접근법을 발견하게 될 것이다.

딥 리빙 변화 과정(DLTP; Deep Living Transformation Process): 문제가 되는 패턴을 치유하기

1. 당신의 삶에서 활동적인 패턴을 발견하기

이 작업을 당신의 삶에 의미 있게 적용하려면 가장 먼저 당신의 성격 유형의 패턴이 더 이상 당신에게 도움이 되지 않고 실제로는 문제가 되고 있다는 사실을 인정하는 것이 중요하다. 2부에서 언급한 각 성격 유형에 대한 설명과 관찰이 여러 패턴을 묘사하고 있다.

당신은 특정한 패턴이 나타나는 것을 어떻게 알 수 있는가? '바로 이것이 그 패턴이다.'라고 말해주는 경험을 한 적이 있는가? 이러한 패턴은 마치 당신의 두 번째 본성처럼 자연스럽게 느껴지기 때문에 알아차리기가 쉽지 않다는 사실을 기억하라. 이제 탐정이 되어서 패턴을 찾아보자.

각각의 패턴은 특별한 단서나 신호를 보여준다. 이것은 당신의 주의를 끌고 패턴의 존재를 알려주는 깃발 역할을 한다. 예를 들어 반복되는 생각이나 감정적인 경험이 특정한 성격 유형과 관련이 있다는 사실을 알아차릴 수 있다는 뜻이다. 혹은 희미하지만 익숙한 신체 감각을 알아차리거나 방금 한 행동이 거슬리기는 하지만 익숙한 행동이었다는 것도 느낄 수 있다. 가령 어떤 사람과 실랑이가 붙었을 때, 머리 주위에 꽉 조이는 것 같은 느낌을 인식할 수도 있다. 혹은 아주 작아진 기분이 들면서, '내가 이 말을 하면 상처를 받을 거야.' 하는 생각이 떠오를 수도 있다.

따라서 패턴이 활동하고 있다는 단서는 다양한 경험적 채널, 예를 들면 특별한 생각, 감정적 경험, 태도, 신체적인 감각, 행동을 통해 찾아볼 수 있다. 이 중 한두 가지 채널이 당신이 알아차리기에 유난히 쉬울 수도 있다.

고질적인 패턴이 작동하는 것을 알 수 있는 또 다른 방법은 집이나 회사에서 사람들이 효과적이지 않은 행동을 자주 지적할 때이다.

일반적으로 우리는 패턴에 특별히 집착하며 웬만해서는 그렇지 않은 상태를 상상하기 어렵다. 때로는 외계인이 조종하는 것 같은 기분이 들고, 전에도 이런 경험을 많이 했었다는 사실을 깨닫기도 한다. 지금은 다만 더 잘 알아차릴 뿐이다.

어떤 상황에 대한 당신의 반응이 무조건 정당하다고 느끼는 것도 알아차릴 수 있다. 이런 태도는 우리가 패턴을 인식한 순간에 흔히 보이며 '그래, 하지만 그 사람은 이런 대접을 받아도 싸.' 혹은 '나는 그래도 열심히 했으니까 이 정도는 해도 된다니까.' 하는 방식으로 반응한다.

이러한 인식 과정은 당신의 패턴을 이완시키고 해방시키기 위한 첫걸음이다. 우리 대부분은 특정 패턴이나 대처 전략들이 우리의 자아 정체성을 형성함과 동시에 참된 자유를 빼앗아간다는 사실을 제대로 인식하지 못한 채 살아가고 있다. 이러한 전략들은 그럴만한 이유가 있어서 발달된 것이기도 하지만 안타깝게도 이러한 전략들은 쉽게 무의식적이고 습관적인 패턴이 되어 엄청난 대가를 치르면서도 과용하게 되는 것이다.

패턴을 인식하는 또 하나의 좋은 방법은 긴장, 초조, 억압, 경직, 분노의 감정이나 심지어 아무것도 느끼지 못하는 감정적 지루함을 느낄 때를 알아차리는 것이다. 처음에는 당신은 그러한 패턴을 경험한 직후에도 잘 알아차리지 못한다. 말하자면 백미러를 통해 패턴을 보는 것이다. 그 패턴에 익숙해진 후에는, 그 감정 속에 있을 때도 알아차릴 수 있다. 물론 이 정도가 되면 대단히 발전한 것이다. 결국은 패턴이 나타나기 바로 직전에 알아차리며 그 행동을 멈추고 다른 대안을 선택하는 수준까지 이를 것이다. 이것이야말로 진정한 선택이다.

패턴이 확인되고 명명된 후에, 그것이 얼마나 다양한 방식으로 광범위한 상황에서 삶의 다양한 영역에서 만나는 사람들을 향해 나타나는지 알게 되면 깜짝 놀랄 것이다. 이와 관련해 진정으로 자유로워지고 싶다면 자신에게 솔직해지는 것이 어려울 수도 있지만 꼭 필요한 것이다. 최소한 자신에게라도 진실을 말할 때, 당신은 자유를 향한 발걸음을 시작하게 된다. 패턴은 강력한 중독성이 있다. 어떤 패턴은 매우 자기 파괴적이고, 물론 덜 그런 것들도 있지만 모두 일종의 중독이다. 리소Riso는 이러한 패턴을 삶의 기본적 중독basic addictions이라고 불렀다.

패턴이 활동하고 있다는 또 다른 단서는 인생이나 자신에 대해 우울감이 느껴지거나 스스로 기분을 고양시킬 때이다. 패턴은 결코 순수하게 긍정적인 정서로 이끌지 못한다.

2. 패턴을 일반화하기

당신이 패턴을 알아차리게 되면 그것에 대해 판단하게 된다.

자동적인 패턴을 갖고 있는 것은 지극히 정상임을 기억하라. 안타깝게도 이 세상 사람 대부분은 패턴을 통해 자신을 표현하느라 엄청난 힘을 쏟는다. 당신은 바람직한 결과가 결코 나오지 않는 패턴의 영향과 고통에 눈을 뜬 사람들 중의 하나일 뿐이다. 당신은 이 여정을 용감하게 감행하고 있다. 패턴을 인지하는 일은 자신을 인간답게 만들고 패턴 이면에 있는 모습을 깨닫게 하는 중요한 과정이다.

패턴을 인지하고 일반화하면 당신의 내면에 더 현존하기 위한 부수적인 과정을 수행하는 데 도움이 될 것이다. 이 일을 하는 당신은 참으로 대단하다.

이어지는 과정은 당신이 경험하는 내용 이면으로, 자신과 더 깊은 연결로 들어가도록 도울 것이다. 현존은 당신을 치유하고 문제가 많은 패턴의 강박적 지배에서 어느 정도 해방되는 데 도움을 주는 소중한 치료약이 될 것이다.

3. 의식적으로 요리하기conscious cooking – 당신의 경험에 머무는 법 배우기

일단 당신이 집중하고 싶은 패턴을 확인하고 당신이 무척 중요한 여정 중에 있다는 사실을 인지한 다음에는, 보다 나은 정서적인 건강과 더 깊은 내면의 평화를 얻기 위해 밟아 나가야 할 단계들이 있다. 나는 이 과정을 '의식적 요리' 라고 부른다.

알아차리고 관찰하기

패턴이 나타나는 것을 인식했다면, 단순히 그것이 여기에 있는 것처럼 바라보라. 만약 패턴이 드러난 것에 대해 자신을 판단하기 시작하면 그 상태를 강화시킬 뿐이다. 오히려 알아차린 채로 가만히 있으면 그 패턴을 있는 그대로 분명하게 관찰할 수 있다. 그것은 진정한 당신이 아니며, 세상에 대처하기 위해 당신이 학습한 방식이다.

다음과 같은 태도를 취하면 알아차리는 과정에서 큰 도움이 된다. 여기에서는 4장에서 언급한 네 가지 도구를 적용하고자 한다.

패턴에 열린 마음으로 접근하라. 패턴에 대해 호기심을 가져라. 물론 처음에는 상당히 낯설 것이다. 왜냐하면 비록 무의식중에라도 오랫동안 당신은 이 패턴을 피하고 부정하며 판단해왔기 때문

이다.

호기심을 갖는 방법을 소개하자면, 이렇게 말해보라. '이거 참 재미있네. 이게 또 이렇게 나오네. 흠.... 이걸 내가 또 경험하는구나.' 이렇게 알아차리는 과정에서 유머를 발견할 수도 있다. 내담자들과 워크숍 참가자들은 이 방법이 부담을 덜어주고 자신의 패턴을 너무 심각하게 여기지 않도록 해주어서 무척 도움이 된다고 말한다.

당신은 패턴과 동일시하는 단계를 벗어나 패턴을 탐구하는 단계로 넘어가고 있다.

의식적으로 호흡하고, 당신의 호흡과 연결된 상태로 머물러 보기.
비록 패턴을 경험하는 동안에는 그것이 당신의 삶 전체를 뒤덮고 있는 것처럼 느껴지지만, 당신에게는 패턴 그 이상의 것이 있다. 계속해서 호흡하면서, 땅에 딛고 있는 발의 감각을 느끼고 의자에 앉은 몸을 느끼면 여기에 당신을 지지하는 무언가가 있다는 것을 알아차릴 것이다.

당신의 신체와 그 신체감각과의 연결은 강함의 근원이 된다. 당신은 자신을 지지하기 위해 신체의 지능body's intelligence을 사용하고 있다.

자신에게 친절하고 연민을 가져라. 비록 당신에게 도움을 주지 못한다 해도 이 패턴은 상당히 타당한 이유로 존재해 왔다. 물론 당신이 이 패턴을 능동적으로 선택한 것은 아니지만, 이것은 당신이 속한 에니어그램 성격 구조의 영역 속에 포함된 것임을 기억하라. 이것은 더 커다란 인간 조건의 일부분일 뿐이다.

여기에서 당신은 스스로를 지지하기 위해 가슴의 지능heart's intelligence을 사용하고 있다.

당신은 아마도 자주 자신을 판단했을 것이다. 이것은 인간의 삶을 괴롭게 하는 원인이며, 성격 구조의 가장 치명적인 단점 중에 하나이다. 이 판단하고 비판하는 목소리는 어른들에게는 특별한 가치가 거의 없음을 기억하라. 당신은 관찰력이 뛰어나면서 결코 판단하지 않는 당신의 일부분, 즉 '공정한 목격자' 를 당신의 아군으로 초대하라. 이 훈련은 당신 인생에서 또 다른 수준의 자유를 경험하도록 도울 것이다.

당신의 경험에 머물면서 판단을 내려놓으면, 차분한 정신이 주는 지능intelligence of a quieting mind이 당신을 지지할 것이다.

당신의 경험을 허용하기-그것과 함께 머무르기

이 과정이 효과가 있으려면, 패턴 이면에서 올라오는 내면의 감각을 온전히 경험하면서 그 속에 머물면서 가만히 있어보는 일을 스스로 용납하는 것이 중요하다. 이것은 그 감각에 닿도록 호흡을 하고 그 감각 자체에 계속 주의를 집중시킨다는 뜻이다. 이것은 많은 사람들에게 낯선 경험이지만, 그럼에도 불구하고 여기에는 엄청난 가치가 있다.

내면의 감각을 느끼고 머무는 동안, 당신은 상반신의 어떤 부분에서 당신이 이해할 수 없는 감정적 혹은 신체적 아픔을 느낄 수도 있다. 예를 들어 배에서부터 흉곽까지 연결된 단단한 매듭 같은 것을 느낄 수 있다. 아니면 목 안에서 무언가 조여 오는 것을 느낄 수도 있다. 계속 호흡하면서 그러한 감각에 머물러보자. 이 시점에서는 왜 그런 감각들이 있는지 굳이 이해할 필요는 없다.

혹시 당신의 주의가 방황하고 있다는 사실을 알아차릴 수도 있다. 다시 그 불편한 감각에 주의를 집중해보라.

당신의 판단하지 않는 주의력이 패턴을 '요리' 하게 되면, 무언가 다른 실체가 그 시간과 속도에 따라 경험될 것이다.

이것은 새롭고 도전적인 접근 방식이다. 다음 현상이 자연스럽게 일어날 수 있다.

- 감각의 존재를 억압하기 위해서 감각들을 밀어낸다. 하지만 결국 내면의 긴장을 과장하게 된다.
- 자신을 무감각하게 만들어서 아무것도 못 느끼게 한다.
- 상처를 느끼면 밖으로 표출한다.
- 경험을 축소시킨다. 슬쩍 손만 대고서는 충분하다고 단정 짓는다. 에고가 '다 됐다.' 라고 말할 수도 있다.

불편한 경험과 함께 하는 것은 자신 안에 있는 패턴에 대한 온전한 경험이며 그 범위를 어떻게 포용할지 배우는 작업이다. 이것은 통해 시간이 얼마나 오래 걸리든 상관없이 내면의 치유와 변화를 경험할 수 있다. 이 과정은 단 한 번에 몇 분이 걸릴 수도 있고 여러 번 반복하면서 더 오랜 시간이 필요할 수도 있다.

이러한 패턴을 알아차리는 것만으로도 실질적인 변화를 느낄 것이다. 특히 아무것도 바꾸려고 노력하지 않는다면 변화를 실감할 것이다. 그냥 내버려두자. 이것은 이러한 패턴을 그대로 표출하라는 권유가 아니다. 행동으로 옮길만한 내면의 정당성이 있는지를 알아차리자. 그대로 표출하는 것은 패턴의 또 다른 측면일 뿐이다.

알아차림을 통해서 당신은 실제로 당신 자신과 패턴 사이에 약간의 거리를 만들 수 있다. 패턴을 개인적인 문제로 받아들이는 것이 아니라 자신과 분리된 관점으로 보기 시작하는 것이다. 진정한 자신의 모습에서 패턴의 일부분을 분리시키는 것이다.

호흡을 계속하면서 활동적인 감각에 주의를 집중하면 당신은 무슨 일이 일어날지 마침내 알아차리게 된다. 일반적으로 내면에서 무언가가 열리는 것과 같은 느낌이 있고 약간의 공간이 생기면 좀 더 편안해진다. 당신은 실제로 피곤할 수도 있지만 그래도 회복될 수 있다.

당신이 현명한 결정을 내리기 위해 노력하고 있다면, 고민하던 중요한 프로젝트나 인생의 다른 문제부터 일단 시작해 보자. 당신이 인간적인 경험들을 판단하지 않고 온전히 허용하면 분명하고 편안하며 에너지가 넘치는 새로운 위치에서 다시 출발할 수 있다는 사실을 제대로 발견할 것이다.

이 과정을 인정하기

이 과정은 단순해 보여도 결코 쉽지 않다. 이 과정에는 당신에게 필요한 것이 몇 가지 있다. 성격의 패턴이 주는 강박으로부터 자유로워지겠다는 의식적인 결단과 연민을 지향하는 근본적인 태도, 당신에게 있는지조차 몰랐던 엄청난 용기가 필요하다. 당신은 자신에 대해 무언가 중요한 사실을 발견하고 있는 중이다. 당신이 이 접근 방식을 시도할 때마다 당신은 변화하고 있는 것이다.

당신의 내면 작업은 인정받고 존중받을 만큼 충분히 가치 있는 것이다.

이 과정의 특징

이 과정에서 일어나는 일들은 다양한 방법으로 설명할 수 있다. 근본적으로 이 과정이 효과적인 이유는 우리의 의식적인 선택과 의도를 넘어서서 우리가 기꺼이 하려는 마음이 있기 때문이다.

어떤 측면에서 보면, 우리의 패턴은 우리의 특정한 신경 체계와 관련이 있다. 우리가 의식적으로 내면 작업에 힘을 쏟으면 우리의 신경과 뇌 구조는 바뀔 수 밖에 없다. 기존의 신경 연결이 약화되고 새로운 경로가 자리를 잡게 된다.

많은 사람들이 자신의 내면 경험과의 접촉을 통해서 내적인 변화가 일어나고, 보이지 않는 축복의 손길을 통해 은혜를 받았다고 느낀다. 다시 말해서 그들은 자신을 바꾸려고 노력하거나 무언가 만들려고 애쓸 필요가 없었다. 오히려 자신을 그냥 드러내기만 하면 우주가 도움의 손길을 내미는 것이다.

영적인 관점으로 보면, 이 과정의 핵심은 바로 현존의 힘인 것이다.

당신은 고통이나 실망, 상처로 인해 생긴 감각적인 경험과 마주할 때도 결코 혼자가 아니다. 말로 설명할 수 없는 광대한 공간과 우리 모두를 품고 있는 존재, 현존이 당신을 지지하고 있다. 초기의 수많은 영적 신비주의자들의 깨달음과 같이, 호기심 가득 찬 관심과 애정이 담긴 연민, 그리고 고통스러운 내면 깊은 곳까지 호흡하는 일을 계속 반복한다면 무거운 납이 소중한 황금이 되는 놀라운 변화를 경험할 것이다.

4. 패턴과 패턴으로 인한 고통에서 해방되기

이 변화 과정은 내면의 깊은 고통이 덫이 되어서 적어도 일정한 기간 동안 문제가 될 만한 패턴이 계속 나타나도록 만드는 원동력이 된다는 사실을 지적하고 있다. 깊은 고통과 직접 마주하는 경험을 견딤으로써 받는 선물 중에 하나는 지금까지는 몰랐던 패턴의 심층적인 원인, 즉 이전에는 감춰져 있던 에너지의 근원을 알게 된다는 것이다.

고통은 우리 자신을 판단하거나 부정하거나 회피하는 것으로는 결코 해결되지 않는다. 그것과 동일시하거나 그들을 강화시키는 방법 역시 해결책은 아니다. 무의식적인 고통에 대한 우리의 반응reaction은 우리의 성격 패턴의 기반을 만든다. 그리고 그러한 패턴들은 많은 사람들로 하여금 자신에게 무언가 잘못이 있다고 생각하게 만든다. 지금까지의 탐색과 연구를 통해 당신 자신뿐 아니라 타인에 대해서도 연민을 갖게 되기를 바란다. 다른 사람들도 역시, 당신이나 그들 모두 순수한 인지 수준으로는 도무지 이해할 수 없는 문제가 되는 패턴을 갖고 있기 때문이다.

이것은 당신 혼자 감당하기에는, 특히 처음 몇 번은 꽤 힘든 과정이라는 것을 다시 한 번 강조하고 싶다. 특히 끈질기고 문제가 되는 패턴에 대해 작업하려고 한다면, 이 과정에 대해 잘 아는 전문가의 도움을 받는 것이 좋다. 시간이 흘러 혼자서도 수월하게 할 수 있을 때가 올 것이다.

이 현존 기반의 과정을 적용하는 것은 변형, 더 나아가 삶을 위한 강력한 도구로서 호기심, 판단 없이 지켜봄, 그리고 호흡의 통합을 강조한다. 우리 각각은 우리 내면에 정신적 고통이라는 납을 편안함과 가벼움이라는 황금으로 바꾸는 연금술을 갖고 있다. 이는 충분히 기뻐할만한 가치가 있다.

17장
내면 비평가와 삶에 대한 관계의 변화

이 세상 모든 사람들이 공통적으로 갖고 있는 한 가지가 있다. 바로 내면 비평가이다. 당신의 의견과 판단 속에는 내면 비평가가 있다. 의문의 여지없이 당신이 자신을 어떻게 경험하는가는 내면 비평가가 내면 공간에서 차지하는 영역과 밀접하게 관련되어 있다. 내면 비평가는 당신이 자신이나 타인과 맺는 관계, 삶을 구성하는 의사결정들, 당신이 삶을 영위하는 방식에 영향을 끼칠 수밖에 없다. 자기 마음대로 활동하도록 그냥 내버려두면, 결국에는 상처투성이의 무감각해진 영혼이 되어 심각한 대가를 치르게 된다.

내면 비평가는 당신의 현존을 방해하는 가장 강력한 영향 중 하나이다.

이것이 외부로 향하게 되면 사랑하는 사람들과 친구들, 심지어 낯선 사람들을 향한 *비밀스러운* 판단에 반영된다. 내면 비평가가 모두에게 널리 퍼져 있다는 증거는 해결되지 않는 인종 문제, 서로 다른 세속적, 종교적 분파들과 공동체들이 서로를 바라보는 관점, 그리고 다양한 국제 관계들을 통해서 여실히 드러난다.

내면 비평가는 전 세계가 겪고 있는 엄청난 고통의 주된 원인이다.

'내 인생에 긍정적인 변화를 일으키려면 무엇을 할 수 있을까?' 라고 묻는다면, 당신의 에너지를 쏟을 수 있는 가장 실재적이고 강력한 것은 바로 당신과 내면 비평가의 관계를 변화시키는 일이다. 17장에서는 당신이 내면 비평가가 하는 말을 이해하도록 돕고, 성격 구조의 이러한 측면과 관계 맺는 방식을 바꾸기 위해 당장 어떤 단계들을 밟아야 하는지 알려줄 것이다.

기억을 되살려보자면, 에니어그램으로 작업하는 가장 강력한 방법 중에 하나는 당신의 우세한 성격의 패턴과 그 유형에 대해 배운 후에 그 패턴이 어떻게 드러나는지 일상에서 관찰하는 것이다. 이 습관들이 단지 피할 수 없거나 받아들이기 싫은 자신의 일부가 아니고 성격 구조의 일부분이라는 개념이 더욱 분명해지면, 습관에 대해 약간의 거리를 두는 것이 가능해진다. 결국 활동 중인 패턴에 대해 의도하지 않은 영향까지 함께 인식하게 되면, 마침내 패턴의 지배로부터 벗어나게 된다. 패턴을 자신의 일부로 동일시하는 것은 더 이상 매력적이지 않다. 이러한 동일시가 약화되면서 당신은 더욱 깨어난 본성과 본래의 광활함과 편안함을 누리게 된다. 이제 당신은 패턴의 영향을 덜 받게 되고, 더 많은 선택을 할 수 있다.

중요한 패턴 중에 하나로서 모든 성격을 구성하는 요소가 바로 초자아superego이고, 이는 내면 비평가inner critic라고 불린다. 만약 당신이 내면 비평가의 활동을 인식할 수 없다면, 내면 비평가는 당신의 삶에서 지배적인 역할을 수행할 수 있다. 당연히 에니어그램은 내면 비평가에 대한 통찰과 함께 당신의 내적 권위inner authority와의 관계에 대해서도 깊은 통찰력을 제공한다.

내면 비평가의 기능과 목적

내면 비평가는 결코 당신의 선택 사항이 아니다. 단지 각각의 성격 구조의 일부분일 뿐이다. 그저 존재하는 것이다. 당신의 심리적 에너지의 한 부분으로서, 당신은 그것에 복종하거나 무시하려고 애쓰거나 맞서 싸워 물리치려고 시도할 수 있다.

내면 비평가의 역할은 다음과 같이 세 가지 방식으로 이해할 수 있다.

1. *내면 비평가는 평가하는 목소리이다.*
2. *내면 비평가는 내면화된 권위의 표면화된 목소리이다.*
3. *내면 비평가는 에고의 아젠다를 수호하는 경찰이다.*

각각의 역할을 구체적으로 살펴보자.

평가하는 목소리

내면 비평가의 소리를 더 많이 의식하기 시작하면, 내면 비평가가 당신에 대해, 당신에 관한 수많은 메시지를 전달하고 있음을 알게 될 것이다. 메시지는 전부 평가적이고 독선적이며 인생의 모든 영역에 초점을 맞추고 있다.

- 당신의 몸에 대하여, 몸무게, 체격 및 형태, 신체 활동으로부터 성적 활동에 이르기까지 모든 영역에서의 활동하는 능력.
- 당신의 재정 상태와 수입에 대하여, 당신이 얼마나 벌어야 된다고 생각하는지, 노력에 대한 대가로 보여주어야 할 것이 무엇인지.
- 부모로서, 형제 자매로서, 성인 아이로서, 조부모로서 등등 가족 내에서 당신의 역할에 대하여.
- 당신이 얼마나 '협력적' 이라고 혹은 아니라고 생각하는지에 대하여, 당신의 협력적인 모습을 다른 사람들이 어떻게 평가할 거라고 생각하는지에 대하여.
- 당신이 타인과 관계 맺는 방식에 대하여.
- 인생의 여러 영역에 대한 당신의 결정에 대하여.
- 당신의 지성, 기술, 삶의 노하우에 대하여.
- 당신의 인생과 직업의 가치에 대하여.
- 당신이 누구이고, 어떤 존재인지, 그리고 어떤 사람이 되어야 하는지에 대하여.

내면 비평가는 당신의 생각, 대화, 행동 전반에 걸쳐서 코멘트를 할 수 있으며, 옳고 그름의 척도 또는 자신이 만든 적절성 척도scale of adequacy 상에서 모든 것을 평가하기도 한다. 이 내면의 적절성 척도는 내면 비평가의 활동에서 필수적인 역할을 한다. 예를 들어, 어떤 사람은 가치와 의미를 발견할 수 있는 프로젝트를 시작하기를 주저하는데, 이는 자신에게 재주가 없다거나 이런 엄청난 일을 맡을만한 자격이 없다고 말하는 내면의 메시지 때문이다. 이 내면의 목소리는 이렇게 묻기도 한다. '혹시 자네가 뭐라도 된다고 생각하나?' 혹시 나 때문에 의미 있는 프로젝트가 차질이라도 빚으면 앞으로 일상 활동 전반에 여파가 갈 수 있다. 예를 들어 데이트 신청부터, 이웃을 저녁식사에 초대하거나, 도예 강습에 참여하거나, 새로운 직책에 지원하거나, 직장을 바꾸거나, 혹은 우물 파기의 후원자를 모으는 일까지도 해당될 수 있다.

연습: 이 척도가 당신의 삶에서 어떻게 기능하는지 살펴보기 위해 다음 질문에 대한 대답을 생각해 보자.

당신의 척도는 무엇에 기초하는가?

당신의 내면 비평가가 사용하고 있는 척도를 확인할 수 있는 한 가지 방법은 당신에게 무엇이 충분하지 않다고 느끼는지 인식하고 이름을 붙여 보는 것이다.

예를 들어, 당신은 지성이나 재능, 능력, 자격, 외모, 경제력, 에너지, 권력, 혹은 영향력이 부족하다고 느끼는가?

당신에게 무언가 부족하다는 메시지 때문에 하지 않고 있는 일은 무엇인가?

누가 이 척도의 기준을 만들었는가? 이 기준은 도대체 어디에서 왔는가?

아마도 당신의 척도는 정서적, 사회적 환경과 당신의 특정 성격 구조로부터 온 메시지들의 상호작용에 근거한다.

아마 당신은 지배적 문화 또는 그 하부 문화로부터 어떤 자질이나 경험이 중요하다는 메시지를 받고 영향을 받았을 수도 있다.

예를 들어 인터넷이나 서점가, 각종 세미나에서 풍성한 삶을 살기 위한 작업abundance/manifestation work의 많은 내용이 의도하지 않게 내면 비평가의 영역 속으로 들어가기도 한다. 이런 문헌들이 가르치고 제시하는 생각들이 대부분 건강하고 유용하지만, 일부는 그렇지 않기도 하고, 무언가 당신에게 잘못된 점이 있다거나, 당신이 꿈꾸는 삶이 이루어지지 않았다면 당신이 무언가 잘못하고 있다는 느낌을 갖도록 만든다.

의식적으로 특정한 영적 여정을 따르고 있는 사람들도 자신이 더 의식적이야 하고, 더 깨어있어야 하며, 더 진화되어야 한다고 느낄 수 있다. 그 결과 그들은 분노나 수치심, 우울, 과시와 같은 인간적인 감정 때문에 자신을 비난하기도 한다. 만약 이런 상태가 익숙하게 들린다면, 그것은 당신이 실제로 경험하지 못한 어떤 고양된 상태에 반하는 판단을 하여 실행하게 하는 영적 초자아라고 알려진 내면 비평가 때문이다.

당신의 내면 척도는 삶이란 어떠해야 한다는 누구의 생각에 바탕을 두고 있는가? 그것은 어떤 생각인가?

이 척도는 자원들의 다양한 영역으로부터 올 수 있는데, 그 중 일부를 17장의 뒷부분에서 알아보도록 하자.

내면화된 권위의 표면화된 목소리

당신의 내면 비평가는 긴 역사를 가지고 있다. 그래서 어디에서부터, 어떻게 시작되었는지 알아보는 것이 도움이 된다.

인간이 되는 방법을 학습하기 위한 능력은 에고의 구조 안에 내장되어 있다. 당신은 태어난 그 순간부터 중요한 사람들을 미러링mirroring 하였다. 행운아들은 사랑이 넘치는 식구들과 지인들로부터 칭찬과 격려와 포옹을 받으며 자라났다. 하지만 아무리 많은 사랑을 받았다고 해도 좋은 부모가 되는 법과 인생을 잘 영위하는 법을 이해하려고 노력하는 부모나 양육자에게서 당신은 자연스럽게 자신도 모르는 긴장과 스트레스와 불편함의 원인을 얻었을 것이다.

당신에게는 자신만의 삶의 경험이 있으며, 아주 어렸을 때를 기억할 수도 있고, 기억하지 못할 수도 있다. 분명히 당신은 태어난 후부터 며칠, 몇 달, 몇 년 동안 무엇이 옳고 나쁜지에 대한 서로 다른 메시지들을 수없이 받아 왔다. 그리고 어떤 메시지든지, 당신의 성격 구조에 의해 여과되었다(2장에서 언급한 바와 같다.). 예를 들어 서로 다른 성격 구조를 가진 쌍둥이는 부모로부터 동일한 메시지를 받았다고 해도(물론 이 부분에도 여전히 논란의 여지는 있다.) 서로 다른 방식으로 메시지를 받아들였다.

다시 당신의 상황으로 돌아가 보자. 당신을 양육한 사람이 전달하고자 한 의도와 당신이 해석한 방식은 서로 다를 수 있다. 다시 말해서 당신의 어린 시절 환경과 당신의 기질과 성격 구조 사이에 일어나는 상호작용을 고려하는 것이 중요하다.

아장아장 걷기 시작하고 어린이가 되면서 당신은 타인과 함께 사는 법을 배워야 했다. 당신은 커다란 가족 구성원이 되는 법에 대한 지침을 받았다. 이는 확실하고 분명하거나 애매모호할 수도 있고, 엄격하게 따라야 하거나 강요가 없을 수도 있다. 이러한 모든 훈련은 사회적 조건 형성social conditioning이라고 불리는 컨테이너container를 만들었다. 당신은 당신의 경계선이 어디까지인지 배워야 했다. 당신이 받은 지침에는 옳고 그름을 어떻게 구별하는지도 포함되어 있다. 이 지침들은 당신의 선택을 안내하기 위한 양심을 발달시키는 데 무척 유용했다. 어렸을 때에 이 지침은 어떻게 장난감을 공유하는지, 교회나 학교에서 어떻게 행동하는지, 여동생을 어떻게 돌보고, 할머니에게는 어떻게 하면 사랑스럽게 보이는지에 초점을 맞추게 했다. 아울러 다른 권위적인 어른들이나 일 년에 한 번 만나는 고모할머니에게는 어떻게 공손하게 대해야 하는지 가르침을 받았을 것이다. 혹시 직계 가족이 아닌 다른 사람에 의해서 양육되는 바람에 어떻게 행동해야 하는지에 대해 혼란스러운 메시지를 받았을 수도 있다. 당신은 사회적 조건형성이 된 대로 따르거나 따르지 않을 수도 있지만 당신이 어떻게 행동해야 하는지에 대한 메시지를 받았고, 때로는 혼란스러운 것도 있었다. 만일 당신이 권위에 반항했다면 아마도 이 훈련에 영향을 받지 않았다고 생각하겠지만 실제로 그것은 불가능하다.

유아기의 행동 지침이 중요했을까? 물론 그렇다. 우리는 사회적 존재이다. 우리 모두는 사회적으로 세상의 일부가 되는 법을 배우기 위해서 어떤 지침이 필요하다. 하지만 대부분의 경우에 훈련은 지침으로만 끝나지 않는다.

당신이 호의적이든 아니든 당신은 타인과 비교되었을 것이다. 당신에게는 부모나 양육자가 선호할 만한 분야에서 뛰어난 재능을 가진 손위 형제나 자매가 있었는가? 혹은 당신보다 부진한 동생이 있었는가? 인생의 성공이 체육이나 예능, 학교나 사업 분야에서 얼마나 잘하느냐에 달려있다는 메시지를 받은 적이 있는가? 혹은 당신의 가치가 타인의 필요를 충족시키는 것에 달려있었는가?

당신은 당신의 어린 시절을 형성한 사회적, 정서적 환경에서 무엇이 권장되었는지/권장되지 않았는지, 기대를 받았는지/기대를 받지 못했는지, 상을 받았는지/벌을 받았는지, 가치를 인정받았는지/인정받지 못했는지에 대한 독특한 인생 경험을 가지고 있다.

그리고 이 메시지들은 서로 다른 사람에게서 비롯되었다. 주로 부모나 보호자였겠지만 그 외에 중요한 어른들, 즉 조부모나 다른 친지들, 교회나 학교의 권위자들, 또는 다른 공동체의 지도자들도 메시지를 보냈을 것이다.

연습: 발견 과정 - 내면 비평가와 함께 해온 당신의 인생

당신은 이미 내면 비평가에 대해 탐구해본 적이 있을 수도 있다. 하지만 이 발견 과정이 내면 비평가를 이해하려는 첫 번째 시도인 것처럼 접근해 보자. 당신이 살아오는 동안 내면 비평가와 어떤 경험을 했는가? 당신만의 답변을 써보기를 권한다.

당신이 살아오는 동안 내면 비평가로부터 들었던 메시지는 무엇인가?
당신이 원가족 안에서 바라거나/바라지 않은, 기대를 받거나/기대를 받지 못한 것은 무엇이었는가? 어린 시절을 형성한 사회적, 정서적 환경 속에서 상을 받거나/벌을 받은, 가치를 인정받거나/가치를 인정받지 못한 것은 무엇이었는가?

이러한 메시지와 연관된 사람 혹은 그룹은 누구인가?
내면 비평가의 메시지들을 다시 살펴보면서 누구의 목소리처럼 들리는지 생각해 보자. 예를 들어, 아버지, 어머니, 할아버지, 할머니, 형제, 자매의 목소리였는가? 선생님이나 다른 어른들의 목소리였는가? 방송에서 들었던 목소리인가? 교회 지도자들인가? 혹시 십대 시절의 당신의 목소리는 아닌가?

이 목소리에 대해 그동안 어떻게 다루었는가?

우리는 이 메시지에 대처하는 여러 가지 방법을 알고 있다.
자신이 적은 메시지 중에서 가장 중요한 세 가지를 골라 그것들을 어떻게 다루었는지 살펴보자. 예를 들어 이 메시지에 저항하거나 맞서 싸우려고 했던 적이 있는가? 당신은 메시지를 믿고 말하는 대로 따르려고 했는가?

노트: *과거부터 지금까지 내면 비평가의 메시지를 알아차리는 것은 도전적인 과제가 될 수도 있다. 왜냐하면 탐색이나 호기심이 열려 있지 않으면 내면 비평가들이 기정사실처럼 보이기 때문이다. 이 메시지를 명확하게 확인하려면 이 적용 연습을 여러 번 반복해야 할 것이다.*

그동안 내면 비평가는 당신의 삶의 질과 지금까지 당신을 표현하는 방식에 어떤 영향을 끼쳤는가? 이는 대답하기 어려운 질문일 수도 있지만, 시간을 갖고 생각해보자. 예를 들어, 내면 비평가가 자신에 관한 느낌에 어떻게 영향을 끼쳤는가? 당신이 하는 일이나 하고 싶은 일에 대해서 내면 비평가가 한계를 설정했다고 느낀 적이 있는가?

당신의 인생에서 꿈은 무엇인가? 오랫동안 간직해 온 소망이 있는가?
- 혹시 나중으로 미루거나, 떨쳐 버리거나, 잊어버린 꿈이 있는가?
- 자신에게 인생의 꿈을 갖도록 기회를 주었는가?
- 어떤 개인적인 특성이나 재능을 나누고 싶었는데, 혹은 어떤 헌신을 하고 싶었는데, 나중으로 미루거나 연기한 것이 있는가?

노트: *많은 사람들은 자신의 인생의 꿈을 편집한다. 그것이 실용적이지 않거나 이룰 수 없다고 생각하며 잘라내었다.*

현재의 목소리

이번에는 시간을 옮겨서 과거 대신에 현재를 살펴보자. 당신이 몇 살이든 당신은 지금 여기에 있다. 아마도 열여덟 살은 넘은 성인일 것이다.

당신이 받아서 기억하는 메시지들은 당신의 내면에 어느 정도나 머물고 있는가? 단순히 머문다는 것보다는 오히려 당신에게 명령을 내리는 것과 같은 기분일지도 모른다.

과거나 현재의 친구들이 당신을 어떻게 생각하는지 알아내려고 시도해 본 적이 있는가? 당신이 꿈을 따르려고 하면 부모나 형제들이 뭐라고 할지 걱정되는가? 부모가 살아계시든지 돌아가셨든지 상관없다. 만약 그분들이 아직 살아계셨다면 지금 당신을 어떻게 생각하셨을지 걱정하는 것은 결코 이상한 일이 아니다.

당신의 삶의 방식에 대해 끈질기게 영향을 미치는 내면의 메시지가 있는가?

당신은 자신에게 무슨 말을 듣고, 무슨 말을 해 주는가? 이 메시지들이 불가사의할 정도로 익숙한가?

우리가 내면 비평가라고 부르는 내면의 기제는 당신이 아주 어렸을 때 들었던 외부 메시지를 내면화하고, 다시 당신 내면의 감독관으로 만드는 놀라운 능력이 있다.

더 깊이 들어가면 이렇게도 물을 수 있다. '아, 이게 정말 누구 목소리였더라?'

당신이 듣는 내면의 메시지는 주로 지금, 당신 자신의 내면 체계에서 오는 것이다. 만일 그렇다면 어떤 것이 정말 필요하고 좋은 길로 인도하는지 그리고 어떤 것이 더 이상 쓸모가 없고 도움이 되지 않는지를 어떻게 알 수 있을까?

에고의 아젠다를 수호하는 경찰

그렇다면 당신의 진정한 양심과 내면 비평가의 메시지를 어떻게 구별할 수 있을까?

에니어그램은 이 부분에서 내면 비평가의 활동에 대해 귀중한 통찰을 제공한다. 에니어그램은 각각의 아홉 가지 성격과 에고 구조가 이 권위적이고 평가적인 에너지를 경험하는 서로 다른 방식을 보여준다.

에고 구조가 영혼을 기쁘게 하는 특성에 가까이 가도록 설계되었다는 사실을 기억할 것이다. 이 책 전체를 통해 보았듯이, 에고 구조는 진짜로 깨어난 특성들에 대한 경험의 모조품이나 거짓을 만들 수 있다. 에고는 이를 알아차리지 못하고 자기가 할 수 없는 바로 그 일을 이루기 위해 엄청난 계획을 세운다. 내면 비평가는 기껏해야 프로젝트 코디네이터일 뿐이다. 엄밀하게 말해서 에고가 엄청난 프로젝트를 이루기 위한 일정을 잘 진행하고 있는지 지켜보는 요원인 셈이다. 어떻게 보면 에고의 현상 유지를 위한 듬직한 방어자인 것이다.

당신은 에고의 과업을 완수하기 위해 충분히 노력하고 있는가?

당신의 에고가 이루려고 애쓰는 프로젝트는 무엇인가? 당신이 당신의 유형을 확인했다면, 그 유형을 설명하는 부분으로 가서 내면 논리와 정체성 삼각형Inner Logic and Triangle of Identity을 다시 읽어보라. 각각의 성격 구조는 옳다고 느끼는 이 세상에서의 특정한 존재 방식에 맞춰져 있다는 사실을 기억할 것이다. 각 에고 구조는 자신의 존재 방식을 유지하기 위해 내장된 방어체계를 갖고 있으며, 그 유형의 사람에게 어떤 기준을 고수하라고 주장한다. 여기에는 내면 비평가가 감시하는 내면 논리가 있으며, 내면 비평가의 규칙을 듣지 않고 따르지 않으면 위험에 처한다는 경고도 따라온다.

내면 비평가는 아래와 같이 감시하고 있다:

1유형: 당신은 충분히 좋은 사람인가? 올바른 방식으로 일처리를 하고 있는가? 만약 책임을 맡겠다고 나서지 않으면 당신은 위험하다. 그러니까 내 말을 들어라. 내가 다 잘 되게 해주겠다. 내가 바로 잡아주겠다!

2유형: 당신은 충분히 다른 사람을 돌보고 돕는 사람인가? 당신은 자상하고 다정한가? 만약 이기적으로 행동한다면 당신은 위험하다. 그러니까 내가 바로 잡아 주겠다!

3유형: 당신은 당신의 성공으로 충분히 인정받는가? 당신의 분야에서 최고를 지키고 있는가? 만약 느슨해지고 잘 해내는 모습을 보여주지 않으면 당신은 위험하다. 그러니까 내가 바로 잡아주겠다!

4유형: 당신은 충분히 진솔한가? 당신의 감정에 진실한가? 만약 독특하지 못하고 당신의 감정에 반응하지 않으면 당신은 위험하다. 그러니까 내가 바로 잡아주겠다!

5유형: 당신은 충분히 스마트한가? 당신은 유능한가? 일이 어떻게 돌아가는지 제대로 알고 있는가? 만약 전문 지식을 충분히 갖고 있지 않으면 당신은 위험하다. 그러니까 내가 바로 잡아주겠다!

6유형: 당신은 충분히 안전하게 자신을 지키고 있는가? 타인의 기대를 채워 주고 있는가? 만약 그 기대를 채워주지 못한다면 당신은 위험하다. 그러니까 내가 바로 잡아주겠다!

7유형: 당신은 충분히 자유로운가? 자발적이고 재미있게 살고 있는가? 만약 슬프게 보이면 당신은 위험하다. 그러니까 내가 바로 잡아주겠다!

8유형: 당신은 충분히 강한가? 당신이 통제하고 있는가? 만약 조금이라도 연약하게 보이면 당신은 위험하다. 그러니까 내가 바로 잡아주겠다!

9유형: 당신은 충분히 차분하고 평화로운가? 당신은 환경 속에서 조화를 이루고 갈등을 넘어서 있는가? 만일 그렇지 않다면 당신은 위험하다. 그러니까 내가 바로 잡아주겠다!

노트: *각 유형의 청사진을 다시 들여다보면, 내면 비평가의 메시지가 특정 유형의 구조를 이루고 있는 여러 측면을 강화시키는 것을 볼 수 있을 것이다.*

각각의 에고 구조마다 어떤 행동을 지나치게 하는 특정한 방식이 있는데, 이는 특정한 내면 비평가의 메시지를 반영한 것이다. 당신은 사람들 각자가 그 구조의 내면 논리와 기준에 따라 살기 위해 얼마나 애쓰고 있는지 볼 수 있다.

사람들이 자신의 유형과 관련된 메시지만 받는다는 뜻은 아니다. 그러나 각 유형의 렌즈를 통해 내면 비평가를 살펴보며 내면 비평가가 어떻게 작용하는지 이해하려고 애쓸 때 모호한 부분에 대해서 더 많은 정보를 얻을 수 있다.

에고 구조가 당신의 참된 모습을 보여주지 않는다는 사실을 기억하면, 뒤로 한발 물러나서 '잠깐, 이 목소리는 그냥 패턴일 뿐이야. 진짜가 아니야!' 라고 말하기 쉽다. 이는 대단히 자유로운 태도를 취하는 것이다!

내면 비평가와 당신 자신의 안내와의 차이를 구분하는 것이 어려운 이유는 어찌 보면 당연하다. 내면 비평가의 감독 역할이 - 평가하는 목소리, 권위의 외면화된 목소리가 내면화된 소리 - 너무 많아서 그 영향이 여러 방향에서 오기 때문이다. 비평가가 당신의 안내의 역할을 공중에서 사라지게 해서 그것이 진짜인 것처럼 느껴지게 한다. 무엇이 진짜이고 무엇이 거짓인지 자세히 살펴보기 시작하려면, 내면 비평가가 작동할 때 내면 비평가를 어떻게 확인할 수 있을지를 알 필요가 있다.

내면 비평가는 어떻게 확인할 수 있는가?

내면 비평가가 언제 작동하는지를 어떻게 알 수 있을까? 여기에 그 교묘한 특징 세 가지를 소개한다.

1. 내면 비평가는 모든 영역에서 작동한다.

때때로 내면 비평가의 힘은 크고 심지어 당신 바로 앞에 놓여있다. 당신은 그것을 절대 놓칠 수가 없고, 그것이 얼마나 계속해서 나타나는지 쉽게 보인다. 하지만 내면 비평가는 매우 교묘해서 조용히 레이더 밑에서 작동하기도 한다. 이는 라디오의 볼륨 다이얼과 유사하다. 이웃들이 전화해서 소리를 줄이라고 할 정도로 요란할 수도 있고, 간신히 잡음처럼 들릴 정도로 아주 작은 소리일 수도 있다. 하지만 내면 비평가는 그곳에 있고, 영향은 변함없이 확산되며 치명적이기까지 하다.

보통 내면 목소리 가운데서 내면 비평가의 소리가 가장 크기 때문에 당연히 옳다고 생각하기 쉽다. 하지만 결코 그렇지는 않다.

2. 내면 비평가는 자동적으로 작동한다.

내면 비평가는 언제나, 항상 자동적으로 작동한다. 당신이 의문을 갖지 않으며 인식하지 않고 명명하지 않으면, 자기 마음대로 활동한다. 내면 비평가에 대해 인식이 확장되었을 때, 당신과 내면 비평가의 관계를 변화시킬 수 있고, 거리도 생길 수 있으며, 반응의 래퍼토리를 넓힐 수도 있다. 내면 비평가는 비록 엄격하지만 그저 또 다른 성격의 패턴이다.

3. 내면 비평가는 스스로 증가한다.

내면 비평가의 교묘한 측면 중에 하나는 '판단을 판단하는' 것이다. 당신이 자신을 판단하고 있을 때라도 내면 비평가는 바로 끼어들어 당신 옆에 앉아서 판단하고 있는 당신을 판단한다. 내면 비평가는 승수 효과가 있어서 스스로 증가한다. 그런 의미에서 보면 당신은 결코 내면 비평가를 능수능

란하게 상대할 수 없을 것 같은 느낌을 가질 수 있다.

내면 비평가가 어떻게 작동하는지 알아보기 위해 그와 관련된 당신의 개인적인 경험으로 깊이 들어가 보자.

정신적 경험

많은 내담자나 학생들의 이야기를 들어보면, 의문을 가질 수 없는 진리를 주는 것 같은 목소리와 내면의 대화를 하는 것 같다고 한다(결코 정신 나간 사람들의 이야기가 아니다. 물론 우리는 모두 조금씩은 이상하다. 하지만 이 목소리는 모든 사람에게 들린다.). 이 목소리의 힘은 워낙 강해서 감히 의문을 품으면 엄청난 위험이 닥칠 것처럼 보인다. 결국 일종의 심리적 협박psychological blackmail인 셈이다.

어떤 사람들에게는 이 목소리가 신의 음성처럼 들리며, 엄청난 권위가 느껴져서 그것을 이해하기 힘들어 보일 수도 있다. 그러나 신의 음성은 아니다.

내면에는 다양한 종류의 잡음이 많은데, 어떻게 하면 내면 비평가의 소리를 구분할 수 있을까? 여기 내면 비평가의 스위치가 켜졌다고 알려주는 신호들을 소개한다.

에고의 평가절하

내담자들이 자주 하는 말 중에 하나는 '제가 씨름하고 있는 문제가 바로 이겁니다.' 이다. 당신이 정말 고군분투하고 있다면 내면 비평가의 역할을 다시 한 번 자세히 들여다보자.

자신에 대해 나쁘게 느껴질 때마다 일단 내면 비평가가 작동 중인가를 의심할 수 있다. 사람들이 자신에 대해 부정적인 의견이나 약간의 우울을 느끼거나 여러 가지 이유로 자신에게 화가 나거나 못마땅할 때 내면 비평가가 작동 중이라는 것을 알아차린다. 또한 자기 자신이 자신의 능력이나 가능성을 믿지 못하는 모습으로도 나타난다.

내면 비평가는 당신이 다른 사람과 비교하거나 내면의 기준에 비해서 자신을 부정적으로 평가할 때 나타난다.

이것은 절망감의 뿌리이고 특정 상황에서 단념하게 한다. 평가절하가 특별히 심할 때는 자기 자신, 자기 인생, 자기 미래에 대한 부정적인 생각이 당신의 경험 전체를 물들이게 된다. 그럼에도 불구하고 다른 사람들은 당신의 내적 분투에 대해서 전혀 알 수가 없다.

일반적으로 특정한 성격 유형이 우세한 사람들은 에고의 평가절하를 자주 경험한다. 자신을 못마땅하게 여기는 것이 당신의 참된 본성은 아니지만 많은 사람들이 그렇게 조건화 되어 있다. 자신에 대해서 나쁘게 느끼지 않으면 무언가 잘못된 것 같다는 내담자의 얘기를 들은 적이 있다. 자신을 수용하는 것보다 자신에 대한 부정적 감정이 더 자연스럽고 받아들일 수 있다는 사실이 나를 슬프게 한다.

타인을 평가

자신을 못마땅하게 생각할 때 종종 타인에 대한 당신의 생각에서도 그것이 나타난다. 만일 자신을 타인과 비교하거나 어떤 사람에게 비판적인 태도를 갖고 있다는 사실을 알아차렸다면 그것은 숨겨진 부정적 평가이고 그 사람들을 통해서 당신에게 반영되고 있다는 단서일 수 있다. 심리학 용어로 이를 투사projection라고 하며 부정적인 자기 평가는 외부 세계로 쉽게 향할 수 있다.

에고의 평가절상

내면 비평가가 에고를 특정 방식으로 행동하도록 조종하려 할 때마다 내면 비평가는 계속 작동하고 있다. 내면 비평가는 당신이 끝까지 훌륭하게 응원하는 치어리더의 역할을 하는 경우가 있다. 이 경우에 겉으로는 아니더라도 내면의 거들먹거림이나 오만함이 따라온다. 다른 말로 하면, 당신이 정말 잘 해냈다는 부풀려진 자신감이 바로 그것이다. 당신이 잘 했다는 것이 사실일 수도 있다. 하지만 내면 비평가는 과장해서 당신이 장외 홈런을 쳤고 다른 누구보다도 훨씬 잘 했다고 말한다. 당신은 자신의 등을 토닥이는 당신, 사람들에게 얼마나 잘 했는지 말하는 당신, 스스로 뿌듯해하는 당신의 모습을 발견할 것이다.

사실 내면 비평가가 작동할 때는 당신의 위대함을 자신과 타인에게 설득하기 위해 많은 에너지를 쏟게 된다. 만일 당신이 자기 확대 이면의 느낌을 살펴보면, 당신이 밖으로 나가 일을 하면서 내일도 최소한 그 정도는 해야 한다고 느끼는 자신을 발견할 것이다. 아마 더 잘 할 필요가 있다고 생각할 수도 있다. 결국 내면 비평가는 조금 더 교묘한 전략을 사용한 것이지만 이 또한 인식할 수 있다.

내면 비평가가 신의 목소리처럼 들리는 평가절하 메시지를 보낼 수 있는 것처럼 절상된 목소리 역시 신성하게 영감을 주는 소리가 될 수 있다. 만일 다음 단계로 밀어붙여야 한다는 메시지가 계속 나온다면 이는 당신의 신성이 말하는 것이 아니라 내면 비평가일 가능성이 훨씬 높다. 어떤 성격 구조는 더욱 과장된 활동을 원하기도 한다. 이런 격앙된 목소리에 도전하는 것은 매우 힘들 수 있다. 왜냐하면 당신이 얼마나 훌륭한지 계속 말해 주지 않으면, 풍선의 바람이 빠진 느낌이나 무인도에 떨어진 기분이 들기 때문이다.

여기에서 자신에 대한 자신감, 선의에 대한 진실한 감정과 신과 다른 사람들에게 보이기 위해 과장된 이미지를 계속해서 되새겨야 하는 욕구를 구분하는 것은 중요하다. 물론 누구나 자기 재능을 인정할 수 있어야 하고, 다른 사람들이 자신에 대해 좋게 느끼는 무언가를 알아볼 수 있어야 한다. 자신에 대한 이 두 상태의 차이를 점검하는 것도 중요하다. 왜냐하면 계속해서 자신감을 북돋워줘야 한다는 것은 내면 비평가가 당신을 자기 마음대로 조종하고 있다는 뜻이기 때문이다.

모든 성격 구조는 어떤 속성이 최대한으로 발휘된 상태에 대해 자부심을 갖게 하는 에고를 과장시키는 방식을 갖고 있다. 비록 그 사람의 장점을 실제로 표현하지 않는다 해도, '이것만큼은 남들보다 잘 한다.' 라는 은밀한(비밀은 아님) 오만함이 있다.

자신에 대해 좋게 느끼기 위해 스스로 과장하는 것은 결코 당신의 깨어난 본성이 아니다. 진정한 사랑이나 존중, 수용을 얻기 위해 굳이 자신을 조종할 필요는 없으며, 자기 자신의 존재에 대한 경이로움과 소중함을 체험하기 위해 자기 스스로를 조종한다는 것은 절대 불가능한 일이다. 이렇게 진실 되고 희망을 주는 특성들은 만들어지고, 억압받는 순간 사라진다. 당신이 진정한 본성 안에서 이완할 수 있을 때, 참된 특성들이 드러나게 된다.

에고에 관한 모든 것

내면 비평가가 에고를 평가절상하거나 평가절하시킬 때, 주의 초점은 전적으로 당신에게 달려있다는 것을 알고 있는가? 여기서 한번 살펴보자. 내면의 목소리는 당신이 아무것도 아니라고 주장하지만, 당신은 이미 주의의 중심에 놓여있다. 내면 비평가는 보이는 기준이나 보이지 않는 기준으로, 때로는 유형이나 무형의 잣대로 당신을 비교한다. 따라서 그것이 다른 사람에 대한 것처럼 보인다 해도('저 사람들을 나에게 없는 것을 가지고 있군.'), 그것은 항상 당신에게로 다시 돌아오기 마련이다. 구체적으로 말하면, 당신의 에고로 다시 돌아온다('당신에게는 있어야 할 것이 없네. 앞으로도 절대 얻지 못할 걸.' 혹은 '아, 당신은 정말로 그것을 가지고 있네. 계속 노력해 봐!').

성장을 방해하는 엄청난 힘

내면 비평가는 인생의 여러 상황에서 나타날 수 있지만, *특별히 당신이 변화와 성장의 여정에 있을 때 활성화되고 가속화된다.* 아마도 당신은 경력을 바꾸려고 생각하거나 영적 공동체에 더욱 깊이 참여하려고 생각할 수도 있다. 당신이 소설을 쓰거나, 작곡을 하거나, 새로운 제품을 만들거나, 또는 개발 도상국에서 일 년 정도 일하고 싶을 수도 있다. 단지 뼛속 깊이 자신에 대해 더 알고 싶은 것일 수도 있다. 이때는 아래와 같은 메시지가 들릴 수도 있다.

'도대체 당신이 뭐라고 생각하세요? 누가 당신 말에 귀 기울일까요?'
'시간 낭비네요. 다른 중요한 일로 돌아가시죠!'
'농담하세요? 어떻게 살아남으려고요? 이제 그만 꿈 깨시죠.'
'이제 알았죠? 그만큼 했는데도, 성공 못했잖아요. 이제 그만 잊어버리시죠.'
'친구들과 식구들은 어떻게 하시고요? 너무 이기적인 거 아닌가요?'
'이제 그 엉뚱한 생각은 그만 접으시죠. 그냥 주어진 대로 받아들이시고 지금 가진 걸로 그냥 행복하게 사세요.'
'정신 차리고 주변을 한 번 둘러봐요. 다른 사람들이 자기 인생에 변화를 주던가요? 모두 다들 그렇게 한다면 세상이 어떻게 되겠어요?'
'이것 보세요, 당신의 동료는 생각이 다를 걸요. 혹시 계속 밀어붙이시면 아마도 혼자 남게 될 거예요.'

내면 비평가의 목소리를 귀담아 듣고 믿게 되면, 그 소리가 당신의 꿈보다 더 중요해지고, 당신의 성장보다도, 당신이 진정한 모습으로 발전하는 것보다도 중요해진다.

어떤 사람들은 내면 비평가가 자신의 열정이나 마음, 우선순위를 따르지 못하도록 무의식적으로 변명을 하는 것 같다고 말한다. 그 한 가지 방식이 먼저 '해야 하는' 다른 일로 주의를 돌리게 하는 것이다. 사실 '해야 한다.' 는 말은 내면 비평가가 가장 좋아하는 말이다.

주의를 돌리거나 일을 진행시키지 않으려고 핑계를 대면, 당신에게 의미가 있고 가치 있는 것과 일치된 보다 깊고 풍성하게 자신을 표현할 기회를 빼앗았다. 그리고 충만하고 더욱 통합된 자아로 성장할 때에만 공유할 수 있는 당신의 재능을 빼앗아간다. 변화를 싫어하는 내면 비평가의 메시지를 따르게 되면 이 두 가지 중대한 손실을 감수해야 한다.

또한 내면 비평가는 당신의 경험과 재능, 소질, 그리고 당신 주변의 중요한 것들을 잃어버리게 만든다는 것을 알아야 한다. 계속해서 당신을 폄하하고 당신에게 소중한 것들을 하찮게 만들어서, 당신의 참 모습을 통해 줄 수 있는 것들을 일축시키거나 분산시킨다.

내면 비평가는 성격 구조의 가장 중심이다. 내면 비평가는 자신과 신성에 대한 개인적인 신뢰를 약화시킴으로써 에고의 영향력을 유지하도록 돕는다. 그것을 믿게 되면, 내면 비평가는 그 사람을 자신의 참된 본성으로부터 멀리 끌고 가버린다. 내면 비평가에게 귀 기울이며, 그 소리를 믿고 동일시함으로써 사람은 자신의 영혼과의 연결을 잃게 된다.

몸의 경험을 추적하기

당신의 몸이 이러한 정신적 목소리에 어떻게 반응하는지 알고 있는가? 실제로 다양한 신체적(체감적/몸) 감각으로 나타날 수 있다. 신경과학 연구는 여러 가지 만성적인 신체 질환과 고통을 다음과 같은 다양한 정신적 패턴과 연결시킨다.

- 신체 부위의 근육 긴장 – 턱, 어깨, 목과 얼굴, 혹은 복부 근육의 뭉침 현상
- 몸을 간신히 지탱하는 것과 같은 느낌
- 신체 특정 부분의 만성적 고통
- 가슴 중앙에 느껴지는 뚜렷한 중압감
- 정신적 흐릿함fogginess을 신체적으로 느낌
- 이갈이teeth-gnashing
- 만성적 위장 장애
- 움직일 수 없을 정도의 중압감이나 마비
- 심장의 두근거림

몸의 감각을 추적하기 위해 당신의 신체나 팔다리의 특정 부위에 주의를 집중하는 시간을 자주 가져보자. 비록 이전에는 알아차리지 못했어도, 떠오르는 익숙한 느낌의 감각이 무엇인지 호기심을

갖고 지켜보자. 혹시 익숙한 느낌이라면 그 부위에 집중하는 시간을 더 많이 가져 보라.

신체적으로 익숙하며 정상이라고 느낀 부분이 내면의 계속되는 평가와 관련 있다는 사실에 놀랐을 수도 있다. 보통 그것은 당신의 에너지를 차단하거나, 주의를 분산시키거나, 혹은 강렬하게 만들어서 당신과 별 상관없는 싸움에 휘말리게 만들도록 영향을 준다. 이러한 알아차림이 없다면, 익숙한 신체적 경험을 피할 수 없다고 여기며 쉽게 굴복하게 된다.

당신에게 익숙한 신체적 감각은 무엇인가? 다음 단계로 들어가서 그 감각들을 추적해 그것과 관련된 내면 비평가의 메시지까지 알아낼 수 있겠는가?

감정적 경험

내면 비평가에 대한 인식이 증가할수록 당신은 정신적 활동 이면에 감정이 존재한다는 것을 알게 될 것이다. 보통 내면 비평가가 다루고 있는 감정은 확인하기가 어렵다. 표면 아래에서(경우에 따라 위에서) 부글부글 끓고 있는 주요 감정들을 살펴보자.

두려움

두려움은 혹시 잘못될지도 모르는 모든 가능성에 대한 추측으로 나타난다. 이러한 두려움은 주로 비평가의 요구사항을 따르지 않았거나 당신의 내면 깊은 곳에서 나오는 실낱같은 소리에 귀 기울이고 따랐을 경우에 나타난다. 이 감정은 적절한 행동을 취하기 위한 능력이나 자원의 결핍감과 관련이 있다. 두려움은 두 가지 결과를 가져온다. 하나는 마비로, 당신이 진정 원하는 방향으로 나아갈 수 없는 상태를 말한다. 또 다른 하나는 그와 반대처럼 보이는데, 두려움의 감정을 받아들이지 않고 엄청난 에너지로 뚫고 나가는 것이다. 아마도 당신은 도중에 주변 사람들을 훈계할 수도 있다.

몸으로 느껴지는 두려움과 관련된 감정이 바로 불안이다. 불안은 상당히 불편한 에너지를 느끼는 경험이다. 당장 그 자리를 벗어나고 싶거나 뭔가 지금 당장 해야 할 것 같은 강렬한 충동을 느끼는 내면의 요동이 동반되기 때문이다.

무관심과 체념

무관심과 체념은 주로 당신이 지금 상황에서 할 수 있는 게 전혀 없다거나, 기선을 빼앗겼다거나, 당신 자신이나 원하는 것이 하찮은 것이라는 내면 비평가의 주장에 설득 당했을 때 나타난다. 체념이 주는 감정적 단조로움과 우울의 치명적인 경험은 사람의 에너지를 위축시키며 고갈되게 한다.

분노

내면 비평가는 자신을 크고 강하게 만들고, 자신이 옳다는 것을 입증하기 위해 분노라는 감정을 이용할 수 있다. 지나치게 표현되는 분노는 엄청난 에너지를 발생시킬 수 있다. 그리고 내면 비평가는 분노 폭발을 비롯한 분노의 모든 표현을 정당화시킬 수 있다.

수치심

수치심은 자주 일어나지만, 받아들이기 가장 어려운 감정이다. 당혹감보다 더 깊은 곳에 있는 수치심은 기본적으로 무가치한 느낌, 깊은 무능함, 혹은 당신의 사기 행각이 발각될 것 같은 기분을 들게 한다. 당신이 생각하는 자신의 모습을 사람들이 보지 않기를 원하는데, 그것은 너무 고통스럽기 때문이다. 자신에게는 타고난 가치가 전혀 없다는 경험을 가지고 있을 수도 있다. 이런 느낌 모두가 하나같이 수용하기 어렵지만, 이것 역시 넓은 의미에서 보는 내면 비평가의 패턴에 속한다. 그 경험을 피하고 싶은 것은 당연하다. *차라리 내면 비평가의 의견을 따라 스스로를 책망하는 것이 수치심의 고통을 느끼는 것보다 쉽다.* 그러나 이 감정은 내면 비평가와 평행선을 달린다. 두 가지 모두 강력한 에너지를 갖고 있으며, 거짓된 무능력감에 바탕을 두고, 모두 자기 자신을 인식하는 것이 고통스러울 수 있다.

무능한 것은 당신이 아니고 에고이다. 에고는 당신에 대한 거짓된 감각을 바탕으로 하기 때문에 본래 무능하다. 이것이 바로 에고가 당신의 참된 본성과 평행된 (그리고 거짓된) 삶을 구축하는 방법을 보여주는 증거이다(평행한 삶은 이미 1장에서 살펴본 바 있다.).

누구든지 때때로 수치심을 느끼도록 자신에게 허락할 때가 있다. 수치심이 위험한 이유는 우리가 수치심을 가지고 있기 때문이 아니라 어떤 대가를 치르고라도 수치심을 회피하려고 하기 때문이다. 우리가 수치심을 감추는 기본적인 방법 중 하나가 모든 종류의 중독이다. 중독은 알코올이나 마약을 비롯해 무엇이든 지나친 경우에 나타난다. 텔레비전을 너무 많이 보거나, 운동을 지나칠 정도로 하거나, 음식이나 약을 너무 많이 먹거나, 성관계나 인터넷에 몰입하거나, 이 외에도 중독이라고 이름 붙일 수 있는 것이 수없이 많다. 어떤 활동에 지나치게 몰두한다는 것은 그 일이 우리에게 가장 쉬운 길이기 때문이다. 아울러 저항을 최소화시키는 길이기도 하다. 어쨌든 지나친 활동은 항상 대가가 따르기 마련이다.

인식하지 못한 내면 비평가와 그의 파트너인, 역시 인식하지 못한 수치심은 둘 다 우리의 중독된 생활 방식의 뿌리와 문화 속에 자리 잡고 있다. 우리는 이러한 내면의 역동에 빛을 비추어서 에너지를 잃지 않고 우리 삶에 힘을 가지도록 초대받았다.

나는 당신이 이 부분에 대해서 탐구할 때 자신에게 친절하기를 바란다. 동시에 언제든지 떠오르는 것을 받아들일 수 있고 함께 하면서 그 경험 속에서 호흡하면 무언가는 바뀌게 된다. 그리고 삶을 위한 당신의 능력은 당신의 몸 안에서 더욱 편안하고 더욱 충만하게 확장된다.

죄책감

내면 비평가와 관련된 또 다른 감정은 죄책감이다. 내면 비평가가 주장하는 무언가를 하지 않으면, 죄책감은 쉽게 생긴다. 17장 앞부분에서 '**당신은 에고의 과업을 완수하기 위해 충분히 노력하고 있는가?**' 라는 질문이 나오는 부분을 다시 읽어 보자. 내면 비평가가 얼마나 끈질긴지 다시 한 번 확인할 수 있다. 예를 들어 당신은 내면 비평가의 지시에 따라 도움을 베풀고, 스마트하며 평화롭고 책임감있게 충분히 하고 있는가? 그렇지 않다면 당신은 커다란 죄책감과 당신이 할 수 있는 일이 아무것도 없다는 느낌을 가질 수 있다. 물론 진실은 아니다.

이 죄책감이 내면에서 어떻게 진행되는지 다른 측면을 한 번 살펴보자. 많은 사람들이 행동을 취하기 위해서는 죄책감이 반드시 필요한 요소라고 생각한다. 죄책감이 형성하는 압박이 없다면 당신이 할 일을 하지 못할지도 모른다는 두려움이 생긴다. 반면 죄책감은 마비되는 것과 같은 느낌을 받을 정도로 엄청난 내면의 압박을 동반하는데, 이는 심각한 문제를 만든다. 마비가 심해질수록, 당신은 행동을 덜하고, 죄책감이 커질수록 내면 비평가의 목소리도 커지며, 마비는 더욱 심해진다. 이 모든 과정에서 죄책감의 대상이 무엇이든 분노resentment를 느끼기 쉽다. 결국은 끔찍할 정도로 폐쇄적이고 반복적인 순환 구조를 만들어낸다.

다음은 이 시스템이 어떻게 작동하는지를 보여주는 그림이다. 그리고 이 시스템의 각 부분은 사실인 것처럼 느껴진다. 다시 말하면 삶의 모습을 그대로 보여주는 것이다.

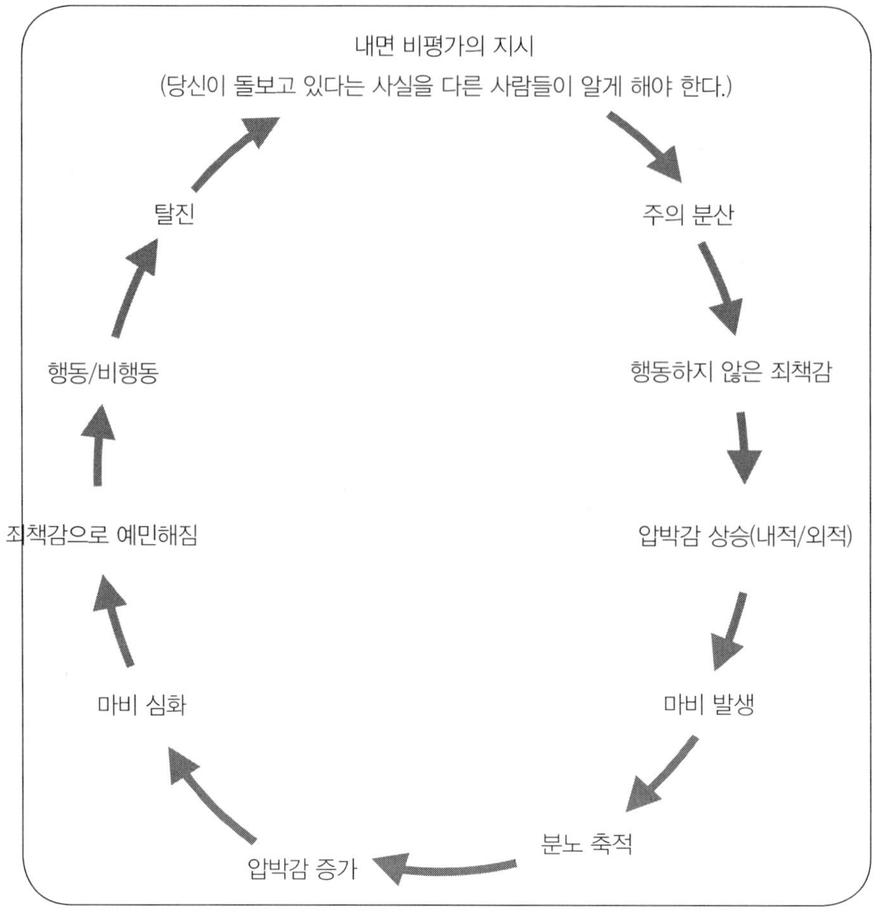

그림 17-1: 죄책감 속박의 사이클

다음 예화는 죄책감이 우리 삶에서 어떻게 작용하는지 보여 준다.

샌디Sandy는 위원회에서 일한지 2년 째 되는 해에 비영리 기금 모금을 위한 연례 행사를 맡아서 준비하기로 했다(내면 비평가의 지시는 연례 모금 행사의 준비위원장이 되라는 것이었다.).

그녀는 그 일에 많은 책임감이 필요하다는 것을 깨달았다. 갑자기 압박감이 느껴지고 위원회 전체로부터 지지를 받지 못한다고 느꼈다. 고등학교 2학년인 딸도 학생회와 연극부에서 회장을 맡고 있고 지원할 대학을 알아보고 있었다. 샌디는 열성적인 엄마였고, 중요한 시기에는 딸의 필요에 집중하는 편이었다. 딸과 보내는 시간 외에도 그녀의 관심이 필요한 일들은 꽤 많아 보였다. 결국 모금 행사 준비는 몇 달 뒤로 미루기로 했다(내면 비평가의 요구에 따라 주의 분산).

샌디는 모금 행사 준비를 돕기로 한 준비위원들에게 제대로 연락을 하지 않았고, 행사 준비를 위해 적절한 지시를 하지 않은 것에 대해 죄책감을 느끼고 있다는 사실을 계속해서 의식하고 있었다. 동시에 그녀는 압박감이 상승하는 것을 느꼈다. 거의 마비될 정도에 이르자 그녀는 가까스로 힘을 내서 회의를 열고, 많은 일들을 조정하고 지시했다. 그렇게 하는 중에도 그녀는

내면에 분노가 쌓이는 것을 느꼈고 이런 책임감은 자신이 원하는 것이 아님을 깨달았다.

모금행사 날짜가 다가오자, 압박감은 급상승했다. 마비 증상이 더 심해지고, 죄책감으로 가득 찼다. 그녀는 행사를 몇 주 앞두고 준비위원들과 본격적인 준비에 돌입했다. 물론 행사 결과는 훌륭했지만 그녀는 탈진했고, 만신창이가 되었다.

죄책감-마비-압박-분노의 사이클로 소모된 에너지는 정작 임무 수행에 필요한 에너지를 무색하게 만들고 빼앗아간다. 사실 이 사이클은 맡은 일보다 더 많은 에너지를 소모할 수 있다. 이 구조 안에 있을 때, 샌디는 다른 대안들을 볼 수 없었다.

아마도 당신은 공사를 막론하고 당신의 삶 속에서 이 반복적인 사이클을 볼 수 있을 것이다. 당신의 삶에서 실제로 그것이 어떻게 작동하는지 알게 되고 인식이 확산되면 이 사이클의 차단이 가능해진다.

예를 들어, 죄책감을 느낀다는 것을 알아차렸을 때 자신에게 물어보자. '내가 나에게 뭘 해야 한다고 말하고 있는 거지? 꼭 해야 할 일이 뭘까? 이것이 지금 내가 맡은 일을 어떻게 폄하하고 있는 거지? 내가 지금 어디에 불필요한 에너지를 쏟고 있지? 내가 지금 분개하고 있나? 만일 그렇다면 그 대상은 누구지?'

몇 번의 호흡은 새로운 관점을 갖는 데 도움이 될 뿐만 아니라 그 사이클에서 당신을 구출해 낼 것이다.

내면 비평가의 궁극적인 영향 인식하기

당신 자신뿐 아니라 주변 사람들은 이 모든 활동에 의해서 영향을 받는다. 내면 비평가와 함께 해온 인생사와 당신이 귀 기울이고 적당한 권위와 중요성을 부여한 내면의 메시지를 인식하기 시작하면, 당신의 인생에 중대한 결과를 가져온다는 사실이 분명해질 수 있다.

당신과 어떻게 관련이 있는지 살펴보기

당신이 정말 하고 싶었던 무엇인가를 시도하지 못했던 적은 언제인가?

내면 비평가의 공격이 지나간 흔적에 대해 스스로 어떻게 느꼈는가?

당신의 삶에서 에고의 평가절하 또는 절상이 당신에게 중요한 사람들에게 어떤 영향을 주었는가?

당신이 한 일이나 하지 않은 일로 인해 느낀 수치심이나 죄책감을 기억하는가?

당신의 의사결정에 가장 영향력이 있거나 지배적인 목소리로 작동한 내면 비평가의 의도하지 않은 결과를 구체적으로 이야기할 수 있는가?

이 질문들을 곰곰이 생각하다가 슬픔이나 상실감, 후회가 느껴져도 이상한 일은 아니다. 그저 최선을 다하는 중에, 당신은 자신의 진정한 안내가 아닌 대리자의 말을 듣고 살아왔으며 삶의 소중한 순간들 중 일부를 잃어버렸다는 사실을 발견하게 된다.

내면 비평가는 방해받지 않고 믿게 될 때, 근본적으로 자기 거부의 목소리가 된다. 계속해서 근본적인 메시지가 반복된다는 것은 당신이 그것의 요구대로 살지 않고 있다는 뜻이다. 당신은 내면 비평가의 제한적이고 평가적인 권위의 경계선 안에 머물지 않고 있는 것이다.

앞에서 살펴본 것처럼, 내면 비평가는 우리가 변화하고, 성장하며, 성숙하는 것을 결코 좋아하지 않는다. 따라서 내면 비평가의 활동과 영향을 깨닫는 것은 당신의 행복을 위해서 반드시 필요하다.

자기 발견의 과정과 자기 자신이라는 집으로 돌아가는 과정에서, 떠오르는 감정이 무엇이든 그것을 굳이 바꾸려고 하지 말고 그저 함께 머물도록 스스로 허용하는 것이 중요하다는 사실을 다시 한번 상기시키고 싶다. 내면 비평가 그리고 성격 구조의 다른 측면들과 동일시하면서 당신이 짊어진 고통을 인식하는 작업은 분명 가슴이 찢어지는 것과 같은 아픔이다.

가슴 찢어지는 아픔을 받아들이면 우리는 자신을 더 알아차리게 되고, 솔직해지게 된다. 이는 성격의 지배로부터 자유로워지고 우리가 떠안은 내면의 고통을 부분적으로 치유할 수 있는 문을 열어준다. 이러한 가슴 찢어지는 아픔을 받아들이면서 우리는 자신과의 새롭고 사랑이 넘치는 관계로 들어서게 된다.

이 여정은 아픔을 겪을 가치가 충분하다.

이제 내면 비평가의 지배로부터 벗어나는 작업을 시작하기에 앞서 중요한 요소 한 가지만 더 살펴보자.

내면의 지배자와 희생자의 역동

앞에서 언급한 것처럼 내면 비평가는 내면화된 권위의 목소리이다. 권위는 많은 이미지와 의미를 내포하고 있다. 사전을 찾아보면 '지배, 통치, 생각이나 행동을 지휘함, 명령과 처벌을 내림' 이라고 나올 것이다. 기본적으로 권위는 *다른 무엇에 대해 지배력을 갖는다는* 뜻이다. 그렇다면 이 목소리의 특징은 무엇인가? 바로 강력함이다.

따라서 권위는 결코 혼자 존재하는 것이 아니라 다른 어떤 것과의 관계 속에 존재한다. 내면 비평가가 누구와의 관계로 결합되었다는 것은 무엇인가?

당연히 그 다른 것은 스스로 힘이 부족하다고 느끼는 우리 자신의 일부분이다. 그것은 자신이 희생자라고 느끼는 내면 아이inner child이다. 어른이 된 후 인생에서 이 부분만큼은 인정하고 싶지 않은 것은 지극히 정상이다. 하지만 그것이 인생의 그림자 속에 남아 있는 한, *비판가-희생자 역동*the critic-victim dynamic을 지탱하는 원동력이 될 것이다.

만약 내면 비평가가 힘이 없다면, 내면 비평가는 존재의 기반을 잃게 된다. 비판자의 활동을 알아차리고 그것에 질문하거나 방해하기 시작하면, 어른의 자세로 반응하고 있는 것이다. 다음에 살펴볼 전략이 그렇게 하도록 지지할 것이다.

내면 비평가의 소음에서 벗어나기 위한 전략

내면 비평가로부터 벗어나기 위해서는 내면 비평가를 인식할 수 있는 삶의 한 부분으로 인정하고 수용하는 것이 필요하다. 최근에 당신은 내면 비평가의 메시지를 어느 정도 식별할 수 있게 되었고, 그것이 어떻게 작용하는지도 배웠으며, 삶에서 드러나는 몇 가지 방식도 알게 되었다. 더 나아가 내면 비평가의 내적 활동을 잠재울 수 있다는 사실도 알게 되었다. 내면 비평가에 대해 깨닫고 훈련하면서, 자신과 다른 사람들의 안녕에 전념하면 내면 비평가의 영향이 감소될 수 있다. 내면 비평가가 완전히 사라지지는 않더라도 굴복시켜서 무력하게 만들 수는 있다.

내면 비평가로부터 벗어나기 위한 구체적인 과정을 아래에 소개하려고 한다. 나를 비롯해 학생들과 내담자의 삶 모두에서 이 과정이 효과가 있었음이 확인되었다.

1. 내면 비평가를 알아차려라

당신의 인식이 증가하게 되면, 당신은 내면 비평가가 작동 중일 때 자신의 경험을 알아차릴 수 있다. 이는 내면 비평가를 관찰하는 능력을 키워 줄 것이다.

2. 명명하라

내면 비평가를 불러내어라. '그래, 네가 내면 비평가구나. 네가 뭘 하려는지 알겠다.' 그렇게 하면 내면 비평가와 당신 사이에 약간의 거리를 만드는 데 실제로 도움이 된다. 내면 비평가가 더 이상 당신을 지배하지 못하고, 반대로 당신이 내면 비평가를 지배하게 된다. 즉 당신은 내면 비평가를 개의치 않고 결국에는 덜 심각하게 받아들인다. 이는 더 자유롭게 지내기 위해 필요한 단계이다.

3. 직면하라

내면 비평가를 밖으로 불러냈으니, 이제 당신의 입장을 전할 때이다(이 일은 연습이 필요할 뿐이다.). 몇 가지 예를 들어보자:

'내가 추측하는데, 너는 내 행동이 맘에 들지 않는가 보군. 하지만 어쩔 수 없지. 알려줘서 고

맙지만 솔직히 나는 지금도 잘하고 있어.'

'너는 그것에 대해 목소리가 아주 크더구나. 네 말은 잘 알아들었고, 이제 더 이상 그 일에 대한 조언은 필요 없어.'

'그만 하지.'

이제 성인으로서 어떻게 자신을 책임져야 하는지 보이는가? 내면 비평가는 당신을 잘못된 아이로 취급하고 말해 왔다. '이제는 됐다.' 라고 말해보라. 내면 비평가는 아마도 오랫동안 자기 마음대로 해왔을 것이다. 따라서 그것을 직면하기 위해서는 연습이 필요하다. 그것도 아주 많은 연습이 필요하다. 나는 학생들에게 내면 비평가와 심지어 하루에 수백 번이라도 직면할 필요가 있다고 말한다. 당신이 새로운 근육을 만들고 새로운 신경학적 경로를 창조하고 있다는 사실을 기억하라.

또 다른 전략은 내면 비평가와 글을 통해 소통하는 것이다. 많은 사람들이 글쓰기를 통해 내면 작동을 분명하게 볼 수 있었다고 말한다. 한 가지 접근 방법은 두 가지 색의 펜으로 써보는 것이다. 하나는 내면 비평가 메시지에 초점을 맞춘 호기심 가득한 자신의 목소리를 써보고, 다른 색으로는 내면 비평가의 목소리를 써가는 방식이다. 또는 양 손을 사용해서 각각의 목소리를 대변해서 써 본다.

내면에서 일어나는 대화를 써보자. 그러나 내면 비평가가 이루려고 애쓰는 것이 무엇인지 호기심을 갖고 쓰며, 내면 비평가에게 다른 전략들을 제시하려는 마음으로 하라.

후속 전략

다른 일로 내면 비평가를 분주하게 만들어라

당신의 내면 비평가는 오랫동안 당신의 정신psyche의 매우 활동적인 부분이었다. 내면 비평가에게는 할 일이 필요해 보인다. 그러니 새로운 할 일을 만들어 주자.

내가 선호하는 전략 중 하나는 대청소를 시켜서 밖으로 내보내는 방법이다. 나는 내면 비평가에게 창밖에 보이는 나뭇잎을 전부 쓸거나 집 앞을 깨끗이 쓸라고 시킨다. 시간이 많이 걸리는 일을 주는 것이 좋다. 그러다가 일을 끝내고 돌아오면 다시 내보내라.

과장하라

또 다른 유용한 방법은 내면 비평가에 동의해 주고 더 중요한 것은 과장하는 것이다. 만일 '너는 나쁜 사람이야.' 라는 이야기를 들으면, '그래, 맞아. 나는 정말 나쁜 사람이야. 나보다 나쁜 사람은 없을 걸. 이 세상에 나보다 사람들에게 상처를 많이 준 사람은 없을 거야. 다른 사람들보다 수 천 배는 나쁘지.' 라는 말로 반응해 보자.

얼마 지나지 않아서 당신은 곧 이런 어리석은 일에 웃음이 나오게 되는데 그것이 바로 핵심이다.

에너지와 함께 흘러가면서, 우스워질 때까지 키워나가는 것이다. 이것은 처음에 들은 말을 완전히 다른 관점에서 보게 만든다.

상기할 점: 실제로 내면 비평가의 목소리와 더 잘 놀 수 있게 되면 내면 비평가의 이야기를 덜 심각하게 받아들이게 되고, 부정적인 영향도 줄어들 것이다.

동의하라

내가 진짜 좋아하는 전략이 이것이다. 이 방법은 당신이 완전히 새로운 영역으로 들어갈 때 주로 나타난다. 당신은 새로운 직장을 찾고 있을 수도 있으며, 긴 여행을 떠나려거나 책을 쓰려고 계획 중일 수도 있다. 비평가 목소리가 이렇게 말한다. '너는 지금 네가 무슨 짓을 하고 있는지 제대로 몰라. 제정신이 아니야.' 그런데 어떤가? 그 이야기는 정확하게 맞다. 다만 한 가지 문제는 내면 비평가의 평가하려는 태도다. 하지만 실제로, 당신은 지금 뭘 하고 있는지 모른다. 왜 알아야 하는가? 당신도 앞으로 어떤 일이 일어날지 알 수 없다. 당신은 지금 신뢰 걷기trust walk 중이다.

이제 당신은 내면 비평가에게 말한다. '네 말이 절대적으로 맞아. 나는 지금 내가 뭘 하고 있는지 몰라. 하지만 분명 이 일은 두렵지만 기대가 돼. 나는 내가 해야 할 일이기 때문에 선택하는 거야.'

당신이 작업을 할 수 있는 이러한 내면 활동은 수십 가지가 더 있다. 내면 비평가를 판단하지 않도록 조심하라. 그것 역시 내면 비평가가 끼어드는 또 다른 방식일 뿐이다. 따라서 이는 내면 비평가를 나쁘게 만들려는 것이 아니라, 내면 비평가가 한때는 당신에게 도움이 되었지만 이제는 더 이상 그렇지 않다는 것을 깨닫기 위함이다.

내면 비평가를 방해하는 법을 배우면 당신 자신과의 관계가 바뀐다. 이 작업은 자기 자신과 건강하고 성숙한 관계로 발전하는 데 있어서 중심이 된다.

내면 비평가에게 어떤 다른 진실이 있는가?

앞에서 내면 비평가가 사회적 조건화의 결과물이고 어린 시절에 경험한 권위가 내면화된 결과라는 사실을 언급한 바 있다. 또한 내면 비평가는 당신의 참된 안내, 즉 어떤 주어진 상황에서 진정으로 더 나은 선택이 무엇인지 알려주는 내면의 감각sense of inner knowing의 왜곡된 측면이다. 어떤 면에서 내면 비평가는 당신의 진정한 내면 안내를 신뢰하지 않거나 당신이 그 안내를 따른다는 사실도 믿지 않는다. 에고 구조의 요소들과 같이 자기가 주도권을 잡고 싶어 한다.

내면 비평가는 당신의 성장을 격려하는 영적 성향과 내면의 충고를 따르려는 시도를 막고 심지어 중단시킨다. 즉 에고는 신뢰할만한 내면의 안내 시스템을 우회하거나 대처하려고 한다.

어른이 된 이후에도 내면 비평가는 어떤 가치가 있을까? 만약 있다면 무엇일까? 내 생각으로는 내면 비평가의 존재는 98.5%가 단지 당신을 무형의 기준으로 평가하고 접근하려는 불필요한 패턴일 뿐이다. 따라서 성인기에는 전혀 가치가 없다. 물론 다음과 같이 경고하는 역할은 가능하다. 당신에게 의식을 더 확장하라고 강요하다시피 하는 장치로는 볼 수 있다. 특별히 당신이 진정한 자아로, 참된 성인으로 성숙하기 원한다면 더욱 그렇다. 그런 관점에서 보면 내면 비평가는 당신의 참된 본성이 깨어나도록 도울 수 있다.

이러한 역할 외에는 내면 비평가의 98.5%는 어떤 가치도 없다.

진실의 핵심을 발견하기

그렇다면 내면 비평가의 나머지 1.5%는 어떠한가?

바로 이곳에 진실의 핵심이 있다. 내면 비평가는 아무리 왜곡됐다고 하더라도 안내 시스템처럼 행동하려고 한다. 내면 비평가는 워낙 소란스럽기 때문에 실제로 고려할만한 가치를 가진 진실의 핵심을 찾아내려면 상당한 기술이 필요할 것이다. 이는 결코 이론이 아니다. 실제적인 것이지만 가치 있는 일이 그렇듯이 연습에 연습을 거듭해야 한다.

내면 비평가에 반응하는 전형적인 접근방식은 다음과 같다.

행동: 당신은 지금 막 자녀를 친구들 앞에서 야단치고 학교에 보냈다.

당신의 반응: 내면 비평가는 자녀를 혼낸 행동에 대해 당신을 혹독하게 비판한다. 당신도 그렇게 믿고 끔찍한 기분을 느낀다. 당신은 자녀를 다루는 법이 매우 나쁘다고 느끼기에 정신적, 감정적인 파장이 너무 고통스럽다. 결국 당신은 내면 비평가의 목소리를 떨쳐버리려고 애쓰며 차 안에서 잔잔한 음악을 틀어놓고 남은 하루에 대해 생각한다.

결과: 바뀐 것은 없다. 하지만 이 시나리오가 다른 형태로 다음에 반복될 가능성은 있다.

내면 비평가의 판단하는 본성이 경험을 통해 배우고 성장할 가능성을 차단한다.

동일한 상황에서 진실의 핵심을 만나는 과정을 살펴보자.

행동: 당신은 지금 막 자녀를 친구들 앞에서 야단치고 학교에 보냈다.

내면 비평가: 거의 동시에 당신은 지독한 부모라고 비난하는 내면 비평가의 효과를 경험한다. '아이에게 소리 지르는 것 좀 봐라. 정말 끔찍했어. 처음부터 애를 낳지 말았어야 해. 그 애는 절대로 너를 용서하지 않을 거야.'

당신의 반응: '아, 그 분이 오셨군요. 내면 비평가군요. 일단 호흡을 하고 호기심을 가져 보죠. 음, 내가 이것을 통해 배울만한 게 있을까요?' 불편한 경험을 충분히 견뎠으면 물어보라. '이 메시지에서 진실은 무엇일까요? 내가 아이에게 소리 지른 건 맞아요. 그럼요. 굳이 그럴 필요는 없었다는 것도 맞

죠. 음, 기분이 좋진 않네요' (이 때 수치심과 죄책감이 올라올 수도 있다. 이를 경험하도록 허용하고 가능하면 그 내면의 경험과 함께 있어라.). '좋아 기회가 왔어. 나의 행동의 이유를 찾아보고 다른 대안을 알아보자.'

이렇게 인식하면, 판단도 없고 단지 있는 그대로의 진실에 대한 인식만 있을 뿐이다. 내면 비평가의 경멸어린 말들로 잔뜩 채워져 있지도 않다. 그럼 이제 당신에게 작업할 일이 생겼다. 실제로 당신에게 배움과 성장의 기회가 생겼다.

계속되는 호기심: 이것은 당신에게 여전히 어려운 경험이지만, 그 경험과 함께 있으면서 자녀가 당신에게 계기를 마련해 주었다는 사실을 깨닫는다.

여기 또 다른 진실이 있다. 자녀는 당신 말을 듣지 않았고, 그래서 당신은 화가 난다. 여전히 판단은 하지 않는다. 왜 그렇게까지 화가 나는지 호기심을 갖고 생각해 볼 수 있겠는가?

당신의 경험에 주의를 기울이면 자녀에게 그토록 화가 난 이유 이면에 무엇이 있는지 보인다. 당신은 아마도 사람들이 당신 이야기를 들어주지 않을 때 자주 화가 난다는 사실을 어렴풋이 알게 될 수도 있다. 사실은 이런 이슈는 많은 파급력을 갖고 있다.

이제 당신은 분노에 기름을 붓고 찜찜한 기분이 남는 행동을 하도록 당신을 이끈 고통스러운 공간에 서 있다.

사후 조치: 이제 어떻게 하면 좋을까? 당신은 상대방이 당신 말을 안 듣고 있다는 기분이 들 때 당신의 내면 경험을 관찰할 수 있다. 이 경험이 익숙하게 느껴지고, 어쩌면 과거에 비슷한 반응을 했었다는 것을 깨달을 것이다. 나중에 이런 상황이 생겼을 때 호흡을 하고 나면 다르게 반응할 수 있다는 생각도 들 것이다. 16장에서 설명한 딥 리빙 변형 과정Deep Living Transformation Process 작업을 통해 이 고통스러운 상황에 대한 치유를 시작할 수 있다.

미래에 당신의 자녀가 몇 번이고 당신의 말을 듣지 않을 때에 당신이 더 잘 알아차릴 것이라고 나는 확신한다. 혹시 분노를 느끼더라도, 아이에게 소리 지르기 전에 멈출 것이라고 나는 생각한다. 그리고는 자녀와 대화하기 위해 다른 방식으로 접근할 것이다.

이것은 어떻게 **진실의 핵심을 알아내려고 애쓰고,** 내면 비평가의 소음을 무마할 수 있는지를 보여주는 한 가지 예일 뿐이다. 이 진실의 핵심 덕분에 당신은 그 상황에서 배우는 것이 있고, 내면의 경험에 현존하고 있기 때문에 당신의 반응은 수정될 수 있다.

이 변화는 피드백 과정에 판단이 개입하지 않았기 때문에 가능했다. 이는 엄청난 일이다. 판단은 대부분 진정한 성장을 방해하고, 그 사람을 반복되는 사이클 속에 가둬버린다.

내면 비평가와 내적 권위의 목소리Voice of Inner Authority 구분하기

다음은 진실의 핵심과 내면 비평가의 소음을 구분하는 세 가지 비결이다.

1. **내면 비평가 그리고 내적 권위에 관련된 당신의 내면 경험과 친숙해지고, 그 경험들에 이름을 붙어보자.**

   당신의 정신적 경험은 어떠한가? 당신이 듣는 목소리는 어떤 특성을 갖고 있는가? 볼륨은 적당한가? 목소리는 친숙하게 들리는가? 그 목소리가 주는 메시지는 무엇인가? 당신의 몸에서 어떤 감각이 느껴지는가? 당신의 감정에 대해 무엇을 알아차렸는가?

   내면 비평가의 목소리는 대부분 사람들에게 매우 친숙하게 들린다. 그리고 그 친숙함은 만족스럽지는 않아도, 무척 안전한 목소리처럼 느껴질 수 있다. 그것은 주로 시끄럽고 위협적인 목소리처럼 들린다. 내적 권위의 목소리는 더 차분하고, 더 섬세하다. 조용한 순간에도 계속 들리는 끈질긴 면도 있지만, 이것은 당신이 그것을 신뢰하는 법을 배우지 못했기 때문이다. 흘려듣기 쉽거나 삶의 불협화음으로 묻힐 수 있는 목소리다. 이 목소리는 가끔 우리를 인생의 미지의 세계로 이끌기 때문에 깊이 귀 기울이기가 두려울 때도 있다.

   반면에 내면 비평가의 소리는 소음으로 가득하다. 당신을 짓누르는 무게가 느껴진다. 진실의 핵심은 그저 순수하고 명료하며, 비록 그 진실과 만날 때 슬픔이나 괴로움이 있겠지만, 일종의 중립을 지키는 안도감이 있다. 여기에는 판단이 없다.

2. **새로운 정보에 대한 개방성과 호기심의 정도를 알아보자.**

   만약 호기심을 갖거나 새로운 정보를 탐색하는 것이 어렵다면, 내면 비평가가 작동 중인지도 모른다. 내면 비평가의 가장 두드러진 특징은 적절성의 척도 상에서 주의attention를 두고 있는 대상을 평가하는 내면 비평가의 능력을 확신하는 경향이다.

   내적 권위는 미지의 대상을 허용하며, 사실 심오한 진실의 경험을 추구한다. 진실을 들으면, 가슴과 장에서 깊이 공명함으로써 내면이 정돈되고 앎의 느낌이 든다. 내적 권위가 당신을 안내할 때 당신이 내면의 새로운 자리에 서있는 것과 같은 느낌이 든다. 당신이 그것을 말할 때 당신은 용기가 생긴다.

3. **가혹과 연민 사이에서 당신의 위치가 어디인지 알아보자.**

   내면 비평가의 목소리는 대부분 가혹하거나 엄격하다. 결국 내면 비평가의 임무는 당신이 선을 넘지 않도록 지켜서 현상을 유지하는 것이다. 내면 비평가는 수용 가능한 제한적인 목록을 승인하고, 일탈을 허용하지 않는다. 이런 행동의 특성 때문에 많은 사람들이 자신에 대해 엄격해진다.

> 내면 비평가는 인간이 처한 상황에서 거대하고 보편적인 고통의 근원이다. 이 고통에 치유의 연고를 줄 수 있는 것이 바로 진정한 연민이다. 연민은 가슴 속의 친절을 불러내서 고통을 겪는 사람을 만나고 그 고통의 가시를 찾아내며 완화시키고 진정시킨다.

인간으로 살아간다는 것은 결코 쉬운 일이 아니다. 때때로 우리의 가장 고귀한 본성이 나타나기도 하지만, 거의 대부분 우리는 이상적인 상태에 전혀 미치지 못한다. 연민은 우리가 온전한 인간성을 바탕으로 자신과 타인을 만나도록 해준다. 우리는 수용할 수 없는 자신의 일부를 구덩이에 던져버리는 대신, 우리를 온전하게 만들어 줄 수 있도록 돕는 다른 인간적인 요소를 발견한다.

우리 가슴의 깊은 곳으로 침잠하는 그 순간에, 우리 존재의 진실과 비통이 전부 드러나고 치유된다.

연민은 치유하는 힘이 있다. 이는 개인의 삶뿐만 아니라 공동체의 삶에서도 절대적으로 필요하다. 연민은 내면 비평가의 무의식적인 작동에 가장 좋은 해독제이다.

내적 권위와 내적 권위의 안내에 더 자주 연결되는 것은 당신이 현실을 기반으로 진정한 자신감을 키우고 깨어있는 현존을 향한 마음을 유지하는데 도움을 줄 수 있다. 당신의 주의를 받고 싶어 하는 보다 고요하고 진실한 메시지는 무엇인가? 당신이 회피하고 있는 내면의 충동은 무엇인가? 추진하지 않으면 상처받을 일은 무엇인가? 당신의 소중한 인생에서 반드시 해야 하는 일보다 더 중요한 일은 무엇인가?

이제 당신의 진정한 가슴이 갖고 있는 조용한 열망에 주의를 집중할 때이다. 이는 당신의 인생에서 자신을 지지하기 위해, 그리고 내면 비평가로부터 해방되기 위해서라도 반드시 필요하다. 가슴의 에너지와 연민은 서로 충돌하지 않는다. 그것은 다만 당신의 주의 초점을 가슴을 향해 돌리는 것을 필요로 한다.

18장

당신의 확장된 본성으로 주의 전환하기

리뷰

우리는 이 책에서 개인 내면의 여정을 심층적으로 탐색하였다. 나는 사람들이 자신의 내면에 초점을 맞춘다면 그들이 그렇게도 추구하는 진정한 본성과 연결될 수 있으며, 충만한 삶에 대해 깊이 인식할 수 있고, 그들 영혼이 가진 다양한 차원에 익숙해 질 수 있음을 강조하였다. 나는 에니어그램이 당신의 인간적 그리고 영적인 여정의 다양한 단계에서 나타나는 모든 경험들을 조명하고 인식하도록 돕는 지도라고 설명했다.

많은 작가들과 영감을 주는 연설가들이 삶의 자동적인 방식의 한계를 넘어설 수 있는 기회에 대해서 이야기한다. 대부분의 사람들이 그렇듯이, 만약 당신이 성격 유형의 패턴에 밀접하게 동일시하고 있다면 구체적인 한계를 알아내기는 무척 어려울 것이다. 나는 「에니어그램 딥 리빙」이 성격의 속성 및 성격과 참된 본성의 관계를 이해하기 위한 새로운 시각을 주었기를 희망한다. 아울러 당신이 과거에는 왜 만족하지 못했는지, 왜 갇혀있는 느낌을 가졌는지, 왜 실망스러웠는지에 대한 통찰을 얻었기를 바란다.

우리는 성격 패턴이 인간 존재의 불안과 고통의 근본적 원천에 대처하기 위해 쉽게 무의식적으로 사용되었음을 살펴보았다. 당신은 내면 관찰자가 당신의 경험에 대해 친절하고 수용적이며 중립적인 태도를 가지도록 격려 받았다. 이것은 자기 판단과 평가절하에 대한 해독제가 된다. 과거의 패턴은 당신을 보호하라는 중요한 목적을 수행해 왔다. 앞에서 언급한 내용을 되풀이하자면, *심리적이고 영적인 존재로서의 당신의 능력은 성숙해 가고, 당신은 그 모든 보호를 위한 욕구로부터 자유로워졌다.*

당신은 당신에게 익숙한 패턴, 그 이상의 존재이다. 확장되고, 생명력 있으며, 용감하다. 이런 진정한 특성들은 당신이 이미 가지고 있던 권리의 일부이며 당신의 깨어난 본성의 섬세한 측면이다. 지금은 당신 안에 있는 이런 특성들을 인식할 수도 있고 못할 수도 있다. 그러나 그것들은 겹겹이 쌓인 자동적인 조건 형성의 층 아래에 존재하며 언제라도 이용 가능하다. 이러한 특성의 진정성은 당신이 현존할 때 드러난다. 바로 당신이 자신의 몸 안에 나타나는 감각을 깊이 인식하는 경험을 하는 순간이다. 그러면 사고와의 동일시와 감정적 반응들은 사라진다.

*반직관적이며 수용 기반의 변화 모델*counter-intuitive, acceptance-based model of change은 이러한 특성이 출현하도록 도와준다. 과거에 당신이 받아들이지 못한 부분과 갈등하는 대신, 우리는 *자신과 함께 머무르기*라는 더 폭넓은 방식으로 탐구해 왔다. 어쩌면 당신은 변화에 대한 근본적인 다른 방향이 강력한 전환을 만들 수 있음을 이미 발견했을 수도 있다. 이 책은 당신이 굳건함, 진정성, 명료성을 직접 체험하는 것에 주의 초점을 맞춘 이후에, 자신으로 되돌아가는 여정을 지원할 수 있는 현존 기반의 다양한 전략들과 실습을 소개했다.

주의 전환

우리의 여정을 이해하는 또 다른 방법은 이 책 전반에 흐르는 주제에 초점을 맞추는 것이다. *당신은 지금 이 순간, 어디에 주의를 두고 있는가?*

더욱 의식적이고 더욱 깨어있으려면, 당신은 당신의 주의가 어디로 향하고 있는가를 알아차리고 의도적이고 의식적으로 주의 전환을 할 수 있어야 한다. 그러면 당신의 주의는 자신으로부터 멀어지는 대신에 당신 자신과 연결될 수 있도록 돕는다.

3장에서 본 이 도표를 기억하는가?

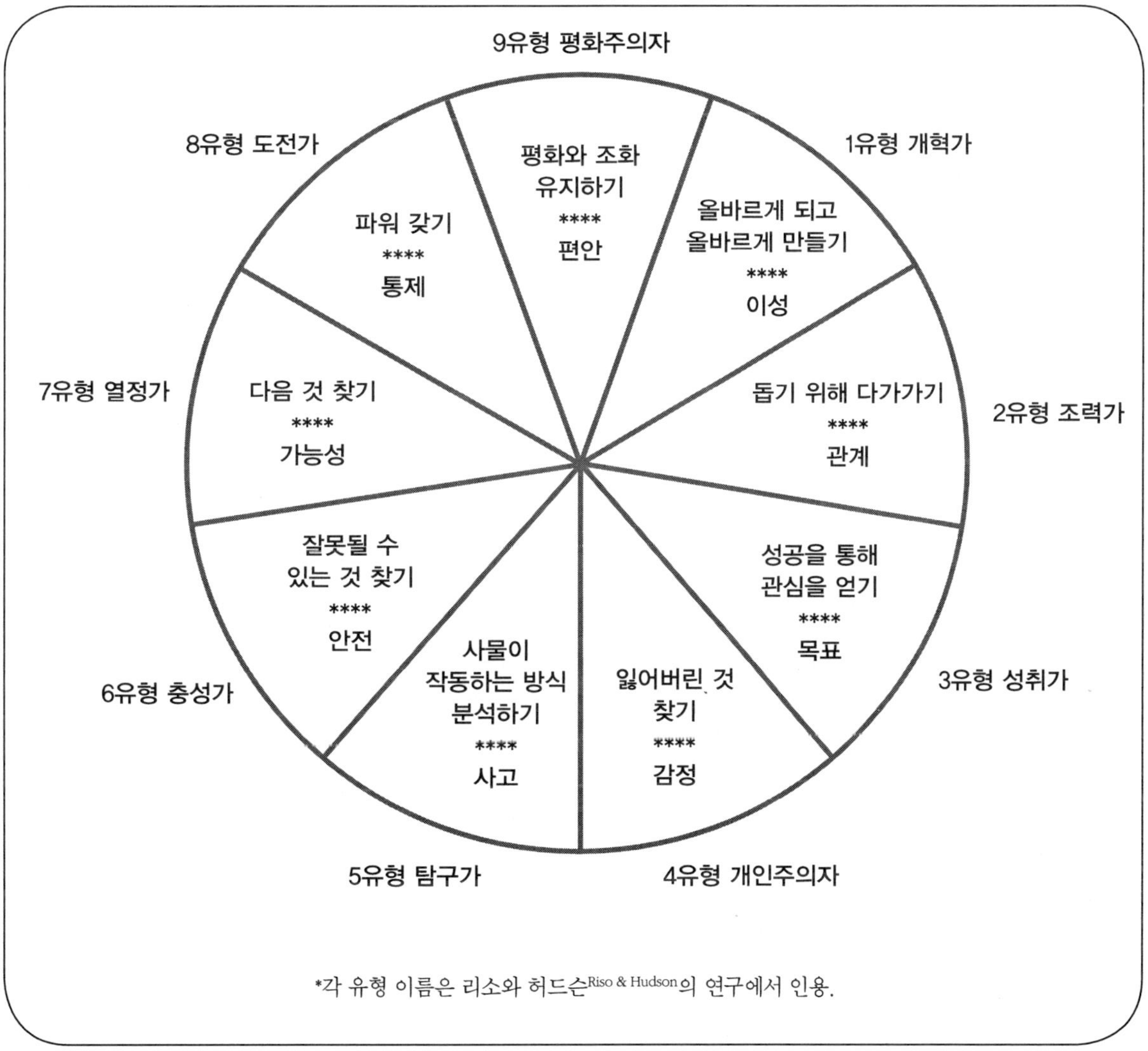

그림 18-1: 에니어그램 아홉 가지 유형별 주요 초점

우리는 여기에서 에니어그램 각 유형마다 특정 관심이 있는 특정한 대상으로 주의를 돌리는 자동적이고 조건화된 방식이 있음을 볼 수 있다. 자동적인 주의 집중은 특별한 대상에 관계가 없으며(예를 들어, 타인 돕기, 잘못될 수 있는 것 찾기, 평화롭고 편안한 환경 만들기, 통제하기), 각 유형에게 익숙하고 편안한 경험이 그 사람으로 하여금 이 순간 여기에 실제로 존재하는 것으로부터 멀어지게 한다.

당신은 '주의가 가는 곳에 에너지가 따른다.' 는 말을 들어본 적이 있을 것이다. 이것은 사실이다. 조건화된 반응은 훈련된 강아지처럼 여러 가지 방식으로 행동한다. 이 반응들은 '주의' 라는 주인의 발뒤꿈치를 따라가는 우리 에너지의 형태이다. 따라서 당신의 주의를 어디에 두는가는 매우 중요하다.

연습: 잠시 멈추고 점검해 보자.

1. 과거에 당신의 자동적인 주의 초점이 가는 곳은 어디였는가? 당신이 습관적으로 가장 많이 주의를 두는 것은 무엇인가? 당신 주의가 어디에 있을 때 절대적으로 옳고, 익숙하며, 정상적이라고 느끼는가?
   자동적으로 재순환되는 패턴을 인식하기 위해서 당신의 우세한 유형의 빙산 모델로 다시 돌아가 보자. '추구' 하는 것과 '주의 초점' 에 따른 활동에 대한 긴 설명에 특별히 주의를 기울이자.

2. 이 습관적인 주의가 작동하면 당신의 사고, 감정, 행동에 무슨 일이 일어나는가? 당신의 삶의 에너지가 스스로 주의 초점을 따라갈 때 어떻게 보이는가? 실제로 당신은 무엇을 하고 있는가? 무슨 말을 하고 있는가? 무슨 생각을 하고 있는가?

18장 뒷부분에서는 당신의 주의가 가는 곳과 더 의도적인 변화를 이끌어낼 수 있는 접근 방식 두 가지를 소개하고자 한다. 당신이 조건화되지 않은 새로운 경험으로 향하고 있다면, 당신은 성격의 끊임없는 활동에 대응하고 있는 것이다. 이 새로운 경험은 당신에게 발전을 가져올 것이다. 무언가를 '완벽하게' 만들기 위해서 염려할 필요는 없다. 어차피 그것은 당신의 기준에만 맞는 완벽일 뿐이다. 완벽이란 없으며, 오직 실습만이 있을 뿐이다. 이 실습을 통해, 성격이 얼마나 집요한지 명확하게 알게 되고, 당신은 그 뒤에 숨은 힘을 보게 될 것이다.

하지만 이 두 가지 실습에 대해 언급하기 전에, 당신 안에 집요한 또 다른 욕구가 있다는 사실을 인지하기 바란다. 그 욕구는 당신이 이 책을 읽는 이유이며, 더 이상 당신에게 의미가 없는 삶의 패턴을 대신할 진정한 대안을 탐색하는 이유이기도 하다. 이 욕구는 당신의 가장 깊은 내면에 대한 정보를 주고 당신이 확장된 본성 안에서 가능한 것들을 추구하도록 격려한다. 당신은 이 욕구를 당신의 참된 인생의 목적이나 진정 자유롭고 깨어있는 인생에 대한 소명으로 여길 것이다. 아울러 신성[divine]이나, 더 높은 의식과 깊이 연결되고 싶은 열망이나 굳이 정의할 수는 없지만, 자신 안에서 온전히 편안하고 싶은 영원한 현존으로 느낄 것이다.

당신은 깨어날 수 있는 본성을 이미 갖고 있다. 당신은 신경학적, 영적으로 광활함과 내면의 평화,

편안함과 안락함을 경험하도록 설계되었다. 결코 당신을 떠나지 않을 집요한 열망을 이미 가지고 있다는 증거이다. 비록 당신이 어디로 가는지 모른다 해도, 당신에게는 적어도 올바른 길을 가고 있다는 내면의 감각이 있을 것이다. 목적지를 모르기 때문에 에고를 불안하게 만들 수는 있지만, 당신의 영적 발전과 성숙을 위한 요구가 당신의 여정을 활발하게 지지하고 있다는 분명한 신호이기도 하다.

다음 전략들은 당신이 필요할 때 언제든지 활용할 수 있다. 그것들은 항상 당신이 닿을 수 있는 곳에 있다. 당신이 의식하는 것을 잊고, 성격의 한가운데 빠져 있다는 분위기를 느끼며, 단순히 그 사실을 알아차리면, 호흡을 한 다음 다시 돌아오는 연습을 하면 된다.

주의 전환과 당신의 깨어난 특성을 재정립하기

전략 1: 의식적 호흡

나의 관점에서 의식적으로 호흡하는 것은 더 깊은 수준의 만족감과 충만함을 원하는 사람들이 사용할 수 있는 가장 기본적인 실습이다.

놀랍게도 우리는 숨을 쉬고 있기 때문에 살아있다는 사실을 잊어버리기 쉽다. 이 놀라운 능력을 당연하게 여기는 것이다.

당신은 언제라도 의식적인 호흡을 할 수 있지만, 깨달음의 순간에는 한 걸음 떨어져 있다. 의식적인 호흡은 그것이 당신의 몸 안팎으로 움직인다는 사실을 아는 것이다. 아울러 호흡의 움직임이 당신의 신체 감각을 분명하고 미묘하게 바꾸고, 호흡을 느끼는 경험이 당신에게 영향을 끼친다는 사실을 아는 것이다.

의식적 호흡이 현존 작업의 중심인 이유는 다음과 같다.

1. **호흡은 인식awareness을 전환하기 위한 강력한 도구이다.**
   만약 당신의 호흡에 집중한다면, 당신은 당신의 주의가 완전히 익숙하지 않은 어떤 것을 하도록 훈련하는 중이다. 이 실습은 더욱 확장된 깨달음으로 가는 문을 열어준다.

2. **의식적 호흡은 성격의 자동적 활동을 중단시킨다.**
   만약 당신이 의도적으로 당신의 주의에 다시 집중한다면, 그것은 성격의 자동적 활동을 중단시킬 것이다. 당신은 자동적 패턴이 집요하게 영향력을 행사한다는 사실을 알게 될 것이다. 당신이 부드럽고 강력하게 전념하는 것이 당신의 주의를 호흡으로 되돌리는 데 도움을 줄 수 있다.

3. 호흡은 교감 신경계를 진정시키고, 부교감 신경계를 활성화시킨다.

의식적 호흡은 스트레스 반응과 양립할 수 없다. 스트레스를 받을 때 호흡에 집중하기 시작하면, 호흡 자체가 바뀌는 경험을 한 적이 있는가? 많은 사람들이 호흡의 속도가 느려지고, 길어지며, 내면으로 더 깊이 들어간다고 말한다. 그 단순한 움직임이 스트레스를 완화시키고 당신의 느낌과 상태를 변화시키도록 돕는다. 부교감 신경계는 당신의 경험을 '요리' 하고 소화시켜서 균형 상태를 회복하도록 돕는다.

4. 의식적 호흡은 몸에 주의를 두게 한다. 아울러

- 감각, 즉 몸 센터body center의 언어인 감각으로 주의를 두게 한다.
- 당신으로 하여금 그라운딩grounding의 느낌을 갖게 한다.
- 자신 안에 머물도록 돕는다.
- 긴장을 쉽게 알아차리고 완화시키게 한다.
- 복부에 집중하면 당신을 신체의 센터와 연결시켜 준다.
- 당신에게 흐르는 에너지의 흐름에 맞춰 당신의 시스템을 활성화한다.

5. 의식적 호흡은 마음mind과 정신적 활동을 고요하게 한다.

의식적 호흡하기를 통해 당신의 마음은 주의 또는 집중의 대상을 갖게 된다. 마음이 당신의 주의를 빼앗기 위해 최선을 다하겠지만(그리고 당신의 마음보다 더 많이 성공하겠지만), 호흡으로 돌아오는 것을 기억해내면 당신의 마음은 과도한 활동을 유지하는 데 필요한 연료를 갖지 못하게 된다.

6. 의식적 호흡은 감정적 반응을 줄여준다.

호흡에 집중하면, 당신에게 일어날 수 있는 감정적 반응을 감지할 수 있다. 그 반응을 단서로 잡아서, 호흡을 계속하면서 호기심을 갖고 그 반응에 대해 알아볼 수 있다. 감정적 반응에 완전히 휘말리는 대신에 오히려 당신과 감정 사이에서 약간의 거리를 만든다.

7. 의식적 호흡은 당신 주변의 인물과 사건에 대한 인식을 제고한다.

호흡에 집중하면 타인의 존재와 환경, 그리고 당신을 둘러싼 에너지에 더 민감해진다. 이 모든 것이 당신은 혼자가 아니며, 제한된 지각이 믿게 만드는 것 이상의 넓은 영역과 연결되어 있음을 알도록 도와준다.

8. 의식적 호흡은 실체와 현존에 대해 더욱 강렬한 감각을 갖게 해 준다.

호흡을 의식하게 되면, 당신의 몸과 동조하게 되고, 실제로 당신이 활용할 수 있는 것들이 많아진다.

당신은 시각, 청각 등의 감각을 통해 보다 더 명확하게 정보를 조율할 수 있다. 그 결과 당신은 더욱 적절하게 반응할 수 있고, 현존을 더 쉽게 느낄 수 있다.

9. 의식적 호흡은 당신에게 더욱 진실한 선택을 할 수 있게 한다.

의식적으로 호흡하면서 당신의 신경 시스템이 느려지면, 당신은 관점을 얻게 된다. 이 관점으로 대단히 넓은 대안을 갖고 선택을 할 수 있다. 예를 들어 감정적인 결정 대신에 깔끔하고 확실한 결정을 할 가능성이 높아지고, 이는 의심의 여지없이 당신에게 더 효과적인 선택이 될 것이다.

10. 의식적 호흡은 당신 자신과의 관계를 변화시킨다.

이것은 자동적인 삶의 리듬과 패턴을 바꾸는 열쇠이다. 당신은 자신에 대해 다르게 알게 되고, 그 순간만큼은 성격의 지시에 복종하지 않는다.

11. 의식적 호흡은 의식 그 자체, 존재, 이 모든 것과의 관계에 대한 당신의 관점을 변화시킨다.

당신 자신과의 관계가 변화되면, 당신의 모든 관계가 바뀐다. 당신은 환경으로부터 분리되거나 단절된 느낌이 아니라 더 위대한 현존, 즉 존재 그 자체의 기반이 나를 지지하고 있다는 사실을 본질적으로 알게 될 것이다.

일상의 훈련으로 호흡을 기억하며 호흡을 조율하는 법을 배우기 위해서는 시간이 걸린다. 간단하지만 결코 쉽지는 않다. 그렇지 않다면 이미 누구나 다 하고 있을 것이다. 하지만 시간이 흐르면서 호흡을 더 자주 기억하는 능력이 발달될 것이고, 그 혜택을 직접 경험할 것이다. 이것은 당신이 할 수 있는 가장 중요한 행동이다.

전략 2: 70퍼센트 규칙

태극권 원리 중에 70퍼센트 규칙이 있다. 그 내용은 다음과 같다:

주어진 훈련 과제를 수행할 수 있는 능력의 최대치를 추정하고,
그 최대치의 70퍼센트만 사용하라.

이 단순하고 명쾌한 원칙은 결과물을 생산하는 데 실제로 얼마만큼의 에너지가 필요한가를 알려준다. 아울러 당신이 습관적으로 쏟는 에너지의 양에 대한 조정의 중요성을 지적한다.

당신은 목표, 그 다음 목표, 또 그 다음 목표를 달성하기 위해 110퍼센트나 125퍼센트, 혹은 그 이상을 쏟아야 한다고 느낄 수도 있다. 에너지를 과하게 쓰는 것은 어떤 영향을 미치는가?

아니면 당신이 대부분 활동에 쓸 에너지의 상당량을 비축하고 있다는 사실을 발견할 수도 있다. 당신은 어떤 마법 같은 해결책이나, 행동하기 전에 모든 외부 잡음이 고요히 줄어드는 것을 기다릴 수도 있다. 그렇게 많은 에너지를 위축하는 데 쓰는 것은 어떤 영향을 주는가?

성격 구조의 본성을 고려할 때, 우리 모두는 과잉행동을 하고 균형이 무너진 상태로 삶을 살고 있다. 16장에서 언급한, 에니어그램 각 유형별로 정리된 과도한 특정 행동의 목록을 참고해도 좋다.

앞서 언급한 세 가지 사회적 스타일 집단social style clusters에 근거하여, 추가된 과잉행동 방식들이 있다

- 자기 생각을 지나치게 요구하거나 주장함(3, 7, 8유형)
- 지나치게 고립되거나 위축됨(4, 5, 9유형)
- 책임감을 지나치게 느낌(1, 2, 6유형)

당신의 습관적인 과잉행동을 확인한 후, 다음 질문을 자신에게 해 보라.

- 당신이 어떤 특정한 노력을 지나치게 많이 했을 때를 어떻게 아는가?
- 당신이 과잉 상태에 있음을 알려주는 신호나 단서는 무엇인가?
  생각의 패턴이나 감정적 경험, 신체 감각 등 당신이 지나치다고 알려주는 신호를 알아차려라.
- 이러한 지나친 특성이나 활동이 당신의 삶에 끼치는 영향은 무엇이었는가?
- 실제로 어느 정도의 에너지가 필요한가?

70퍼센트 규칙을 이용해서, 당신의 에너지를 조정하는 연습을 해 보자.

연습: 실제로 어떠한 외적인 행동을 취하지 않고, 당신이 과잉행동을 하는 특정한 영역에서 사용하는 에너지의 양을 수정하면 자신의 내면에서 어떻게 느껴지는지를 감지해 보자.

당신에게 둥근 손잡이로 볼륨을 조절하는 구식 라디오가 있다고 상상해보자. 손잡이를 돌려서 당신이 지금 하는 일에 필요하다고 느끼고, 사용하는 특정한 에너지를 100퍼센트에 맞춘다고 상상해 볼 수 있겠는가?

100퍼센트는 당신에게 어떤 느낌인가?

손잡이를 끝까지 돌려서 최대치로 해 놓으면 어떤가? 당신은 125퍼센트 혹은 그 이상일 수도 있다. 어떻게 느껴지는가?

손잡이를 다시 100퍼센트로 돌려놓고 내면의 느낌을 살펴보자.

이제, 천천히 손잡이를 돌려서 90, 80, 70퍼센트까지 맞춰라. 점진적으로 바뀔 때마다, 그 에너지가 당신 몸에 어떻게 영향을 주는지 알아차리자. 그것이 당신의 감정에는 어떤 영향을 주는가?

개인의 삶에서 이 방법의 효과를 보여주는 예시를 소개한다.

저스틴Justine은 직장과 가정에서 너무 많은 일에 시달린 탓에 탈진한 자신을 보며 좌절감을 느끼고 있었다. 그녀는 모든 프로젝트에서 탁월한 결과를 내기 위해 노력했고, 사람들이 자신에게 최고를 기대한다고 느꼈다. 시간이 지나면서 자신이 최선을 다한 이유가 가족과 동료들에게 인정받기 위해서였음을 깨달았다. 나의 내담자들처럼, 그녀 역시 내면에 스위치가 있음을 깨달았다. 그녀의 스위치는 항상 켜져 있다가, 탈진한 후에는 꺼져버렸다. 두 가지 극단적인 상황 모두 그녀에게 이제 더 이상 도움이 되지 않았다.

우리는 70퍼센트 규칙을 연습했다. 그녀는 자신이 최소한 125퍼센트, 그리고 보통 그 이상을 쏟아 붓는다는 사실을 쉽게 인정했다. 그녀는 100퍼센트로 낮추면 어떤 느낌이 드는지 연습했다. 그 정도만 돼도 그녀는 자신에게서 힘이 빠지는 것을 느꼈다. 그러나 그녀는 안도감을 경험하고 싶어 하는 마음이 굉장히 강해서, 기꺼이 70퍼센트까지 낮출 마음이 있었다.

그래서 나는 그녀에게 구체적으로 줄이고 싶은 것이 무엇인지 찾아내어 적도록 했다.

우리가 습관적으로 해 온 일을 덜 하게 되면 그 변화가 공백을 만들기 때문에 다음 단계가 무척 중요하다. 저스틴은 이렇게 했다. 그녀는 무엇이 자기 삶의 균형을 바로잡아 줄지, 즉 자기 삶에서 무엇을 놓쳤는지 살펴보았다. 그녀는 자신이 정원을 가꾸고, 남편과 시간을 보내며, 글을 쓰는 시간을 갖고 싶어 한다는 사실을 확인했다. 그녀는 야외에서, 특히 자신의 정원에서 더 많은 시간을 보내는 것부터 시작하기로 결심했다.

그 후 계속된 코칭에서, 그녀는 이 70퍼센트 규칙이 좋으며 무척 유용하다는 걸 깨달았다고 자주 얘기했다. 이 방법은 그녀가 얼마나 쉽게 균형에서 벗어날 수 있는지 깨닫도록 도와주었다. 우리는 그녀가 새로운 상황에도 이 원칙을 적용하고, 마침내 삶의 원칙으로 내면화될 때까지 계속 이 원칙을 점검하는 일을 반복했다.

일단 당신의 과잉행동이 확인되면, 다음 단계들을 따라해 보자.

1. 당신의 과잉행동에 대해서 수위를 낮추는 실험을 해 보자. 그것은 당신이 몸으로 직접 느낄 수 있도록 도와 줄 것이다. 물론 낯선 느낌이 들겠지만 절대 포기하지 말자. 그 다음에는 습관적으로 과도해지는 경험을 70퍼센트로 줄일 때 당신의 삶이 어떻게 될지 매우 구체적으로 적어보자. 당신은 구체적으로 어떤 일을 줄였는가?
2. 당신의 인생에서 놓치고 있는 것을 찾아보자. 무엇이 더 필요한가? 아직 착수하지 않은 일 가운데 무엇이 필요한가?

한 가지 활동을 골라서 125퍼센트의 노력을 하는 대신 그 활동을 부분적으로 즐기는 연습을 위해 큰 덩어리를 작은 조각들로 나누어보자. 예를 들어 정원을 가꾸기 원한다면 꽃이나 허브, 채소를 서너 개의 화분에 심는 것부터 시작해 보자.

역설과 신비

내담자들은 그동안 인생의 대부분을 완벽하게 논리적이며 자연스럽고 익숙해 보이는 신념과 원칙에 따라 살아왔다고 말한다. 그들은 삶이 돌아가는 방식을 배웠다. 그들은 삶이 제대로 돌아가지 않는 분명한 증거가 있어도 그 신조들에 대해 의문을 품지 않았다. 왜냐하면 그 원칙들은 무의식적인 차원에서 삶의 토대가 되기 때문이다. 그러다가 인생에 불만족스럽거나 고통스러운 일이 생기거나, 온전해지고 싶으며 살아있음을 느끼고 싶은 충동이 생길 때 그들은 의문을 갖기 시작한다.

에니어그램은 그 교리tenet가 자신에 대한 생각, 에고의 자기 정체성을 위한 일종의 심리적 접착제로 제공하는 사실을 확인하고 질문할 수 있는 훌륭한 지도이다. 그 교리들은 다양한 목적을 수행하고 딱히 언급된 적은 없어도 일반적으로 알려진 것을 담고 있었다.

이제 이 교리의 일부가 인식의 빛으로 나아왔기에 더 이상 큰 역할은 하지 못할 것이다. 사실 당신이 생각했던 삶의 방식이 실제와는 정반대라는 사실을 보기 시작했을 수도 있다. 우리는 에니어그램에서 이러한 놀라운 역설을 많이 발견한다. 내면 여정은 마음 깊이 자리 잡은 신념들을 차례로 드러내고 그 신념들이 우리가 진정으로 원하는 것과 정반대 방향으로 우리를 데려간다는 사실을 보여준다. 우리가 우리의 삶에서 마음 속 깊이 원하는 것과 반대 방향으로 가는 것은–하지만 성격은 그 상태가 맞는 것으로 느끼는–우리에게는 이 세상에서 가장 익숙한 일이다. 그것은 지식을 구성한다. 그리고 그 지식은 편안하고 이성적이며 가치 있고 확실해 보이는 영역으로 우리를 이끈다.

유턴U-Turn

당신의 습관적 자아와 반대 방향으로 바꾼다는 것은 당신 삶의 자동적인 상태를 뒤집는다는 뜻이다. 이는 최소한 낯설고 어색할 수 있다. 최악의 경우에는 상당히 위협적이고 위험할 수 있다. 물론 위협을 느끼는 것은 우리 에고의 본성이다. 실제로는 영혼의 갈망을 향해 나아가는 중이다.

나는 이러한 움직임을 유턴한다고 부른다. 말 그대로 유턴은 운전하면서 당신이 원하는 목적지로 가는 방향이 아니라는 것을 깨달았을 때 하는 행동이다. 때로는 삶은 당신에게 유턴을 요구할 수 있다. 방향을 바꾸거나 반대 방향으로 가는 것은 당신으로 하여금 당신의 소중한 삶을 발견하고 영위하게 해준다.

인생 여정에서 유턴은 한 번이 아니라 여러 번 있다. 그림18-2는 성격 유형에 따라 유턴이 보여주는 양상을 설명하고 있다. 만약 당신이 이해할 수 없고, 실행할 수도 없는 유턴을 마주했다면 이는 또한 역설적으로 당신을 오래된 한계에서 해방시켜 준다는 신호일 수도 있다.

물론 지금 당장 유턴을 하라는 말은 아니다. 아직 때가 아닐 수도 있다. 그러나 분명히 준비되었다고 느끼는 때가 올 것이며 당신의 에고 구조의 현상 유지에 도전할 때가 올 것이다. 이러한 접근 방식은 대단히 반직관적이기 때문에 혼자 시도하기는 어렵다. 당신의 여정을 지원할 수 있는 훈련 받은 전문 코치와 함께 작업하면서 도움을 받기 바란다.

당신이 유턴이라는 반직관적인 시도를 할 때마다 무언가 반드시 바뀐다. 종종 새롭게 열리는 경험을 할 수 있거나 서광이 비칠 것이다. 유턴을 해도 죽지 않는다는 사실을 한 번 깨닫고 나면, 엄청난 내적 자유를 경험하고는 고무될 수도 있다. 그리고 이런 질문이 하고 싶어질 것이다. '정말로 이렇게 쉬운 거였어?' 그 답은 '예.', '아니오.' 모두 정답이다.

실천하기 전에는 거의 불가능하게 느껴지던 것이 시간이 지날수록 꽤 해볼 만한 것이 된다. '절대 안 돼!' 라는 내면의 첫 경험은 타당한 이유로 그럴 듯하게 느껴지며, 온갖 종류의 장애물을 만들어 낼 수 있다. 많은 사람들이 그 장애물을 대단히 과장해서 느끼게 된다. 그 이후에야, 당신은 길이 있다는 사실을 발견한다.

다른 어려움은 당신이 과거에 했던 유턴을 전부 잊어버리기 쉬우며, 이는 성공에 대한 기억상실증으로 이어진다는 점이다. 따라서 '여행자의 흔적이 별로 없는 길' 에 다시 들어설 때를 대비해서 당신의 경험에 대해 적어 두면 매우 유익할 것이다.

유턴은 단번에 끝나는 행동이 아니다. 적절한 유턴의 실행을 상기시켜주는 장치를 만들어 놓으면, 결과적으로 새로운 접근 방식이 더 실질적이고, 의식적이며, 지속 가능하게 되는 데에 도움이 될 것이다.

의식적으로 유턴을 한다는 것은 충분히 축하받을 만한 일이다.

역설적으로, 이렇게 방향을 바꾸면 당신은 익숙한 세상으로부터, 또 널리 알려진 것으로부터 잠시나마 멀어진다. 당신은 미지의 세계로 나아가는 것이다. 미지의 세계는 그동안 당신의 가능성의 영역에 속한 적이 없기 때문에 어떻게 보일지, 느껴질지, 당신에게 무엇을 가져다줄지 도무지 알 수 없다. 미지의 세계로 들어가는 것은 믿고 걷기[trust walk]이다. 이는 당신을 인생의 신비에 가까이 다가가게 하고, 당신의 참된 모습의 신비 속으로 들어가, 당신에게 가능하리라 생각지 못했던 경험을 하게 만든다.

성격 유형에 근거한 개인의 실질적 유턴의 예시

성격 유형	특징적 패턴	실질적 유턴을 실행하는 예시
1	끊임없이 무언가를 고치려고 노력함	고쳐야 할 부분을 그대로 두고 비록 잘못된 것이 있더라도 있는 그대로 누리거나 색다른 경험으로 여기기
2	타인을 돕기 위해 자신의 능력 이상을 함	다른 사람의 필요가 당신의 것보다 더 중요해 보여도, 자신의 필요를 먼저 알아차리고, 인정하며, 처리하기
3	삶의 모든 영역에서 경쟁하고, 당신이 얼마나 잘했는지 인정할 사람들을 필요로 함	결과나 성과에 관계없이 참가하는 데 의미를 두기. 코치나 가까운 지인 외에는 당신의 경험을 아무에게도 말하지 않기
4	만일 진심으로 이해받을 수만 있다면, 이상적인 삶을 그리는 꿈의 세계에서 살아감	그 과정이 평범하게 느껴지고 오해받는다고 느껴져도, 당신이 원하는 현실적인 성과를 향해 구체적인 단계를 밟아나가기
5	정신적 준비 상태로 움츠림	준비되지 않았다고 느껴져도 몸과 직접적으로 연결되도록 하고, 인생에 개입하기
6	의사결정을 위해 수많은 외부 자원으로부터 정보를 찾음	당신을 다른 방향으로 끌어당기는 내면의 잡음이 들려도, 당신의 고요한 내면의 목소리에 귀 기울이며, 내적 안내를 따르기
7	모든 것을 다 소유하거나, 다 행하려고 함	당신의 흥미를 끄는 일이 아무리 많아도, 활동 빈도를 줄이고, 자신과 함께 머무는 내면의 경험에 온전히 집중하기
8	지나칠 정도로 자립적이고 강해지려고 함	당신이 강한 자가 되어야 한다고 느껴도, 당신을 돌보고 연약한 감정을 허용하고 경험하며 표현하기
9	마음속에서 상황을 이해함으로써 갈등을 회피함	정해진 해결책이 없고 편안하게 안주하고 싶어도, 어려운 대화를 포함한 모든 대화에 열심히 참여하기

그림 18-2: 성격 유형에 근거한 개인의 실질적 유턴의 예시

당신의 위대한 작업

이 여정은 당신을 '바깥 어딘가로' 데려가지는 않는다. 대신 당신의 개인적이고 직접 살아낸 경험에 중점을 둘 뿐이다. 내가 이 책에서 말한 바와 같이 당신의 내면 경험에 집중하는 작업은 본질적으로 실용적이다. 당신이 경험한 내적 변화는 삶의 겉모습도 바꿔 놓는다. 당신은 그 변화가 어떻게 일어났는지 모를 수도 있지만, 어쨌든 변화는 일어난다. 이런 말을 들어봤을 것이다. '깊은 작업에 참여 했을 때, 삶 안에서는in life 아무것도 변하지 않지만 삶에 관해서는about life 송두리째 바뀐다.' 이는 위대하고 유쾌한 역설로서 사람들로 하여금 머리를 끄덕이며 웃음 짓게 만든다.

핵심적인 에니어그램의 패턴–참된 본성이 아닌 자아 정체성self-identity의 토대로 깊이 뿌리 내린 패턴–이 인식 되면, 그것은 거짓의 베일을 벗는다. 이 새로운 깨달음은 놀라움과 충격인 동시에, 깊은 골짜기를 건너 새로운 땅에 들어선 느낌, 그리고/혹은 자유의 느낌을 동반할 것이다. 오랫동안 거짓된 자아 정체성으로 살아온 세월이 얼마나 피곤했는지 알게 되어 한층 마음이 가벼워지기 시작한다. 어느 내담자는 다음과 같은 말을 들었다고 한다. 그녀가 내적 삶의 경로를 수정함으로써, 외부 환경은 거의 바뀐 것이 없지만 내면의 워낙 많은 것들이 변했기 때문에 완전히 다르게 느껴진다

고 말이다.

어떤 면에서 보면, 에니어그램은 삶의 진실truth을 보여주는 지도이다. 내면 작업을 하다보면, 그 사람의 우세한 에니어그램 유형의 근본적인 진실이 분명하게 드러날 때가 있다. 다음 문장은 각 유형의 패턴을 초월한 진실을 보여준다. 에고가 활성화되어 있을 때는 말도 안 되는 얘기처럼 보일 것이다. 하지만 현존 상태에서 읽으면, 당신의 유형을 설명하는 이 짧은 문장이 공명되거나 등줄기를 오싹하게 할 것이다. 이 문장은 에니어그램 각 유형의 성격이 가진 핵심 규칙에 도전하고 있다.

1 **유형**: 모든 것을 바꾸는 일이 내 책임이 아니라는 것을 깨닫고, 삶의 풍성한 기쁨을 누린다.
2 **유형**: 나는 스스로 묻는다. '내게 필요한 것은 무엇이지?' 그리고 기꺼이 도움을 받는다.
3 **유형**: 다른 사람들이 나를 어떻게 보는가는 결코 나와 상관이 없다.
4 **유형**: 내 삶의 아름다운 특성은 작고, 평범한 순간에 기반을 둔다.
5 **유형**: 세상 속에 있어도 안전하다.
6 **유형**: 나의 안전은 내 안에 존재한다.
7 **유형**: 나의 충만함은 지금 이 순간, 여기의 아름다움을 경험하는 데에 있다.
8 **유형**: 연약함을 드러내는 것이 내 진정한 강함의 원천이다.
9 **유형**: 내 존재는 중요하다.

이러한 진실을 경험하기 위해서는 신뢰와 용기, 수용 그리고 사랑이 필요하다.

사랑의 실천

당신에게 인생의 충만함, 온전함, 고귀함을 향한 깊은 갈망이 없었다면 왜 이 작업을 시작했겠는가? 당신은 자신의 행복에 집중하고 싶어서 이 책을 펼쳤겠지만, 당신과 당신 자신의 관계에서 일어나는 긍정적인 변화는 다른 사람에게도 영향을 끼친다. 이 세상에서 사랑의 현존loving presence보다 영향력 있고, 치유력이 있는 것은 없다. 당신이라는 존재를 통해서 말이다. 당신은 사랑의 현존을 위한 도구이다.

한 바퀴를 돌아 우리 여정의 출발점인 1장으로 다시 돌아가면, 에니어그램은 분명 사랑의 실천을 위한 지도이다.

에니어그램은 인생의 고차원적이고 건강한 수준을 향한 여정에 나섬으로써 자신을 사랑하는 법을 가르쳐준다.

나는 이 책을 읽은 모든 사람들이 자신의 삶에서 점점 더 넓어지는 사랑과 현존을 계속해서 체험하기를 바란다. 세상은 그것을 필요로 하며, 세상은 당신이 필요하다.

감사의 말

이 책을 완성하는 데 5년이 걸렸지만, 실은 그 이전부터 최근에 이르기까지 받은 많은 감화의 결과물이다. 나는 내 삶이 지금의 모습이 되도록 도와주고 이 작업에 진실하게 몰입하도록 격려해준 수많은 사람들에게 깊은 감사를 드린다. 그들의 따뜻한 진심과 관심 덕분에 이 책이 세상에 나올 수 있었다.

나의 성장에 헤아릴 수 없는 영향을 끼친 나의 개인적, 영적 스승들에게도 감사를 드리고 싶다. 성인기 초기에 선Zen을 가르쳐 주신 체리 허버Cheri Huber는 깊은 가르침과 조언을 통해 내 영혼을 각성시켰다. 그녀의 명쾌함과 용기 있는 솔직함이 내 눈을 뜨게 했다. 스테판 레빈Stephen Levine의 '이것만큼은 충분히' just this much 가르침은 나를 현존의 깊은 수준으로 안내했고, 내 가슴과 만나도록 도와주었다. 전에도 에니어그램에 대해 읽어본 바는 있었지만, 작고한 돈 리차드 리소Don Richard Riso와 그의 동료 러스 허드슨Russ Hudson의 놀랍도록 깊은 연민과 섬세하고 선구자적인 가르침을 통해 에니어그램의 신성한 지혜를 깨달았다. 그분들의 풍성하고 심오한 작업은 내가 나만의 방향을 잡도록 안내해주었다. 그들과 함께 작업하고 워크숍을 진행하는 특권을 통해 나는 더 큰 복을 받았다. 산드라 마이트리Sandra Maitri 또한 훌륭한 스승이었다. 그녀의 맑고 현명한 현존은 내가 영적 여정을 계속할 수 있는 영감이었다. 스승이자 안내자인 샌디 마커스Sandy Marcus는 언제나 나를 내 안의 놀라운 세상에 눈뜨게 한다. 변화를 위한 작업의 스승 한 분 한 분이 내 존재의 여러 측면들을 성찰하게 했다. 나는 감사의 마음을 영원히 잊지 않을 것이다.

공식적인 스승 외에도, 이 여정을 걷는 동안 비공식적으로 스승이 되어준 수많은 사람들에게 가슴 깊이 감사를 드린다. 이들 중에 국제 수련회 연합회International Retreat Group 공동체의 동료들은 헌신과 용기, 투명함에서 나오는 힘과 사랑의 본보기가 되어주었다.

협동작업은 전문가로서의 여정에서 중요한 주제였다. 나의 에니어그램 협력자와 동료들에게도 감사를 표하고 싶다. 초창기에 함께 작업한 웬디 아펠Wendy Appel, 팸 폭스 롤린Pam Fox Rollin, 사만다 슈엔펠트Samantha Schoenfeld에게도 감사를 전한다. 특히 웬디Wendy는 이 책에 나오는 빙산 모형Iceberg Model 초기 단계 공동개발자로 도움을 많이 주었다. 빅키 크루즈Dr. Vicky Cruz 박사는 신체의 감정적 영역에서 에니어그램이 어떻게 반영되는지 깨닫도록 도와주었는데, 그녀의 개인적이고 전문가적인 관심과 사랑에도 깊이 감사한다. 리소 허드슨의 오랜 동료였던 로나 필퍼 릿치Dr. Ronna Phifer-Ritchie 박사는 에니어그램의 관계적 측면을 더 깊이 이해하고 통찰하는데 도움을 주었다. 그녀의 애정 넘치는 협력은 여러 해 동안 큰 특권이고 기쁨이었다.

뿐만 아니라 딥 코칭 연구소Deep Coaching Institute 공동체의 일원들도 놀라운 힘과 지지, 사랑, 용기의 원천이었다. DCI 원로 교사인 벨린다 고어Dr. Belinda Gore 박사는 딥 코칭 연구소Deep Coaching Institute의 산파 역할을 했으며, 그녀의 지속적인 참여와 안내가 갖는 가치는 말로 표현할 수 없다. DCI 감독으로 지휘를 맡은 다이아나 레드몬드Diana Redmond는 훌륭한 리더십을 발휘하였으며, 결국 소중한 친구이자 동료가 되었다. DCI 교사인 엘리자베스 케링턴 하우스Elizabeth Carrington-House와의 오랫동안 전문가로서 함께 쌓아온 개인적인 우정은 귀중한 보물이며, 그녀의 진심어린 지지는 이 세상 무엇과도 바꿀 수 없다. 여러 해 동안 딥 코칭 연구소Deep Coaching Institute의 인증 프로그램을 거쳐 간 학생들, 졸업생들, 멘토들은 딥 리빙deep living을 읽고 피드백과 통찰력을 주었다. 한 사람 한 사람의 공헌과 열의에 큰 감사를 느낀다.

여러 해에 걸쳐 용기 있는 탐구를 통해 내가 딥 리빙 작업을 다듬을 수 있도록 도와준 많은 내담자들과 학생들과 더불어, 언제나 내 마음에서 특별한 자리를 차지하고 있는 '우아한 에니어그램 연구자들' Elegant Ennegrammers이라는 내가 오래 몸담아 온 여성 모임을 특별히 언급하고 싶다. 매달 모임에서 우리는 함께 초기 작업 과정을 실험했다. 핵심 구성원들인 Susan Bishop, Dr. Vicky Cruz, Bernadette McAllister, Jeannene Minnix Kingston, Kristy Koberna, Mary Knippel, Pat Muller, Audrey Poppers, Rosie Picchi, Irma Velasquez 모두가 그들의 호기심, 자발적 의지, 솔직함, 귀중한 연약함을 드러내며 아낌없이 이 책을 위해 공헌했다.

귀중한 시간을 내어 원고 초본을 읽고 꼭 필요한 피드백을 해준 친구들과 동료들에게도 감사를 전한다. Dee Doyle, Katie Gay, Mary Kay Holbrook, Paul Jaffe, Jan King, Melissa Neisser, David Pinkston, 고맙습니다.

이렇게 엄청난 출판 프로젝트를 수행하려면 여러 사람들의 부단한 헌신과 전문 지식이 필요하다. 잔 킹Jan King은 이 책의 초기 단계부터 실질적인 안내를 제공하였으며, 그녀는 진실한 열의와 출판업계에 대한 이해를 통해 내가 흔들릴 때마다 계속 전진할 수 있도록 격려해 주었다. 제니카 스미스Janica Smith가 책 프로젝트의 중요한 업무를 관리해 주고 출판 과정을 전체적으로 감독해 주지 않았다면, 나는 절대로 이 일을 마치지 못했을 것이다. 그녀의 헌신과 조언은 물론 침착한 성격에도 감사를 전한다. 원고 교정교열 편집자 로리 주Lori Zue의 훌륭한 편집 기술과 세밀한 부분까지 잡아내는 예리한 눈, 이 작업에 대한 이해 덕분에 나는 실제보다 더 괜찮은 작가처럼 보이게 되었다. 캐티Cathy와 잭 데이비스Jack Davis는 프로 정신과 유연성, 헌신으로 복잡한 책 내부 디자인 작업을 훌륭하게 감당해 주었으며, 이는 하늘이 준 선물이었다. 탁월함을 향한 그들의 의지를 이 책 전체에 걸쳐 느낄 수 있다. 알란 허벨Alan Hebel에게도 감사한다. 그와 그의 팀은 표지 디자인을 위해 그들의 창의적인 전문 지식을 유감없이 발휘해 주었다. 책을 만드는데 결정적이고 중요한 피드백을 제공해준 애이미 로건Amy Logan과 수 커틀랜드Sue Kirtland에게도 진심에서 우러나오는 감사를 표한다. 책 홍보에 관한 엘리자베스 마샬Elizabeth Marshall의 안내와 나의 위탁 대리인으로서 메리 네이버Mary Neighbour가 전문 지식을 통해 보여준 지혜로운 헌신에도 깊이 감사한다. 그녀는 기적을 만드는 사람이다.

여러 개인적인 친구들과 동료들이 너그러운 사랑과 지속적인 격려의 샘물이 되어 주었다. 와일드 위민Wild Women, 팹 코랩스Fab Co-labs 그 외에 많은 사람들. 나는 당신들이 누구인지 잘 알고 있고, 내 심장 가까운 곳에 당신들을 품고 있다는 것을 밝힌다.

부모님 두 분 모두 이 책을 만드는 중에 돌아가셨다. 그 분들의 인생 마지막 시간과 죽음을 통해서 더 심오한 삶에 대해 많이 배울 수 있었다. 언니 메리 조 오그덴Mary Jo Ogden의 사랑과 보살핌, 그리고 마크Mark와 케시 오그덴Kathy Ogden의 새로운 영역을 탐구하고자 하는 의지와 끈끈한 가족애에 감사한다. 우리 어린 손자들이 있는 로완Rowan 가족에게도 내 마음에 가져다준 큰 기쁨으로 감사한다.

가장 영향을 끼치고, 헌신하고, 사랑을 준 동반자이자 지지자는 나의 남편 짐 머피Dr. Jim Murphy이다. 짐이 처음부터 내내 보여준 사랑과 격려, 헌신, 인내가 없었다면 이 책을 어떻게 쓰고 출판했을지 상상할 수가 없다. 이 놀라운 삶의 여정에서 나의 파트너가 되어 내 곁을 지켜준 것과 비범하고 지혜로운 그의 영혼에 대해 내가 얼마나 고마워하는지는 아무리 얘기해도 충분하지 않을 것이다. 정말 감사합니다.

자료

더 자세한 정보를 원한다면

The Deep Living Institute

당신 안에 편안히 머물기. 세상 안에서 편안히 지내기.

Dr. Roxanne Howe-Murphy가 설립한 Deep Living Institute는 진정한 자기 인식, 심화, 그리고 내면의 진실과의 깊은 관계에 대해 근본적으로 연민을 바탕으로 한 접근 방식을 제시한다.

에니어그램의 지혜와 현존의 힘을 토대로 우리의 숙련된 교수진, 진행자들, 코치들이 향상된 의식을 일상의 삶에 통합시킬 수 있도록 역동적인 코칭과 교육 과정, 수련 과정, 출판, 영상, 공동체 참여 기회를 제공한다.

더 많은 정보를 찾아보고 싶고 Deep Living의 새로운 행사와 강좌에 대한 소식을 계속 받고 싶다면, www.deeplivinginstitute.com 을 방문하기 바란다.

유형 찾기 과정을 돕기 위해, DLI 코칭팀은 당신이 우세한 유형을 찾을 수 있도록 도와줄 개별 유형 찾기 인터뷰도 제공한다. 또한 온라인 유형 찾기 프로그램도 제공한다. www.deeplivinginstitute.com/coaching/을 방문하기 바란다

The Deep Coaching Institute

심원과 실제가 만나는 곳

Dr. Roxanne Howe-Murphy가 설립한 Deep Coaching Institute는 에니어그램의 예술, 과학, 영적 의식을 그들의 비즈니스와 개인적 삶에 통합하고 구현하고 싶은 성장 지향적인 전문가들을 위한 공인된 교육기관이다.

우리의 핵심 인증 프로그램, 온라인 트레이닝, 워크숍, 수련 모임, 특별 행사들에 대한 정보를 원한다면 www.deepcoachinginstitute.com을 방문하기 바란다.

주해

서론

1. Richard Rohr, *Falling Upward: Spiritualtiy for the Two Halves of Life*(San Francisco: Jossey-Bass, 2011), x iii.

2. Laura A. Pratt, Debra J. Brody, and Qiuping Gu, *Antidepressant Use in Persons Aged 12 and over: United States, 2005-2008*, NCHS [National Center for Health Statistics] Data Brief, no 76, (Hyattsville, MD: National Center for Health Statistics, 2011).

3. Substance Abuse and Mental Health Services Administration, *Results from the 2011 National Survey on Drug Use and Health: Summary of National Findings,* NSDUH Series H-44, HHS Publication no. (SMA) 12-4713, (Rockville, MD: Substance Abuse and Mental Health Services Administration, 2012).

1장

1. P. D. Oupensky, *In Search of the Miraculous* (New York: Harcourt, Brace & World, 1949)는 Georges I. Gurdjieff에 대한 추가 정보를 제공한다. 그는 그리스계 아르메니아인으로서 1870년에 태어났으며, 에니어그램 상징을 서방 세계에 소개한 사람이다. 그가 상징을 만들진 않았지만, 여행을 다니면서 그 존재를 알렸다. 그는 인간 변형의 과학이 고대에 존재했지만 잃어버렸다고 믿었다. 여러 해 동안 고대의 지혜를 가진 영적 스승들을 찾아다니며 배운 후, 그는 학생들이 더 객관적인 현실과 그 안에서 그들의 자리에 눈을 뜨도록 돕기 위해 심리, 영성, 우주론의 시스템을 개발했다(예를 들어, 1차 세계대전이 시작되기 전에 그는 만약 인류가 깨어나지 않는다면 수백만 명의 사람들이 서로를 죽이게 될 거라고 학생들에게 경고하였다.). 에니어그램은 Gurdjieff 시스템의 중심이었다.

2. 저자는 Wendy Appel, MA가 빙산 모형의 최초 형태 개발에 대단히 기여했음을 알리고 감사를

표한다. 각 성격 유형의 '물결 위' 특성을 설명하고 그 성격을 움직이는 '물결 아래' 역학 일부를 확인하기 위해 두 사람은 함께 빙산 그림을 이용했다.

3. 평행의 삶 - 일반적으로 그렇게 불리진 않았지만 - 의 개념은 Gurdjieff가 제시한 내용과 동일선상에 있는 매우 복잡한 개념을 단순화한 설명이다(위에 있는 1장의 주해 1 참조). *그의 주요 가르침 중 하나는 세 가지 지능 중심의 작용에 초점을 두었는데, 이 작용을 통해 사람들은 자기 자신을 경험한다. 그는 이 중심들이 평상적인 의식 속에서 적절히 혹은 균형 있게 기능하지 않으면, 다양한 형태의 잘못된 현실 감각을 만든다고 가르쳤다. P. D. Ouspensky, Psychology of Man's Possible Evolution* (New York: Random House, 1974)도 *참조. 이 주제에 대한 더 상세하고 유용한 설명을 원한다면 Don Richard Riso and Russ Hudson, Understanding the Enneagram: The Practical Guide to Personality Types* (Boston: Houghton Mifflin Co., 2000), *251-283 참조.*

2장

1. Don Richard Riso with Russ Hudson, *Personality Types: Using the Enneagram for Self-Discovery* (Boston: Houghton Mifflin Co., 1996), 45-47.

2. Riso and Hudson, *The Wisdom of the Enneagram: The Complete Guide to Psychological and Spiritual Growth for the Nine Types* (New York: Bantam Books, 1999), 77-80.

3. G. I. Gurdjieff, *Beelzebub's Tales for His Grandson* (New York: Viking Arcana, 1992). Gurdjieff, *Views from the Real World* (New York: Dutton, 1975)도 참조.

4. H. Almaas, *The Unfolding Now: Realizing Your True Nature through the Practic of Presence* (Boston: Shambala Publications, Inc., 2008). Almaas는 A-Hameed Ali의 필명으로, 변형의 직접적 체험의 중요성에 대해 광범위하게 쓴 저자이다. 그는 심층 심리학과 전통적인 영적 탐구를 통합한 Diamond Approach의 창립자이다.

3장

1. Don Richard Riso and Russ Hudson은 근원적 본성으로부터의 분리에 대한 개인적 체험, 즉 *은총으로부터의 추락*이라고도 불리는 상태를 가르칠 때 *최초의 불행*이라는 용어를 사용했다. 저자가 이 용어를 알고 가르치기 시작한 시기는 적어도 2001년까지는 거슬러 올라간다.

2. Sandra Maitri, *The Spiritual Dimension of the Enneagram: Nine Faces of the Soul* (New

York: Jeremy P. Tarcher, 2000), 32.

3. Thomas Moore, *Original Self: Living with Paradox and Originality* (New York: Harper Collins, 2000), 3.

4. Karen Horney, *Self-Analysis* (New York: Norton, 1492).

5. Riso and Hudson, *The Wisdom of the Enneagram: The Complete Guide of Psychological and Spiritual Growth for the Nine Personality Types* (New York: Bantam Books, 1999), 60-62.

4장

1. A. H. Almaas, *Facets of Unity: The Enneagram of Holy Ideas* (Berkely, CA: Diamond Books, 1998), 21-32. '기본적 신뢰'라는 챕터에서 Almaas는 그것의 보다 높은 특성과 존재를 향하는 영혼의 지향에 대한 이 특정 유형의 신뢰의 중요성을 설명한다.

5장

1. John Chryssavgis, *In the Heart of the Desert, Revised: The Spirituality of the Desert Fathers and Mothers* (Bloomington, IN: World Wisdom, 2008), 53-62. 초기 그리스도교 사막 교부들의 삶에 대한 연구를 통해, Chryssavgis는 치유의 여정에서 열정 그리고 상처와 연약함의 역할 사이의 관계에 대한 통찰을 제공한다.

2. Don Richard Riso and Russ Hudson, *The Wisdom of the Enneagram: The Complete Guide to Psychological and Spiritual Growth for the Nine Personality Types* (New York: Bantam Books, 1999), 353. Riso와 Hudson은 내면 비평가의 메시지, 혹은 그들이 각 아홉 유형에게 내려지는 진격 명령이라 부르는 개념에 관해 설명한다.

3. Don Richard and Russ Hudson, *The Wisdom of the Enneagram*, 91-93.

4. Maitri, *Spiritual Dimension of the Enneagram,* 245-262.

6장

1. Chryssavgis, *Heart of the Desert*, 53-62.

2. Don Richard and Russ Hudson, *The Wisdom of the Enneagram*, 353.

7장

1. Chryssavgis, *Heart of the Desert,* 53-62.

2. Don Richard and Russ Hudson, *The Wisdom of the Enneagram*, 353.

8장

1. Chryssavgis, *Heart of the Desert,* 53-62.

2. Don Richard Riso와 Russ Hudson은 유형 5의 고착을 다루기 위해 *정신적 보유와 자료를 정신 속에 보유함*이라는 문구를 사용한다.

3. Don Richard and Russ Hudson, *The Wisdom of the Enneagram*, 353.

9장

1. Watty Piper, *The Little Engine that Could* (NY: Platt and Munk Publishers [an imprint of Grosset & Dunlap], 1930).

2. Chryssavgis, *Heart of the Desert*, 53-62.

3. Don Richard and Russ Hudson, *The Wisdom of the Enneagram*, 353.

10장

1. Chryssavgis, *Heart of the Desert,* 53-62.

2. Don Richard and Russ Hudson, *The Wisdom of the Enneagram*, 353.

11장

1. Chryssavgis, *Heart of the Desert,* 53-62.

2. Don Richard Riso와 Russ Hudson은 유형 8의 고착을 다루기 위해 *대상화*라는 용어를 사용한다.

3. Don Richard and Russ Hudson, *The Wisdom of the Enneagram*, 353.

12장

1. Chryssavgis, *Heart of the Desert,* 53-62.

2. Don Richard and Russ Hudson, *The Wisdom of the Enneagram*, 353.

3. Ibid., 114.

13장

1. Chryssavgis, *Heart of the Desert*, 53-62.

2. Don Richard and Russ Hudson, *The Wisdom of the Enneagram*, 353.

14장

1. Chryssavgis, *Heart of the Desert,* 53-62.

2. Don Richard and Russ Hudson, *The Wisdom of the Enneagram*, 353.

16장

1. 1장의 주해 3에서 언급한 대로, 지능 중심에 대한 가르침은 Gurdjieff의 작업 내용의 핵심에서 왔으며, 지금 이 글의 정보에 바탕이 되고 있다.

2. Patrick Hart and Jonathan Montaldo, eds., *The Intimate Merton: His Life from His Journals* (San Francisco: Harper Collins, 2001), 124.

참고문헌

Addison, Rabbi Howard A. *The Enneagram and Kabbalah: Reading Your Soul. 2nd ed. Woodstock,* VT: Jewish Lights Publishing, 2006.

Almaas, A. H. *Facets of Unity: The Enneagram of Holy Ideas.* Berkeley, CA: Diamond Books, 1998.

—. *The Pearl Beyond Price: Integration of Personality into Being; An Object Relations Approach.* Boston: Shambhala, 2001.

—. *The Unfolding Now: Realizing Your True Nature Through the Practice of Presence.* Boston: Shambhala, 2008.

Arrien, Angeles, Phd. *The Four-Fold Way: Walking the Paths of the Warrior, Teacher, Healer and Visionary.* San Francisco: Harper San Francisco, 1993.

—. *Second Half of Life: Operating the Eight Gates of Wisdom. Boulder,* CO: Sounds True, 2007.

Brown, Byron. *Soul Without Shame: A Guide to Liberating Yourself from the Judge Within.* Boston: Shambhala, 1999.

Bryner, Andy and Dawna Markova, PhD. *An Unused Intelligence: Physical Thinking for 21st Century Leadership.* Berkeley, CA: Conari Press, 1996.

Cannon, Marcia, PhD. *The Gift of Anger: 7 Steps to Uncover the Meaning of Anger and Gain Awareness, True Strength, and Peace.* Oakland, CA: New Harbinger Publications, 2011.

Chryssavgis, John. *In the Heart of the Desert, Revised: The Spirituality of the Desert Fathers and Mothers.* Bloomington, IN: World Wisdom, 2008.

Chodron, Pema. *Start Where You Are: A Guide to Compassionate Living.* Boston: Shambhala, 1994.

—. *When Things Fall Apart: Heart Advice for Difficult Times.* Boston: Shambhala, 1997.

Custinger, James S., Ed. *Paths to the Heart: Sufism and the Christian East.* Bloomington, IN: World Wisdom, 1998.

Dalai Lama and Howard C. Cutler, MD. *The Art of Happiness: A Handbook for Living.* New York: Riverhead Books, 1998.

De Salzmann, Jeanne. *The Reality of Being: The Fourth Way of Gurdjieff.* Boston: Shambhala, 2010.

Eden, Donna. *Energy Medicine for Women: Align Your Body's Energies to Boost Your Health and Vitality.* With David Feinstein, PhD. New York: Jeremy P. Tarcher, 2008.

Ford, Debbie. *The Dark Side of the Light Chasers: Reclaiming Your Power, Creativity, Brilliance, and Dreams.* New York: Riverhead Books, 1998.

Hart, Patrick and Jonathan Montaldo, eds. *The Intimate Merton: His Life from His Journals.* San Francisco: Harper Collins, 2001.

Horney, Karen. *Self-Analysis.* New York: Norton, 1942.

Howe-Murphy, Roxanne. *Deep Coaching: Using the Enneagram as a Catalyst for Profound Change.* El Granada, CA: Enneagram Press, 2007.

Huber, Cheri. *Suffering if Optional: Three Keys to Freedom and Joy.* Murphys, CA: Keep It Simple Books, 2000.

—. *There is Nothing Wrong With You: Going Beyond Self-Hate, A Compassionate Profess for Learning to Accept Yourself Exactly as You Are.* Murphys, CA: Keep It Simple Books, 1993.

Levine, Stephen. *A Gradual Awakening.* Garden City, NY: Anchor Books, 1979.

Lind-Kyle, Patt. *Heal Your Mind, Rewire Your Brain: Applying the Exciting New Science of Brain Synchrony for Creativity, Peace and Presence.* Santa Rosa, CA: Energy Psychology Press, 2010.

Maitri Sandra. *The Spiritual Dimension of the Enneagram: Nine Faces of the Soul*. New York: Jeremy P. Tarcher, 2000.

McIntosh, Steve. *Integral Consciousness and the Future of Evolution: How the Integral Worldview is Transforming Politics, Culture and Spirituality*. St. Paul, MN: Paragon House, 2007.

Moore, Thomas. *Original Self: Living with Paradox and Originality*. New York: Harper Collins, 2000.

—. *Dark Nights of the Soul: A Guide to Finding Your Way Through Life's Ordeals*. New York: Gotham Books, 2004.

Naranjo, Claudio. *Healing Civilization*. Oakland. CA: Rose Press, 2009.

Oupensky, P. D. *In Search of the Miraculous*. New York: Harcourt, Brace & World, 1949.

Palmer, Parker. *A Hidden Wholeness: The Journey Toward an Undivided Life*. San Francisco: Jossey-Bass, 2004.

—. *The Promise of Paradox: A Celebration of Contradictions in Christian Life*. San Francisco: Jossey-Bass, 2008.

Pearce, Joseph Chilton. *The Biology of Transcendence: A Blueprint of the Human Sprit*. Rochester, VT: Park Street Press, 2002.

Riso, Don Richard. *Personality Types: Using the Enneagram for Self-Discovery*. With Russ Hudson. Boston: Houghton Mifflin, 1996.

—. *Understanding the Enneagram: The Practical Guide to Personality Types, rev. ed*. Boston: Houghton Mifflin, 2000.

—. *The Wisdom of the Enneagram: The Complete Guide to Psychological and Spiritual Growth for the Nine Types:* New York: Bantam Books, 1999.

Rohr, Richard. *Falling Upward: A Spirituality for the Two Halves of Life*. San Francisco: Jossey-Bass, 2011.

Salzberg, Sharon. *Lovingkindness: The Revolutionary Art of Happiness*. Boston: Shambhala, 1997.

Shirley, John, *Gurdjieff: An Introduction to His Life and Idea*. New York: Jeremy P. Tarcher, 2000.

Shimoff, Marci. *Happy for No Reason: 7 Steps to Being Happy from the Inside Out*. With Carl Kline. New York: Free Press, 2008.

Tarrant, John. *The Light Inside the Dark*. New York: Harper Perennial, 1998.

Tolle, Eckhart. *A New Earth: Awakening to Your Life's Purpose*. New York: Penguin, 2005.

—. *The Power of Now: A Guide to Spiritual Enlightment*. Novato, CA: New World Library, 1997.

Zweig, Connie and Jeremiah Abrams. ed. *Meeting the Shadow: The Hidden Power of the Dark Side of Human Nature*. Los Angeles: Jeremy P. Tarcher, 1991.

Zweig Connie, Phd and Steve Wolf, PhD. *Romancing the Shadow: Illuminating the Dark Side of the Soul*. New York: Ballantine Books, 1997.

역자의 글

록산는 박사의 「에니어그램 딥 리빙」(원제: *Deep Living: Transforming Your Relationship to Everything that Matters through the Enneagram*)을 번역하여 한국의 독자들과 함께 충만한 삶을 영위할 수 있는 기회를 제공하는 기쁨을 말로 표현할 수 밖에 없습니다. 록산느 박사의 인간과 에니어그램에 대한 사랑의 결실인 이 책이 한국어로 번역되는 과정은 실로 지난한 과정이었고 많은 분들의 헌신적인 노고가 있었기에 감사를 전하고자 합니다.

우선, 인류 최고의 지혜를 창조하신 이름 모를 현자와 이를 현대 사회에 전승시킨 구르지예프 선생에게 깊은 감사를 드립니다. 에니어그램의 이론 발달과 에니어그램을 전파한 탁월한 세계적인 에니어그램 교사들에게도 감사를 전합니다.

무엇보다도 삶의 많은 부분을 포기하고 이 책을 집필하고 한국어 번역을 허락했고, 오랜 시간 인내로 기다려주신 록산느 박사께 형언할 수 없는 감사와 기쁨을 전합니다.

방대한 현대의 에니어그램 이론이 포괄적으로 집약된 내용을 한국어로 번역하고 교정을 함께 해주신 한병복, 김재원, 김은영, 최건, 최진태, 유경희, 유현희 선생들에게도 마음 속 깊이 감사를 전합니다. 번역된 글을 윤독하며 완성도를 높혀주신 (사)좋은교사 에니어그램 코칭 연구회의 주숙현, 김은정, 정선희, 이성심, 송정희, 설정원, 김은남, 김세경, 주수인, 엄진영, 이미경, 윤은희, 서완실, 황유연, 신상아, 송혜영 등 여러 선생님들에게도 감사를 전합니다. 김선휘, 김세화 선생님의 관심과 기여 또한 큰 힘이 되었습니다. 좋은 책 만드시는 정민사의 김원태 사장님과 천혜정 선생님의 배려와 노고를 잊을 수가 없습니다.

충만한 삶을 위해 이 책에 담긴 많은 이론과 개념, 도구와 기법 등은 록산느 박사께서 직접 경험한 내용을 토대로 쓴 글을 한국어로 번역하는 과정에 두 언어 차이에서 오는 미묘한 뉘앙스와 번역의 한계에 따라 원저자의 뜻이 제대로 전달되지 못하는 문제는 오롯이 역자의 책임입니다.

「에니어그램 딥 리빙」의 한국어 출간을 계기로, 한국 사회의 에니어그램에 대한 지혜와 지식의 기준이 서고, 에니어그램 전문가들의 프랙티스가 정교하게 실행되고, 에니어그램이 일상 생활에서 그저 평범하게, 누구나 활용하여 우리 모두의 의식 수준이 높아지고, 사회가 성숙하고 아름다워져서 인류 문명의 회복과 발달에 기여하기를 희망합니다.

2016년 9월 중추가절에

역자들과 함께, 김환영

역자 소개

한 병 복

한국에니어그램협회 이사 및 인증전문가
(사)좋은교사 에니어그램코칭연구회 코치
역서: 생일 케이크를 찾아라
공역: 에니어그램 개발 가이드, 에니어그램 코칭, 나와 만나는 에니어그램,
우리아이 속마음,
나를 찾는 상대를 아는 에니어그램, 에니어그램 진로 경력 코칭, 크리스천 에니어그램

김 은 영

이화여자대학교 교육학과 졸업
경기도 NTTP 에니어그램 강사 역임
현 (사) 좋은교사 에니어그램코칭연구회 강사
한국에니어그램협회 회원
공역: 나와 만나는 에니어그램

최 건

동국대학교 대학원 경영학박사(광고홍보 전공) 수료
현 글로벌인재개발원(HRD Firm) 대표이사 원장
현 국제에니어그램연구원 경영본부장
현 한국에니어그램지도자협회 부회장
현 국제라이온스협회 356-F지구 연수원 교수
공역: 코칭 퀘스천

최 진 태

서남대학교 대학원 박사(교육학 전공)
대아중학교 Wee Class 상담실장
한국청소년상담학회 경남울산지역학회장
한국에니어그램상담학회 부학회장
국제에니어그램협회 인증 교사(IEA AP)
한국사티어변형체계치료학회 가족치료사

유 경 희

청주대학교 사회복지 석사
국제뇌종합대학원 대학교 박사과정
현 한국교육상담협동조합 대표이사
현 한국평생교육상담연구원 원장
현 청주교육청학교정책 지원단 전문분야지원분과 위원
현 충북교육발전소 교육자치위원장

유 현 희

한서대학교 아동청소년복지학 박사
사회복지사 1급, 가족상담사 1급, 다문화상담사 1급, 보육교사 1급
현 사임당어린이집 원장
현 국제에니어그램연구원 충남지부장
현 한서대학교 아동청소년학과 외래교수
현 국제에니어그램연구원 1급 강사

김 재 원

중앙대학교 대학원 경영학박사(마케팅 커뮤니케이션 전공)
캐나다 University of British Columbia 대학원 아시아학과 언어정책 전공
현 한양대학교 미디어커뮤니케이션 학부 겸임교수
건국대, 명지대, 연세대 코칭아카데미 출강
저서: 마음말하기 연습, 라다크 일처럼 여행처럼, 리더의 7가지 언어
공역: 우리아이 속마음, 나를 찾는 상대를 아는 에니어그램

김 환 영

한양대학교 대학원 박사(교육학 전공)
국제에니어그램협회 인증 교사
가톨릭대학교 상담심리대학원 강사
현 국제에니어그램연구원 원장
현 한국에니어그램지도자협회 회장
공역: 에니어그램 진로경력 코칭, 코칭 퀘스천 외 다수

에니어그램 딥 리빙

인　　쇄	2016년 9월 30일
발　　행	2016년 10월 1일
지 은 이	록산느 하우 머피
번　　역	한병복 · 김은영 · 최 건 · 최진태 유경희 · 유현희 · 김재원 · 김환영
책임편집	김하나
마케팅관리	김하나
펴 낸 이	김환영
펴 낸 곳	스토리 나인
등　　록	제 25100-2007-000036호
주　　소	서울특별시 영등포구 도영로 66 아트자이상가 303호
전　　화	02-835-1777
팩　　스	02-831-1775
홈페이지	www.globalei.org
이 메 일	metabiz@hanmail.net
인 쇄 처	정민사(02-2278-0199)
I S B N	979-11-87419-02-0 (13190)

• 책값은 뒤표지에 있습니다